Finsteres Mittelalter?

Norbert Brieskorn

Finsteres Mittelalter?

Über das Lebensgefühl einer Epoche

Matthias-Grünewald-Verlag · Mainz

Die Deutsche Bibliothek – CIP-Einheitsaufnahme

Brieskorn, Norbert:
Finsteres Mittelalter?: Über das Lebensgefühl einer Epoche /
Norbert Brieskorn. – Mainz: Matthias-Grünewald-Verl., 1991
ISBN 3-7867-1569-6

1991 Matthias-Grünewald-Verlag, Mainz

Umschlag: Peter Offenberg Grafik
Satz: Roddert Fotosatz, Mainz
Druck und Bindung: Bercker Graph. Betrieb, Kevelaer

ISBN 3-7867-1569-6

INHALT

EINLEITUNG

1. In den vergangenen letzten zwei bis drei Jahrzehnten ist ein neues Interesse am Mittelalter zu verzeichnen. Woher kommt es? Es mag sich zum einen um schlichte Neugier handeln. Es könnte zum anderen die Suche nach noch nicht ausgemergelten Stoffen für Roman oder Film das Interesse hervorrufen oder das Verlangen, die Gegenwart deutlicher zu begreifen. Vielleicht ist für dieses neuerwachte Interesse aber auch der Wunsch ausschlaggebend, aus der Vergangenheit zu lernen. Das Interesse am Mittelalter könnte sogar auch ein Stück weit Flucht aus der Gegenwart beinhalten und damit der Kritik an der »Gegenwart« oder der Orientierungssuche entstammen.
2. An einige Werke und Unternehmungen sei erinnert, welche das Interesse der Autoren, Veranstalter von Ausstellungen und des Publikums am Mittelalter bezeugen.
Umberto Ecos Erfolgsroman »Der Name der Rose« handelt auf mehreren Ebenen. Es hat seinen eigenen Reiz, einen Kriminalroman im Mittelalter anzusiedeln und den Fall oder die Fälle scharfsinniger Aufklärung zuzuführen. Eine weitere Anziehungskraft übt dieser Roman dadurch aus, daß in einem Kriminalroman Grundfragen menschlichen Lebens gestellt werden, zum Beispiel, ob es einen Plan hinter allem Geschehen gebe oder nicht; U. Eco verneint diese Frage. Oder: Führt die »Aufklärung« des Falles nicht zur Zerstörung des Lebens, der Wahrheit damit zum Tod? U. Eco scheint diese Frage zu bejahen. Er weckt das Interesse am Mittelalter, weil er in dem kenntnisreich und nachvollziehbar ausgebreiteten mittelalterlichen Szenario Antworten auf die Fragen des Lesers andeutet. Die Verfilmung ließ nicht lange auf sich warten.
Oder Robert Bressons poetischer Film »Lancelot du Lac«; er zeigt den unwiederbringlichen Untergang einer Welt auf, die lediglich ästhetisch noch einmal zum Leuchten zu bringen ist, wie jenes Kerzenlicht, das durch das Zelttuch hindurch hinausflackert. Die Untergangsstimmung hat ihre eigenen Reize.
Einige weitere Beispiele: Die Pestzeit und der mit ihr zusammenhängende Drang nach Leben tritt in Pier Paolo Pasolinis »Il Decamerone« ins Bewußtsein. – Die Person und die Geschichte Jeanne d'Arcs regen zur künstlerischen Gestaltung an. – Auch die Gestalt Thomas Beckets, des am 29. 12. 1170 ermordeten Erzbischofs von Canterbury, findet ihre Autoren und Zuschauer.

3. Erwähnt sei auch die Tatsache, daß zahlreiche wissenschaftliche Werke über das Mittelalter von einem breitgestreuten Publikum offenbar mit großem Interesse aufgenommen wurden.
4. Die Ausstellungen über »Die Staufer«, »Kaiser Karl IV.«, oder auch über »Wittelsbacher und Bayern«, der starke Zulauf und die Zustimmung bezeugen die Suche nach einer Antwort auf die Fragen: »Was ging uns voraus, wovon sind wir bestimmt, welches sind Gewinn und Verlust der Gegenwart, verglichen mit den Mittelalter?« Andere holen sich im Mittelalter Mut für die Gegenwart, indem sie sich der langwierigen Mentalitätsveränderungen vergewissern und die Hoffnung auf Änderung zum Besseren nicht aufgeben. Wieder andere verschaffen sich Bestätigung im eigenen Bemühen, etwa durch den Verweis auf den Kampf der mittelalterlichen Frau um ihre Rechte oder auf die Reformbedürftigkeit der Kirche.
5. Vorliegendes Buch will in Teil A der Geschichte der Urteile und Vorurteile über das Mittelalter nachgehen, sodann auch Antwort auf Fragen zu geben versuchen, die häufig der Distanziertheit oder der Überheblichkeit gegenüber dem Mittelalter oder auch seiner naiven Verherrlichung entsprangen. Teil B versucht über die Horizonte, in welchen die Menschen lebten, und die Mittel, welche die Menschen zur Erreichung ihrer Ziele als brauchbar und anwendbar ansahen, Informationen zu geben. Der Leser wird allerdings in meinem Buch keine Geschichte des Mittelalters vor finden, die über die großen Abschnitte, über sämtliche politischen, wirtschaftlichen und kulturellen Entwicklungen, über Königslinien, Schlachten und sonstige gewichtigere Vorfälle Auskunft gibt. Am ehesten läßt es sich als Korrekturversuch allgemeiner Urteile und als Einwurf gegen Pauschalisierungen verstehen. Der Teil B begreift sich damit als behutsame und immer auch zu kurz greifende »Rekonstruktion« einiger Linien des Mittelalters. In Teil C wird dann der Versuch einer Beurteilung des Mittelalters unternommen.
6. Das Buch will an die Quellen führen. Ich leitete gleichsam verschiedene Sonden an mehreren Raum- und Zeitstellen des Mittelalters ein. Solche Zeiten sind das achte, das elfte und das vierzehnte Jahrhundert. Der europäische Norden mit Dänemark und Schweden, Aquitanien und Oberitalien wie auch Latium bilden die Räume bevorzugter Untersuchung.
7. Auswahl und Kommentierung bestimmen diese Arbeit. Die sehr zahlreiche Sekundärliteratur ist wenig benutzt worden. Dem Leser sollte aber keine Anekdotensammlung präsentiert werden. Die Originaltexte sind nicht beliebig austauschbare Beispiele und schon gar nicht unwichtige Füllsel oder nur beiläufige Anmerkungen. Sie sollen die Urteile begründen und erläutern. Jedes Scheinwerferlicht auf das Mittelalter läßt aber das Dunkel, das den Lichtkegel umlagert, nur bewußter werden. Jedes

Urteil ist, dessen bin ich mir bewußt, zu verfeinern und zeit- wie raummäßig zurechtzurücken.

8. Einer der Akzente liegt auf der Auseinandersetzung mit den Vorurteilen, ein anderer ist auf die Rekonstruktion der Rolle der Kirche und ihres Beitrags für die Ausbildung von Horizonten, Lebensstilen und Institutionen gelegt. Einen besonderen Untersuchungsgegenstand stellen aber auch die Bewegungen und Prozesse dar, welche Menschen in Gang setzen und inszenieren. Dem Entstehen von Machtzentren, ihrer Ausbreitung und ihrem Zerfall galt gleichfalls das Interesse.

9. Bei dem Versuch, überlieferte »Trümmer« zu bergen, manches, was im Dunklen blieb, zu entbergen und ans Licht zu führen, dürfen wir nicht vergessen, daß wir uns nicht mit irgendetwas Erhaltenem, sondern mit Menschen beschäftigen. Schutzlos sind sie dem erforschenden Blick preisgegeben. Sie müssen sich ihr Weiterleben in mehr oder weniger unvollständigen und oft verzerrten Bildern gefallen lassen, was dieser Art von Unsterblichkeit einen schmerzlichen Beigeschmack verleiht. Ein solches Vorhaben bedarf deshalb der Diskretion, zumal im Urteilen, denn die Menschen, von denen die Rede ist, können sich nicht mehr verteidigen, werden aber beständig beurteilt, gar verurteilt. Allerdings verbergen sie auch endgültig und unwiederbringlich immer einen Teil ihres Lebens vor dem Zugriff der Interessierten.

10. Ich beschränke mich auf den europäischen Raum und lasse andere »Mittelalter« anderer Kulturen beiseite. Welche Zeitdauer umfaßt nun aber »unser« Mittelalter? Nicht völlig willkürlich ist es festgelegt, wenn wir den Zeitraum von 500 bis 1500 zugrundelegen. Kleinere Überschreitungen in beide Zeitrichtungen sind, insofern sie nötig sind, erlaubt. Immer ist zu berücksichtigen, daß solche Zeitgrenzen künstlich sind. Es handelt sich nur um Grenzen für uns, um unserer Orientierung willen. Nullstunden können nicht gezählt werden und sind nie gezählt worden, denn wir bleiben vor der totalen abrupten Auswechselung aller Menschen und ihrer Kultur – Gott sei dank – verschont.

Es ist sehr wichtig, bei solcher Zeitbestimmung nicht aus den Augen zu verlieren, daß sämtliche Urteile über das Mittelalter auch von der Ausdehnung des Zeitrasters abhängen. Wer etwa nur die Zeit von 500 bis 1300 als »mittelalterlich« gelten läßt, der wird mit dem Begriff »Mittelalter« nicht mehr den Aufbruch des »Humanismus« oder der regionalen Renaissancen verbinden können und diesem eine andere Einfärbung geben. Wer das Mittelalter nur von 500 bis 1100, wie Friedrich Schiller, dauern läßt, wird die Kreuzzüge bereits als Beginn der Neuzeit deuten müssen und können. Über die Zeitangabe ist daher Rechenschaft zu geben. Oft geschieht sie aus einem vorgefaßten Begriff von Mittelalter heraus, so daß dieses nur das beinhalten darf, was ihm – nach Vorentscheidung – zukommen soll. Wer der Neuzeit den Individualismus als ihr Kennzei-

chen zudiktiert, das sie vom Mittelalter abhebe, der wird das Mittelalter überall dort als beendet ansehen müssen, wo dieser Individualismus sich meldet. Dies heißt aber, es nach vorgestanzten Urteilen richten. Ich begründe den Raster einmal damit, daß er geläufig ist, und dabei verweise ich auf die Festsetzung, welche die »Monumenta Germaniae Historica« treffen, auf Peter von Sivers »Respublica Christiana«, ein Werk, das stellvertretend für viele andere politikgeschichtliche Einteilungen stehen darf, auf Kurt Flaschs Philosophiegeschichte des Mittelalters, Helmut Boockmanns »Lesebuch des Mittelalters« und Imanuel Geiss' »Geschichte griffsbereit«.
Inhaltlich besehen werte ich zwei Ereignisse als Beginn unserer Zeit: die beginnende Seßhaftwerdung der eingewanderten germanischen Völker und die Gründung des Klosters auf dem Monte Cassino um 530. Ein kurz zuvor geschehenes Konzil gilt es allerdings bereits zu vermerken, welches der kommenden Zeit einen Maßstab anbietet, das Konzil von Chalkedon des Jahres 451. Es entschied gegen die Nestorianer, daß die beiden Naturen in Christus unzertrennt und unzerteilt, gegen Eutyches und die Monophysiten, daß die beiden Naturen Christi unvermischt sind. Das Mittelalter wird von dieser Richtlinie her Unzertrenntheit und Verschiedenheit im Verhältnis des Göttlichen und des Weltlichen, der Gnade und der Natur, der Kirche und der weltlichen Macht denken. Als Ende und als radikaler Neuansatz der europäischen Geschichte sind aber die sogenannte Entdeckung Amerikas und die von Martin Luther in Gang gesetzte Reformation zu gewichten. Das eine Ereignis geschah 1492, das andere 1517. Hatten die Ritter um 1500 bereits ihre Machtstellung weitgehend eingebüßt, wird mit der Reformation eine andere mittelalterliche Institution zumindest stark geschwächt werden: die der Klöster. Von dort her halte ich es für berechtigt, die Wende in das sechste Jahrhundert als den Beginn und das Jahr 1500 als das Ende des Mittelalters anzugeben. Aber das Problem des Zeitrahmens bleibt bestehen. Anders gesagt: Ich will Auskunft über den Zeitraum von 500 bis 1500 geben, nicht aber von einem Mittelalterbild ausgehen und es korrigieren oder bestätigen.
11. Die Einteilung in »Frühmittelalter – Hochmittelalter – Spätmittelalter« ist die herkömmliche Gliederung. Die Dreiteilung verfeinert zwar bereits die Ergebnisse der Untersuchungen, zwingt Übergänge zu sehen und zu suchen und warnt vor Pauschalisierungen. Doch ließen sich noch zeitkürzere Unterteilungen ausfindig machen. Betont werden muß aber die regionale Ungleichzeitigkeit, nämlich das zeitlich ungleiche Eintreten der einzelnen Regionen bereits in die Zeit, die wir Frühmittelalter nennen, dann aber auch in die Übergänge zwischen den einzelnen Phasen. Das Mittelalter, so wie es nun einmal als Zeit umrandet wird, setzt an sehr verschiedenen Kulturen an und baut weiter. Gelegentlich wird von ver-

schiedenen Mittelaltern gesprochen, verschieden je nach Entfaltung der einzelnen Disziplin, Mentalität oder Region. Um der Unübersichtlichkeit vorzubeugen, war ein Mittelweg einzuschlagen, der auf die Notwendigkeit unterscheidenden Urteilens aufmerksam macht, den meines Erachtens vorhandenen Zusammenhang aber nicht unnötig zerschneidet. Gefährlich scheint mir aber auch hier das Vorgehen, vorab einen – woran gewonnenen? – Begriff zu bilden und ihn dann in den Zeiten verwirklicht sehen zu wollen oder nicht. Mag ein solches Vorgehen zu scharfen Scheidungen führen, so ist es doch fraglich, ob der Erkenntnisgewinn ähnlich hoch ist.

Zum Abschluß Dank an die Mutter, ohne deren geduldiges Anleiten und anregendes Hinführen die Begeisterung für Geschichte und diese Geschichte nie gereift wäre. Dank an den Vater, dessen Universitätslaufbahn ein dreijähriger Aufenthalt in Istanbul sowie Aufenthalte in Münster/W. und Würzburg und so vieles mehr zu verdanken sind, was mein gesamtes Leben prägt.
An einen ganz anderen ergeht Dank, an Georg Simmel, der in seiner »Sociologie« die Beziehungslinien zwischen den Menschen und ihrem sozialen Schaffen genauer sehen und dessen Zurückhaltung im Urteil gerade das eigene provozieren ließ.
Dank an P. Heinz Schulte SJ, der mit Anregung und Kritik dem Wachsen dieses Orientierungsversuches zur Seite stand.

A. FINSTERES ODER VORBILDLICHES ZEITALTER?

Die Meinungsbildung über das Mittelalter verläuft in Annahme und Ablehnung nach einer kollektiven Sicht, kennt allerdings in jeder einzelnen Biographie wiederum ihre Geschichte und die je eigene Feinabstimmung in der Bewertung dieser Zeit.

Nach aller Erfahrung mit der Vielschichtigkeit menschlichen Strebens dürfte es durch alle Epochen hindurch Interessierte gegeben haben, die Neugier am Mittelalter zeigten und schlichtweg wissen wollten, wie das Mittelalter war, wie leicht und wie schwer die Menschen in ihm lebten und was diese Zeit zustandebrachte.

Das völlige Vergessen dieser Zeit herrschte bei einer anderen Gruppe vor; man wußte einfach nicht, wievieler Errungenschaften des Mittelalters wir uns bis heute bedienen – beispielsweise des Kalenders, der arabischen Zahlen, des Pflugs, des Papiers, ja des Buchdrucks und der Universität; und wieviele jahrhundertelang wirksame politische Ausrichtungen – Frankreichs in den Nahen Osten und Deutschlands in den Osten Europas etwa – und damit auch Ängste der Zeit des Mittelalters entstammen.

Neben dem Vergessen findet sich aber immer die breite Palette begründeter und auch interessenbedingter hintergründiger Verurteilungen und Verklärungen im Schlepptau einer jeden Epoche. Um nur ein Beispiel zu nennen: Juden und »Ketzer« erinnern sich anders an das ›Schicksal‹ ihrer Glaubensgenossen als Christen. Christen, aber nicht nur sie, stehen bis heute in der Gefahr, sich ihr Mittelalterbild für den Gegenwartsgebrauch zurechtzurücken.

Einige Sichtweisen innerhalb dieser Geschichte der Auseinandersetzungen, der Absetzungsarbeit und der Nutzbarmachung seien nun eröffnet.

1. Sichtweisen des Mittelalters in der Zeit von 1500 bis zum beginnenden 18. Jahrhundert

Das Mittelalter wirkt mit seinen Lebens- und Denkformen erst einmal im 16. und 17. Jahrhundert weiter – auf vielfältige Weise, von der sich die Menschen oft nur schwer umfassend Rechnung geben können, weil sie noch zu nahe an ihm weiterbauen. Sie leben noch Zeit an Zeit wie

Wand an Wand mit dem Mittelalter und müssen erst ihren Selbststand finden. Die Absetzung gerät manchmal umso heftiger. Doch beherrscht sie nicht allein das Feld, denn beiläufig begegnet auch die nahtlose Fortsetzung, etwa in der Alchemie. Der Bruch mit der Antike vollzieht sich, wie etwa in der Medizin und Diätetik, nicht mit Beginn des Mittelalters, sondern erst in der Neuzeit. Gleichfalls ist eine Suche nach Verankerung festzustellen, die tiefer als bloß in die Römerzeit reicht. Auch üben Menschen der Renaissance Kritik an ihrer Zeit mit Hilfe des Mittelalters.

Zeit eines überspitzten Denkstils

Thomas Morus (1478–1535) nimmt in der »Utopia« von 1516 die Spitzfindigkeiten der spätmittelalterlichen Logik aufs Korn. Er spöttelt: Die Utopier haben »nicht einmal eine einzige von all den schönen Regeln erfunden, die über ›Restriktion‹, ›Amplifikation‹ und ›Supposition‹ in den Lehrbüchern der ›Kleinen Logik‹ höchst scharfsinnig ausgedacht sind ... Ferner haben sie wenig daran gedacht, den ›zweiten Intentionen‹ genügend nachzuforschen, so daß sie nicht einmal den sogenannten ›Menschen im allgemeinen‹ gefunden haben, der doch ein wahrer Koloß ist und größer als jeder Riese.« Viele geißeln mit Morus eine Denkmethode, welche sich in Feinheiten kaum mehr nachvollziehbarer Unterscheidung verliert. – Es gab nun sicherlich Überspitzungen in der Darbietung der Lehre und Fragen nach – auch den Damaligen – spitzfindig erscheinenden Problemen. Läßt sich aber nicht die Arbeit wertvoller Unterscheidungen von sicherlich manchmal hochstilisierten Distinktionen trennen? Man erlebt im Mittelalter das auch uns bekannte Phänomen, daß sich der Forschungsbetrieb verselbständigt und sich seine eigenen Probleme schafft. Insofern ist nicht der Vorgang als solcher, wohl sein Inhalt mittelalterlich.

Eine immer stärkere Absage zum Beispiel erfährt eine Lehrmethode – man nennt sie die scholastische Methode – , die sich argumentativ auf Lehrautoritäten stützt, deren Aussagen man aber nicht noch einmal kritisch überprüft, sondern glaubt. Man greift insbesondere eine Methode an, der vorgeworfen wird, alle Doktrinen an ihrer Übereinstimmung mit der Lehre des Aristoteles zu messen, anstatt diese zu kontrollieren. Blaise Pascal (1623 – 1662) liefert 1656 in dem vierten seiner »Provinzialbriefe« ein Beispiel. Der in diesem Brief auftretende Jesuit ist in die Enge getrieben und wankt bereits in seiner Argumentation, als er plötzlich siegessicher ausruft: »Ich war sicher, daß es an schlagkräftigen Beweisen nicht fehlen würde. Lest nur, was er aus Aristoteles zitiert, und Ihr werdet unter dem Eindruck einer solchen Autorität sehen, daß entweder die Bücher dieses großen Philosophen verbrannt werden sollten, oder daß unsere Lehre richtig ist...«

In dem Fragment gebliebenen »Traktat über die Leere« von 1647 schreibt B. Pascal: »Die Achtung, welche man dem Altertum entgegenbringt, ist heutzutage in jenen Dingen, wo sie am wenigsten gelten sollte, so hoch gestiegen, daß man alle seine Gedanken zu unangreifbaren Orakeln und selbst seine Unklarheiten zu göttlichen Heilszusagen erhebt, so daß es nicht mehr ohne Gefahr ist, neue Ansichten aufzustellen, und daß der Text eines Autors genügt, um die stärksten Vernunftgründe hinfällig zu machen.« Richtet sich die Kritik aber nicht gegen eine Scholastik, die sich erst in der beginnenden Neuzeit verhärtet hat? Bonaventura zum Beispiel diskutiert intensiv Ansichten des Aristoteles und verwirft einige von ihnen. Ob also für das Mittelalter dieser Vorwurf der Autoritätengläubigkeit global beziehungsweise in welchen Fragen er zutrifft, werden wir an verschiedenen Punkten untersuchen. Und ob Neuzeit und Moderne selbst sich von ihm freisprechen können, ist fraglich, gerade wenn man an die Nachbeter und die Moden unserer Epoche denkt.
Berücksichtigen die Kritiker immer, daß auch in einem nach »modernen« Maßstäben unkritisch durchgeführten Denkverfahren trotzdem Wahrheit zu Tage treten kann?
Eine andere Kritik vernimmt der Leser des Erasmus von Rotterdam (1469–1536), der in dem »Convivium religiosum« gesteht: »Ich will vor meinen Freunden meine Neigung nicht verbergen: ich kann das Buch Ciceros über das Alter, über die Freundschaft ... nicht lesen, ohne von Zeit zu Zeit das Buch zu küssen und mich zu verneigen vor diesem heiligen, ganz von göttlichem Odem erfüllten Herzen. Wenn ich andererseits diese neueren Werke über Staat, Wirtschaft oder Moral lese, bei Gott, wie kalt sind sie im Vergleich zu jenen; sie fühlen nicht, was sie schreiben, so daß ich gerne den ganzen Scotus und seine Gesellschaft gegen den Cicero oder Plutarch hingeben wollte, nicht weil ich jene ganz verdamme, sondern weil ich bei diesen den Eindruck habe, sie machten mich besser, während ich nach der Lektüre jener Scholastiker gegen die wahre Tugend kälter, dafür aber zu Disputationen gereizter bin.«
Das Mittelalter als Zeit bereits ausdifferenzierter Systeme? Den Beleg liefern eine bestimmte Literatur und eine bestimmte Zeit, aber nicht das gesamte Mittelalter.

Eine vorwissenschaftliche Epoche

Das 16. und 17. Jahrhundert wird sich viel auf den Aufschwung der Wissenschaften einbilden und den freien, ungezwungenen und kritischen Blick auf die Natur hervorheben. Richtig ist, daß Kopernikus, Kepler und Galilei einen neuen Blick auf das Weltall ermöglichen. Allgemein geltende Gesetze werden entdeckt und so bisher getrennte Welten vereinheitlicht. Der Mensch wird nicht mehr als Sonderfall betrachtet, die Erde

aus dem Zentrum gerückt. – Was geht dabei verloren? Als Erde und Mensch im Mittelpunkt standen, bezog der Mensch gerade nicht alles auf sich. Fühlten sich aber die meisten nicht »in Ordnung«? Nach der kopernikanischen Wende schwingt er sich jedoch zum Bezugspunkt auf und leidet unter dieser Last.
Unterschlagen und vergessen werden dürfen aber weder die Trauer des Mittelalters über verlorengegangenes Wissen, wie des Heraclius über die Glaskunst der Antike, noch die Leistungen mittelalterlicher Experimentierer.

Jahre einer abstrusen Kunst

Die Renaissance überspringt die »Mittlere Zeit«, ja klammert sie verächtlich ein. Giorgio Vasari (1511–1574) spricht von der gotischen Kunst als von einer »verfluchten Gestaltungsweise« und von »verfluchten Machwerken«. »Viel eher aus Papier, denn aus Stein oder Marmor« scheinen Vasari die gotischen Kirchen zu sein, »in sich selbst labil wirkende Gehäuse« ohne Standfestigkeit und ohne Ebenmaß. Die Goten hätten, so G. Vasari, die spitzbogigen Wölbungen eingeführt. Abscheu bestimmt seine Stellungnahme.
Ist die Renaissance aber deswegen schöpferischer als das Mittelalter? Sie übernimmt den Formenschatz der antiken Baukunst und hält sich vielfach sklavisch an ihn. G. Vasari scheint mir diesen Vorwurf zu ahnen, wenn er in zutreffender Beschreibung zahlreicher Kunstwerke der Renaissance bezüglich Bramantes ausführt: Er vermittelte uns »... nicht nur die Kunst in erneuerter Gestalt, sondern verlieh ihr auch eine bisher unbekannte Schönheit«. Statt bloßer »Wiedergeburt« findet sich Weiterentwicklung wenigstens bei diesem Künstler!
Die Wahl unseres Zeitraumes, der bis 1500 reicht, entschärft sicherlich den Gegensatz, ist doch die italienische Kunst des 15. Jahrhunderts mit einbezogen. Aber auch wenn wir von ihr für einen Moment absehen, gilt doch, daß die Bilder mehrerer mittelalterlicher Maler, genannt sei nur Konrad Witz, bereits einen perspektivischen Blick auf die Welt, in die Räume hinein und auf die Landschaft hin eröffnen. Das Auge ist bereits in unserem Zeitraum bestimmend geworden, die Gegenstände ordnen sich dem Blick unter. Vasari übersieht die Wandlungen und typisiert. See und Wald, die Spiegelungen im Wasser und die Färbungen des Laubes finden immer raffinierteren Einlaß in das Bild. Zu Recht bezeichnet man den Künstler als den Vorläufer des modernen Wissenschaftlers. – Sicherlich wächst das technische Können in der Renaissance. Doch liegt meines Erachtens darin, etwa den Hintergrund mit Gold auszumalen, nicht die Unfähigkeit, die Wirklichkeit zu sehen, sondern eher die Fähigkeit und das Verlangen, die mit den Sinnen wahrnehmbare Welt

nicht als die einzige gelten lassen zu wollen. Bereits im Mittelalter wandeln sich Sinn und Funktion des Bildes. Es tritt aus dem sakralen Raum und der sakralen Funktion in den bürgerlichen Raum und dient dort auch den Zwecken der Selbstdarstellung und der Repräsentation, man denke an Jan van Eycks »Die Arnolfini Hochzeit« von 1434.
Mit der Absage an das Mittelalter will die Neuzeit eben jene Zeit verabschieden, die nicht dem Maß der Antike gefolgt sei. Dies steht in einer gewissen Spannung zu dem eben behandelten Vorwurf, das Mittelalter ordne sich sklavisch Aristoteles unter. Sicher, es geht im ersten Falle um die Freiheit der Wissenschaft sowie von Autoritäten und im zweiten Falle um die Vollendung der Kunst. Ist das Mittelalter vielleicht nicht in der Kunst so schöpferisch, wie es die Neuzeit in den Wissenschaften sein wird?

Überholt im Lebensstil

Komplex ist die Position Rabelais'. François Rabelais (1494–1553) schreibt in den Jahren 1532 bis 1546 »Gargantua et Pantagruel«, einen skurril weitschweifigen Abenteuerroman. »Das höchst erstaunliche Leben des großen Gargantua, Vaters von Pantagruel«, 1534 veröffentlicht, bildet die Vorgeschichte des »Pantagruel«. Die Abtei Thélème, einen der Orte der Handlung, stattet Rabelais als Gegenstück zu einem mittelalterlichen Kloster aus. Auch Thélème orientiert sich an einem Idealzustand – und ist doch das gerade Gegenteil eines bisherigen Klosters. So lautet etwa der Wahlspruch des Erbauers von Thélème: »Tu, was du willst«. Mit seinen 9332 Gemächern steht jedem seine eigene Kapelle zu. Eine gemeinsame Kirche – im Sinne eines Bauwerks! – besteht nicht mehr. Der Tagesablauf der »Ordensleute« ist nicht eingeteilt. Ohne Uhr und ohne Tagesplan leben Männer und Frauen, und sie leben zusammen in Ehe, mit Geld und nur sich gehorchend. Die drei Gelübde der Armut, der Keuschheit und des Gehorsam finden ihr – zeitgemäßes? – Gegenstück.
Rabelais entwirft ein Gegenmodell. Worauf baut es auf? Ist es auf eine festere Wirklichkeit und auf ein sichereres Wissen vom Menschen gegründet? Und wird Rabelais nicht letztlich unsicher bezüglich des Wertes solcher Modelle? Im »Pantagruel« (1546) zeichnet Rabelais einen Richter namens Bridoye, der zuerst lange seine Fälle aus den Akten studiert und schließlich mit dem Würfel entscheidet. Darf dies nicht als der fast verzweifelte Ausdruck dafür gedeutet werden, daß Wahrheit gesucht, aber nur im Glücksspiel gefunden wird? So vollzieht Rabelais einerseits satirisch eine Abkehr vom mittelalterlichen Lebensmodell, bleibt aber skeptisch hinsichtlich der Wahrheit der angebotenen Alternativen.
Eine Absage wird einer Art des »Positivismus«, einem – vermeintlichen? – Ausläufer der Autoritätengläubigkeit des Mittelalters, erteilt: Der

Ehrenmann glaubt, was man ihm sagt und was er geschrieben findet, ohne zu prüfen, denn Gesprochenes und Geschriebenes seien von sich her immer wahr. Nein, sagt Rabelais, prüfe kritisch, was gesagt und geschrieben ist, selbst wenn ein Eid es absichert. Aber betont nicht auch die Kirche des Mittelalters hartnäckig die Pflicht zur Überprüfung selbst der beeideten Aussage? Manches, was sich als Errungenschaft ausgibt, ist es erst durch Verschweigen der vorangehenden Haltung.

Erfahrungsraum und Arsenal

Die Rückgriffe sind zahlreich. So gewinnen in der Reformationszeit und in den späteren staatskirchenrechtlichen Auseinandersetzungen die Streitschriften des 14. Jahrhunderts, welche das Kaiser-Papst-König Problem behandeln, wieder Aktualität. Um 1560 werden mittelalterliche Traktate wie Dantes »Monarchia«, Lupold von Bebenburgs »De iuribus regni et imperii« von 1340 und Kaiser Ludwigs des Bayern »Fidem catholicam« von 1338 in Basel gedruckt. Um den Weg der Frau zur Gleichberechtigung zu blockieren, argumentiert wie schon das 14. Jahrhundert auch die Neuzeit mit der Lex Salica, welche der Frau und ihren Nachkommen die Thronfolge untersagt.
René Descartes (1596–1650) geht durch die Beobachtung mittelalterlicher Städte auf, was es heißt, ein philosophisches System von Grund auf neu zu errichten.

2. Die Kritik des 18. Jahrhunderts und der Aufklärung am Mittelalter

Einer der Aufrufe dieser Zeit lautet, aus der selbstverschuldeten Unmündigkeit herauszugehen und mündig zu werden. Das Verlassen eines Zustandes ist wie oft von Häme über das Abgestreifte und mit Einbildung über das Gewonnene begleitet. Doch auch hier sind die Bewegungen komplex und keineswegs einlinig.

Dunkles Zeitalter

Das Mittelalter ist für viele Aufklärer die Zeit, in welcher die Menschen dumpf, verdummt und in der freien Entfaltung behindert leben. Der »Discours« von 1750 des Jean-Jacques Rousseau (1712–1778) geißelt in diesem Sinne scharf das Mittelalter. Donatien Alphonse François Marquis de Sade (1740–1814) zerreißt als einer der wenigen die Selbstsicherheit

der Aufklärung, indem er ihr vorwirft, den Bezug des Menschen auf Gott nur ausgedünnt und dabei dem Menschen gefährliche Bereiche seiner »Natur« ausgeblendet zu haben. Die sexuelle Gier, die Herrschsucht und der Drang, sich am Leiden anderer zu ergötzen, lauern laut de Sade im Innern des Menschen ununterbrochen kräftig auf Chancen ihrer Verwirklichung.
Als Stoff jedoch bleibt das Mittelalter begehrt. In den Türkenopern des 18. Jahrhunderts liefert die Kreuzzugszeit den Hintergrund. Sie dient in Gotthold E. Lessings (1729–1781) »Nathan der Weise« als Folie, um aus der Begegnung mit anderen Kulturen und sich fremden, ja oft sich feindlich gegenüberstehenden Religionen nach Wahrheit und Toleranz zu fragen.

Der verfehlte Anspruch auf ›Ewigkeit‹

Viele entrüsten sich über die Klöster und Orden. Charles-Louis Montesquieu (1689–1755), Jean-Jacques Rousseau (1712–1778), aber auch Immanuel Kant (1724–1804) treten für das Ende dieser Institutionen ein, die Land und andere Kostbarkeiten sammelten, immer reicher und mächtiger wurden und den Tod nicht kannten. Mitten unter den Sterblichen gleichsam unsterbliche Institutionen mit unendlicher Vermehrungskraft zu errichten, ist höchst unzulässig und allenfalls dem Staat zu gestatten!

Eine blutrünstige Epoche

Die bürgerliche Gesellschaft des 18. Jahrhunderts erregt sich über den sogenannten Blutdurst des Mittelalters, kritisiert auch einige weiterlebende Züge, wie etwa die Vierteilung Robert-François Damiens' 1757, lebt aber andererseits vom Sklavenhandel, hält sich auch selbst Sklaven und verletzt darin die Menschenwürde. Ein vielgepriesener König wie Friedrich II. von Preußen duldet einen militärischen Drill, der Menschen zur Maschine herabsetzt.

Zeit der Dekadenz

Im Mittelalter leben heißt für weite Kreise des 18. Jahrhunderts, dekadent sein. Kraftlosigkeit und die Unfähigkeit zu großen Leistungen werden dem Mittelalter unterschoben. Jean Baptiste D'Agincourt (1730–1814), der eine Geschichte der Kunst »von ihrem Verfall bis zur Auflebung« verfaßte, ist ein Vertreter dieser Sicht. Der Ritter des Weißen-Adler-Ordens, Priester Jacek Lopacki, will im 18. Jahrhundert den Veit-Stoß-Altar aus der Marienkirche von Krakau entfernen lassen, denn er sei von »arte gothico barbaro«, wie er in eigenartigem Latein sagt. Voltaire (1698–

1778) vermag allenfalls in Kaiser Friedrich II. den kraftvollen, schöpferischen und literarisch gebildeten Menschen zu erblicken.

Legitimationsgrund für Rechte und Titel

Die Diskussion um das »Sacré« des französischen Königs, seine durch die Salbung erhaltene Heilkraft, hält die Gemüter ebenso in Bewegung wie die Frage nach der Herkunft des Zehnten und seiner Legitimation. Handfeste Interessen sorgen gleichfalls für das Überleben des Mittelalters. Wer nach soliden Rechtstiteln für das Familienerbe oder ein Grundstück, vielleicht sogar der Gebietsansprüche der Respublica verlangt, läßt seine Rechtsberater in die Urkundenwelt des Mittelalter hinabsteigen. Damit beschäftigen sich die Réunionskammern Ludwigs XIV. wie auch zahlreiche Familien, nicht nur in Frankreich. – Allerdings ist bereits im Mittelalter selbst dieser Zug anzutreffen. Erwähnt sei nur Nikolaus von Cues (1401–1464), der die Archive durchforstete, um dem Bistum von Brixen im Laufe der Zeit abhandengekommene Güter wieder zurückzugewinnen. Ein Beispiel im Frankreich des 18. Jahrhunderts liefert die Familie des Francois René Vicomte de Chateaubriand (1768–1848). Nach den Kriegen des 17. und frühen 18. Jahrhunderts hat sich Geld angesammelt. Jetzt gilt es, die ehemaligen Besitztümer zurückzuerwerben oder schlichtweg einzufordern. Dort ist Erfolg beschert, wo Geld in politische Macht umgesetzt werden kann.

3. Die Ansichten Goethes und Schillers über das Mittelalter

Johann Wolfgang von Goethe (1749–1832)

Brenn- und Berührungspunkte Goethes mit dem Mittelalter lassen sich unter den Stichworten »Die Stadt Frankfurt und das Straßburger Münster«, »Begegnungen auf der Italienischen Reise«, seine »Beziehung zu den Brüdern de Boisserée« und die »Besuche mittelalterlicher Stätten von Weimar aus« gruppieren.

Die Sicht in: »Aus meinem Leben. Dichtung und Wahrheit«

Als Kind erlebt Johann Wolfgang, der aus dem städtischen Patriziat stammt, daß die Besetzung der über Nacht freigewordenen Schultheißenstelle der Stadt Frankfurt rasch geschehen muß, denn bei der geringsten Verzögerung reißt der Kaiser als die übergeordnete Instanz im Lehenssystem das Besetzungsrecht an sich. Der Kampf um die Rechtszuständigkeit und damit auch um das Leben ist selbst noch in dieser zähen und reformunwilligen Spätform der Lehnsgesellschaft gegenwärtig. Zwar droht ihr als ganzer nicht das Chaos, wenn eine Ordnung zerbricht, wohl aber einzelnen Schichten und Institutionen die Entmächtigung. In den mittelalterlichen Lehnsstrukturen ist beständige Wachsamkeit und ununterbrochener Einsatz für die Rechte nötig. Meines Erachtens wird damals der Verlust von Ordnung immer als der Wechsel in eine andere Ordnung aufgefaßt. Erst wenn die Neuzeit endgültig Einzug gehalten hat, stellt sie die Menschen brutal vor die Alternative: Staat oder Chaos, Zwangsordnung oder Anarchie. Erst jetzt wird den Menschen bedeutet, daß der Verlust der bestehenden Ordnung keinen Ersatz an Ordnung besorgt. Die Gegenwart des Mittelalters ist im Frankfurt des jungen Goethes auf Schritt und Tritt zu spüren.

Das Mittelalter wird aber auch übersprungen, ja ein- und ausgeklammert: Die Druidenrepublik, wenn auch in Klopstockscher Färbung, die griechische und römische Kunst finden starkes Interesse, vor allem die Laokoongruppe.

Goethe tritt – wir dürfen wohl sagen: zeitlebens – für ein freies, sich selbst verwaltendes Gemeinwesen überschaubarer Größe ein, welches mehrere Ordnungen und nicht hauptsächlich die des Rechts lebendig halten; dieses Gemeinwesen solle, so Goethes Ansatz, seine Wohlhabendheit sich selbst verdanken: groß genug, um in Arbeitsteilung das Leben angenehm zu machen, ohne jedoch in Prunksucht und Luxus zu fallen, und klein genug, um sich gar nicht erst auf kostspielige, blutige Abenteuer einlassen zu können. Damit orientiert Goethe sein politisches Ideal auch an der im Mittelalter errungenen Städtefreiheit.

Im Jahre 1772 schreibt Goethe den Hymnus auf den Baumeister des Straßburger Münsters: »Von deutscher Baukunst, divis manibus Erwini a Steinbach«. So entdeckt Goethe im deutschen Mittelalter Kraft und Genie.

In »Dichtung und Wahrheit«, 1813, liest es sich dann so: »Da ich nun an alter deutscher Stätte dieses Gebäude gegründet und in echt deutscher Zeit so weit gediehen fand, auch der Name des Meisters auf dem bescheidenen Grabstein gleichfalls vaterländischen Klanges und Ursprungs war, so wagte ich, die bisher verrufene Benennung gotische Baukunst, aufgefordert durch den Wert dieses Kunstwerks, abzuändern und sie als deutsche Baukunst unserer Nation zu vindizieren...« Das »gotisch« bringt Goethe aber nicht mit »gallisch« in Verbindung. Der französische Ursprung der gotischen Architektur wird erst um 1840 erkannt. Entgegen Goethes Vorschlag behalten Fachwelt und Publikum aber den Namen »gotisch« bei. In den »Tag- und Jahresheften oder Annalen« erfahren wir, wie Goethe nach einer Besichtigung des Kölner Domes gesteht, daß er

sich »nach und nach fähig fühlte aus einer großen, oft wunderlichen und verwirrenden Masse das Reine und Schöne, wohin der menschliche Geist unter jeder Form strebt, herauszufinden und sich anzueignen«.
Goethe setzt sich für die Vollendung und Restaurierung des Kölner Domes ein und gewinnt dafür Hegel und Schelling, die beiden Schlegel, Wackenroder, Novalis und schließlich auch Brentano.

Der Mittelalterzugang der »Italienischen Reise«

In der »Italienischen Reise« preist Goethe die große Stadt, in deren Leben auch die Ärmsten und Geringsten einbezogen sind. Ein mittelalterliches Sprichwort wie: »Mist tut mehr als die Heiligen«, imponiert dem nüchternen Naturbeobachter Goethe. Das Mittelalter sei eine barbarische Zeit gewesen, aber Kritik wechselt wieder mit Bewunderung: »Der Glaube hat die Künste hervorgehoben, der Aberglaube hingegen ist Herr über sie geworden.« In Assisi interessiert sich Goethe nur für den Minervatempel, der ihn völlig in Bann schlägt. Die Gestalt des heiligen Franz ist Goethe bekannt, bleibt von ihm aber ebenso unbeachtet wie zuvor die Kirchentüren von Sankt Zeno in Verona.

Die Mittelalterwürdigung der »Tag- und Jahreshefte oder Annalen«

1794 charakterisiert Goethe die Gelehrtenrepublik, der er sich zugehörig fühlt, als »eine aristokratische Anarchie, ungefähr wie der Konflikt jener, eine bedeutende Selbständigkeit entweder schon besitzenden oder zu erringenden strebenden Gewalten im Mittelalter. Auch war es eine Art Mittelalter, das einer höheren Kultur voranging ...« Das Mittelalter zeichnet Goethe als Vorläuferzeit und als ständiges Ringen um Ausgleich, das weder demokratischen noch monarchischen Strukturen gestattete, sich fest durchzusetzen. Unzufrieden mit seiner Zeit blickt er auf das Mittelalter zurück, wo es einem Mitglied des Gemeinwesens nicht erlaubt gewesen sei, »das zu zerstören, was andere kurz vorher aufgebaut hatten«. Er hadert mit der »Unruhe«, die seit der Französischen Revolution das Leben beherrsche. Zur Neuzeit heißt es dann noch einmal: Es »tat sich eine Gegenwirkung hervor, gegründet auf die moderne Maxime, daß der einzelne durchaus ein Recht habe gegen den Vorteil des Ganzen den Seinigen geltend zu machen«.
Solcherart ist der Boden bereitet, um den Brüdern Boisserée aufmerksam begegnen zu können. Dr. Sulpiz Boisserée lenkt die Kunstbetrachtungen Goethes auf das Mittelalter: »Hier verweilten wir so gern, weil eine wohl überdachte Folge übereinstimmender Monumente vor uns lag, die uns in eine zwar düstere aber durchaus ehren- und anteilwerte Zeit versetzte«;

»...ganz allein durch Aufklärung der Vergangenheit läßt sich die Gegenwart begreifen«.

Goethe beurteilt das Mittelalter sehr nuanciert

Es zeigt sich, daß Goethe zurückhaltend und doch sehr präzis das Mittelalter beurteilt. Er befragt übernommene Vorurteile und ringt um die eigene Stellungnahme. Das Bemühen, dem Mittelalter Gerechtigkeit widerfahren zu lassen, ist nicht abzustreiten. Die Beschäftigung mit dem Mittelalter dient Goethe außerdem dazu, die nationale Einigung zu befördern. Welche Verkehrung der Sicht, welcher neuaufgepreßte Zugang, mag jemand im ersten Augenblick denken, wenn man auf den europäischen und in sich vielgestaltigen Charakter der mittelalterlichen Kultur achtet! Doch beginnt bereits im Mittelalter die Profilierung der einzelnen Stämme, Völker und Reiche!
Das Ancien Régime findet in Goethe keinen vorbehaltlosen Verteidiger. Er bleibt Gegner der Französischen Revolution, denn sie bezieht für ihn ihre Gedanken aus sogenannter Vernunft, die zwar mit geometrischer Klarheit die Welt gestalten wolle und doch, so ergibt seine scharfsinnige Durchleuchtung, den Nutzen zum obersten Gott erkor. Goethe läßt sich aber auch nicht von der Restaurationspolitik vereinnahmen und tritt nicht für den Legitimismus ein. Ein Zurück ist bleibend verwehrt.
Im »Faust« sichtet Goethe schonungslos seine Epoche. Faust lebt nun nicht mehr in dem *einen* Glauben, es gibt – mindestens – zwei Bekenntnisse. Das Leben ist nicht mehr aus einem bestimmten Glauben oder gegen ihn zu gestalten, jetzt sind Glauben, Leben und das Verhältnis beider bezweifelbar geworden. Die Wissenschaft tritt für Goethe nicht klärend und helfend in diesen Prozeß ein; sie hilft nicht, im Gegenteil, sie bringt neues Unheil über den Menschen und trägt alle Züge eines Götzen an sich, wenn ihr freier Lauf gegeben wird. Das Mittelalter hilft zur Verortung der Gegenwart.

Friedrich Schiller (1759–1805)

Schillers Mittelalterbild entwickelt sich und ist wie das Goethes vielschichtig.
In der »Universalhistorischen Übersicht der vornehmsten an den Kreuzzügen teilnehmenden Nationen...« charakterisiert er das Mittelalter mit dem Bild: »Eine traurige Nacht, die alle Köpfe verfinstert, hängt über Europa herab, und nur wenige Lichtfunken fliegen auf, das nachgelaßne Dunkel desto schrecklicher zu zeigen.« Die Kreuzzüge, so Schiller, laden »ein Auge, das die Gegenwart begrenzt«, nicht ein, »sich dabei zu verweilen«. »Betrachten wir aber diese Begebenheit im Zusammenhang mit den

Jahrhunderten, die ihr vorhergingen, und mit denen, die darauf folgten, so erscheint sie uns in ihrer Entstehung zu natürlich, um unsere Verwunderung zu erregen, und zu wohltätig in ihren Folgen, um unser Mißfallen nicht in ein ganz andres Gefühl aufzulösen«, fange doch ab der Zeit der Kreuzzüge der Aberglaube selbst an, die von ihm dem Menschengeschlecht zugefügten Übel zu kurieren.
Schiller will nachweisen, daß das Mittelalter als »das vereinigte Elend der *geistlichen* Einförmigkeit und der politischen Zwietracht, der Hierarchie und der Lehenverfassung ... sich ... in dem Taumel der heiligen Kriege selbst ein Ende bereiten« mußte.
Aber es sind auch andere Töne zu verzeichnen. »Die großen Epochen in der Geschichte verknüpfen sich zu genau miteinander, als daß die eine ohne die andre erklärt werden könnte.« Die Erklärung ist wiederum nur möglich aufgrund bestimmter Kausalzusammenhänge. Die Vernunft darf befriedigt feststellen, daß »der Genius, der den Faden der Weltgeschichte spinnt«, ihr entgegengearbeitet habe. »War die *Völkerwanderung* und das *Mittelalter*, das darauf folgte, eine *notwendige* Bedingung unserer bessern Zeiten?«, fragt Schiller und bejaht die Frage. Er illustriert seine Geschichtssicht, wenn er in seiner schonungslosen Art schreibt: »Unsre rauhen Vorfahren in den thüringischen Wäldern mußten der Übermacht der Franken unterliegen, um ihren Glauben anzunehmen. Durch seine wachsenden Reichtümer, durch die Unwissenheit der Völker und durch die Schwäche ihrer Beherrscher mußte der Klerus verführt und begünstigt werden, sein Ansehen zu mißbrauchen und seine stille Gewissensmacht in ein weltliches Schwert umzuwandeln. Die Hierarchie mußte in einem Gregor und Innocenz alle ihre Greuel auf das Menschengeschlecht ausleeren, damit die überhandnehmende Sittenverderbnis und des geistlichen Despotismus' schreiender Skandal einen unerschrockenen Augustinermönch auffordern konnte, das Zeichen zum Abfall zu geben...«
Freiheit soll zusammen mit Kultur das menschliche Leben gestalten. Erst wenn beide ihr Hoch-Maß auch und gerade im wechselseitigen Verhältnis erreicht haben, ist die höchste Stufe menschlicher Entwicklung erzielt. »*Freiheit* und *Kultur*, so unzertrennlich beide in ihrer höchsten Fülle miteinander vereinigt sind und nur durch diese Vereinigung zu ihrer höchsten Fülle gelangen, so schwer sind sie in ihrem Werden zu verbinden«.
Das Altertum – die erste Stufe – schuf Kultur ohne gesellschaftliche Freiheit. Das Mittelalter als die zweite Stufe steuerte nun eine Freiheitserfahrung hinzu, »eine gesetzlose, stürmische Freiheit«. Schiller denkt an die Kreuzzüge und ihre Rauschzustände. »Beim Ablauf des Mittelalters allein erblickt man in Europa einen Enthusiasmus, der einem höhern Vernunftidol auch das Vaterland opfert. Und warum nur hier und *hier* auch nur *einmal* diese Erscheinung? Weil in Europa allein, und hier nur

am Ausgang des Mittelalters, die Energie des Willens mit dem Licht des Verstandes zusammentraf, hier allein ein noch männliches Geschlecht in die Arme der Weisheit geliefert wurde.« Der gesetzlose Zustand des Mittelalters bewahrte sich einerseits vor dem Absturz in die heillose Tyrannei und hielt andererseits so lange aus, bis die Vernunft Zeit gefunden hatte, sich die ihr zukommenden Gesetze zu geben. Dies geleistet zu haben, verdient Bewunderung.
In dieser dritten Phase ist die Vermittlung und Versöhnung zu erzielen. Erst die Freiheitserfahrung führt zur Anerkenntnis der Notwendigkeit von Gesetzen und nun auch zum Ringen um die Selbstgesetzgebung.
In der »Vorrede zur ›Geschichte des Malteserordens nach Vertot‹ in der Bearbeitung von Niethammer« bekennt Schiller fast trauernd, jedenfalls sehr nachdenklich: »Was wir auch vor jenen finstern Jahrhunderten voraus haben mögen, so ist es doch höchstens nur ein vorteilhafter Tausch, auf den wir allenfalls ein Recht haben könnten stolz zu sein. Der Vorzug hellerer Begriffe, besiegter Vorurteile, gemäßigterer Leidenschaften, freierer Gesinnungen – wenn wir ihn wirklich zu erweisen imstande sind – kostet uns das wichtige Opfer praktischer Tugend, ohne die wir doch unser bestes Wissen kaum für einen Gewinn rechnen können.«
So ergibt sich als Fazit: Auf die abschätzige und verurteilende Bewertung folgt der Gedanke, daß das Mittelalter eine notwendige Bedingung der Neuzeit ist. Schließlich siebt Schiller den Eigenwert dieser Zeit heraus, der auch vor den »Errungenschaften« der Neuzeit standhält.
Keineswegs klammert er diese Zeit ein, keineswegs überspringt er sie; darin unterscheidet er sich von der frühen Neuzeit. Es fehlt aber auch das Schwärmen für die Antike, wie es zeitweise bei Goethe zu finden ist.

4. Die Instrumentalisierung des Mittelalters durch die Romantik

Der Zeit, die von dem Ende des »Ancien Régime« gekennzeichnet ist, von der neuen Hast und der Erweiterung der Räume, der rationalen Planung, der Voraussicht und dem Beherrschenwollen, erscheint »das Mittelalter« wie ein Traum, dessen Erfüllung man herbeisehnt, um wieder in eine überschaubare Lebensform, in die Einfachheit des Lebens und zur Einheit in den Grundansichten zu finden, die für eine Disziplinierung im Umgang und für Genügsamkeit in den Forderungen sorgt. Die Absage an die Moderne läßt in vielen Menschen ein positives Bild des Mittelalters entstehen, wohingegen die Bejahung der Gegenwart bis in das 18. Jahrhundert hinein ein abstoßendes Bild vom Mittelalter entwarf.

Friedrich von Hardenberg (1772–1801), der sich Novalis nennt, tauscht 1799 in »Die Christenheit oder Europa« in seiner Werteskala die Antike gegen das Mittelalter aus. Die Neuzeit habe einen Fehler begangen, als sie an die Antike anknüpfte und eine Dekadenz zu überwinden meinte. Die Neuzeit zerstörte vielmehr damit eine reiche menschliche Zeit und verlor mit ihr eine geistige Dimension: »Es waren schöne glänzende Zeiten, wo Europa ein christliches Land war, wo Eine Christenheit diesen menschlich gestalteten Weltteil bewohnte; Ein großes gemeinschaftliches Interesse verband die entlegensten Provinzen dieses weiten geistlichen Reiches. – Ohne große weltliche Besitztümer lenkte und vereinigte Ein Oberhaupt die großen politischen Kräfte. – Eine zahlreiche Zunft, zu der jedermann den Zutritt hatte, stand unmittelbar unter demselben und vollführte seine Winke und strebte mit Eifer seine wohltätige Macht zu befestigen.« Wie oft von »Einheit« die Rede ist, von Eingliederung, von Gemeinschaft und ihrer geistlichen Ausrichtung – ausgeblendet ist das konfliktreiche Mittelalter!

«Ansichten von der Nachtseite der Naturwissenschaft« lautet ein Titel und ist als Kampfansage und Absage an die Aufklärungszeit sprechend genug.

Um Nachtseiten geht es auch in Bildern eines Moritz v. Schwind (1804–1871) oder eines Julius Schnorr v. Carolsfeld (1794–1872). Mitten in dem oft heiteren, schwerelosen und weihevoll-harmonischen Rahmen öffnet sich ein Abgrund der Düsterkeit. Bei näherem Zusehen zeigen die Musikanten und Sänger, die Schwind in seinem »Sängerkrieg« zeichnet, körperliche Behinderungen. Wer in das Bild hineinhört, vernimmt schrille, verzweifelte Töne ohne Harmonien. Das Bild »Des Knaben Wunderhorn« nimmt nach einem ersten genußvollen Anblick dem Betrachter die Sicherheit. Feuchte und schwarzdunkle Waldgewächse erregen Furcht. Mit der Dämmerung scheint sich diese Waldbühne in einen schaudererregenden Gefängnisraum zu verwandeln. E.T.A. Hoffmanns (1776–1822) »Die Elixiere des Teufels« aus den Jahren 1815 und 1816 lassen den Leser durch eine »Camera obscura« auf Bilder blicken, die »das Schauerliche, Entsetzliche, Tolle, Possenhafte« des Lebens vorführen und damit vielleicht, aber nur vielleicht erträglicher machen.

August Wilhelm Schlegel (1767–1845) protestiert gleichfalls gegen die »Aufklärung«, ihre Gefühlskälte, den Ichverlust und die sich damit einstellende Unausgeglichenheit: »Fühllos Geschlecht, vermeßen / In eitlem Selbstvergeßen / Und kalter Schwindelei! / Der Treue fremd, dem Rechte, / bald Dränger und bald Knechte, / Doch niemals mild und frei!«

Das Mittelalter als Ordnungsvorbild

Die politische Romantik, etwa in den Schriften eines Joseph Görres (1776–1848), wendet sich gegen die politischen und staatsrechtlichen Zustände, gegen den Mechanismus des Fürstenstaates mit seinen willkürlichen Verfahren, um vor ihm »die alten Grundfesten« zu retten, »welche auf der innersten Lebensgewohnheit eines Volkes ruhten«. Da ist vom segensreichen Wirken kaiserlicher Macht die Rede, welche die persönliche Freiheit nicht antastete, von den blühenden und fröhlichen Mittelstädten und einer Herrschaft, die sich »gleichsam unter den Augen« entfaltete. Doch wird dem Mittelalter keine unkritische, wohl aber eine der Wahrheit sehr nahekommende Beurteilung zuteil, wenn sein Unrecht und seine Wiedergutmachungen gegeneinandergehalten werden: »Der alte Feudalbegriff vom Eigenthum war gegen das Recht ... Das Unrecht aber war in der Ausübung wieder zum Theil gut gemacht, dadurch, daß die Lehne an die ganze Dauer des Stammes geknüpft schien ... In der Regel hatte zwischen den Grundpflichtigen und den Herren alles nach der Übereinkunft gemeiner Billigkeit sich ausgeglichen.« Und noch eine Beurteilung fügt Görres an: »Das meiste Schlechte ist ins alte System in den letzten drei bis vier Jahrhunderten hereingekommen, seit der Streit mit dem Neuen begonnen hat.«

Halt ist gesucht. Ihn bietet eine Verankerung in *den* Zeiten und Strukturen, die sich lange bewährt zu haben scheinen, wenngleich auch sie nicht, so muß sich der Unvoreingenommene sagen, der Verrottung entgingen. Vor allem aber habe sich das Mittelalter auf Gott gegründet und zur Kirche zusammengeschlossen. »Katholischer Glaube« und »katholische Kirche« bedeuten für viele Romantiker eine Wahrheit und eine Verfaßtheit, die gut und besser als andere Zeitangebote sind. Andere bemerken, daß es keine vertrauenswürdigere Institution als die Katholische Kirche geben könne. Welcher Institution sei denn zugesagt, daß sie von keiner zerstörerischen Macht überwältigt werden würde? Außer Halt – so zahlreiche Romantiker – liefere die Bindung an die Kirche Orientierung, befriedige fundamentale Ansprüche und nehme anderen, oberflächlicheren Ansprüchen etwas von der Kraft der Versuchung. Zur Romantik zu gehören und Protestant zu sein, dies verträgt sich für viele nicht. Konversionen geschehen: eine Linie zieht sich von Friedrich Leopold Reichsgraf zu Stolberg-Stolberg (1750–1819) bis zu Karl Freiherr von Vogelsang (1818–1890). Selbst Heinrich von Kleist schließt eine Konversion nicht völlig aus.

Die Romantik kämpft um den langsameren, bedächtigeren Gang der Geschichte, schafft Ventile in die Räume der Phantasie, der Träume und vor allem in die Kunst. Sie sieht die Notwendigkeit der Wandlung und – der Verwandlung. Die Gotik sei der ideale Ausgleich von Natur und

Geist, die größten Spannungen wären hier in ein schwebendes »Gewicht« gebracht, so denken jene, welche den Sinn für die beständige Gefährdung menschlichen Lebens nicht verloren haben.
Wer sich zu Beginn des 19. Jahrhunderts hingegen als Restaurationspolitiker ausgibt, erinnert zwar auch an Freiheiten und Verfassungsformen des Mittelalters, appelliert an den Sinn für Ordnung, tritt für den Wert des Gewachsenen ein, doch geht es ihm um die Wiedereinführung und Rückführung in einen früheren wirklichen oder gedachten Zustand unter Ausblendung des zwischenzeitlich Geschehenen. Der Restaurationspolitiker gibt sich, als wäre er nicht von jenem Geist der Subjektivität und der Infragestellung berührt, welcher viele Romantiker zutiefst verunsichert.
Friedrich Schlegel (1772–1829) tritt von seiner »Transzendentalphilosophie« (1800–1801) her für eine Gesellschaft der Autonomie, Isonomie und Harmonie ein, betont aber: »Jede Gesellschaft... die sich auf eine durchaus geistige Gemeinschaft gründet, ist keiner festen Gesetze und Konstitution fähig. Sie beruht auf absoluter Freiheit und ist ins Unendliche progressiv.« Gegen die Universalitätsforderung stellt Schlegel die Forderung nach »Eigenthümlichkeit, Ursprünglichkeit, oder Selbstständigkeit, oder Originalität.«
Doch wer gegen den Staat der Neuzeit ist, der kann auch für eine Annäherung der künstlichen Gebilde an die Natur eintreten. Adam H. Müller (1779–1829) nimmt das Natürliche zum Vorbild und Maßstab, aber auch zum allein angemessenen Lebensraum. – Dies aber würde verlangen, das Natürliche künstlich zu produzieren, wo es nicht mehr vorhanden ist: ein groteskes Verfahren! Oder sollte es doch noch vorhanden sein? Gerade letztere Anfrage löst eine Fülle von Untersuchungen über das Fortwirken von Vorzeit und Mittelalter aus.
Das Volk gerät so zur Natur und zur natürlichen Größe, die die Romantiker im Mittelalter noch wirksam sehen wollen. Für Achim von Arnim und Clemens Brentano, Friedrich Creuzer und den Märchensammler Jacob Grimm sowie den Juristen Carl. Fr. v. Savigny entwickeln sich »das Volk« und »die Vergangenheit« zu zwei Größen, die der Pflege, des Hinhorchens und des Gehorsams von seiten der Jetztlebenden bedürfen. Die Erzählungen, die Fabeln und Epen des Mittelalters gilt es zu heben und zu verbreiten. Sie enthalten den Grund der Weisheit des Volkes. Schriftsteller wie Walter Scott (1741–1832) mit »Ivanhoe«, der 1820 publiziert wurde, und »Quentin Durward«, 1823 erschienen, wenden sich dem Mittelalter zu. Historische Tragödien verfaßt Alessandro Manzoni (1785–1873), darunter »Adelchi«, 1822 der Öffentlichkeit übergeben und 1843 uraufgeführt. Thema sind Leben und Ringen des Sohnes und Mitregenten des Langobardenkönigs Desiderius. Das tragische Leben eines Condottiere aus dem 15. Jahrhundert setzt Manzoni 1820 in Szene; das

Werk erlebt 1828 seine Uraufführung. Zu nennen ist auch »Lichtenstein. Romantische Sage aus der Württembergischen Geschichte«, ein Werk Wilhelm Hauffs (1802–1827), 1826 erschienen.
Anders als in der Renaissance dient dieser politischen Zeitströmung nicht Athen, sondern das christliche Rom und Aachen, nicht das politische Hellas, sondern das Römische Reich deutscher Nation oder gar Europa als Vorbild.

Jedes Volk hat »sein« Mittelalter

Im 19. Jahrhundert wird das Mittelalter als Zeit des Volkes und der Familie herausgestellt. Bezweckt ist auch die Sicherung von Ansprüchen, beispielsweise Frankreichs als Nachfolgerin der Gallier und der Franken, gegen »deutsche« Forderungen. Der Zug der Goten mit dem Ziel, neue Siedlungsgebiete zu erobern, wie auch die Einigung der verschiedenen Gotenstämme sprechen hingegen die Deutschen besonders an. Eine verfaßtere und politischere Form der Rückerinnerung ist schließlich dort anzutreffen, wo die politischen Gemeinwesen der Neuzeit auf die Suche nach Identifikationsgestalten für das sich bildende zentralisierte Gemeinwesen gehen und gegen die politische Zersplitterung und Kleinstaaterei protestieren. Fündig werden sie bei einer Reihe von Zeiten und Gestalten, bei Barbarossa oder den Kreuzzügen. Die mittelalterlichen Dome werden auch fertiggestellt, um, wie es heißt, die deutsche Ehre wiederaufzurichten und Symbole des neuen Reiches zu schaffen.
Aus der Geschichtsbegeisterung des 19. Jahrhunderts erwachsen die Geschichts- und Dombauvereine, die kulturhistorischen Sammlungen und die vaterländische Denkmalpflege. Studentenverbindungen wenden sich in Kleidung und Gedankengut »zurück«. Auch Joseph von Eichendorff (1788–1857) blickt rückwärts. Die neue Einrichtung der Welt behagt nicht, die vergangene wird vergoldet. Und trotzdem ist Vorsicht gegenüber schneller Einordnung der Romantiker geboten. Eichendorff kritisiert die Vergangenheit in dem Gedichtzyklus: »Das sündengraue Alte ist gerichtet ... Und läßt den neuen Bau den freien Söhnen«. Als er dann noch das Trauerspiel »Der letzte Held von Marienburg« 1830 auf die Bühne bringt, reagieren höchste Stellen ungehalten. Statt den Kampf der deutschen Ritter zu glorifizieren, zeigt Eichendorff, daß die Deutschritter ihren Gelübden untreu wurden und ihre Niederlage durch die polnischen Kämpfer gerecht war.
Auf das Publikum dringen alle diese Gedanken ein und vergröbern sich. Eine Zeitanalyse wird kaum gefördert.

Rückkehr als Verjüngungskur

Und wieder mischen sich andere Töne ein. Heinrich Heine läßt die Brüder Schlegel dazu aufrufen: »Wir müssen die verschütteten Quellen der naiven, einfältigen Poesie des Mittelalters wieder aufsuchen, da sprudelt uns entgegen der Trank der Verjüngung«. Die »Verjüngungskur« läßt einige an eine Wiederbelebung des Vorchristlichen denken. Erlkönig und Loreley werden besungen, Fruchtbarkeitssymbole, wie die Nymphen, üben Anziehungskraft aus. Das Christentum ist zwar noch ein Bestandteil dieser Weltsicht, doch ist es gleichsam inventarisiert und eher tot als lebendig.

Die Korrektur der Mittelalterbilder ist nötig

Hier setzen wiederum Gegenbestrebungen ein. Frédéric Ozanam (1813–1853) beabsichtigt eine Geschichte des Mittelalters zu schreiben, dessen Zeit er vom fünften auf das dreizehnte Jahrhundert ansetzt, um »darzustellen, wie das Christentum es verstand, auf den Trümmern des Römerreiches mit den Stämmen, die sich darauf niedergelassen, eine neue Gesellschaft zu bilden, fähig, die Wahrheit zu besitzen, das Gute zu tun und das Schöne zu finden ... Ich kenne nichts, was besser die Göttlichkeit des Christentums beweist, als daß es den menschlichen Geist in jenen barbarischen Zeiten durch die Fluten der Völkerwanderung hindurch gerettet hat.« Auch hier Dramatisierung und Zuspitzung! Der Exodus-Gedanke taucht auf – und, so der Grundgedanke, was sich einmal als Rettung bewährt, empfiehlt sich für eine bald nötige zweite Rettung erst recht.
Kenelm Denry Digby (1800–1880) schreibt seine mehrbändigen »Mores Catholici: or, Ages of faith« und veröffentlicht sie 1831–1840 in London mit großem Erfolg. Er kann damit das Mittelalterbild seiner Zeit in Frage stellen, die es als unzivilisiert, primitiv und grausam ansieht. Alsbald ins Deutsche übersetzt unter dem Titel »Katholisches Leben im Mittelalter«, ist das Werk weniger als Apologie mit zeitkritischen Tönen als wegen des höchst interessanten Materials bemerkenswert. Digby betont selbst, daß er nur die guten Seiten des Mittelalters herausheben wolle, doch gelingt ihm dies nur um den Preis der Verzerrung.
Ch. F. de Tyron, Comte de Montalembert, (1810–1870) engagiert sich in dem Unternehmen der Neubewertung ebenso wie der bereits erwähnte Fr. R. Vicomte de Chateaubriand.

Anerkennung der schöpferischen Züge und verzerrende Auswahl

Viel ist vom Mittelalter in der Romantik die Rede. Selektiv aber ist der Blick, einseitig der Aspekt. Richtig bleibt jedoch, daß vom Mittelalter

einer seiner schöpferischen Züge festgehalten wurde, der romanische und gotische Kirchenbau. Für ihn hat die Antike keine Vorlage geliefert. Während die Renaissance gemeinhin die Antike als vollendet ansah – bei Vasari entdeckten wir allerdings auch Weiterführungsgedanken –, und die Vollendetheit Anziehung ausübt und Verpflichtung darstellt, fühlt sich die Romantik durch die Unvollendetheit der Kathedralen angezogen und zur Vollendung berufen. Eine museale Beziehung kann gar nicht aufkommen.
Aus dem Ganzen des Mittelalters werden einzelne Züge hervorgehoben, fast immer jedoch das Ganze als Ordnung idealisiert und als Form verherrlicht, meist unter Ausblendung aller harten Züge und aller seiner Unzulänglichkeiten. Es wird ein Zerrbild errichtet. Wie aber und wo lebt das Mittelalter weiter? Es rekonstruiert sich immer getreuer in den nun einsetzenden Arbeiten der Mediävistik und der geschichtlichen Forschung der Kanonistik, der Medizin oder der Germanistik.

5. Das Mittelalter in der Wertung Peter Kropotkins und Rosa Luxemburgs

Im anarchistisch-sozialistischen Denken gewinnt das Mittelalter eine Wertschätzung besonderer Art: als Zeit der Genossenschaft, der Kommune, des Gemeineigentums, als Zeit, welche noch von dem zentralisierenden, monopolisierenden und Ungleichheit schaffenden Staat verschont geblieben ist.
Ich greife den sich zum Anarchismus bekennenden Peter Kropotkin (1841–1921) und die Sozialistin Rosa Luxemburg (1871–1919) heraus.

Peter Kropotkin (1841–1921): Das »Mittelalter der Solidarität«

Peter Kropotkin schwärmt, wenn er auf das 12. Jahrhundert zu sprechen kommt: »Im Schoße der feudalen Gesellschaft entsteht eine großartige freiheitliche Bewegung. Die Städte machen sich unabhängig von den adeligen Herren. Ihre Einwohner ›beschwören‹ die gegenseitige Verteidigung ... Hervorgegangen aus Verschwörungen der Bürger, die sich zu gegenseitiger Verteidigung bewaffnen, und im Innern eine von weltlichen und geistlichen Herren, wie vom Könige unabhängige Organisation schaffen, fangen die freien Städte bald an, hinter ihren Schutzwällen aufzublühen; und trotzdem sie es versuchen, in den Dorfschaften ihre Herrschaft an Stelle derjenigen der adeligen Herren zu setzen, haben sie doch auch ihnen den gleichen Freiheitsdrang eingehaucht. ›Nus sumes homes cum it sunt.‹ ›Wir sind Menschen wie sie‹, so singen bald die Dorfbewohner, einen weiteren Schritt zur Befreiung von der Befreiung zur Leibeigenschaft tuend.«

Sowohl von romantischen Strömungen, die eher eine Einbettung und Einfassung des einzelnen in ein größeres Ganze befürworteten, als auch von liberalen Theorien grenzt sich Kropotkin ab, der nicht wie diese vom Gegensatz des einzelnen zum Staat ausgehen und damit sowohl den Staat als auch das autonome, atomisierte Individuum bejahen würde. Kropotkin akzentuiert vielmehr die sozialen Beziehungen, sieht den Staat als Kunstprodukt an und findet in der mittelalterlichen Körperschaft, wie der Stadt, dem Dorf und der Universität, das Prinzip der »Gegenseitigen Hilfe« verwirklicht. Der religiöse Aspekt des Mittelalters interessiert Kropotkin dabei nicht.

Er und andere – zu nennen ist etwa Gustav Landauer (1870–1919) – sind auf der Suche nach der Zeit vor dem Auftreten des »Großen Leviathan«, einer Zeit, in welcher die Menschen in bejahter Fremdbestimmung zusammengewirkt haben sollen.

Rosa Luxemburg (1870–1919) und der frühmittelalterliche Agrarkommunismus

Rosa Luxemburg nimmt in der »Einführung in die Nationalökonomie« auf das Frühmittelalter Bezug und beschreibt die germanische Markgenossenschaft, deren Ackerverlosung, die Umwandlung der Losgüter in Erbgüter und das Gemeineigentum, Allmende geheißen. »Wälder, Wiesen, Gewässer sowie unbenutzte Strecken blieben ungeteilt im Gemeineigentum der Mark. Aus dem Ertrage der Waldungen zum Beispiel wurden Gemeinbedürfnisse und öffentliche Abgaben bestritten, was übrigblieb, wurde verteilt.« Es war »die Arbeit aller Markgenossen, auch auf den Äckern, durchaus gemeinschaftlich und strengen Regeln der Gesamtheit unterstellt. Zunächst ergab sich daraus für jeden Inhaber eines Markanteils die Pflicht zur Arbeit überhaupt.« – Wer seinen Anteil behalten wollte, mußte ihn bebauen. Die Arbeit stand unter der Leitung der Mark. Luxemburg faßt ihre Beschreibung zusammen: »Man kann sich nichts Einfacheres und Harmonischeres zugleich vorstellen als dieses Wirtschaftssystem der alten germanischen Mark ... Ein strenger Plan, eine stramme Organisation umfassen hier das Tun und Lassen jedes einzelnen und fügen ihn dem Ganzen als ein Teilchen ein. Die unmittelbaren Bedürfnisse des täglichen Lebens und ihre gleichmäßige Befriedigung für alle, das ist der Ausgangspunkt und der Endpunkt der ganzen Organisation. Alle arbeiten gemeinsam für alle und bestimmen gemeinsam über alles. Woraus fließt aber und worauf gründet sich diese Organisation und die Macht der Gesamtheit über den einzelnen? Es ist nichts anderes als

der Kommunismus an Grund und Boden, das heißt gemeinsamer Besitz des wichtigsten Produktionsmittels durch die Arbeitenden.« Die germanische und frühmittelalterliche Markgenossenschaft trage also die Züge der agrarkommunistischen Wirtschaftsorganisation.
Wen hört man hier mehr heraus? Den Ordnungsgeist Preußens? Oder den Wunsch nach Disziplinierung der Arbeiterschaft um der erfolgreichen Weltrevolution willen? Die Allmende, die jedem der Dorfbewohner zur Verfügung steht, gerät zum eigentlichen »Gut«, das Eigentum der Bauern, ihr Allod, hingegen wird als Spätform und als Zeichen einer Gesellschaft eingestuft, die sich von der Urgesellschaft entfernt. Die Markgenossenschaft bildet ebenso wie die Kommune für Luxemburg bereits den geglückten und dann doch gescheiterten Versuch, ohne Privateigentum und ohne die mit diesem verbundenen Herrschaftsformen auszukommen. Kein Eigentum ohne Arbeitseinsatz! Je älter die Ordnung, desto wahrer ist sie, meint Luxemburg und vertritt somit ein Prinzip, das im Mittelalter in hohem Ansehen steht.

Der Frühkommunismus sucht im Mittelalter Bestätigung eigener Theorien

P. Kropotkin und R. Luxemburg suchen im Mittelalter die Bestätigung für ihre Theorien. Da es einst, so der Ansatz, ein gewaltloseres oder herrschaftsfreies Zusammenleben und eine Gesellschaft der Gleichheit gab, kann dieses Modell des Frühkommunismus mit Bodenbindung und ohne Proletariat auch als Zukunftsmodell einer Gesellschaft freier Organisation und der Gleichheit dienen, ohne daß dem Einzelnen die Geborgenheit vorenthalten und mit Mißtrauen begegnet wird.
Kropotkin legt zwar zu Recht das Mittelalter als eine Zeit der Freiheitsgeschichte aus, in welcher das dem Menschen immer schon mitgegebene Freiheitsverlangen sich zwangloser als in späterer Zeit artikulieren und als ein Strukturelement politischen Lebens dienen konnte. Aber die Freiheitsforderung im Mittelalter strebt nur aus einer Bindung heraus, um sofort in eine andere einzutreten oder sie zu bestärken. Es handelt sich nicht um eine Freiheit *von* allen Bindungen, sondern immer um eine konkrete Verneinung bestimmter Abhängigkeiten und die Bejahung einer übergreifenderen Ordnung.
Auch kümmert sich Kropotkin nur um *einen* Ausschnitt des Mittelalters. Denn es ist auch die Zeit der beginnenden Zentralisierung und des Ausbaus des Flächenstaates. Dieser Weg wird aber nicht aus purer Machtgier beschritten und nicht vorrangig unter Gewalt aus tyrannischer Absicht heraus verwirklicht, wie Kropotkin suggeriert, der sich immer schwer tut, die bewegenden Kräfte konkret zu benennen. Vielmehr erfordern die gesteigerten Bedürfnisse nach Waren und der Wunsch nach einem immer schneller fließenden Verkehr ein höheres Maß an Sicherheit auf

den Straßen und immer weitläufigere befriedete Räume. Die Steigerung der Bedürfnisse ruft nach einheitlichen Maßeinheiten und nach einer einheitlichen Währung.
Mehrere Kräfte wirken den Vereinheitlichungs- und Befriedungsprozessen entgegen und liefern diesen damit den Nachweis ihrer Notwendigkeit: Die Geschlechter- und Bandenkämpfe in den Städten, die Fehden, die Abschottungsversuche zur Macht gelangter Gruppen, um sich gegen mögliche Nachrücker abzuschließen, und der Drang nach Teilhabe an der Macht. »Gegenseitige Hilfe« ist nur bedingt erfahrbar. Der zentrale Inhaber der Blutgerichtsbarkeit ist auch während des Mittelalters gezwungen, diese Vollmacht zahlreichen Untereinheiten, wie den Städten, zukommen zu lassen: ein Prozeß der Dezentralisierung setzt im Laufe des Mittelalters wieder ein.
R. Luxemburg findet im Mittelalter die Zeichen der ursprünglichen kommunistischen Gesellschaftsform. Nun gab es Formen eines solchen Systems zweifellos in Teilen Europas. Die Dorfbewohner bestimmter portugiesischer Landstriche bearbeiteten gemeinsam den Boden und bewachten gemeinsam die Viehherden. Gemeinschaftsmühle, Gemeinschaftstenne und gemeinschaftliche Backhäuser sind nachweisbar. Handelt es sich hier aber wirklich um eine ursprüngliche Form? Kaum einem Mediävisten werden heute die »Anfangsformen« so klar erkennbar erscheinen und klassifizierbar sein. Karl Kroeschell verweist auf eine Reihe von Forschungsergebnissen, welche Frühformen der Einzelbewirtschaftung feststellen und jedenfalls nicht die Annahme als gesichert zulassen, daß ursprünglich alle Arbeit gemeinschaftlich oder von oben her organisiert verrichtet wurde. Die Gefahr ist groß, tatsächlich nachweisbare, vereinzelt auftretende Formen für die allgemein geltenden und sogar für die ursprünglichen zu halten.

6. Die Ordnungsideologien und die Orientierung an der Vormoderne

Während einige Geistesrichtungen des 19. und 20. Jahrhunderts noch die Restbestände althergebrachter Ordnung über Bord werfen, bricht in anderen die Sehnsucht nach umfassender Ordnung aller Bereiche, des persönlichen, des Familien-, des gesellschaftlichen, des staatlichen und überstaatlichen Lebens wieder auf. Das Zauberwort »Ordo« findet Gehör und willige Unterwerfung. Lebenssinn und Erfüllen einer völkischen Sendung werden erhofft. Beruhigung geht von dem Gedanken aus, sich eingliedern zu dürfen, eine Aufgabe zu erhalten, ja letztlich für eine große Idee sterben zu dürfen. Auch dieses Ansinnnen macht sich an dem Mittelalter fest, wobei allerdings auch die Antike noch nachwirkt.

Suche nach Halt in einer als haltlos empfundenen Welt

Ein nationales oder nationalistisches rechtes Spektrum bezieht sich auf das Mittelalter als auf eine Zeit der Wertschätzung von Arbeit, Familie und Vaterland. Ausdrücklich beruft sich Philippe Pétain (1856–1951) in seinem Regierungskonzept auf diese drei Werte und versteht sie von einer – gewünschten – festgefügten und geordneten Gesellschaft her.
Mit den Werten » Arbeit, Familie, Vaterland« will diese politische Richtung eine Disziplinierung der Gesellschaft einleiten, deren Trennung vom Staat nicht verkraftet ist. Die Rückbesinnung oder gar die verzweifelte Beschwörung des Mittelalters bedeutet zugleich eine Absage an Neuzeit und Moderne.
Verschiedene ständestaatliche Modelle tauchen auf, in Österreich mit Engelbert Dollfuss (1892–1934), in Spanien mit Francisco Franco Bahamonde (1892–1975), in Italien mit Benito Mussolini (1883–1945). Mit deren Programmen zeigt die in der Enzyklika »Quadragesimo anno« 1931 entwickelte und empfohlene Form einer berufsständischen Ordnung nur bei oberflächlichem Hinsehen Gemeinsamkeiten. Nicht ohne Grund greift Mussolini die Enzyklika, von der er sich Schützenhilfe versprochen hat, in diesem Punkte heftig an. Die Suche nach Gliederungen der »Massengesellschaft« mündet jedoch bei allen Genannten in die Bemühung ein, eine Art Ständeordnung wieder einzuführen.
Wer das »System« Demokratie ablehnt, beruft sich unter Umständen auf die Dissidenten des Mittelalters, wie im Falle Alfred Rosenbergs. Auch diese Linie läßt sich ziehen.

Mittelalterliche Ordnung gibt keine Legitimation für ständestaatliche Versuche

Das Arbeitsverständnis des Mittelalters ist nur verständlich, wenn man die Tugend- und Lasterlehre, den religiösen Kontext sowie die Rolle der Feste miteinbezieht.
Wer sich für »Familie« einsetzt, wird sich nach seinem Modell von Familie fragen lassen müssen. Ist Familie als die ursprüngliche Disziplinierungseinheit angesehen, welche sich unter väterlicher Leitung hierarchisch aufbaut? Wer damit das Familienmodell des Mittelalters weiterzuführen glaubt, könnte sich über die durch Sitte und Brauch gestärkte Rolle der Frau im Mittelalter täuschen. Wer allerdings mit »Familie« eine idyllische »Behausung« meint und sie im Mittelalter lokalisiert, verkennt, daß die Familie im Mittelalter eine Wirtschafts- und Zweckgemeinschaft ist, aus-

genommen vielleicht manche Ehe und Familie höherer Kreise. Deswegen darf aber in der Moderne die Rede von der Trennung der Gesellschaft in einen privaten und einen öffentlichen Raum sowie von der Entpolitisierung der Gesellschaft nicht unbesehen als wahr übernommen werden, denn vielleicht vertuscht diese Rede nur die starken Kräfte, welche die gesamte Gesellschaft zusammenbinden und durchdringen.

Der Begriff »Vaterland« weckt religiöse Gefühle und lebt aus einem »göttlichen« Horizont. Übersehen wird dabei die Vielschichtigkeit der Religiosität im Mittelalter. Das Fragen und Infragestellen, die Zweifel und die Verweigerungen, die Häresien und die nicht immer freiwilligen Unterordnungen unter die Kirche prägen das Panorama mittelalterlicher Religiosität, so daß die Ansicht eines unbefragten und nicht fragwürdigen religiösen Lebens im Mittelalter ein Wunschbild ist und nicht der mittelalterlichen Wirklichkeit entspricht. – Für die *eine* Glaubensgestalt tritt ein, wer sich ohnmächtig und fassungslos gegenüber dem Pluralismus und der weltanschaulichen Zersplitterung der Welt weiß.

Wer sich auf ein Nationalbewußtsein des Mittelalters beruft, ist zu fragen, ob er nicht mit der Patina des Althergebrachten einen neueren Wert verbrämt und absichern will.

Frühestens mit dem 12. Jahrhundert, sicherlich mit dem 15. Jahrhundert baut sich sporadisch ein »Nationalbewußtsein« auf, das sagen läßt: wir Franzosen, wir Slawen. Bei dem Feldzug Heinrichs V. gegen das Königreich Frankreich 1124 sei ein solches Bewußtsein feststellbar, meint Ricarda Huch. Nachdem die Lateiner Konstantinopel überfallen haben, bildet sich im byzantinischen Kaiserreich von Nikaia ein »Nationalbewußtsein« aus. Im Hundertjährigen Krieg grenzen sich in einer dem modernen Nationalbewußtsein angenäherten Weise Franzosen von Engländern und vice versa ab. – Totalitätsansprüche bemächtigen sich also auch hier des Mittelalters, genauer eines selbstgebastelten Mittelalter-Bildes. Hineininterpretiert in das Mittelalter sind aber auch die Lückenlosigkeit eines Eingliederungs- und Disziplinierungsverfahrens, denn das Mittelalter verfügt nicht über die Techniken der Beherrschung der Bevölkerung, wie die Neuzeit sie entwickeln wird; das Mittelalter bestimmt weitgehend das Maß an Selbständigkeit von der Erfüllung des Lebensschutzes her.

7. Der Sprachgebrauch. Das Mittelalter in der Alltagsmeinung des 20. Jahrhunderts

Im allgemeinen Sprachgebrauch hielt sich beharrlich, daß unter »mittelalterlich« »grausam« und »rückständig« zu verstehen sei. Tritt ein Fall von Kindesmißhandlung auf, führt man schnell das Wort »mittelalterliches Benehmen« im Mund. Wird einem Behinderten der Zutritt zur Gastwirtschaft verwehrt, distanzieren sich andere mit der Bemerkung, daß man doch nicht mehr im Mittelalter lebe.

Das Mittelalter pauschal als »grausam« zu bezeichnen, gelingt nur um den Preis, die Wirklichkeit des 20. Jahrhunderts nicht wahrzunehmen. Meint man die Ketzerverfolgung – die überhaupt nicht beschönigt werden soll –, so ist an Völkermorde, Genozide, Folterdiktaturen der Neuzeit und der neuesten Zeit zu erinnern. Daß deren Existenz mit jener des Mittelalters ursächlich zusammenhänge, läßt sich aber nicht nachweisen. Beide Formen der Unmenschlichkeit schöpfen vielmehr aus demselben Brunnen der Angst, der Machtgier und der Machterhaltungsgier der Menschen. Hierzu nun bald mehr. Die Hexenverfolgungswahn gehört der frühen Neuzeit an.

Von »rückständig« spricht man in Bezug auf das Mittelalter, obwohl ihm zu bescheinigen ist, maßgebliche Weichenstellungen für die Neuzeit getroffen und in einigen Handelnden geradezu »moderne« Menschen hervorgebracht zu haben.

Ansonsten leben falsche und richtige Urteile weiter und werden gezielt eingesetzt. Adolf Hitler bereitet den Krieg gegen die Sowjetunion unter dem Code »Unternehmen Barbarossa« vor. Barbarossa ist mit dem Zug nach Osten gerade nicht in Verbindung zu bringen. Die 1990 in Saudi-Arabien seit dem Überfall des Irak auf Kuwait stationierten US-Soldaten bezeichnet eine bestimmte Propaganda als »Kreuzritter«, um den negativen Beigeschmack, der von damals blieb, ins Heute zu übertragen.

8. Die wissenschaftliche Erforschung des Mittelalters

Im 20. Jahrhundert zehrt die Mittelalterkunde von den Forschungen des 19. Jahrhunderts, entfaltet sich in eine oft unübersehbare Breite, widmet sich den »Geschichten« von oben und von unten, den hohen Momenten ebenso wie dem Alltag, bestimmten Räumen und dem Überblick. Jede Aufzählung wäre ungerecht. Nur drei »Themen« seien erwähnt. Die Kaiserbiographie behauptet sich, die Geschichte der Außenseiter gesellt

sich aber dazu. Über Krankheiten und Ernährung werden mittels der Untersuchung der Knochen und Sickergruben Erkenntnisse gewonnen. »Eleonore von Aquitanien« und »Christine de Pizan«, beide aus der Feder R. Pernouds, beleuchten die Stellung der Frauen. Zum einen wird der Mittelmeerraum als eine ökonomische, politische, kulturelle Einheit von F. Braudel begriffen, andererseits ein Dorf zum Forschungsfeld erklärt: Montaillou in den Pyrenäen durch E. Le Roy Ladurie.
Nur dankbar ist auf die Forschungen und die Umsetzungen für ein weiteres Publikum gerade wegen des müseligen, entbehrungsreichen Weges der Mediävistik zu verweisen. R.Ch. van Canegem, M. Pacaut und das »Lexikon des Mittelalters« zeichnen diesen Weg der Forschungsleistungen, der Editionen, der Quellensammlungen, der Inventarisierung von Bibliotheken und der oft kaum mit Namen verbundenen Leistungen in der Konservierung der Handschriften und anderer »Quellen« des Mittelalters nach.
Noch so faszinierende Einzelergebnisse bringen die Gefahr mit sich, die Übersicht zu verlieren und die größeren Zusammenhänge nicht mehr wahrnehmen zu können. *Wie* groß diese Gefahr ist, muß der Beurteilung anderer überlassen bleiben. Zu wünschen sind beide: die detaillierte Feldforschung und die Überblickswerke, welche die Einordnung der Forschungsergebnisse in die je übergreifenderen Zusammenhänge leisten.
Für den Zugang zum Mittelalter kommt dem Geschichtsunterricht in den Schulen eine besondere Bedeutung vor. H.E. Hilpert hat dankenswerterweise einmal den Versuch unternommen, die Lehrpläne und Schulbücher auf ihre Fähigkeit zu untersuchen, zum Mittelalter hinzuführen. Er zeigt, welche germanozentrierten Vorstellungen und hartlebigen Traditionen von Schulbuchautor zu Schulbuchautor offensichtlich weitergegeben werden. Viel bleibt also noch zu tun.

Die Bilder vom Mittelalter spiegeln die Gegenwartsinteressen

Soweit eine kleine, unvollständige, wenn auch repräsentative Palette von Ansichten über das Mittelalter. Sie herrschten vor. Die Frage stellt sich also, warum sie sich durchsetzten und weshalb sie Gehör fanden.
Jede einzelne Sicht formulierte sich aus bestimmten Gegenwartsinteressen. Insofern bezeugt selbst die heftigste Ablehnung und Verdammung des »Mittelalters« seine Fähigkeit als Orientierungspunkt und als Gegenmodell. Eigenständig erarbeitete oder nachgebetete Höherschätzung der Antike, Ablehnung eines christlichen Kosmos und der Kampf gegen »Autoritäten« wirken an der Motivvielfalt mit, welche die Abkehr und Abwendung gegenüber dieser Zeit provozieren. Flucht aus der furchteinflößenden Moderne, Unfähigkeit, Pluralität zu bejahen und Konflikte durchzustehen, Vorliebe für Geschlossenheit und andere Motive führen

zur Verzerrung des Mittelalters, zu einer naiven und andere Motive führen
zur Verzerrung des Mittelalters, zu einer naiven Glorifizierung des einen und anderen tatsächlich vorhandenen Zuges des mittelalterlichen Lebens und zur Verteufelung seiner Feinde. Die Verdammung dieser Zeit löst sich mit ihrer Glorifizierung ab; sie wird eingeklammert, und dann wieder wird ihr gegenüber jede andere Zeit abgewertet.

Warum waren diese Ansichten aufzuführen? Weil uns dadurch unsere Vorurteile und unser Nachgeschmack bewußter werden können. Die Sicht auf das Mittelalter bleibt sonst gefiltert. Es selbst wirkt weniger auf uns, als die Urteile über es. Wehrlos bietet es sich dar, aber genau genommen eben auch nur das Bild des Mittelalters, das Mittelalter selbst bleibt unbeschädigt.
Wir wollen uns auf die Suche machen.

B. VERSUCH DER REKONSTRUKTION DES MITTELALTERS

Auf einer Achse, welche auf das Jenseits, die Natur, den anderen Menschen und das eigene Ich zeigt, ist nun das Mittelalter skizzenhaft und in groben Zügen aufzutragen. In diesem Panorama wird vieles fehlen. Die Unvollständigkeit kann aber den Blick auf das Wichtige freigeben und die Beurteilung erleichtern.

1. Eine Zeit der Jenseitsgerichtetheit

Unter »Jenseitsbeziehung« verstehe ich die Hinordnung aller Beziehungen auf »Gott«. Eine solche Ausrichtung läßt sich für die gesamte Zeit des Mittelalters feststellen. Das vorgestellte und angezielte Jenseits trägt die Spuren des Ausgangspunktes, des Diesseits, bleibend an sich, wie auch das Diesseits sich im Lichte des Jenseits begreift. Beide erfahren Prägung wie Gefährdung durch den Menschen.

Den Horizont dieser Jenseitsbindung bilden die den kulturellen Gegebenheiten angepassten Zeit- und Raumverständnisse. In ihnen findet der Mensch seinen Naturbezug und gewinnt er ein Verhältnis zu den anderen wie auch zu sich selbst.

Die Erfahrung einer unheimlichen und unheilen Welt

Die Umwelt stellt sich den Menschen des Frühmittelalters zum einen als ein schmaler Raum dar, den sie einigermaßen beherrschen, in welchem bekannte und berechenbare Begegnungen stattfinden, zum anderen aber als ein durchlässiger Raum, der nicht auf das Sichtbare einschränkbar ist und die Augen abwertet. Seine Kräfte lassen sich nicht durchschauen; sie sind unberechenbar; sie können heilen, töten und oft nur unter Aufbietung größter Kräfte ein wenig günstig gestimmt werden. Woher der Mensch kommt, entzieht sich genauer Prüfung, und mit dem Tode ist es eben noch nicht vorbei. Ein Weg setzt sich fort.

Das Blau des Himmels läßt, so glauben viele, einen Wasserozean durchscheinen, den nur eine Glasschale zurückhält. Regen bezeugt, daß ein Durchbruch geschah und ein »Leck« besteht. Der Regenbogen verkündet,

daß Gott die Welt unter seinem Schutz hält und vor den Wassermassen beschützt. Wie lange noch? Je mehr Wälder gerodet sind, desto mehr Furcht verbreiten die übriggebliebenen und oft erst recht undurchdringlichen Waldzonen. Noch Jeanne d'Arc wird im Prozeß Schwierigkeiten wegen ihrer Wege zum Feenbaum ihres Dörfchens Domrémy bekommen. Für den Umgang mit Tieren gilt, daß zwar einige gezähmt sind, aber viele Tiere unheimlicher Art noch übrigbleiben. Die Unheimlichkeit steigt oft sogar mit der Erfahrung geglückter Bezähmbarkeit. Die Grenzen zwischen Mensch und Tier sind verrückbar. Warum sollte es nicht die Fischmenschin Melusine oder das sprechende Pferd Fallada geben? Zahlreiche über- und untermenschliche unsichtbare Wesen bevölkern die Welt. Sie gehört nicht dem Menschen allein. Er muß sie mit vielen teilen; ja, er hat oft um seinen Platz und sein menschliches Wesen zu kämpfen, denn diese sind keineswegs garantiert. Die »Wilden Männer« und Rübezahl treiben ihren Spott mit dem einsamen Wanderer. Riesen erdrücken den Menschen, Elfen verzaubern ihn. Man erzählt flüsternd von den »gefährlichen Toten«, von gestorbenen Außenseitern, Kranken und Verbrechern, die zu Racheakten an der Gesellschaft und ihren Gütern fähig sein sollen. Burlesker Spuk bevölkert Tag und Nacht, Dämonen tanzen auf den Kreuzwegen, Fratzen blicken den Menschen an.
Und dann ist da noch der Satan. Auf Veit Stoß' Marienaltar findet sich der Teufel, menschenähnlich, mit Reptilkörper, übergroßen Ohren, Hörnern und Vogelschnabel ausgestattet. Die Ausschlags- und Kropfsymptome einer Hautkrankheit verunstalten ihn.
Die Armen bilden ein Element in dem Szenario der Bedrohung. Es ist keine Leerformel, wenn der König vor oder bei seiner Krönung an seine Pflicht erinnert wird, für die Witwen, die Waisen, die Bedürftigen und die Armen zu sorgen. Einer, nicht der einzige Grund, ist deren Bedrohlichkeit. So oft vergessen und so oft vernachlässigt, organisieren die Armen ihre Welt, ja ihre Gegenwelt und schaffen ein Jenseits zum Diesseits der Ordnung und des Wohlergehens. Bettler beherrschen Straßen, Plätze, ja Stadtviertel. In einer Welt der Körperschaften bilden auch die Unterschichten sich die ihrigen aus. Sie teilen die Erfahrung der Unbehaustheit in dieser Welt mit allen und verursachen selbst Angst.
Der Mensch opfert seinen Göttern. An ihre Stelle tritt im Laufe des Frühmittelalters zunehmend der Eine Gott, der seinen Sohn Mensch werden ließ, der starb und aus dem Totenreich auferstand.
Dieser Glaube findet Anerkennung, doch unterlässt es wohlweislich der Bischof, seine Pfarrer und Laien nach dem Verständnis dieser Glaubensaussagen zu befragen. Der Glaube an Jesus Christus stillt nicht völlig das Verlangen, sich in der Nähe der schützenden göttlichen Macht zu wissen. So sind Helfer und Beistände nötig. Die Heiligenverehrung bietet sich dafür an. Wer morgens ein Bild des heiligen Christophorus andächtig

ansieht, wird an diesem Tage nicht sterben. Gegen Epilepsie helfen die heiligen drei Könige. Viele Menschen suchen Kraft durch die Berührung von Holz, Stein oder Eisen zu erlangen, denen eine besondere Heraushebung aus dem Profanen und eine Beziehung zum Heiligen nachgesagt werden. Die Gebete steigen nicht immer aus einem ruhigen vertrauenden, sondern oft aus einem bangen Herzen auf, das an der Heilszusage selbst oder an so vielem anderen, wie etwa der Gegenwart des Herrn in der Hostie zweifelt.

Der Mensch birgt, so erfährt er sich, diese Welt des Unheimlichen in sich. Dies *weiß* er, der über wenige medizinische oder physikalische Kenntnisse verfügt. Stimmungen und Gefühle, wie Haß und Schwermut, die aus dem Menschen aufsteigen, lassen den Lebensweg als ununterbrochene Gefährdung erscheinen, gegen die es sich abzusichern gilt.

Die Skizze einer »guten« Familie zeigt solch eine Erfahrung des Menschen an sich selbst und das Erschrecken anderer über solche Erfahrungen. Dodana, oder auch Dhuena geheißen, bittet in ihrem Handbüchlein, verfaßt zwischen 841 und 843, den Sohn Wilhelm, sich im Gebet der Familie anzunehmen. Ihr Schwiegervater, Herzog Wilhelm von Aquitanien, wird als Heiliger verehrt. Zwei Frauen »nennt er sein eigen«: Withburga und Kunigunde. Gotshelm von Roussillon, ein Bruder Herzog Wilhelms, ist in Gegnerschaft zu Kaiser Lothar geraten, nach tapferer Verteidigung von Châlons an der Saone gefangengenommen und 834 hingerichtet worden. Eine Tochter Wilhelms, Gariberga, tritt in ein Kloster ein, was die Nonne jedoch nicht davor bewahrt, als Giftmischerin 834 in der Saone ertränkt zu werden. Der Schwager Heribert ist vier Jahre zuvor auf Befehl Kaiser Lothars geblendet und nach Italien verbannt worden. Der Ehemann Dodanas, Bernhard von Aquitanien, Bruder Heriberts, hat zwar Kaiser Ludwig zu seinem Taufpaten, wird aber des Mordversuchs an ihm und eines ehebrecherischen Verhältnisses mit des Kaisers Gattin, Judith, beschuldigt. Mit den Maurenfürsten in Spanien knüpft Bernhard, der Christ, – skrupellos? – politische Verbindungen. 844 belangt man ihn, klagt ihn des Hochverrates an und richtet ihn im selben Jahre hin. Aus der am Johannistag – 24. Juni – des Jahres 824 in Aachen geschlossenen Ehe mit Dodana entstammen zwei Kinder: der am 29. November 826 geborene Wilhelm, Adressat des Handbüchleins, und – 15 Jahre später – der am 22. März 841 geborene Bernhard. Sohn Wilhelm verbündet sich mit Abderrhaman II., bringt sich in den Besitz von Barcelona und widersteht Karl dem Kahlen. 850 schließt dieser ihn in Barcelona ein und läßt ihn hinrichten. Der zweite Sohn, Bernhard, zieht sich den Tadel des Papstes Nikolaus I. 865 zu, lebt vom Räuberhandwerk und wird wie sein Vater eines Mordanschlags auf den König beschuldigt. Er stirbt 872.

Eine besondere Bedrohung entspringt dem Verlangen nach Wissen. »Blätter in heftig-ansteckender Sprache und Bücher, die bislang das Licht scheuten, breiten sich wie der Wind aus. In Städten und Burgen wird Finsternis für Licht ausgegeben, und Gift wird geboten statt Honig, nein: im Honig wird Gift gereicht. Und diese Bücher gibt ein Volk an das andere weiter, ein Reich an das nächste«, klagt Bernhard von Clairvaux, als er wahrnimmt, wie weit und unkontrollierbar Abälards Schriften sich verbreiten. Peraldus legt noch Mitte des 13. Jahrhunderts dem Wissen dämonische Züge bei, denn nur mit Demut verbunden und zur Weisheit gewandelt sei es verantwortbar. Die Suche nach Wissen gefährde den Menschen und müsse höchst sorgfältig und unter Beaufsichtigung betrieben werden. Daß im denkerischen und sprachlichen Erfassen der Welt auch eine Humanisierung der Welt geschieht, wollen nicht alle sehen.

Die Zeitgestaltung: der christliche Kalender und die Liturgie

Die Menschen sichern sich ab, indem sie die Zeit nach Gottes und damit auch nach ihrem Menschenbild gestalten.

Die äußere Zeit

Man zählt nach Sommern und Wintern, mißt die Zeit nach dem Abstand von Katastrophen. Die Schlesier unterteilen die Zeit in eine »ante paganos« und eine »post paganos« und meinen damit die Zeit vor und nach dem Einfall der heidnischen Mongolen 1241. Viele Schichten und der offizielle Verkehr rechnen nach den Amtszeiten der Herzöge, der Könige und der Päpste oder nach dem Leben der Geschlechterherren.
Eine allgemein-übergreifende und eine individuelle oder gruppeneigene Zeitberechnung laufen nebeneinander her. Menschen bestimmen nach ihren Erfolgs- und Mißjahren oder in Abständen zu ihren Wallfahrten und Kriegszügen das Zeitmaß. Ihr Geburtsdatum wissen die wenigsten, es genügt, sich von Gott gehalten zu wissen. Sie planen ihre »freie« Zeit. Aber gibt es sie?

Die inwendige Zeit

Eine unsichtbare Zeit, die mehr als die äußere Zeit im Bewußtsein wiegt, zieht sich für die Menschen durch ihr Leben hindurch. Sie ist höchstens in Anzeichen erkennbar, doch ist die Verbindung von Glauben, Wissen und Anschauung auch hier erstrebt. Apokalyptische Zeichen werden aus dem sichtbaren Geschehen herausgelesen, die Erfüllung lang zurückliegender Prophezeiungen in es hineininterpretiert. Umso leichter setzen die Menschen somit verschiedene Akzente. Einige seien genannt.
Wir leben im sechsten Tag und haben vor dem geistigen Auge den siebten Tag, »dessen Ende kein Abend ist ... gleichsam der achte ewige, die ewige

Ruhe des Geistes und des Leibes«. So sprechen jene, die durch die Angaben in Augustinus' »De civitate Dei« und der »Weltchronik« des Otto von Freising beeindruckt sind.
Dein winziges Menschenleben, Mensch, – so lautet die Botschaft – ist eingebettet und eingefaßt in einen umfassenden Ablauf des Heils. Dein Leben kann nicht neben, nicht außerhalb, aber auch nicht vor der Heilsgeschichte oder bereits nach ihrem Ablauf gelebt werden. Das Paradies ist dir verriegelt, der Himmel dem Lebenden noch nicht eröffnet. Eine Geschichte liegt hinter dir und wirkt doch noch in dir nach. Adam und Eva, Kain und Abel leben in dir mit ihren Taten. Diese Botschaft verkündet den Menschen, daß nicht ein, sondern *das* Ende der Welt sich vor ihnen befindet, das Gericht kommen wird und der achte Tag mit seiner Ruhe zu erwarten ist. Die Zeit der Welt ist schon beinahe zu Ende – und doch, so sagt der Glaube, ist dieser sechste Tag von unbestimmter Länge. In diesem sechsten und letzten Weltzeitalter solle der Mensch nicht mehr Neues erfinden, sondern die Autorität des Vergangenen achten. Es ist dem mittelalterlichen Menschen eine »aetas senescens«, eine dem Greisenalter vergleichbare Zeit. Wie tief aber wurzelt dieses Weltbild in der mittelalterlichen Mentalität? Karl der Große schätzt »De civitate Dei« überaus und läßt sich oft daraus vorlesen. Otto von Freising sorgt mit seiner Weltchronik für nachhaltige Verbreitung der Vorstellungen dieser »Wochenordnung«. Franziskus von Assisi lebt aus dem Geist des sechsten Schöpfungstages. Seine Liebe zur Schöpfung wiederholt das göttliche Wort: Ich sehe, daß es gut ist, und so kauft Franziskus die Tiere frei. Papst Clemens IV. läßt die Bulle, mit welcher er Hedwig von Andechs am 26. März 1267 zur Heiligen erhebt, mit den Worten beginnen: »Denn während sich die Welt dem Abend zuneigt, hat sich eine unschätzbare Perle gefunden...« Thomas von Kempen ordnet in seiner Lebensbeschreibung des Meister Gerhard dessen Leben und Sterben so ein: »Die ewige Weisheit des Vaters und seine himmlische Gnade hat auf das beste dafür gesorgt, daß, während die Welt schon alt wurde und sich immer mehr zum Schlechten wandte, ein so großer Meister als Gesandter des Himmels bestimmt wurde, angetan mit dem Panzer des Glaubens und strahlend in der Heiligkeit des Lebens.«
Ein zweites grundlegendes Zeitschema ist das des Dreiklanges von Constitutio, Destitutio und Restitutio. Hildegard von Bingen denkt in dieser Abfolge und vermag alle Geschehnisse diesem Dreiklang zuzuordnen. Erschaffen und gebildet, durch Schuld herabgefallen und verlustig, soll der Mensch sich wiederherstellen und die Trümmer seines menschlichen Lebens zu der von Gott geschenkten Identität zusammenfügen. Kontinuitäten und Brüche lassen sich innerhalb dieses Schemas denken.
Dieses wirkt sich auch auf die politischen Bewegungen aus. Das Sprichwort, das zum Kampfwort gerät: »Als Adam grub und Eva spann, wo

war denn da der Edelmann«, fordert die Restitutio des Urzustandes – nach dem Sündenfall – und die Rückkehr zu einem Zustand sozialpolitischer Gleichheit. Das Wort sagt der Ständegesellschaft, jedenfalls ihrer Undurchlässigkeit, den Kampf an.

Benachbart ist das Modell der »Circulatio und regiratio«: Danach bewegt sich der Hervorgang der Schöpfung in einer Art Kreislauf zum Ausgangspunkt zurück. Leben ist Rückkehr. Dieses Modell findet sich beispielsweise bei Thomas von Aquin.

Weniger ein Schema denn ein Zeitgefühl drückt die Apokalyptik aus. Sie beschwört das nahe Ende. Wie eine heftige Strömung wirbelt sie das Leben auf, um 800, um 1000, um 1033, um 1200, 1230 etc. Der Antichrist, so raunt man oder schreit es von den Kanzeln herab, sei dort und dort bereits gesehen worden und seine Ankunft sei in Kürze zu befürchten. Oft sind es Mönche, die Visionen verbreiten oder sie auf Druck sich entreißen lassen.

Zu erwähnen ist wegen seines Einflusses das Zeitdenken von Joachim von Fiore (1130/1135–1202). Auf das Alte und das Neue Testament folge ein »Dritter Zustand«. Während das Alte Testament die Zeit Gottvaters und der Laien gewesen sei, Adam es eingeleitet habe und die Patriarchen es zu seiner höchsten Entfaltung führten, und während das Neue Testament die Zeit Jesu Christi und des Klerus gewesen sei und von Ozias an bis heute dauere, werde die dritte Zeit die des Heiligen Geistes sein. Den Mönchen komme in dieser Spanne die zentrale Bedeutung zu; sie sei durch Benedikt von Nursia bereits eingeleitet worden. Den Eintritt des letzten Zustandes, in dem Jesus Christus dem Heiligen Geist weicht, prophezeit Joachim für 1260. Reinheit und Vergeistigung sollen einen solch unmittelbaren Zugang zu dem Geist Gottes geben, daß es der Vermittlungen durch Menschen und Sakramente immer seltener bedarf. Für Zeitgenossen und Leser ist die Vorhersage einer reinen und geistgeprägten Zeit ebenso anziehend wie die Einstufung der Kirche als endlich-vorübergehender Institution. Das Mittelalter ist so auch eine Geschichte der Suche nach Befreiung.

Weitverbreiteten Anklang findet das Translations-Denken: Ein Zustand oder eine Struktur wird weitergegeben. Es läßt ein »Fortschritts«-Denken nicht zu, erlaubt jedoch ein Fortsetzungsdenken. Ein ehemaliger Zustand wird aber hier nun nicht »restituiert«, es wird vielmehr an ihn angeknüpft. Mittelalterliches Denken bedient sich nicht eines einzigen Schemas. Das Translationsdenken bringt den Entschluß zum Ausdruck, Vergangenes zu bewahren, weiterzugestalten und sich von Vorangegangenem her rechtfertigen zu wollen. Dies gilt für das Abendland wie das Morgenland, für Rom, Byzanz, Aachen, Palermo und die kastilische Reichsideologie. Kaiser Konstantins Schenkung habe die Kirche entgegengenommen, sagt der Papst. Das Kaiserreich der Römer ist weiterzuführen, behauptet

Byzanz. An das Königreich Davids knüpft Kaiser Friedrich II. an, als er sich in Jerusalem die Königskrone auf das Haupt setzt. Später im Mittelalter selbst, heißt es, daß die Herrschaft Karls des Großen Fortsetzung erfahre und deshalb von allen Königreichen zu achten sei. Die Reichsideologie des Westgotenreiches greifen die kastilischen Grafen und ihr König wieder auf, um damit die Reconquista des neunten und zehnten Jahrhunderts zu legitimieren. Doch haben wir jeweils genau auf Absicht und Umfang bei der Nutzbarmachung des Translationsschemas zu achten. Keineswegs wird Rom in allem und jedem zu dem Maßstab erhoben. Die Vorrede der Lex Salica weist verächtlich und grimmig auf die Römer hin, welche die Christen »mit Feuer verbrannten oder mit dem Schwert verstümmelten oder wilden Tieren zum Zerfleischen vorwarfen«, und daß erst die Franken »mit Gold und kostbaren Steinen die Leichen der heiligen Märtyrer schmückten«. Wer sich auf David stützt, will sich mit dessen Macht ausrüsten und sich gotterwählt ausgeben, aber nicht die Lage der Juden verbessern.

Auch für die Heiligenverehrung gilt der Translationsgedanke. Wer nicht bloß die Überführung des Heiligen von einem Ort zu einem anderen bereits als Übergabe verstehen will, entdeckt in den Heiligenleben Aufträge, die weiterzuführen sind. Die Vergangenheit ist offen geblieben, sie ist als Vergangenheit ein nicht beendeter Auftrag an die Lebenden und an alle Zukunft. San Jago heiligt die Erde Galiziens, Kastiliens und aller anderen Landstriche der Iberischen Halbinsel. Er will, daß dieses Land unter dem Kreuz lebt. Byzanz begreift eines Tages aus reichspolitischen Gründen, daß der Apostel Andreas, noch vor Petrus berufen, auf seinem Boden missionierte. Sein Vorrang gehe auf Byzanz über und verpflichte Rom.

Das Translationsdenken beherrscht auch das Denken: Die Weitergabe und die treue Bewahrung sind aufgegeben. Eine Handlung gilt als gut, wenn sie Angefangenes zu einer Vollendung führt. Die Menschen fühlen sich als Glied einer Kette. Etwas ist entstanden, und Hände reichen es weiter. Neuanfang ist verpönt, die Berufung auf andere, auf Vorgänger beruhigt und stärkt. Das heißt auch, daß das Experiment im Denken durchaus seinen Platz hat: Andere haben ein Leben erprobt und sich erprobt; es ist ernst zu nehmen und als Vorbild empfehlenswert. Das »Experiment«-Denken hat sich nicht verengt auf den Umgang mit der Natur, es bezieht sich auf die Lebensgestaltung. Die Wiederholbarkeit ist ein Thema, doch wird nicht mit der Natur und ihrem künstlich hergestellten Ausschnitt experimentiert, sondern an und mit dem menschlichen Leben, das vor Gott und mit seiner Hilfe erprobt wird.

Ein anderer Gedanke verbindet sich nun auch mit dem Translationsdenken: Das Erbe kann in gute oder schlechte Hände geraten. Gut ist es deshalb, sich selbst der Sache zu bemächtigen, denn andere könnten das

Gut verunehren und veruntreuen. Der Verwalter-Gedanke gefällt den Mächtigen, liefert er ihnen doch die Legitimation, sich der Geschicke zu bemächtigen. Wem mehr anvertraut ist, der steht höher und trägt schwerer. Papst Gelasius betont 494 die schwerere Bürde der Bischöfe gegenüber der Last, die derKaiser trägt, denn die Bischöfe tragen Verantwortung für das Seelenheil des Kaisers. Im »Panegyricus dictus Theoderico« rühmt Ennodius, Bischof von Pavia (+ 521), daß Alamannien »facta est ... custos imperii«, daß die Gesamtheit der Alemannen zur Wächterin des Römischen Reiches geworden ist.
Doch bleibt die inhaltliche Leere des Begriffs und dementsprechend seine schillernde Vielverwendbarkeit dem Mittelalter nicht verborgen. Während der Begriff der Restitutio sich auf die Constitutio bezieht und sagt, was genau wiederherstellt werden soll, läßt die Translation offen, welcher Wert oder welches Gut übergeben wird. Auch die Bauernaufstände oder die Stadt-»re-volutionen« argumentierten mit der Wiederherstellungspflicht und dem diesbezüglichen Recht eines vorangegegangenen Zustandes. Das Translations- und Restitutionsdenken schließt jedoch keineswegs aus, daß aus den jeweiligen und immer neu sich kombinierenden Zeitumständen heraus die ihnen angepaßten Modelle entwickelt und ihnen immer wieder angeglichen werden. Die Freiheit des Umgangs mit dem Überkommenen wächst, je mehr die Verantwortung für das Leben übernommen ist.
Die Künstler knüpfen vielfach an antike Formen an und verwerten erhaltenes Material weiter. So ist zum Beispiel das »Goldene Davidsbild«, das sich im Basler Münsterschatz befindet, ein Reliquienbehälter, der mit einer Madonnen- und einer Davidsfigur verziert ist. Als Gesicht Davids dient ein antiker Sardonyx-Kameo mit Medusenhaupt aus augusteischer Zeit. Neues und Altes Testament, griechische, römische und christliche Kunst verbinden sich, um Überreste von Heiligen zu ehren.

Die von innen nach außen gestaltete Zeit

Der Tag ist die Einheit christlichen Glaubens, die ihr Maß am Gebet und ihre »tägliche« Messe kennt. Das Morgenläuten ruft zum Gebet, den »Engel des Herrn« beten die Menschen in manchen Gegenden schon im 12. Jahrhundert, das Vesperläuten zeigt das Ende der Arbeitszeit an.
Die Woche beginnt mit dem Sonntag, dem Tag des Herrn. Auch weitere Tage sind vom christlichen Glaubensgut her besetzt, insbesonders der Freitag als Erinnerungstag der Passion, andere Tage und Daten stellen sich unter ein Heiligengedächtnis. Erscheinung des Herrn, Mariä Verkündigung, Mariä Geburt, der Geburtstag des Johannes des Täufers, der Gedächtnistag des hl. Martin und des heiligen Nikolaus, des hl. Blasius und der heiligen Magdalena geben dem Ablauf des Jahres einen eigenen

Pulsschlag. Aber auch andere Glaubensgemeinschaften setzen Schwerpunkte: der Samstag ist der Sabbat der Juden, der Freitag der Feiertag der Muslime. Den Heiligen- und Festkalender vor Augen, verbindet sich das »Jetzt« mit dem »Einst«; Ereignisse christlichen Lebens, Großtaten Gottes erfüllen die Gegenwart, erdrücken sie aber nicht.
Dabei herrscht keine strikte Rigorisität, und der Nutzen ist durchaus ein Anliegen. So erlaubt 1460 Papst Pius II. der Stadt Sulzbach und ihren Bergherren, am Sonntag arbeiten zu lassen, damit die Gruben nicht absaufen und der Abbau nicht verzögert werde. Wer bei dieser Sonntagsarbeit verunglücke, sei kirchlich zu beerdigen. Auch darf das gewonnene Eisen am Sonntag verschifft werden.

Die Liturgie

So einmalig der Mensch ist, er muß viele Tätigkeiten oft wiederholen. Wenn die Jenseitsausrichtung zum Menschen gehört, so prägt auch sie sich in Wiederholungen aus. Das immer wieder wiederholte äußere Begehen eines christlichen Festes, aber auch der sonntäglichen Feier, dient dazu, »damit es immer schöner und fröhlicher im Innern gefeiert werde«, wie Thomas von Kempen (1379 /1380–1471) in seiner Weihnachtspredigt betont, »denn die äußeren Feste sind die Triebfeder unserer inneren Feste und ein Vorgeschmack ewiger Freuden«. Es sind »alle Feste hienieden eher Vorhallen der ewigen Feier zu nennen denn wirkliche Feste«. Doch da gibt es das Geheimnis der Menschwerdung. Sehnsucht kann in unbegreiflicher Weise »hienieden« schon erfüllt werden: »Ich mache mich auf, und werde dieses Kind sehen, bevor ich sterbe.« Die Jenseitserwartung erfährt ein Gegengewicht in diesem Fest der Geburt Christi: »Hier sind eins geworden Gott und Mensch, Jungfrau und Mutter, Greis und Kind.« Die Zeit ist aufgehoben, die Vergänglichkeit überwunden. Die Menschwerdung ist dabei um der Menschen willen geschehen: »Dir und allem Volk ist er Heil und Erlösung geworden.« Hier ist eine der Wurzeln des Selbstvertrauens und der Selbstbejahung der Menschen des Mittelalters zu finden, soweit sie gläubig waren. Geburt und Leben, Tod und Auferstehung geschahen und geschehen »für mich«. »Keine Wiege ist so recht und wert, das neugeborene Gotteskind aufzunehmen, wie dein sündenreines Herz.«

Die Raumgestaltung: Räume und Bauten

Als der Einsiedler Trevrizent und mit ihm Wolfram von Eschenbach die Welt beschreiben, nennen sie Europa, Asien und »das ferne Afrika«. Mehr nicht! Auf der Weltkarte des Andreas Walsperger befindet sich allerdings nicht Europa oder die eigene Stadt, sondern Jerusalem in der

Mitte. Das europäische Mittelalter lebt nicht – es mag erstaunen! – europazentriert.
Im Westen, so glauben die Menschen, wohnen die Dämonen. Der Westchor der Kirche ist zur Abwehr feindlicher Mächte auszurüsten, deswegen die Türme, das befestigte Portal und die Glocken. Erst mit solcher Sicherung dehnt sich der Baukörper, aber auch die Kirche als Gemeinschaft nach Ost, zur aufgehenden Sonne hin. Nicht nach Jerusalem! Solche Fixierung liegt fern! Der Erzengel Michael gilt als Beschützer gegen die Dämonen, hat er doch Luzifer und die hochmütigen Engel herabgestürzt. Karl der Große ernennt St. Michael zum Patron des Reiches. Zwei Klöster am Westrand Europas, an »vorderster Front der Dämonenabwehr«, unterstellen sich dem Schutz des hl. Michael: Mont St. Michel in der Bretagne und Saint Michaels Mount an der Westküste Englands.
Den Norden bestimmen Nebel und Eis, den Süden Hitze und fremdartige Menschen, der Osten ist ein Land, von dem viele Erzählungen kursieren. Zunehmend wird er als Tor zahlreicher Einfälle erlebt.

Der Raum und sein Mittelpunkt

Es gibt im Mittelalter auch in überschaubareren Regionen immer mehr als nur *einen* Mittelpunkt, gilt doch die enge Verbindung mit dem überall wirkenden Gott, mit den allen Menschen und überall zu schenkenden Heilsgeheimnissen Christi und der Kirche als ein Geschehen, das alles auf sich zuordnet: Gott wirkt im Überfluß und die Gnade kennt kein Monopol. Die Bedürfnisse der Menschen bestimmen die Zahl der Kirchen. Besondere Gnadenstätten schließen andere besondere selbst in nächster Nähe nicht aus. Jerusalem findet stets in Rom einen »Konkurrenten«. Kein Ort vereint alles, an vielen Orten wird Gedächtnis gefeiert: von St. Jakob in Compostela, St. Andreas in Byzanz, St. Bartholomäus in Frankfurt und von St. Maria Magdalena in Vézelay. Sie alle sind Mittelpunkte: Marburg durch St. Elisabeth, Canterbury durch St. Thomas Beckett, Uppsala durch St. Erik, Padua durch St. Antonius und Saint Denis bei Paris durch St. Dionysius. Roms sieben Hauptkirchen lassen sich nicht mehr gewichten.
Besonders die Reliquien sind den Menschen Mittelpunkt und Nahtstelle. Sie wollen berührt und verehrt sein, sie führen das Diesseits und das Jenseits zusammen.
Im Falle des Sankt Jakob von Compostela und der heiligen Elisabeth wirkt sich die Anziehungskraft auf das europäische Straßennetz, den Bau von Pilgerheimen und Klöstern aus. Durch Europa ziehen sich die Pilgerwege, bündeln sich auf die Pyrenäen zu und laufen in breitem Strange nach San Jago de Compostela. Von Mainz bis Marburg bauen die Organisatoren der Elisabeth-Wallfahrt eine Straße. Marburg wird bald nach dem

Tod der hl. Elisabeth viertgrößter Wallfahrtsort des Abendlandes und behauptet sich eine Zeitlang an dieser Stelle.

Vor-, Nach- und Parallelräume

Die Religionen geben Auskunft von vergangenen, unzugänglichen Räumen wie dem Paradies, und den letztzugänglichen und endgültigen Räumen wie dem Himmel und der Hölle. Vielleicht denken manche Walhalla und andere Räume dazu. Der jüdische und der muselmanische Glaube führt die Glaubensgenossen in eigene Räume ein. Unterwelten und Überwelten verleihen der eigenen kleinen Welt ihren Ort und ihren Durchgangscharakter. Das Vorstellungsvermögen findet in der Auseinandersetzung mit diesen Räumen und Grenzziehungen reichen Stoff. In detaillierter Beschreibung nimmt Dante seine Leser unter der Führung Virgils, Bernhards von Clairvaux und Beatrices auf alle Ab- und Aufstiege mit. Der Hinabstieg in die Hölle, die Durchquerung des Purgatoriums und der Aufstieg zum Himmel zeigen die Möglichkeiten der conditio humana auf. Christus werde in dem Jüngsten Gericht alle Völker – nicht nur die Christenheit – in zwei Gruppen teilen, je nach ihrem Dienst an den Armen und Verlassenen, verkündet das Matthäusevangelium. Die einen werden zu Gott weiter hinaufsteigen und zu seiner Rechten bleiben, die anderen in den Höllenpfuhl hinabgeschleudert werden. Die Tympana mit der Weltgerichtsszene mahnen Laien und Kleriker an ihre Entscheidung. Das Fürstentympanon des Bamberger Doms zeigt Christus, wie er auch Kirchenfürsten und weltliche Machthaber abweist. Mönche fallen in den Höllenrachen, nicht bloß in Hans Memlings »Jüngstem Gericht«. Augustin gießt in »De civitate Dei« diese Grenzziehung in eine politisch-historische Form um. Zwei Reiche bestehen demnach nebeneinander und sind untrennbar ineinander verwoben. Ein jedes sammelt seine Mitglieder. Weder ist die Kirche mit der Civitas Dei, noch die »respublica« mit der civitas terrestris oder diaboli gleichzusetzen. Ein Hochmut der »Auserwählten« findet keine Unterstützung, einer Weltflucht oder Staatsschwächung wird nicht das Wort geredet.

Der Kirchenbau

In St. Michael, der Aussegnungskirche der Fuldaer Benediktiner des neunten Jahrhunderts, wächst eine »Baum-Säule« aus dem Boden und wölbt sich zum Erdboden der Hauptkirche aus, unter sich eine Krypta bildend. Der Ort für die Toten ist unter dem Boden der Lebenden angelegt. Das Rund des Hauptraumes gibt den Hierarchien keinen Raum, sondern bezieht alle Teilnehmer in gleicher Weise ein. Im Angesicht des Todes tritt jeder Rang zurück und entbehrt des Bestandes.

Die Romanik entnimmt der Sarkophagkunst Anregungen, gilt diese doch als die erste christliche Kunst. Wieder entdecken wir den Translations- und Einheitsgedanken! Die Romanik will den Menschen zu einer inneren Bilderwelt verhelfen. Sie sollen durch den Bau, die Säulen, Kapitelle und die Werke der Bildhauerkunst inspiriert werden. Nicht wie andere große religiöse Kunst will sie den Menschen beeindrucken; sie will ihn auch nicht zum Abschalten oder zur Passivität verleiten. Entspricht dies nicht auch dem politischen Zustand des 11. und 12. Jahrhunderts, der die Mitgestaltung vieler – noch – vorsieht? Denn noch gibt es kein festgefügtes politisches Gebilde, noch keine allzu starren Grenzen zwischen den Ständen, ein Kurfürstentum hat sich noch nicht herausgebildet.
Die romanische Kunst warnt aber auch vor dem allzu schnellen Vertrauen in die Welt, welche die Sinne erfassen können. Gott ist, so sagt die Romanik, allgegenwärtig. Die beiden Mächte, Christus und der Widersacher, stehen im Kampfe. Wie die Kinder von Bethlehem werden bis heute, so klagt die Romanik, Unschuldige hingerichtet. Wie Daniel in der Löwengrube habe der Mensch auszuharren. Aber das Endgericht wird nicht der Teufel, sondern Christus abhalten, der eben nicht nur Partei im Streit, sondern auch Richter und Pantokrator ist. Der Aufbruch in eine Welt zunehmender Beschleunigung und rascher Änderung hat noch nicht eingesetzt.
Die Gotik dagegen begünstigt den »Überschwang« des Menschen und bedarf deshalb der tiefen Verankerung im Boden und der breitausladenden Abstützung. Hoch hinaus will die gotische Baukunst. Sie probiert in glattem Stein und feinstem Filigran, mit Strebepfeilern und Strebebogen, Säulen und Galerien, Fenstern, Rosetten und Gewölbejochen dieses »Näher mein Gott zu dir«. Sie zieht den Blick des Menschen nach oben und erinnert ihn an seine Winzigkeit. Die Wände wirken wie eingesetzt, sie entbehren der tragenden Funktion. Der Blick stößt sich nicht an Mauern. Zur Dimension der Höhe tritt die der horizontalen Weite. Das Universum zeigt sich als zartes, zerbrechliches Filigranwerk. An den Fenstern verwirrt und entwirrt sich das Flecht- und Laubwerk, und nicht immer schließen und begegnen sich die Steinranken. Die massiven Außenwerke fangen den Druck ab. Sie behaupten sich in eigener Schönheit und Symbolik. Das einfallende Licht ist durch die Heilsgeheimnisse gebündelt und gefiltert, welche in Fenstern und Rosetten dargestellt sind. Die Gesellschaft des 13. und 14. Jahrhunderts findet in der gotischen Kathedrale ihren Ausdruck. Die künstlerische, politische, soziale Einheit lotet ihre Extreme aus, und bevor sie zerreißt, gelingt ihr – für einen Moment – die Symphonie aller Kräfte und Materialien. Nicht alle Menschen sind mehr tragende Elemente des Zusammenlebens, ohne jedoch die Einfügung verloren zu haben.

Die Menschen organisieren ihren Raum

Der Thron des Königs, die Gerichtsstätte und die Friedhöfe ordnen gleichfalls auf ein »Mehr« hin, als es Sichtbarkeit und spürbare Lebendigkeit zulassen.
Menschen versichern sich der Gegenwart ihrer Toten und sichern so ihre eigene Gegenwart. Der englische König Eduard I. (1272–1307) erfuhr immer wieder, wie hilfreich seine Gegenwart seinen Kriegern beim Kampfe war. Er befahl, seinen Leichnam zu kochen, die vom Fleisch gelösten Knochen einzufassen und mit dem Heere in Zukunft mitzutragen. Sein Gebein werde den Sieg bringen. Der Hussitenführer Ziska (1370–1424) läßt seine Haut nach seinem Tode auf die Trommel spannen, die bei den Angriffen der hussitischen Truppen geschlagen wird.

Die Rechtsordnung unter dem »Namen Gottes«

Die bedeutsamen strukturellen Vorgänge sind auf eine jenseitige Instanz ausgerichtet und richten sich an ihr auf. So wenden sich Gesetze und Rechtsurkunden zu Beginn an Gott, lassen ihren Inhalt durch ihn bekräftigen und sprechen sich durch Eide Kraft zu. Nur einige Belege seien angegeben.
Das Gesetzeswerk Papst Gregors IX., der »Liber Extra« von 1234, beginnt mit der Anrufung der Dreifaltigkeit und dem Glaubensbekenntnis. »Mit aller Stärke glauben wir und bekennen ohne allen Vorbehalt, daß ein einziger der wahre Gott ist ...« Das Leben will sich vor ihm verantworten. Die »Clementinen«, 1317 von Papst Johannes XXII. promulgiert, rücken die Kirche als vermittelnde Instanz in den Vordergrund: »Dem Fundament des katholischen Glaubens – außerhalb dessen es kein zweites Fundament gibt – wissen wir uns unverbrüchlich verbunden und bekennen offen mit der heiligen Mutter Kirche...« Ersichtlich ist, daß nicht der Jenseitsbezug als solcher freigehalten werden soll, sondern ein bestimmter, nämlich der auf den wahren Gott. Die Hauptfrage ist nicht, ob es ein »Jenseits« gibt oder nicht, sondern wer den Zugang verschaffte und worauf sich der Mensch denn nun ausrichten solle.
Die kaiserlichen Gesetzessammlungen, die Königs- und Kaiserurkunden sind »ausgerichtet«. Bereits in der Spätantike findet die Besetzung der Jenseitsabstützung durch den christlichen Glauben statt. Ja, weil 534 Kaiser Justinian den Codex, eine systematische Auswahlsammlung rechtsverbindlicher Äußerungen seiner Vorgänger und seiner selbst, mit dem Titel »De Summa Trinitate et de fide catholica...« eröffnen ließ, durfte der Papst aufgrund der von ihm im 13. Jahrhundert beanspruchten Autorität nicht in der Ausdrücklichkeit des Bekenntnisses zurückstehen. Der Codex und die Digesten von 533 werden durch kaiserliches Schreiben

in Kraft gesetzt, das mit der Formel »In nomine Domini Nostri Ihesu Christi«, beziehungsweise »In nomine Domini et Dei nostri Ihesu Christi« Gott zu Beginn bemüht.
Chlotar II. stellt eine Urkunde am 18. Oktober 614 mit den Anfangsworten aus: »Zweifellos wächst das Glück unseres Reiches dadurch, wenn alles in unserem Reiche – unter immer inständigerer Bitte um Gottes Hilfe – in einer Gott wohlgefälligen Weise und gut getan, beschlossen und verordnet wird. Dies haben wir in meiner Regierungszeit immer unverbrüchlich uns zu bewahren bemüht.« Erst im zweiten Satz wird sodann »Christus« genannt.
Dem Reichsteilungs- und Hausgesetz vom Juli 817 sind die Worte vorangestellt: »Im Namen Gottes des Herrn und unseres Erlösers Jesus Christus«. Drei »Grundgesetze« des Reiches beginnen mit derselben Formel.
Das Wormser Konkordat von 1122 wird mit der Formel eröffnet: »Im Namen der heiligen und ungeteilten Dreifaltigkeit«, ebenso Kaiser Friedrichs II. »Statutum in favorem principum« vom Mai 1232 und die »Goldene Bulle« Kaiser Karls IV. von 1355 / 1356 und 1356 / 1357.
Den »Ewigen Landfrieden« von 1495 leitet Maximilian mit den Worten ein: »Wir Maximilian von gottes gnaden Römischer Künig ...« Person und Name des Amtsinhabers schieben sich nach vorne, blaß und formelhaft erstarrt wirkt das »von gottes gnaden«. Die Jenseitsausrichtung entbehrt zwar der Lebendigkeit, doch würde sie wie ein vertrautes Inventar vermißt werden, falls jemand sie ausließe.
Bürger schließen gern in der Vorhalle ihres Münsters, meist unter einer Weltgerichtsszene, ihre Verträge ab. Hier tagt auch das Stadtgericht.

Die Alltagsgestaltung: Verbindung von Gottes-, Nächsten- und Selbstliebe

Einige Beispiele für das Lebensgefühl, für diese den meisten selbstverständliche Ausrichtung auf Gott und seine Heiligen seien erwähnt. Ein Akzent ist in diesem Kapitel auf die Erziehung und die Ausrichtung auf das Sterben gelegt.

Die selbstverständliche Hinordnung auf Gott im Alltag

Der Teppich von Bayeux zeigt Harold, wie er 1061 mit seinen Getreuen vor der Fahrt über den Kanal zur Normandie in einer Kapelle betet; wie Bischof Odo die Speisen segnet und daß das Flaggschiff Wilhelms (1027–1087) zwar eine Fratze am Bug, aber ein Kreuz auf dem Hauptmast trägt.
Die Chronik des Zisterzienserinnenklosters Wienhausen bei Celle berichtet über das Wüten der Pest 1349. Die Äbtissin Luthgardis läßt um der Kranken und der von der Krankheit Bedrohten willen eine Kapelle

»Gott zu Ehren und denen heiligen Fabiano und Sebastiano zum Gedächtniß« bauen aus dem tiefen Glauben, »sie würden durch schutz und Vorbitt dieser heiligen von dem Übel befreiet werden«. Tatsächlich rafft die Seuche bald keinen mehr dahin »wegen fürbitt, wie hernach geoffenbaret, der vorbesagten Martyrer«.
Christoph Kolumbus stellt seine Fahrt im Oktober 1492 unter den Schutz der Gottesmutter. Christophs Weihe entbehrt jeglicher Sensation. Ungewöhnlich ist allerdings auch nicht, zugleich von der Reise irdischen Reichtum zu erhoffen.

Die Sorge um den Menschen

Gefährten des eben erwähnten Harold geraten an der normannischen Küste in Treibsand. Er beginnt sie hinabzusaugen. Harold springt hinzu und entreißt unter Lebensgefahr die beiden Gefährten – Ritter?, niedrigere Gefolgsleute? – dem heimtückischen Sterben.
Das Mittelalter weiß darum, daß die Sorge um den Menschen organisiert und und in Strukturen gefaßt werden muß. Kleriker und zunehmend Laien stiften Hospitäler, Krankenpflegerorden und Bruderschaften. Aus der Unzufriedenheit mit dem bloßen Besuch der Gefangenen entsteht der Orden der Mercedarier, die Gefangene auslösen und sich selbst für die Sklavenarbeiten zur Verfügung stellen wollen. Die Mercedarier überschreiten, was die Weltgerichtsrede Christi an guten Werken aufzählt, und zeigen einen Weg radikaler Nachfolge.
Wie viele in ihren Hütten und Häusern füreinander bis zur eigenen Krankheit und Erschöpfung sorgen, Kinder für ihre Eltern, Eltern für ihre Kinder, Witwen und Witwer für weitere Verwandte und Waisen, werden wir nie mehr genau wissen. Unzählige kümmern sich um die Armen, ohne Dank zu ernten oder zu wollen, pflegen in den Hospitälern, opfern Zeit, Geld und Kraft, stehen bei, wenn dem Menschen seine Natur unerträglich wird, helfen in der Einsamkeit und der Stunde der Versuchung.
Eine besondere Sorge muß den Kindern zukommen. Die Gräfin Dodana empfiehlt in ihrem bereits erwähnten Handbüchlein ihrem Sohn Wilhelm: »Denn das ist dir vor allem nötig, mein Sohn, daß du bei jeder Angelegenheit dich also bewährest, damit du sowohl der Welt nützlich seiest als auch Gott immer und in allem zu gefallen vermögest.« Die Gräfin betont, daß »nützlich sein« und »Gott gefallen« nicht zwei verschiedenartige Ziele des Menschen sind. »Du aber, mein Sohn Wilhelm, richte all dein Streben danach, daß du mit braven und tüchtigen, Gott liebenden Menschen zum sichern Ziele emporsteigest und mit ihnen zur Herrlichkeit eingehest, die kein Ende nehmen wird«. Nötig sind, um die Orientierung auf das Jenseits nicht zu verlieren, starke, einmütige Beglei-

ter. Immer wieder empfiehlt Dodana das Gebet, so im achten Kapitel: »Auch die Jünglinge im Feuerofen beteten das Geheimnis der heiligen Dreifaltigkeit an und kamen ohne Schaden davon.«
Peraldus (? –1255/1275) lenkt in der Mitte des 13. Jahrhunderts die Aufmerksamkeit immer wieder auf die knappe Zeit, die dem Menschen »hienieden« gegeben ist, um sein jenseitiges Heil mitzuwirken. Er schärft ein, daß ein jeder in der Gegenwart seines Schutzengels lebe und er sich deshalb nichts erlauben dürfe, was er in der Anwesenheit eines Menschen unterlassen würde. Der Jenseitsausrichtung diene eine soziale Kontrolle, aber auch eine strenge Regel, denn das Leben unter ihr lasse das Gewissen und den Lebenswandel feiner und zarter werden.
Maphaeus Vegius (1406–1458) empfiehlt das Vorbild der heiligen Monika, der Mutter des heiligen Augustinus. Ohne das Vorbild der Eltern, so Vegius, werden die Kinder nicht auf das ewige Heil ausgerichtet. Die Erziehung des Kindes müsse bereits vor der Geburt einsetzen, indem die werdende Mutter gesund, ruhig und bedächtig lebe; sie solle dazu die stillen Kirchen aufsuchen. Soviel zur Pädagogik, die sich im Mittelalter einfach als ein Dienst versteht, auf das kommende Leben vorzubereiten.

Gottes- und Nächstenliebe im Verbund

Gottes- und Nächstenliebe miteinander im alltäglichen Leben zu verbinden, fordert auch dem Menschen des Mittelalters ein ständiges Bemühen ab. Immer wieder müssen sich die Kathedralenbauer gegenüber dem Vorwurf rechtfertigen, daß durch den Bau des Gotteshauses den Armen Geld und Zeit entzogen würden. Zudem sind die Motive selten rein, aber wer darf richten? Jeder Bischof solle sich, sagt das Konzil von Lyon 583, um die Aussätzigen kümmern, damit sie nicht zu Bettlern und Strolchen werden. Hinter mancher karitativen Tätigkeit verbirgt sich Sicherheitspolitik.
Die Pflicht zum Verbund beruht auf der Verknüpfung im Heilsgeschehen. Kathedralenfenster in Sens und Chartres stellen die Geschichte des Sündenfalls, der Austreibung aus dem Paradies und der Erlösung durch Jesus Christus mit dem Gleichnis vom barmherzigen Samariter zusammen: Der Mensch fällt in die Welt, und sie verwundet ihn; er ist auf dem Wege nach seinem Jericho und fällt unter die Räuber. Den Ausgeraubten und Verwundeten sammelt der Samariter Jesus Christus auf und läßt ihn auf eigene Kosten gesund pflegen. Die Parallelität will sagen, daß die Erlösung Dienst an der aus eigener Schuld »unter die Räuber gefallenen« Menschheit ist, und daß die »Samariterdienste« der Menschen Fortsetzung des Erlösungswerkes sind.
Im Krankendienst, im Bekleiden der Nackten, im Speisen der Hungrigen, im Besuch der Gefangenen wird der leidende Mensch und jener erkannt,

über den das »Ecce homo« gesprochen ist. In der Chronik des Dominikanerinnenklosters Adelhausen bei Freiburg im Breisgau ist zu lesen: »Es war eine Schwester... die hatte ihren Sinn sehr auf Gehorsam und auf niedrige Werke gerichtet und diente den Kranken allezeit und heizte die Öfen. Wenn sie betete, ward sie also mit Gnaden übergossen ..., daß sie sich kaum davon losreißen konnte. Dann sprach sie: ›Herr, nun will ich dich lassen, um deiner selbst willen und will ganz deinen Siechen dienen.‹ Und jedesmal, ehe sie dann in das Siechenhaus kam, ging ihr Gott entgegen und sprach zu ihr: ›Nun bin ich dir vorausgelaufen und bin hier!‹ Und so empfing sie größere Gnade am Kochtopf denn im Chor.« Die Weltgerichtsszene mit ihren prüfenden Fragen ist verstanden worden.

Pflicht und Pflichtvergessenheit

Von der Pflicht zur Solidarität handelt Dodana in ihrem »Handbüchlein« im 21. Kapitel, das die Überschrift trägt: »Sei gegenüber den Niedrigsten ebenso zuvorkommend wie gegenüber den Vornehmsten«. Dodana greift die Naturbeobachtung auf, die der »Naturgeschichte« des Plinius entnommen und bereits von Augustinus und Gregor dem Großen überliefert ist, daß Hirsche beim Durchqueren gefährlicher Gewässer sich in Reih und Glied aufstellen und Kopf und Geweih auf den Rücken des Vorgängers legen. Wechselseitig helfen sie sich, jeder trägt und wird getragen. Ermüdet der erste Hirsch, der nur die Last trägt, so darf er an die letzte Stelle tauschen und so immerfort. Diese Solidarität empfiehlt Dodana in ihrem Handbüchlein.

Aber es gibt Menschen, die taub gegenüber dieser Aufgabe sind, die Unverständnis zeigen und bewußt abblocken. Wie anders sonst hätte Hildegard von Bingen sagen können: »Wo im Menschen die Frage nicht ist, dort ist auch nicht die Antwort des Heiligen Geistes«? Die Predigten, Aufrufe, Mahnungen sagen genug. Auf dem Schlachtfeld wird geholfen und geplündert. Strandbewohner beten gelegentlich unverhohlen darum, daß ein reiches Schiff bei ihnen strande oder untergehe. Manche Hütte wird zur Hölle. Rücksichtslosigkeit hemmt den guten Willen, Berechnung läßt das Leben erkalten. Der Straßburger Dominikaner Geiler von Kaisersberg klagt, daß niemand außer den Beginen und den Blotzbrüdern hinter der Leiche hergehe.

Wir nähern uns der Haltung des Mittelalters aber wohl doch erst, wenn wir auf Gestalten wie die der heiligen Hedwig, der heiligen Gertrud oder die der Geißler achten. Sie zeigen uns, daß es vielen nicht reicht, Nächstenliebe zu tun: Sie wollen sich selbst durch den Krankendienst retten, Sühne leisten und zugleich ihr Leben anderen ganz und gar für deren Rettung zur Verfügung stellen.

Die Sorge für sich

Vorbildliches Sterben versucht man zu kopieren. Sterbevorbereitungen, letzte Worte und eindrucksvolle Haltungen finden einen Markt. Thomas von Kempen berichtet solche letzten Worte des sterbenden Meister Gerhard in dessen Lebensbeschreibung: »Gott beschütze meinen Ausgang, der Geist möge sich zum Herrn erheben, der ihn geschaffen hat... Gott möge mir verleihen, daß ich nach meinem Tode Ruhe finde, habe ich doch für seine Liebe gearbeitet, geschrieben und gepredigt.« In dem Text empfiehlt Thomas eine Reihe von Haltungen: Die geduldige Annahme des »Loses der Sterblichen«, das Ja zur Gefährdetheit menschlichen Lebens, die bis zum letzten Atemzug dauere, und das Eingeständnis der Unmöglichkeit, sich selbst zu rechtfertigen. Der Übergang vom Leben zum Tod ist in der Gemeinschaft der Heiligen zu vollziehen. Dies besagt auch, daß der Mensch diesen Weg nicht allein zu gehen braucht.

Forsch bekennt Dodana: »Vielen würde es nichts schaden, wenn sie krank wären. Warum? Weil sie, solange sie gesund sind, an nichts anderes denken als an Raub, Wollust und alle Laster. Für solche ist es eine Gnade Gottes, wenn er sie heimsucht.«

Das Schwergewicht des Diesseits und die alltägliche Sorge

Die normalen und täglichen Bedürfnisse wollen befriedigt sein. Da geben Grundbedürfnisse den Ton an und zwingen, das menschliche Leben zu organisieren, den Hunger zu stillen, Durst zu löschen, die Nackten zu bekleiden und Tote zu begraben. Tag um Tag verlangt hinzuschauen, zu prüfen, zu experimentieren und zu kalkulieren. Daraus wächst Erfahrung: »Mist bewirkt mehr als die Heiligen«; und: »Mit Vaterunsern allein kann man keine Politik betreiben«. Es heißt allerdings »nicht allein«!

Notwendiges ist zu tun, aber das Notwendige wird auch im Mittelalter allzuschnell zum Alleinnötigen. Die Erwartung des Herrn hat sich nicht bei allen, aber doch bei vielen in die zahllosen kleinen Erwartungen irdischer Seligkeit aufgelöst, welche das Leben »erden« und beschweren. Die Ars bene moriendi üben nicht alle, ja, nur eine kleine Schar. In jener Zeitaufteilung ist das Mittelalter normal wie alle Zeiten. Doch müssen deswegen den Menschen des Mittelalters die religiösen Bezüge nicht wie in anderen Epochen aufgepfropft erschienen sein.

Die Klöster versuchen in ihrer Arbeitsteilung die Jenseitsbindung nicht untergehen zu lassen, aber auch nicht wie eine Arbeit unter anderen nebenher laufen zu lassen. Kultivierungsauftrag und Gebet verbinden sich nicht selten zu einer Ausgeglichenheit im täglichen Leben, ohne den Besorgungen die Herrschaft einzuräumen, aber auch ohne die Übertreibung und Überhitzung einer Jenseitszugewandtheit. Klöster entwickeln sich zu Großproduktionsstätten, geben zahlreichen Menschen Arbeit oder Brot und sorgen für ihren Unterhalt. Zugleich wollen sie allem Tun den Prägestempel der Gottesausrichtung eindrücken.

Das immer neue Erschrecken, Suchen und Verorten

Zum Abschluß komme ich wieder auf die Unheimlichkeit zu sprechen, doch diesmal des 14. und 15. Jahrhunderts. So schließt sich der Bogen dieses Abschnitts.

Eine zerbrochene Welt

Vinzenz Ferrer (1350?–1419) warnt seine Zuhörer: »Wir können die Dämonen nicht sehen, sie aber uns.« Unheimliche Beobachter umgeben den Menschen, bereit, ihn zu Fall zu bringen. Der Bruch zwischen Menschen- und Dämonenwelt bestimmt nach dieser Vorstellung das Leben. Eher aber, meine ich, erkennt das Spätmittelalter sich in Hieronymus Bosch (um 1450–1516) und seinen Bildern wieder, einer Welt, in der die Menschen den Boden unter den Füßen und den Himmel über sich verlieren, wo so vielerlei auf sie zuschwimmt, Unheimliches sie begleitet, und vieles schon wieder untertaucht, bevor es sich zu erkennen gab. Eigenartige Verrenkungen sind möglich. Viele Gliedmaßen und Körperteile fehlen. Die Glieder haben den Zusammenhang verloren, verbinden sich mit anderen Gliedern zu einer unförmigen, monströsen Masse. Wessen Ebenbilder treiben ihr Un-Wesen? Tritt eine neue Schöpfung an? Die Vorlage, die Gott gab, hat sich verkrochen, jedenfalls ist sie zertrümmert worden. Der Fuß will sich nun mit einem Kopf krönen und der Leib ohne Kopf einherlaufen.
Allerdings ist die Welt nicht völlig aus den Fugen, sie konstruiert sich auch neu. Nicht alles kann sich und darf sich ja mit allem verbinden, könnte eine der Botschaften heißen. Feuer, Wasser und Luft sind in neuer Aktivität und werden zugänglich. Feuer wird durchschritten, Wasser befahren, die Luft durcheilt. Ob das Leben aber sicherer geworden ist, ist anzuzweifeln. Für Hieronymus Bosch fügt sich die Welt nicht oder noch nicht unter der Hand eines ordnenden Geistes zum furchtlosen Dasein. Vielleicht wird sie der Mensch einmal in Besitz nehmen können. Noch aber geschieht Überwältigung. Vielleicht jedoch wird der Mensch diese Welt bewältigen. Mit welcher Gewalt und mit wessen Hilfe? Ist die Welt dann noch zur Heimat tauglich oder wird sie mit jedem Eingriff des Menschen unheimlicher?
Was Bosch zeigt, spielt es sich nicht in der Wirklichkeit ab? Wo Wald fehlt, fällt weniger Regen und der Wind weht den Sand über fruchtbares Ackerland. Versteppung ist die Folge. Sie führt zum Hunger und zwingt den Menschen zur Auswanderung.

Die Folgen des Stadtlebens zeigen sich. Es will das Leben angenehmer machen, verlängern und neu kombinieren. Gerade durch die Errungenschaften verpesten sich Luft und Wasser, verbreiten sich Krankheiten, denn die Viren gehen mit auf Reise. Der Tod kommt schneller. Die Bearbeitung der Welt gerät zur Bedrohung für den Menschen. Sein Werk zerstört das Ebenbild.
Mehren sich nicht die Darstellungen des Turmbaus von Babel, jener menschlichen vermessenen Schöpfung, die Gott nicht gefiel, gegen Ende des Mittelalters?

In Erwartung des Untergangs

Johannes Virdungs (1463 –1538/1540) »Practica«, eine Sammlung von Voraussagen und Einzelweissagungen, gehen seit 1487 in Druck und finden reißenden Absatz. Ernteausfall, Dürren, Epidemien und Kriege werden angekündigt. Der Tübinger Astronom Johannes Stöffler behauptet 1499, daß für das Jahr 1524 eine Sintflut zu erwarten sei. Das Mittelalter endet in banger Erwartung.

Auf der Suche der Geheimnisse

Eine Welt der Alchimisten, der leichtfüßigen und der verbohrten Sucher, der halbblinden Bücherleser und halb verbrannten Säfte-Mixer richtet sich auf der Suche nach Kräften, neuen Verbindungen und immer nach einem Geheimnis in den Winkeln dieser Welt ein. Geht es ihnen um Macht oder um Neugier oder untrennbar um beides? Das Wissen, daß da immer noch mehr ist, als »gemeinhin« angenommen wird, paart sich mit dem Wunsch, mehr zu gelten, mehr zu haben und die Kräfte zu steigern. So sucht der Mensch nach dem Lapis philosophorum, der Gold und Gesundheit spenden soll.

2. Das Leben mit der Natur

Der Begriff von Natur, wie wir ihn heute kennen, ist in der Frühphase des Mittelalters unbekannt. »Natur« ist den Menschen vorrangig auf einen letztlich göttlichen Hintergrund hin durchsichtig. Sie verdankt sich dem Schaffen Gottes. »Natur« ist aber auch für die Menschen des Mittelalters eine übermenschliche, teils unbeherrschbare und teils zähmbare und ausnutzbare Kraft. Doch bildet sich daneben ein Begriff von Natur heraus, der in ihn alles, was der Mensch nicht geschaffen hat, einbindet.

Die Frage nach Einheit und Vielheit der Natur taucht im Universalienstreit auf.
Die experimentierende Fähigkeit des Menschen bezieht sich noch bei Thomas von Aquin (1225/1227–1274) auf das sittliche Tun des Menschen, nicht auf die Naturbearbeitung. Doch bahnt sich vorsichtig bei Robert Grosseteste (1175–1253) und Roger Bacon (1214–1294) das Experiment-Verfahren gegenüber der Natur an.

Natur und Mensch: Herrschen und Beherrschtwerden

Das Herrschaftsverhältnis entfaltet sich nicht in eine Richtung. Die Erfahrung stellt sich ein, daß die Ausbeutung und Knebelung der Natur auch einen Verlust an Menschen und für die Menschen mit sich bringt.

Das Erleben der Natur

Die Natur wird erlebt als eine dem Menschen feindliche, als eine ihm gleichgültige und dann auch wieder hilfreiche Macht.
Sie gewährt dem Menschen nur widerwillig seinen Lebensraum und entreißt ihn ihm wieder, wenn er nicht um ihn kämpft. »Wald« ist gleichbedeutend mit Wildnis. Luft, Wasser, Erde und Feuer in der Gestalt des Klimas und der zerstörenden Stürme, des Frostes und der Überschwemmungen, des Erdbebens und der Brände suchen den Menschen heim, und dies wortwörtlich: Sie bringen ihm den Tod.
Die großen Sturmfluten an der Nordsee verändern die Küste. Im 14. Jahrhundert finden sechs verheerende Marcelli-Sturmfluten statt, benannt nach dem Heiligen des 16. Februar. »De grote Manndrank« von 1362 reißt den Jadebusen und den Dollart auf. Viele Hafenzufahrten, wie bei Perpignan, und Flüsse, wie die Ilmenau, müssen ununterbrochen ausgebaggert werden. Brückenpfeilern droht die Unterspülung. Wiesen drängen zum »Naturzustand«, zum Wald zurück.
Die Menschen erfahren, daß die Natur sich nicht um sie »kümmert«: Als Erde, als Bergwelt oder als Meer ist die Natur lange vor dem Menschen da und sie wird das im Vergleich zu ihrer Lebensdauer knapp bemessene Menschenleben überdauern. »Wir sind nur Gast auf Erden«, dichtet Notker der Stammler.
Die Natur bietet ihren Reichtum den Menschen an. Wenn sich die Menschen erzählen, daß sich die Seligen des nordischen Paradieses der Urzeit vom Schwein Saerimnir ernähren, dem nachts nachwächst, was die Seligen tagsüber von ihm verzehrten, so drückt sich vielleicht schmerzlich aus, wie wenig ausschöpfbar der natürliche Reichtum und wie unerläßlich andererseits die Arbeit ist.

Sonne und Regen lassen die Saat, aber auch das Unkraut gedeihen. Was wächst, kann nützen, kann aber auch wie das tollwütige Tier oder der stürzende Baum bedrohlich werden. Kräfte sind in die Hand des Menschen gelegt, doch das Maß hat er erst zu finden. Kräuter blühen auf und sind zum Heilen oder auch Vergiften, zur Abtreibung und zur Lebensstärkung geeignet. Der Mensch muß auswählen, den Gebrauch bestimmen und um den möglichen Mißbrauch wissen. Die Menschen erfahren an sich selbst die ihnen gegebene Macht zum Guten und zum Bösen und daß sie selbst sich mißbrauchen können.

Die Natur nimmt die Züge des Menschen an

Der Mensch hat je nach dem Raum, den er in Besitz nimmt, eine seit Jahrhunderten vermenschlichte Kulturlandschaft um sich und unter sich, die allerdings oft wie die oberitalienische oder dalmatinische vom Raubbau gekennzeichnet ist. Oder er stößt in noch nicht kultivierte Räume vor, die ihm nicht viel Auswahl lassen. Er muß sich lange mit wenigen geeigneten Plätzen, etwa an den See- und Flußufern, und ihrer oft schmalen Bemessung zufrieden geben.
Mit der Zeit weitet sich aber auch dort der Raum des Menschen. Er rodet und legt Äcker und Wiesen an, die uns fälschlicherweise als Inbegriff des Natürlichen gelten. Pflanzen, die es zuvor in Mitteleuropa nicht gab, wandern aus dem Süden in die offenen Wiesenlandschaften ein. Mit ihnen fliegen auch die Schmetterlinge ein, die erst auf den Wiesen Lebensraum und Raupenfutter finden.
Der Mensch baut seine Welt auf, Hütten, Dörfer, Burgen und Klöster. Ein Bergfried überragt den Felsen, eine Totenleuchte weist dem nächtlichen Wanderer den Weg. Klippenfeuer, Feuer in Holzkörben als Vorläufer der Leuchttürme, warnen vor Klippen und Sandbänken, Schneisen ziehen sich durch die Wildnis. Ab und zu deutet jemand auf ein Feld und erzählt von einer Schlacht. Die Natur trägt zunehmend die Spuren des Menschen.
Doch nicht genug damit: Der Mensch führt die Natur in die Gottesbegegnung. Das Wasser wird zum Taufwasser, die Luft von Weihrauch erfüllt, die Erde trägt heilige Stätten und füllt sich mit gesegneten Toten.
Tiere werden gezähmt – allerdings nicht erst seit dem Mittelalter! Bienen werden gezüchtet, Falken abgerichtet, zahme Hirsche als Lockmittel benutzt, um das Wild zu fangen.

Der Mensch entdeckt sich im Bild der Natur

Der Wald dient als Beispiel für die im Menschen wuchernde Wildnis und das Wild, das jäh herausprescht, als Bild seiner Leidenschaften. Der Wolf steht für Gier und List, das Pferd für die Treue. Die Tiefe des Sees und des Meeres liefert das Bild dafür, wie unauslotbar der Mensch ist. Wasser »trägt nicht«, läßt den Menschen versinken, wie er selbst auch nicht immer und nicht von sich aus einen festen Grund bildet. Wer die steinernen Tierfiguren des Tympanons von Saint Pierre d'Ailly in Saintonges zu Gehör bringen will, der wird die schrillen Klänge einer aus den Fugen geratenen Tier-Welt vernehmen und – eben an die Bedrohnisse und Unberechenbarkeiten seiner eigenen Welt erinnert sein.

Ein eigenes Naturerleben

Eine Illustration der »Carmina burana« zeigt den« Schönen Wald«, das früheste lyrische Waldbild. Vor einem wässerigen lichten Blau sprießen Pflanzen, entrollen sich die Blumen, füllen sich die Knospen, ranken Äste sich in kunstvolle Windungen aus. Laubkugeln beherrschen den Raum und wunderliche Blätter zieren die Spitzen der Bäume. Man meint in das Wachsen der Flora mit ihrem Knacken und Aufplatzen hinein das Flügelschlagen, Rauschen, Picken, Krähen und Zwitschern der Vögel zu hören. Im unteren Bild ruht ein Hase, springen Hirsch und Einhorn, flüchtet vor soviel Bewegung ein Löwe aus dem Bild.
Gelegentlich bricht ein Naturerleben auf, das die Natur in ihrer Zuordnung auf den Menschen und auf Gott, als Eigenstand und im Dienst begreift. Der Sonnengesang des Franz von Assisi ist keine Hymne an eine Göttin Natur. Weder wird sie als Selbstzweck gesehen noch – bloß? – mit den Augen Gottes zu sehen versucht. Bruder und Schwester ist sie dem Menschen. Sie steht nicht nur im Dienst des Menschen, sondern ist gleichrangig mit ihm.
Jacobus de Voragine schreibt über Bernhard von Clairvaux: »Er sprach, daß ihm nichts so wohl schmecke als Wasser, denn so er es tränke, erfrische es ihm Hals und Kehle. Er sprach auch: was er in der Schrift habe gelernt, das habe er in Wald und Feld durch Betrachtung und Gebet empfangen. Und seinen Freunden vertrauete er, daß er nie andere Lehrer habe gehabt denn die Eichen und Buchen im Walde.«

Die Bevölkerung

Das Mittelalter beginnt bei einer alteingesessenen Bevölkerung und mit neueingewanderten Stämmen. Die Einwanderung germanischer Stämme vollzieht sich zwar nicht »en bloc« und nicht innerhalb kurzer Zeit. Sie kommt in Schüben, zeitlich weit auseinandergezogen, und sickert oder drängt stürmisch in bewohntes, bebautes Gebiet zuerst ein. Einige Einwanderungsgebiete sind dicht besiedelt, andere nur dünn, wieder andere müssen erst erschlossen werden.

Doch wer dem Frühmittelalter Beharrungskraft vorhalten will, wird berücksichtigen müssen, daß um 700 oder 800 die Völkerwanderungen erst wenige Generationen zurückliegen und daß man ja gerade erst angekommen und nicht seit langem schon seßhaft ist.

Das Bevölkerungswachstum

Die Zahl der Bevölkerungen Europas steigt zuerst nur langsam. Das Wachstum unterbrechen Seuchen und Kriege, Auswanderungen bremsen es. Dem Absinken der Zahl wirken Einwanderung und Geburtensteigerung entgegen.
Einige der einschneidenderen Seuchen seien aufgezählt. Für 542 ist eine Pestepidemie in Südeuropa zu vermelden. Sie verebbt erst im siebten Jahrhundert. In diesen 150 Jahren sinkt die Bevölkerungszahl der europäischen Mittelmeerländer von 13 auf neun Millionen. Erst zu Beginn des 11. Jahrhunderts wird sie 17 Millionen betragen. Ab dem Jahr 1000 bis etwa zum Ende des 13. Jahrhunderts wächst die Bevölkerung Europas von 36 auf 79 Millionen. England zählt 1086 nach den Angaben des Domesday Book 1,2 Millionen, 1340 erst 2,355 Millionen Einwohner. 1347 bis 1351 aber stürmt die Pest durch Europa. Ihr erliegt ein Viertel der europäischen Bevölkerung. 1385 tritt die Pest noch einmal verheerend auf; im Durchschnitt stirbt jeder fünfte Bewohner Europas. Die Tuberkulose, auch Weiße Pest genannt, »welche die Menschen gerade in ihrem produktivsten Alter dahinraffte, die Pocken, die Amöbenruhr (disenteria) und die Malaria, deren Verbreitungsgrenze in den wärmeren Klimaperioden weiter nach Norden reichte«, mähen die Menschen in das Grab. Die Lepra verurteilt zahlreiche Menschen zum langsamen Tod des Verfaulens.
Erst ab der Mitte des 15. Jahrhunderts ist eine Zunahme der Bevölkerung zu verzeichnen. Während am Ausgang des Mittelalters das Heilige Römische Reich circa 20 Millionen, Frankreich 15, Spanien 10 zählen, ist England von lediglich 3,5 Millionen Einwohner bewohnt.

Lebenserwartung und Krankheiten

Die Lebenserwartung, der Altersaufbau und die Geburten- und Sterbequote weisen für das Mittelalter einige Besonderheiten auf. Die durchschnittliche Lebenserwartung beträgt zweiunddreißig Jahre, unter Einbeziehung der hohen Rate der bald nach der Geburt gestorbenen Kinder. Ist das siebte Lebensjahr erreicht, steigt die Lebenserwartung an. Wer fünfzig Jahre alt geworden ist, kann sehr wohl dann auch achtzig werden. Von Greisen wie Albertus Magnus oder Raymund de Penafort wird mit Staunen berichtet.

Jede Frau muß vier bis fünf Lebendgeburten haben, um den Bevölkerungsstand zu halten. Im fruchtbaren Alter ist eine Frau im Durchschnitt alle zwei bis drei Jahre schwanger. Frauen sterben häufig zwischen zwanzigstem und vierzigstem Lebensjahr am Kindbettfieber oder erliegen den Seuchen, da sie durch die häufigen Schwangerschaften geschwächt sind. Für ihre Kinder suchen die Väter oft eine zweite Frau. Viele Männer sterben vor dem 40. Lebensjahr. 10 bis 15 % der Mädchen heiraten nie, ein hoher Prozentsatz der übrigen verehelicht sich erst spät. Auf drei Männer zwischen 40 und 60 Jahren kommen gewöhnlich nur noch zwei Frauen. Jeder dritte Mann ist Witwer oder lebt ohne Frau. Das Bild ist also je nach Lebenszeit komplex.
In ihrer Kindheit erleben viele Geschwister den Tod eines Bruders oder einer Schwester oder beider mit. Eltern sterben oft früh. Der Vater ist nicht selten schwer krank, verschollen oder gestorben. Unverheiratet Gebliebene und Witwen- und Witwerschaft prägen die europäische Agrargesellschaft des Mittelalters. Die weiblichen Ordensgemeinschaften bieten den Unverheirateten einen anerkannten Status und eine Versorgung, welche Unabhängigkeit von der Verwandtschaft erlaubt. Die Anna-Verehrung dient zum Trost der verwitweten älteren Frauen.
Kranke und Behinderte stehen allezeit vor Augen: Notker der Stammler, Hermann Contractus, der leprakranke Balduin, König von Jerusalem, die zahlreichen durch Fehden, Kriege und Arbeitsunfälle Mißgestalteten.

Abschließungen und Außenkontakte

Nach der Betrachtung des Raums unter dem Jenseitsaspekt untersuchen wir ihn jetzt aus sozialwirtschaftlicher Sicht.

Abschließungen

Alle Abschließungen beruhen nur vordergründig auf natürlichen Gegebenheiten, denn sie sind durch die gesellschaftliche Entwicklung oder Nicht-Entwicklung verursacht.
Es gibt Naturbedingungen, welche es erschweren, sich kennenzulernen und Handel zu treiben. Mühsam zugängliche Räume, wie der Hochgebirgsraum oder manche Inseln, halten Besucher fern und die Bewohner gefangen. Kaum überquerbare Flüße und Gebirge errichten Barrieren. Wälder lassen den Wanderer zurückschauern. Die Natur selbst ist »Grenze«.
Gesellschaftliche und politische Bedingungen tragen ausdrücklich zur Abkapselung bei. Mit dem Zusammenbruch der römischen Grenzen und der verschiedenen Invasionen öffnen sich einige Räume, wie der Norden Mitteleuropas, schließen sich aber andere von bisherigen Verbindungen

ab, wie der östliche Donauraum, der für Karl den Großen in unerreichbarer Ferne liegt. Zusammenhalt wird aufgekündigt oder entfällt. Räume, die immer zugänglich waren, sind die Regionen Oberitalien und Gallien. Grenzfestungen gegen den Osten oder gegen die Mauren trennen gleichfalls Menschen.

Abschließung geschieht auch innerhalb erschlossener Flächen. Die Schichten, Sprachgruppen und Religionsgemeinschaften bauen Barrieren gegeneinander auf. Allzuviel Fremdheit wird nicht ertragen. Bischof Ulrich hält sich von dem einfachen Volke fern, Bürger blicken mit Verachtung auf den »tumben« Bauersmann, Germanen und Griechen »verstehen sich nicht«, auf die Ab- und Einkapselung der jüdischen Gemeinden arbeiten etliche Synoden und Konzile hin. Das Kloster bildet einen abgeschlossenen Raum, der den Zutritt verwehrt, in der Kirche sperrt der Lettner oft das »einfache« Volk vom Chor- und Altarraum aus.

Menschen, die auf engem Raume zusammenleben, können unterschiedlichen Rechtskreisen angehören. Oft untersteht bereits das Nachbardorf einem anderen Herrn und fremdem Recht, dem fränkischen, ripuarischen, sächsischen oder hansischen, dem flämischen, dem Nürnberger oder dem Iglauer Recht. Die Menschen zählen nicht als Menschen, sondern als Mitglieder der Rechtskreise, als solche sind sie interessant. Diese Zugehörigkeit zu kennen ist wichtig. Nicht der allergemeinsamste Nenner bedarf der Mitteilung, nein, die Besonderheiten zählen. Die abgeschlossene Region muß also nicht von innerer Einförmigkeit geprägt sein. Hier bildet sich auch die sozialjuristische Grenze aus.

Unter dem einen Dach leben die Menschen und die Tiere, stapeln sich die Vorräte. Die Selbstversorgung läßt Nachbarn wenig vermissen. Mauern und Steinwälle engen den Horizont ein. Einödhöfe, Weiler, Markt- und Kirchflecken liegen abseits der Verkehrswege und stillen im begrenzt und niedrig gehaltenen Tauschverkehr ihre Bedürfnisse. Wer nichts verteilt, erhält auch keine Zuwendung. Wird ein Gau reich, so wandern Menschen ein, Armut verscheucht sie.

Außenkontakte, Eroberungen und Wanderungen

Die zeitweilige Behinderung der Zugänge nach Vorderasien wird besonders schmerzlich empfunden wegen der Sehnsucht nach dem Heiligen Land. Doch handelt es sich zu keiner Zeit um einen totalen Zusammenbruch des Besucher- und Handelsverkehrs. Immer gibt es Pilger aus europäischen Regionen im Heiligen Land. Es ist ein Irrtum zu meinen, daß die Kreuzzüge den Zugang nach langen Jahren wieder geöffnet hätten. Er steht vorher und auch nach den fast 200 Jahren der Kreuzzugsbewegung offen.

Die Kontakte zu Afrika beschränken sich noch im Hochmittelalter auf einige nordafrikanische Provinzen und Städte. Es ist zu vermuten, daß normannische Kaufleute bereits am Ende des 13. Jahrhunderts an der Westküste Afrikas Kontore eröffneten. Systematisch sind dann die Portugiesen im 15. Jahrhundert nach Süden vorgedrungen. 1500 nehmen sie von Madagaskar Kenntnis.

Die Wikinger besiedeln im achten Jahrhundert die Hebriden, Färöer und Shetland-Inseln und stoßen nach Grönland vor, das vier Jahrhunderte hindurch mit dem Abendland in Verbindung bleibt und auf seinen blühenden Ackerbau stolz sein kann. Der Klimawechsel bereitet ihm wohl ein Ende. Abgesehen von den Fahrten der Wikinger ab 990 nach Neufundland oder das gelegentliche Anlanden von Kanus oder Leichenbooten aus der »Neuen Welt« an den Gestaden Europas, ist Amerika bis 1492 unbetreten und unbeschrieben.

Das Ostmeer, von dem aus und über das die Hanse Handel treibt, dient als Zugangsweg, um die Flußläufe aufwärts im Inneren Skandinaviens und Finnlands Niederlassungen zu gründen.

Der Raum Europas ist schwer nach außen abschließbar und keine uneinnehmbare Festung. Nach allen Seiten bietet das Abendland offene Flanken.

Über Gibraltar und die Iberische Halbinsel bis Tours und Poitiers, über die Provence und Norditalien, auch über den Balkan dringen plündernd und tötend Araber und Sarazenen in das Abendland vor. Wird das Mittelmeer zur islamischen See, so lautet eine bange Frage Jahrhunderte hindurch. Es fallen in islamische Hand: in dem Jahre 636 Syrien, 641 Ägypten, Zypern, Rhodos, 678 Karthago, 713 Spanien, 725 Carcassone. Auch nach dem byzantinischen Sieg von 718 und dem Karl Martells von 732 bleiben die Araber eine Bedrohung für die Mittelmeerküsten Spaniens und Frankreichs. Nizza wird 813 geplündert, Marseille 838 und 848. Italien kann sich befreien, Sizilien geht hingegen an die Araber verloren. Sarazenen siedeln sich in Apulien an.

Die Wikinger und Normannen brandschatzen die Küsten des Nordens und Westens. Sie ziehen über Elbe, Schelde und Seine flußaufwärts zu den Schätzen der Klöster und Paläste. Als Antwort entstehen Befestigungen. Auch betreiben die Überfallenen erfolgreiche Ansiedlungspolitik. So tritt Karl der Kahle im Jahre 911 den Nordmännern die – spätere – Normandie ab, andere erhalten Orte in Burgund. Die Wikinger lassen sich im zehnten Jahrhundert auch in Cumbria und Lancashire nieder.

Und der Osten? Die Ungarn fallen im 10. Jahrhundert, die Mongolen im 13. in das Abendland ein.

Das Abendland ist fähig, Menschen aufzunehmen, sie zu integrieren und die eigene Gestalt mit ihnen zu verändern. Leichter ist es mit denen, die sich dem Papst unterstellen, schwerer mit den anderen, doch auch hier bahnen sich Symbiosen an. König Alphons I. von Aragon holt sich um 1490 gegen die aufständischen Barone Kalabriens griechisch-orthodoxe

albanische Söldner. Im Dienste der Anjous siedeln sich Albanier im Hinterland von Palermo an und gründen zwei Dörfer: Piana degli Albanesi und Santa Christina Gela. Mit großem Mißtrauen begegnen ihnen die gebürtigen Sizilianer, was sich bis heute in der Redensart zeigt: »Wenn du einem Wolf und einem Griechen begegnest, laß den Wolf, erschieß den Griechen!«
Zahlreich sind die Fluchtbewegungen. Wieviele sind es, die vor den Mauren in das Frankenreich, vor den Wikingern ins Landesinnere, vor den Normannen, die auf Sizilien landen, nach Apulien, wieviele, die aus dem islamischen Raum nach ehemals Magna Graecia fliehen?
Mönche wandern in Räume aus, in welchen ihnen die Bilderverehrung nicht angelastet wird. Andere Gruppen treten vor einer rigorosen Christianisierung die Flucht in die noch tiefe Wildnis an. Wieviele Christen ziehen zuerst noch geordnet, dann überhastet nach 1453 von Byzanz nach Griechenland, nach Florenz, Rom, Paris? Seit den ersten Pogromen des 11. Jahrhunderts fliehen Juden. 1470 werden sie aus Bayern vertrieben, 1492 aus Kastilien. Juden flüchten in den muselmanisch gewordenen Teil des Mittelmeers, nach Konstantinopel oder auch nach Nordafrika. Ab 1492 setzt die Auswanderung in die »Neue Welt« ein. Die Bronzetür von San Zeno in Verona zeigt, wie Abraham Hagar des Landes verweist. Ratlos und verstört hält Hagar sich vergeblich am Türknopf fest. Wie viele müssen sich in dieser Frau wiedererkennen?
Wanderungen werden auch durch die Besiedlungsaktionen ausgelöst. Gründe für sie? Übervölkerung, Erschwerung der Lebensverhältnisse in der angestammten Heimat, ein Erbrecht, das nur einen Sohn auf das väterliche Erbe läßt, Wander- und Abenteuerlust, Sog der neuen Rechtsverhältnisse, Anlockungen durch günstige Lebensbedingungen – viele Gründe kommen in Betracht und manchmal nicht nur einer, um auszuwandern. Im 12. und 13. Jahrhundert ziehen schätzungsweise 200 000 Menschen nach Osten, das sind circa 2 % der Bevölkerung Altdeutschlands.

Verkehrswege

Selbstverständlich benutzen die Menschen des Mittelalters die noch aus dem Römischen Reich stammenden Verkehrswege, soweit und solange sie begeh- und befahrbar sind. Die Wege- und Trassenführung ist vernünftig. Bepflasterung zeichnet allenfalls die Hauptverkehrsadern einiger Städte aus und prägt längst nicht das Verkehrsbild der Stadt.
Die meisten anderen Straßen sind schmal, ohne Untergrund, staubig im Sommer, bei Regen grundlos, voller Löcher und Unebenheiten. Alle Straßen sind unsicher. In Umbruchzeiten – und wann fehlten sie? – wächst die Gefahr durch Wegelagerer, Straßenräuber und Diebe.

Nach dem Zerfall römischer Straßen und nachdem kaum neue Straßen gebaut wurden, gewinnen die Flußläufe an Bedeutung. Fährleute helfen über, wo die Brückenbaukunst noch versagt.
Karl der Große versucht mit einem hohen Aufgebot an Arbeitern, Rhein und Donau über den Main und die Altmühl, Regnitz, Pegnitz zu verbinden, um so zu Schiff von der Schelde in das Schwarze Meer gelangen zu können. Die Verwirklichung des Plans scheitert an den technischen Herausforderungen und wird durch die gerade in dieser Zeit schweren, anhaltenden Regenfälle verhindert. Die Verbindung von Ostsee und Elbe kommt dagegen durch den Stecknitzkanal 1390 zustande. Die Technik des Schleusenbaus wird damals weiterentwickelt.
Im Frühmittelalter tasten sich die Seefahrer an den Küsten entlang. Erst allmählich wird das Meer dienstbar. Das Boot schleicht im Schutze des Ufers so lange dahin, bis eine Meeresüberquerung unaufschiebbar wird. Die breiten, flachen Kähne der Hanse ziehen in Küstennähe nach Gotland hoch und setzen dann über ins Baltikum. Der Insel tut es gut. Der Wagemut steigt, wohl nicht ohne die Nachhilfe finanzieller Anreize. So wandelt sich der Schiffsbau: mehr Laderaum, tieferer Kiel, schlankerer Schiffsbauch. Eine Folge ist, daß die bisherigen Häfen mit ihrer geringen Wasertiefe nicht mehr angelaufen werden können. Tiefseehäfen sind nun für den neuen Schiffstyp nötig. Zahlreiche Landstriche verarmen, auch Gotland; Betriebe, die von der Schiffahrt gelebt haben, müssen schließen, im besseren Falle verlagern sie sich.
Täler werden zunehmend dem Zutritt geöffnet, Hänge bewohnbar gemacht, die Gebirgspässe offen gehalten. Eine innereuropäische »Landnahme« vollzieht sich. So entsteht ein immer weiterer und zugleich sich näherrückender Lebensraum. Jeder Weganschluß ermöglicht die Erweiterung der Kontakte und zugleich deren Intensivierung.
Zu Fuß, auf einem Karren, manchmal zu Pferd geschieht die Fortbewegung. Das Pferd ist, was den Transport angeht, durch keine menschliche Erfindung übertroffen.

Die Einschätzung der Arbeit und die Arbeiten

Die Mühsal der Arbeit verdankt sich nach mittelalterlicher Auffassung dem Hochmut Adams. Wer sich daher vor der Arbeit drückt, weigert sich die Rolle des Menschen nach seiner Vertreibung aus dem Paradies zu übernehmen. Es ist aber auch unablässig verkündete und gelebte Botschaft der Mönche und Nonnen, daß die Arbeit von trägem Dahinleben abhalten soll. Müßiggang ist Einfallstor des »Widersachers« des Menschen, des Teufels. Nuancen treten auf: Während die Benediktinerregel diesen Aspekt zum hauptsächlichen erhebt, sieht die Basilius-Regel den Wert der Arbeit auch in der Teilnahme an der neuen

Schöpfung und im Engagement für die Armen und gegen die Ungerechtigkeit.

Die Arbeiter

Das Mittelalter denkt die Gesellschaft in die Stände der Beter, Krieger und Arbeiter dreigeteilt, teilt aber auch den beiden erstgenannten Ständen Arbeit zu. Die ständische Gesellschaft gliedert sich also nicht in Arbeiter und Nicht-Arbeiter. Der Unterschied besteht in der Art ihrer Arbeit. Ist dies immer bewußt oder handelt es sich gar um eine Art Beschwichtigung der niederen Stände? Beten ist Arbeit, so wird verkündet. Von der Mühsal ist die Rede und von den Früchten des Gebets. Der Spruch des heiligen Benedikt: »Ora et labora!« stellt zwar beide Tätigkeiten, Beten und Arbeiten, gegenüber, verpflichtet aber den Menschen dazu, seine Einheit in beiden zu finden. Man spricht auch vom Kriegshandwerk und schließt mit den »Condottieri« einen Arbeitsvertrag. Viele Tympana und Bibelausschmückungen zeigen den pflügenden und hackenden Adam und Eva, wie sie sich am Spinnrocken abmüht: *Alle* arbeiten am Beginn der Gesellschaft. Der Beginn bedeutet aber immer Norm für die Zukunft, so daß alle arbeiten sollen.
Der Stolz auf die Arbeit hindert die mittelalterliche Gesellschaft nicht, innerhalb der Palette der Verrichtungen trotzdem Stufungen in ehrliche und unehrliche, in niedrige und hohe Arbeiten vorzunehmen.

Die Aufteilung der Arbeiten und die Ausbildung

Die Familienmitglieder teilen sich die Arbeiten zu. Im Mittelalter besorgt die Familie, oft eine Großfamilie, ein Verbund mehrer Großfamilien oder das Dorf das zum Leben Nötige. Selbstversorgung und Selbstgenügsamkeit wird auf diesem sozialen Niveau erreicht. Gesprengt hat jene Welt vor allem das Wachsen der Bedürfnisse, zu dem die Erzählungen der Reisenden und die Wallfahrten beitragen. Zunehmend wird das Leben als unzureichend erfahren. Bedürfnisse nach feinerem Essen und höherer Wohnkultur wirken fördernd auf die Kreuzzugsidee, die Afrikaumrundung und noch auf die Fahrt des Kolumbus ein.
Viele Menschen üben noch mehrere, ja viele technische Tätigkeiten aus und beherrschen noch zahlreiche »Künste«. Das Haus vereinigt Personen, die selbst vielseitig »ausgebildet« sind, für schwieriger zu erbringende Leistungen gibt es im Dorf den Handwerker. Franz von Assisi beteiligt sich als Bürger von Assisi selbstverständlich am Mauerbau der Stadt. Der Bauer lernt bei seinen Frondiensten im Burgenbau oder im Weintransport auch neue Handgriffe und Praktiken kennen. Mehrzünftigkeit, also meh-

reren Zünften anzugehören und in ihnen den Beruf ausüben zu dürfen, ist begehrt.

Wie zu arbeiten ist, lernen die Menschen durch Nachahmung der Älteren. Noch gibt es keine feste Ausbildung, keine Berufsschemata, keine allgemeine Schulpflicht.

Häufig sind Menschen gezwungen, Arbeiten zu verrichten, für die sie nicht geschaffen, ausgerüstet und begabt waren.

Seinen Beruf, die Ausbildung und die Art der Ausführung wählen zu können, ist den meisten Menschen fremd. Sie sind fest in eine soziale Ordnung eingebunden. Das Leben des heiligen Eligius zeigt, wie Vorverfügung und Aufstieg durch eigene Leistung zusammengehen können. Seine Geschicklichkeit im Herstellen von Geschmeide lenkt die Aufmerksamkeit des Hofes auf ihn. Er tritt in den Kreis der Hofbeamten und rückt zum Ratgeber des Königs auf. König Karl der Kahle, dem die Besetzung der Bischofsstühle zusteht, greift auf Eligius zurück und ernennt ihn zum Bischof. Franz von Assisi folgt gleichfalls nicht des Vaters Spuren. Boccaccio wird nicht Kaufmann nach Wunsch des Vaters, sondern studiert kanonisches Recht, bald aber Literatur. Dürer beugt sich zuerst noch väterlichem Wunsch, um dann doch nicht Goldschmied, wie der Vater, sondern Maler zu werden. Der Aufbruch des jungen Helmbrecht in Wernher des Gärtners Versroman aus dem Ende des 13. Jahrhunderts mag nicht der einzige aus der Bauernwelt gewesen sein, sensationell ist er aber allemal.

Die Zweckrationalität

Man bewundert den, der zwei Fliegen mit einem Schlag erschlägt, auch im Mittelalter. Er setzt seine Kräfte zweckgerichtet ein. »Zur Hacke gehört ein Stiel«, will sagen, daß die Mittel selbst wieder anderer Mittel bedürfen, um brauchbar zu sein. Planung ist nötig, Geduld ist aufzubringen und eins nach dem anderen zu erledigen, denn: »Ungelegte Eier sind unsichere Kücklein«.

Gerade die hohen Ziele und die immer knappen Mittel an menschlicher Kraft, an Techniken und an Tauschmöglichkeiten erzwingen eine scharfe Kalkulation. Jeder Kirchen- und Klosterbau erfordert die Vorabberechnung. Tritt auf den Abbildungen der Klostergründer mit dem Modell des Baus vor den Stifter oder gar vor Gott, so will dies auch ausdrücken, daß der Bau überlegt und geplant ist. Selbst alltägliches Wirtschaften ist darauf angewiesen, mit knappen Mitteln das gesteckte Ziel zu erreichen. Dies gilt für jeden Haushalt, auch den des Klosters. Mit dem gespendeten Geld, den eventuell eingegangenen Abgaben und dem selbst Erwirtschafteten sind die Gebäudeunterhaltung, vielleicht der Bau und Weiterbau der Kirche oder sonstiger Klosterräume zu ermöglichen.

Eine besondere Spielart dieser Zweckrationalität findet sich bei den Zisterziensern. Ihnen ist es aufgegeben, einen möglichst schlichten Kirchenraum und eine schmucklose Fassade ohne Turm zu erstellen. Bernhard von Clairvaux kritisiert mit dieser Forderung den Reichtum und Schmuck des Benediktinerklosters, im besonderen von Cluny. Die Zisterzienserklöster suchen sowohl im Gehorsam gegenüber Bernhards Forderungen zu bauen, andererseits innerhalb dieses Rahmens die ihnen mögliche Gestaltungsfreiheit zu nützen.
Sie erweisen sich bald als Meister der Kalkulation und errichten Kirchen von betörendem Schattenriß und entrückendem Lichteinfall.

Die Ackerbaukultur

In der Ackerbaugesellschaft sind alle gesellschaftlichen Kräfte dem Boden verhaftet und bleiben von ihm abhängig. Eindrucksvoll bestätigt diese Abhängigkeit Karl der Große, als er den Monaten auf die Landwirtschaft bezogene Namen gibt. Diese Bindung hält die Menschen zusammen und stellt alle auf eine grundsätzlich gleiche Ebene. Trotz aller gesellschaftlicher Unterschiede bleibt es für jeden entscheidend, wie die Ernten ausfallen, wie Hitze, Nässe und Kälte sich auf das Jahr verteilen, welche Seuchen eingeschleppt werden und welche wohin weiterwandern. Ausgesetzt zu sein vereint sie alle.
Kennzeichen ist die Bindung an den Boden. Der Bauer darf sich von ihm nicht weit und nicht lang entfernen. Vieh und Feld benötigen ihn. Tiere werden zu bestimmter Zeit geworfen und zum Schlachten reif. Die Weinernte darf nicht verzögert, die Mahd kann nicht hinausgeschoben werden. Die Bauern wissen, daß es oft dreier Generationen bedarf, bis der Boden ausreichend trägt und man von ihm leben kann. Sie leben »traditionell« und sind doch ganz auf die Zukunft gerichtet.
Ist der Boden ausgelaugt, nimmt man einen neuen unter den Pflug, verlegt aber auch den Wohnplatz, falls die Verlegung eine Erleichterung bedeutet.
Überschuß wird in der ersten Zeit des Mittelalters kaum produziert. Es reicht gerade für die Produzenten und ihre Familie. So gibt es auch kaum etwas zu tauschen. Allerdings bleibt Geld immer bekannt, dies bezeugen die Leges der Einwanderervölker mit ihren Wehrgeldsummen und Bußen.
Die Bauern führen die Dreifelderwirtschaft ein. Im ersten Jahr liegt das erste Drittel des Feldes brach, das zweite Drittel trägt Winterfrucht – Weizen oder Roggen , das dritte Drittel Sommerfrucht – Hafer, Gerste, Linsen, Erbsen, Bohnen oder Kohl. Im folgenden Jahr sät man auf dem ersten Drittel Winterfrucht, Sommerfrucht auf dem zweiten Drittel und läßt das letzte Drittel brachliegen. Im dritten Jahr wechselt man und

gönnt dem Mittelfeld Ruhe. So verdoppeln sich in der Regel die Bodenerträge. Je mehr Hafer, desto größer wiederum die Pferdezucht!
Leben und fühlen die Ritter anders? Im Hochmittelalter wissen sich die meisten Ritter dem Bauernleben verbunden. Die österreichischen Ritter bitten beispielsweise im Herbst 1288 ihren Herzog, sie zur Weinlese nach Hause zu entlassen. Könige, wie Karl der Große oder König Sigurd Sau aus Schweden, gehen auf den Äckern umher, nicht zur Kontrolle, sondern um dem Land und seinen Leuten, denen ein jeder seine Existenz verdankt, ihre Ehrfurcht zu erweisen.
Den Winter auf dem Lande zeigt uns das »Breviarium Grimani« mit dem händereibenden Bauern, der webenden Frau, den um die Hütte herum pickenden Hühnern und Tauben sowie den eingepferchten Schafen. Bauern transportieren auf Eseln ihr Korn zur Mühle, Bauern holen die Mehlsäcke ab. Es liegt ein Friede auf dieser Landschaft, mit ihren Engen und Weiten, schwer durchschaubaren Ordnungen und dem gespenstischen bläulichen Schneeweiß. Anstrengung und Lebenskampf, Betriebsamkeit und doch auch Gemächlichkeit sprechen aus dem Bild. Das Leben ist nicht vollkommen, und die Momente des Glücks sind kurz. Die »Belles Heures« geben die lastende Hitze des Sommers wieder, in der das Korn zu schneiden, zu bündeln und zu dreschen ist. Die Menschen sind erschöpft und – friedlich.

Die Berufe und ihre Entwicklung

Das Dorf, das Kloster und die Stadt verfügen über einen Stab gut ausgebildeter und bewanderter »Könner«. Mittels des weitgespannten Austauschnetzes der Klöster und der Weitergabe des Könnens innerhalb des Klosters und an die umliegend wohnenden Bauern und Handwerker findet eine rasche Neuorientierung und eine stete Herausforderung statt. Die Stadt hat darin über lange Zeit keinen Vorrang.
Wo Können ist, wächst nicht nur die Produktion schnell über den Eigenbedarf hinaus. Das Können selbst spezialisiert sich und produziert neue Berufe. Aufspaltungen der Berufe sind die Folge rein quantitativ gewachsener Nachfrage, verfeinerten Geschmackes und höherer Anforderungen aus dem Kundenkreis. Bäcker, Schmiede, Fischer, Fleischer, Schneider, Gerber, Lohgerber, Zimmermann, Schreiner sind die Berufe, die bald Unterabteilungen haben. Aus dem Beruf des Bäckers entwickelt sich der Zuckerbäcker, aus dem des Schmiedes der des Waffenschmiedes und der des Harnischmachers. Betriebe entstehen, in welchen höchst spezialisierte Tätigkeiten aufeinander zugeordnet werden, so die Werkstätten der Glashersteller und der Waffenschmiede, aber auch die Bauhütte. Eine differenzierte Arbeitsteilung findet sich auch bei gefragten Malern. Um der Aufträge Herr zu werden, beschäftigen sie eine Schar von Hilfskräf-

ten, die bei der Ausfüll- und Ausformulierarbeit eines Gemäldes helfen. Veit Stoß benötigt bei der Ausführung des Marienaltars in Krakau eine Reihe von Schülern, welche die Vorentwürfe detailgerecht zurechtschnitzen, er bedarf aber auch der Schreiner, der Maler und der Vergolder. Der Meister verfolgt das Werden, greift selbst zu oder korrigiert.
Die Steinmetze gehen dazu über, normierte Blöcke herzustellen. Das Bauwerk der gotischen Kathedrale setzt sich nicht mehr aus je unverwechselbaren Steinen zusammen, sondern aus Blöcken, welche nach je einem Maß zurechtgeschlagen werden. Die Serienanfertigung bestimmt den Bau, nicht umgekehrt. Die Blockanfertigung erfolgt in Bauhütten. Jahreszeiten und Klima beeinträchtigen so nicht mehr die Blockproduktion, auch läßt sich auf Vorrat arbeiten.
Während der andalusische Mediziner Abou l'Qâsim (gest. 1013) Forschungen über die Tuberkulose der Wirbelknochen anstellt, Ibn Sînâ, als Avicenna bekannt (980–1037), eine präzise Anatomie des menschlichen Auges liefert, die Ursachen der Rippenfell-, Bauchfell- und Lungenentzündung sowie der Leberabszesse und das Funktionieren des Herzens untersucht, tastet und probiert die abendländische Medizin noch herum. Als Franz von Assisi sich in Ägypten eine Augenkrankheit geholt hat, verbrennt der konsultierte Arzt von Fonte Colombo Franz mit einem glühenden Eisen die Schläfen.
Die medizinische Hochschule in Salerno erprobt einen umweltbezogenen Krankheits- und Heilansatz. Die Krankheiten hängen, so sagt man, in ihrer Entstehung mit der Witterung, mit der Luft und der Feuchtigkeit zusammen. Auch die Heilkunst diene der vernünftigen Lebensweise. – Die auseinanderstrebende Spezialisierung kennt doch noch einen Nenner: den Menschen.

Die Techniken und technische Erfindungen

Das Mittelalter zehrt von zahlreichen vorausgegangenen Erfindungen, der des Feuers, der Boden-, Stein- und Metallbearbeitung, der Tierzähmung und -Verwertung, der Bergwerkskunst sowie der Schrift. Es darf sich bereits als eine Zeit begreifen, auf die das Suchen und Erfinden vieler Menschen – etwa der Kelten – hingeordnet ist. Oft zwingt erst eine aktuelle Not die Menschen, nach den Handbüchern der Antike zu greifen und Lösungen ihrer technischen Probleme zu suchen. Das neunte Jahrhundert verzeichnet bereits einen Aufschwung der Technik, ohne jedoch schon das technische Niveau der Römer zu erreichen. Ist auch mancher Produktionsvorgang im Laufe des Mittelalters schneller, raffinierter und leichter geworden, so ändern doch die Techniken die Lebensabläufe so wenig, daß die Menschen von 550 noch im Jahre 1450 ihre Handgriffe hätten anbringen und ihr Naturverhältnis beibehalten können.

Im Laufe des Mittelalters dringen die Pflüge tiefer in das Erdreich ein. Die lange Zeit hindurch verwendete hölzerne Pflugform ist überholt; sie riß den Boden nur auf und zwang den Bauern, die Schollen mit der Hand zu zerkleinern. Der Räderpflug mit dem Pflugmesser zum Vorschneiden der Grasnarbe, mit einem in den Boden tiefergehenden Eisen und dem Wendeblatt findet jetzt Eingang in den bäuerlichen Betrieb. Die Pfluganlage ist dissymmetrisch. Das Unkraut wird vernichtet und der Boden belüftet, erhalten aber bleibt die Fruchtbarkeit der Erde.
Wichtig ist dann auch das Zugzeug für Ochs oder Pferd. Bisheriges Zuggeschirr und Zaumzeug preßte die Luftröhre zu und brachte das Blut zum Stocken. Das Joch wird ab dem zehnten Jahrhundert nun den Zugtieren nicht mehr an den Hals, sondern auf die Schultern gelegt. Ebenso entlastet der gepolsterte Halsring das Pferd, ohne seine Lenkbarkeit zu beeinträchtigen. Die Leistungsfähigkeit der wichtigen Zug- und Tragtiere steigert sich. Viermal mehr als die Sichel leistet die Sense. Sie wird mit der steigenden Nachfrage nach Getreide wieder eingeführt.
Die Zisterzienser beobachten das Verhalten der Fische und steigern die Fischzucht. Heinrich I. beschäftigt sich mit der Vogelstellerei, Kaiser Friedrich II. verfeinert die Falkenbeize. Der Umgang mit dem Pferd erreicht eine hohe Kunstfertigkeit.
Die Schmiedekunst wird weiterentwickelt. Mancher Handwerker und Künstler muß erleben, was die Sage vom Schmied Wieland zeigt, wie nämlich mit dem Anklang, den die Produkte finden, auch der Druck steigt, nur noch für einen Herrn zu produzieren, der eifersüchtig den Handwerker völlig für sich beanspruchen will. Die Uhr wird im zehnten, die Kupferstechkunst und die raffinierte Ölmalerei werden im 14. Jahrhundert erfunden. Das Schießpulver, die Kanone und der Kompaß halten Einzug.
Erhitztes Wasser, in Felsspalten gegossen, und zum Quellen gebrachte Holzpflöcke sprengen das Gestein. Natur wird gegen Natur eingesetzt. Nie stimmte das »reine« Gegenüber von Mensch und Natur. Edelmetalle wie Gold und Silber baut man in Deutschland am Harz, in Böhmen, Oberungarn und Italien ab. Die alpinen Gerölle aus dem Einzugsgebiet der Aare und ihrer Zuflüsse schwemmen Gold in den Rhein. An den zahlreichen Sandbänken zwischen Straßburg und dem späteren Mannheim lagert es sich ab und läßt sich herauswaschen. Eisen gewinnen die Menschen in der Gegend um das Vils- und Naabtal, in den Niederlanden, in England, Frankreich, auf Sizilien und auf Elba. Wer Blei benötigt, wendet sich an Derbyshire und an Italien. Zinn hingegen kommt aus Devon, Cornwall und Böhmen, Quecksilber aus Spanien und Alaun aus Italien.
Wasserkraft treibt die Hammerwerke, Blasebälge, Entwässerungs- und Belüftungssysteme der Bergwerke. Holz ist in großen Mengen zur Erzeu-

gung der Temperaturen in den Stücköfen nötig. Die Abholzung erzwingt häufig die Verlagerung der Eisenerzeugung. Wassermühlen sind anzutreffen. Die Bauern bauen Windmühlen und lassen mit ihrer Kraft das Korn mahlen und das Land trockenlegen. Immer auf der Suche nach Energiespendern, betreiben Benediktiner auf der Insel Mljet in der Nähe von Korcula in der Adria ein »Gezeiten-Kraftwerk«. Im bernischen Oberaargau fassen Zisterzienser die Langete in einen Kanal, heben die Sohle des Flußbettes und erreichen damit den Niveauunterschied zwischen Flußwasserspiegel und Wiesen. Die Mönche graben Seitenkanäle, die mit einem leichten Gefälle das Wasser auf die Wiesen führen. Ein dichtes Netz weiterer Kanäle sorgt mittels Schleusen, Wehren und Staubrettern für die Feinverteilung. Die Berieselung düngt zugleich, so erhöhen sich der Viehbestand, die Mistmenge und das Getreidequantum.
Papier und Seife, Fässer, Butter, Hafer, Gerste, Dinkel, Hopfen – all dies sind Errungenschaften des frühen Mittelalters. Die Brille und künstliche Gliedmaßen, der »Rollstuhl« und die »Dreiecksstütze auf Rädern« werden entwickelt. Die Suche nach »Prothesen« ist groß, meist muß auf sie verzichtet werden. Das Elend wird nicht immer still hingenommen, sondern fordert zu technischem Fortschritt heraus.

Einen Leib hast du mir gegeben

Michel Foucault (1926–1984), Mentalitäts- und Machtforscher vertrat die Ansicht: »Man gibt sich heute gern der Meinung hin, daß die Sexualität in der zeitgenössischen Erfahrung die Wahrheit ihrer Natur wiedergefunden habe, welche lange Zeit nur im Schatten gestanden sei oder nur in Verkleidungen habe auftreten können ... Doch niemals hatte die Sexualität eine unmittelbarere und natürlichere Bedeutung und ein größeres ›Glück des Ausdrucks‹ als in der christlichen Welt der gefallenen Körper und der Sünde. Beweis dafür ist eine Spiritualität, in der das Begehren, der Rausch, das Eindringen, die Ekstase und das ohnmächtige Verströmen bruchlos ineinander übergingen; all diese Bewegungen setzten sich für sie ohne Unterbrechung und ohne Schranke bis ins Herz der göttlichen Liebe fort, deren letzte Ausweitung und wiederkehrende Quelle sie waren ... Wir haben die Sexualität nicht befreit, wir haben sie an die Grenze getrieben.« Ich stimme Foucault zu, wenn das byzantinische Mittelalter mit seinen doch recht ausgefallenen und »komischen Striptease-Darbietungen« miteinbezogen und anerkannt wird, daß die Menschen des Mittelalters um die rechte Form, die es für sie gibt, immer wieder suchen, daß dabei Fehlgriffe vorkommen, daß Männer und Frauen sich in ihrem wechselseitigen Verhältnis zu viel und zu wenig zumuten und daß es selbstverständlich auch naives und abgefeimtes Verhalten gibt. In der Auslieferung an die Kräfte der Geschlechtlichkeit erfährt der mittelalter-

liche Mensch ebenso Beglückung wie Ohnmacht. Gegenüber störenden und nur mühsam beherrschbaren Kräften wird dem Menschen seine Zerrissenheit gerade wegen der ganzheitlicheren Sicht schmerzhaft bewußt.
In der Torup-Kirche auf Nordjütland ist zu lesen: »Thorsten ritzte diese Runen in den Pfingsttagen. Am Morgen hatte er viel Vergnügen mit Johanne.« Ein kleines, bewegendes Zeugnis!

Die Sinnenfreude in ihrem kosmischen Bezug

Die Nähe zu Tier, Acker und zu den Menschen selbst läßt die meisten Menschen an den Vorgängen des Zeugens und Gebärens, des Aufwachsens und Sterbens aus der Nähe teilhaben. Der flämische Bildtypus der nährenden Muttergottes erregt keinen Anstoß. Geistige Vorgänge als Geburts- und Sterbevorgang oder im Bild der Zeugung zu fassen, erscheint deshalb weder künstlich noch abwegig.
Der etwas stilisierte, doch deutlich erkennbare Fruchtbarkeitsstein aus Granit, etwa im Kirchenvorraum von Tommerby in Nordjütland, bleibt aufgestellt. In Skandinavien finden sich »weiße Steine« und »rote Steine«, was sie darstellen, ist eindeutig, wenn die Bezeichnung auch verschämt ist. Die Christen haben sie ebensowenig wie die Fruchtbarkeitssymbole, die über irischen Kirchenportalen eingelassen sind, beiseite geräumt oder zerschlagen.
Von der Offenheit für die Genüsse des Lebens zeugen die Kirmes, die Gastmähler, die Badestuben oder das Fresko des Kaiserbades im Bischofshof zu Regensburg. Der Traum vom Schlaraffenland findet literarische Gestalt. Die Miniatur zum Monat Januar aus dem »Sehr reichen Stundenbuch des Herzogs von Berry« eröffnet den Blick auf den Herzog (1340–1416) beim Tafeln. Er, seine Gäste und sein Gefolge verzehren pro Sonntag jeweils drei Ochsen, 30 Schafe, 160 Rebhühner und 160 Hasen. Exotische Früchte fehlen ebensowenig wie heißer Gewürzwein. Der Reiche »gibt an«, weil er »ausgibt«.
Engelfiguren wie am Straßburger Münster strahlen Heiterkeit aus. Die pralle Freude an Luft, Wasser und Erde verkünden Lieder, Erzählungen und Bilder. Der Mensch stimmt dem Wort des Schöpfergottes zu, daß die Schöpfung gut ist und gut geblieben ist.
Die umstürzlerische Macht der Liebe aber ist in den Wandteppich im Regensburger Stadtmuseum gewoben. Auf Aristoteles reitet eine Frau: Wib remt sich auf lib. Die Verliebtheit macht blind und kehrt die Ordnung um. Der Weise erniedrigt sich zum Gespött.

Korrekturversuche

In der Beurteilung der Sünden im geschlechtlichen Bereich stehen sich im Mittelalter zwei Traditionen gegenüber. Die eine stützt sich auf Isidor von Sevilla; ihm gilt der unerlaubte Geschlechtsgebrauch als schwerste Sünde; befleckt nämlich schon jedes Laster die Seele, so dieses auch den Leib. Die andere Tradition qualifiziert diese Sünden als Sünden der Schwäche und von geringerer Schuld als die Sünden des Hochmuts, der Habgier, des Zornes und Neides. Der Mensch sei wie bei keiner anderen Sünde hier Getriebener. Vertreter dieser Sicht sind Gregor der Große und Thomas von Aquin.

Die Proteste gegen die Vergeudung der Speisen, die luxuriösen Gewänder, den üppigen Schmuck und den närrischen Haarschmuck begleiten die reicher werdende mittelalterliche Gesellschaft wie Kontrapunkte. Robert von Courson (1155/1160–1219) stöhnt protestierend in seiner »Summa celestis«: »Brauch ist es in vielen kirchlichen Gemeinschaften, daß die Kleriker und die Mönche am Samstag Fleisch essen«, obwohl kein Laie sich dies erlaube; Robert tadelt Mönche, die »wie Schweine der Hölle sich bis zum Erbrechen am Samstag mit Fleisch vollstopfen«.

Was wird aber auch alles verschwendet! Kaum ist Reichtum vorhanden, so legen ihn Mönche und Laien, Städter und Dörfler, junge und alte Paare in den vielfach gefalteten Kleidern oder hautengen Hosen, den kunstvollen Haaraufbauten, schwungvollen Hüten und den zum Gehen ungeeigneten teuren Schnabelschuhen an.

Abt Rudolf vom Kloster des heiligen Remigius geißelt auf einer Synode 972 in der Reimser Diözese das Gehabe der Mönche: »Es gibt nämlich einige unseres Standes, welche sich gern öffentlich das Haupt mit einem goldgeschmückten Hute bedecken, welche ausländisches Pelzwerk der von unserer Regel vorgeschriebenen Kopfbedeckung vorziehen und statt der unscheinbaren Mönchskleidung kostbare Gewänder anlegen. Sie tragen gern um hohen Preis gekaufte Röcke mit weiten Ärmeln und großen Falten und ziehen sie um den Leib so fest zusammen, daß die eingeschnürten Hüften den Hintern hervortreten lassen und man sie von hinten eher für Dirnen als für Mönche halten könnte... Was soll ich aber von ihren abenteuerlichen Schuhen sagen? Sie lassen sich nämlich ihre Schuhe so eng machen, daß sie darin fast wie in den Stock geschlossen, am Gehen behindert sind. Auch setzen sie denselben vorne Schnäbel, an beiden Seiten aber Ohren an... Was aber soll ich von ihren unanständigen Beinkleidern sagen? Ihre Hosen haben eine Weite von sechs Fuß und entziehen doch wegen der Feinheit des Gewebes nicht einmal die Schamteile den Blicken...«

Während in den Kontoren der späteren Zeit scharf kalkuliert und jede Ausgabe auf ihre Nützlichkeit hin berechnet wird, scheint sich in der

Kleidung ein Protest gegen das Nützlichkeitsdenken auszudrücken. Das Unnütze, Unpraktische, Sinnlose ist spätestens ab dem Ende des Hochmittelalters modern. Der Trend geht auf das beschwerliche Gehen, auf die Belastung durch den Stoff, auf die Unbeweglichkeit des Kopfes, um Frisur und Haube nicht zu zerstören. Verhüllung der Glieder und akzentuiertes Hervortretenlassen der Körperteile wechseln sich hektisch ab. Man besehe eine Passionsdarstellung des Spätmittelalters: Die Gruppe um Maria steht für die eine Tendenz, die Henkersknechte oft für die andere.

Bischöfe, Äbte, Volksprediger wie Bernardin von Siena, Johannes Capistran und Girolamo Savonarola rufen zur Einfachheit auf und drohen jenen, die genießen wollen und die Armen und Unterdrückten vergessen, ja, sie zum Zwecke ihres Genusses ausbeuten. Die Drohung geschieht hauptsächlich durch den Verweis auf das Letzte Gericht und malt seltener das Gespenst eines Sozialaufruhrs an die Wand.

Beispiele beherrschter Lebensführung werden empfohlen und Einseitigkeit wie Übersteigerung in die Gegenrichtung oft bewußt »vorgetragen«. So schreibt Thomas von Kempen über Meister Gerhard: »Sein Mund kannte kein Lachen und keinen Scherz, noch weniger Zerstreuung oder weltliches Gerede, das nicht zur Sache gehörte. Seine Rede war mit Salz gewürzt... So machte er seine Gäste freudig in Gott und reuevoll in ihrem Herzen... Wenn einmal das leibliche Essen nicht schmeckte, dann konnte er aus der Fülle seiner Bücher seinen Freunden einen Trank der Seele anbieten. Oft aß er auch ungesalzene und angebrannte Speisen, und zwar ohne Ungeduld und mit Dank.« Ein Korrektur- und Warnzeichen seiner Zeit – Flandern in vollem Reichtum und Genuß – soll der Heilige oder die Heilige sein. Die Gaben Gottes werden nicht verachtet, ihr Bezug auf die Menschen aber als ein besonderes Zeichen gelebt. Es soll die Aufmerksamkeit auf »das eine Notwendige« lenken. Dabei wird das entgegengesetzte Extrem nicht immer vermieden. Von der Verschwendungssucht taumelt der Mensch in die Verschmähung der Gottesgaben und die Verpönung heiterer Gelassenheit.

Konflikte

Der Minnesang gestaltet die unlösbaren Konflikte zwischen dem jungen Mann und der verheirateten Frau. In einem Ritual hat sich die Liebe des Mannes zu der verehrten Dame zu beweisen, zugleich wird seine Beherrschung auf die Probe gestellt. So muß er es fertigbringen, eine ganze Nacht lang neben ihr zu liegen, ohne seinen Trieben nachzugeben, und er darf sie unbekleidet für einen Moment ganz kurz von ferne sehen. Zügel sind eher dem Mann als der Frau angelegt. Ein Spiel findet statt, das die Gefühle reizt und ausreizt, Erfüllung aber verweigert. Die tödliche

Liebe der verheirateten Frau zu einem anderen Mann ist Thema in Dante Alighieris (1265–1321) 5. Gesang des Paradiso der »Göttlichen Komödie«. Dante läßt Francesca die Geschichte ihrer erwachenden Liebe und ihrer Schuld erzählen. Mit Paolo, dem Bruder ihres Mannes, liest sie zusammen »Lancelot vom See«. Genau bei der Textstelle, in der Lancelot und Ginevra sich ihre Liebe gestehen und sich küssen, werden Francesca und Paolo sich ihrer eigenen Liebe bewußt. Sie küssen sich, werden in diesem Moment von Francescas Mann überrascht und von ihm getötet.
Die Doppelehe scheint vorgekommen zu sein. Wie alle Ausnahmen zieht sie allein deswegen schon das Interesse an. Berichtet wird von dem verheirateten Graf von Gleichen, der 1227 in den Kampf gegen die Sarazenen zieht und in Gefangenschaft fällt. Die Sultanstocher befreit ihn und flieht mit ihm bis nach Rom, läßt sich dort taufen und ehelicht ihn mit päpstlichem Segen. 1249 kehrt der Graf mit ihr zusammen zur Stammburg zurück, wo die erste Ehefrau sie erwartet und in ein Leben zu Dritt einwilligt. Ein Grab wird alle drei aufnehmen.
Eher erzwungen sind die Ausleihverfahren. Um zu überleben oder besser leben zu können, leiht der abhängige Bauer seine Frau dem Grundbesitzer aus, mit oder ohne Einverständnis der Betroffenen.
Die Liebe der Nonne zu einem Manne, ihre Standhaftigkeit und der unaustragbare Konflikt werden zum literarischen Motiv, das in Handschriften geistlicher Lieder vom 11. bis zum 15. Jahrhundert anzutreffen ist.
Lapidar und erschütternd tauchen in den »Strafnachlaßbriefen« des französischen Königs Schicksale von Frauen auf wie dieses: »Jeannette, die Ehefrau von Nicolas Rollant, hat ein Kind von einem Priester und es getötet.«
Vergewaltigungen sind nicht selten, nicht nur durch Soldaten nach Einnahme einer Stadt an den verbliebenen Frauen. Die »Quaestiones dominicales« des Bartholomäus Brixiensis geben folgenden Fall zur Lösung: »Ein Mann hat von seiner Frau verlangt, daß sie sich anderswohin begeben solle, damit ihr von dem vorbeiziehenden Heer keine Gewalt angetan werde. Die Frau aber blieb in ihrem Haus und erlitt prompt von den vorbeiziehenden Soldaten Gewalt. Die Frage ist, ob ihr Mann sie verstoßen darf.« Da die Ehefrau nicht mit der Absicht zurückblieb, sich von den Soldaten erkennen zu lassen, »glaube ich nicht, daß sie rechtmäßig von ihrem Manne weggeschickt oder des Ehebruchs angeklagt werden darf, mag sie sich auch des Ungehorsams schuldig gemacht haben ...«
Der Rechtsauffassung des Mittelalters zufolge muß ein geschändetes Mädchen unverzüglich danach das »Gerüfte erheben und mit zerbrochenem leib, flatterndem Haar und zerrisenem gebende ihr not klagen«. Wehe, sie schreit zu spät! Nach Sachsenspiegel Landrecht III I § 1 soll ein Gebäude, in dem Notzucht verübt worden ist, zerstört und müssen alle

Lebewesen, die bei der Tat zugegen waren, enthauptet werden. Die Zeugen haben mitzubüßen.

«Peccatum mutuum« nennt man das homosexuelle Verhalten, die stumme Sünde, die Sünde, die mit einem Redeverbot behaftet ist. Gleichgeschlechtlicher Verkehr wird als solcher ohne irgendeine Unterscheidung als widernatürlich eingeordnet. »Wenn ein Kleriker oder irgendein anderer die sodomitische Sünde begangen hat, so sind sie radikal aus dem Amt und der Pfründe zu entfernen und einzukerkern; Laien aber sind exkommuniziert.«

Eine eigentliche Auseinandersetzung mit der Homosexualität findet, soweit die Literatur erkennen läßt, nicht statt. Benedictus de Levita in seinen »Kapitularia«, Isaac de Langres in den »Canones«, Alanus de Insulis in »De planctu naturae«, Petrus Damianus in dem »Liber Gomorrhianus«, Dante in der »Göttlichen Komödie« und die Beichtsummen handeln sehr diskret davon.

Für das Mittelalter, das jedes Verhalten letztlich vom Ordo der Schöpfung her beurteilt, provoziert das unnatürliche Verhalten Unnatürlichkeiten wie Erdbeben oder Überschwemmungen. Die Bestrafung homosexueller Handlungen geschieht also weniger um irgendeiner »Reinheit« oder »Natur«, sondern um des sozialen und kosmischen Wohls willen. Der Verweis auf das alttestamentliche Strafgesetz dürfte allerdings in vielen Fällen eine eigene Begründung überflüssig gemacht haben.

Die besondere Zuneigung zu einer Person des gleichen Geschlechts wird aber auch gerühmt, so wie die Heilige Schrift die innige Freundschaft des David zu Jonathan, dem Sohne Sauls, preist. In der Totenrede auf den Franziskaner und Kardinal Bonaventura (1217/1218–1274) erinnert Petrus de Tarantaise an jene Beziehung, um seiner Trauer über den heimgegangenen Freund Ausdruck zu geben.

Ehe und Fortpflanzung

Das eheliche Leben steht im Mittelalter unter den Geboten der Unauflöslichkeit, der Einehe und der Pflicht, für Nachwuchs zu sorgen.

Die Eheschließung

Von den Adelshöfen hinunter bis in die Dörfer treiben die Familienoberhäupter Heirats-Politik. Wie der Fall der heiligen Elisabeth von Thüringen zeigt, hat die Verbindung der Stammhäuser den Vorrang vor dem einzelnen Glück; wenn der anverlobte Partner noch vor dem Eheschluß stirbt, hat die Frau mit dem Nächstjüngeren die Ehe einzugehen.

Die Kirche pocht ab dem neunten Jahrhundert entgegen dem römischen Eherecht, aber mit dem römischen Vertragsrecht auf die Selbstbestimmung der künftigen Ehepartner: Der Konsens der *beiden* schließe die Ehe und kein anderer Akt oder Pakt. Verlobungsverträge, welche Eltern für noch nicht mündige Kinder schließen, erlangen nur Gültigkeit, wenn die Mündiggewordenen in Freiheit zustimmen. Verhandlungen sind also nicht untersagt, werden aber kirchlicherseits unter den Vorbehalt der freien Ratifizierung durch die mündigen, künftigen Ehegatten gestellt. Was die kirchliche Zeremonie betrifft, so sind weder die Gegenwart eines Priesters noch die zweier Zeugen nötig. Das Sakrament der Ehe spenden sich die Ehegatten selbst. Die Laienrolle ist bei diesem Sakrament noch nicht abgewertet. Verbreitet ist der Brauch, eine Ehe erst dann als gültig anzusehen, wenn sie sich als fruchtbar erweist.

Die Verwandtschaftsregeln und das Inzestverbot werden im Frühmittelalter gleichsam »eingehämmert«. Es gilt, die Familienbande auszuweiten und die Gesellschaft miteinander zu verzahnen.

Empfängnisverhütung, Abtreibung, Kindertötung

Die Notwendigkeit, die Zahl der Familienmitglieder nicht zu vermehren oder die der arbeits- und wehrfähigen Bevölkerung zu erhalten, führen zu mannigfaltigen Praktiken.

Die Summe »Decime dande sunt« stellt klar: »... Wenn einer sich eines Verhütungsmittels bedient, um eine Empfängnis zu verhüten, ist er vom Vorwurf des Mordes nicht ausgenommen.«

Da gemäß mittelalterlicher Ansicht die Beseelung erst 80 Tage nach der Empfängnis erfolgt und in diesem Zeitraum kein Mensch ausgetragen wird, bezieht sich strenggenommen die Tötung eines »Menschen« auf Eingriffe, die in der Zeit nach den 80 Tagen erfolgen. So argumentiert das kanonische Recht. Den Schutz des Embryo für die Zeit vor der »Beseelung« lassen Kanonisten und Legisten durch das römische Recht besorgen. Die Abtreibung ist damit auch vor dem Ablauf der 80 Tage unter Strafe gestellt.

Was die Kindstötung betrifft, so betont die zitierte Summe: »Beachte! Wenn einer ein Kind absichtlich und mit Eifer erstickt oder erdrückt oder sonstwie der ihm aufgetragenen Sorgfalt nicht nachkommt, ist er ein Mörder. Er soll drei Jahre lang Buße tun und ein Jahr von den dreien sich nur von Wasser und Brot ernähren. Ebenso: wenn einer zufällig und ohne seinen Willen ein Kind erdrückt und vernachlässigt, ist er ein Mörder und bedarf der Wiederversöhnung, die im Anschluß an eine Buße nach vergleichbaren Fällen erfolgen soll.«

Zu würdigen sind die zahlreichen Ermahnungen der Kirche, für das Kind eine Wiege oder eine Krippe zu benutzen, und es nicht neben sich in das Bett zu legen. Zum Beleg für Infantizid dürfen auch die Statistiken herangezogen werden, welche die Zahl des Hörigennachwuchses der

Abtei Saint-Germain-des-Prés belegen. Sie weisen ein unnormales Maß an männlichen Nachkommen verglichen mit der weiblichen Nachkommenschaft auf. Die einzig stichhaltige Erklärung dafür ist, daß menschliches Wollen hier nachhalf.

Das Eheleben

Krankheit, wie die Lepra, eines Partners löst ebensowenig wie der Ordenseintritt die Ehe auf.

Beide Partner müssen sich nach reiflicher Überlegung wechselseitig freigeben, wenn einer von ihnen in einen Orden eintreten will, wie es der Fall bei Konrad von Piacenza oder bei Birgitta von Schweden ist.

Die Art des Geschlechtsverkehrs ist vielfach Thema der mittelalterlichen Literatur. Aus der Summe »Decime dande sunt« sei zitiert: »Beachte, daß auf fünf Arten der Ehemann seine Ehefrau erkennt. Erstens um des Nachwuchses willen. Diese Art des Geschlechtsverkehrs ist keine Sünde. Zweitens um das ihr Gebührende zu erweisen; hierbei sündigt er nicht nur nicht, sondern er erwirbt sich Verdienste. Drittens aus Furcht vor Nichtenthaltsamkeit, hier begeht er eine leichte Sünde. Viertens entweder um seine Begierlichkeit auszuleben, wobei er anfeuernde und aufputschende Mittel benutzt, um kraftvoller zu wirken, oder er versucht den Geschlechtsverkehr, obwohl er nicht sehr danach verlangt. Hier begeht er eine schwere Sünde. Fünftens verkehrt er mit seiner Frau auf widernatürliche Weise. Dabei begeht er eine äußerst schwere Sünde.«

In der Summe »Decime dande sunt« sind auch die unerlaubten Beziehungen aufgezählt: »Merke, daß fornicatio mit einer, deren Ehe aufgelöst worden ist, stuprum mit einer Jungfrau, Inzest mit einer Blutsverwandten oder mit einer Verschwägerten, Ehebruch mit einer Verheirateten begangen wird.«

Die Begriffe werden aber nicht immer so präzis gebraucht. »Das Übel des Ehebruchs wiegt mehr als die fornicatio, verstanden als jede unerlaubte Beiwohnung, doch noch schwerer als Ehebruch wiegt der Inzest, das schwerste Vergehen von allen ist aber der Verkehr gegen die Natur, das heißt, wenn der Mann die geschlechtliche Anlage der Frau in einer nicht von der Natur dafür vorgesehenen Weise benützen will...«

Vielgestaltig läuft das Eheleben ab und bildet ein beinahe unerschöpfliches Thema für Gespräche, Erzählungen und Schwänke.

Aus den Szenen des Ehelebens sei nur eine herausgegriffen.

In der Kirche des Karmelitenklosters zu Säby auf Nordjütland malte jemand, wie die guten und die gefallenen Engel um die Seelen kämpfen. Ein Mann liegt tot im Bett. Eine Frau – die seine? – versucht eine Wachskerze zwischen die fromm gefalteten Hände des Mannes zu setzen. Während ein Monstrum von Teufel die Seele des Gestorbenen an sich reißt,

weint ein Engel am anderen Ende des Bettes. Ein junger Mann setzt der Frau zu, noch während sie sich um den Toten bemüht. Wieviele Schuldige zählt diese Geschichte?
Ein Fall aus den »Quaestiones dominicales« des Bartholomaeus Brixiensis beleuchtet die Ehe, die Einheit beider Gatten und ihren rechtlichen Kontext. »Ein Verheirateter ist wegen eines Kapitalverbrechens zum Tode verurteilt worden. Während er zur Hinrichtungsstätte geführt wird, bittet er den Richter inständig um Schonung. Der Richter ist schließlich zutiefst bewegt und gibt ihm sein Leben unter der Bedingung zurück, daß er in ein Kloster eintrete, daß er aber hinzurichten sei, wenn er das Kloster verlassen sollte. Aber seine Ehefrau hat ihn nach Ablauf einer gewissen Zeit zurückverlangt. Die Frage ist also, ob er ihr zurückgegeben werden darf, und wenn ja, ob er im Anschluß an die Rückgabe enthauptet werden muß.« Die humane Antwort lautet, daß die Rückgabe ohne anschließende Enthauptung zu gestatten sei.

Scham und Keuschheit

Das Beispiel Kaiser Maximilians erregt Aufsehen, noch Montaigne wird es bestaunen. Johannes Cuspinian berichtet von der Schamhaftigkeit des Kaisers, der keine Augenzeugen bei der Verrichtung seiner Notdurft duldete und sich im Sterben ankleiden ließ, damit niemand »nach seinem todt sein gemächt und scham« sehe.
Die Keuschheit als Form der Enthaltsamkeit und der Verfügbarkeit wird für die Ehe, den Witwenstand und den Stand der Unverheirateten empfohlen: Die Keuschheit habe das Verhalten, die Sinne und die Gedanken zu bestimmen; sie zeige sich in der Kleidung, der Geisteshaltung, den Körperbewegungen und innerhalb der gesellschaftlichen Kontakte. Die Unversehrtheit des Leibes kann nur verloren gehen, wenn der Geist sich vorher korrumpiert habe. Am Beispiel der heiligen Lucia verdeutlicht sich das Mittelalter, daß die körperliche Vergewaltigung oder Notzucht die Krone der Jungfräulichkeit nicht verlieren läßt, sondern verdoppelt.
Was die »körperlich Beeinträchtigten« betrifft, so sagt die Summe »Quia non pigris«: »Die durch eigenen Entschluß körperlich Beeinträchtigten sind grundsätzlich nicht in den geistlichen Stand zuzulassen, ja, falls sie zugelassen sind, sollen sie abgesetzt werden ... Ein Beschnittener (aber) ist von der Beförderung in den geistlichen Stand nicht ausgeschlossen... Sogar wenn einer sich beschnitt, im einfältigen Glauben, Gott so einen Dienst zu erweisen oder um das Laster des Aussatzes zu vermeiden, darf er zugelassen werden.« In Byzanz gelangen Beschnittene auf den Patriarchenthron.
Die Keuschheit wahrt, wer träges Nichtstun vermeidet und nicht die Begierlichkeit weckt. »Otiositas et voluptas sind die Waffen des alten

Feindes, um die armen Seelen zu fangen.« Diesen Satz fügt 1206 Papst Innozenz III. in ein Schreiben ein. »Weshalb beging Aegistus so schnell Ehebruch? Der Grund ist, daß er sich dem Müßiggang hingegeben hatte«, fragt und antwortet das Mittelalter. Thomas von Kempen berichtet über Meister Gerhards Verhältnis zu den armen Beginenschwestern, denen er zu seinen Lebzeiten Haus und Hof geschenkt hatte: »Von den Schwestern aber ... wollte er keinen Dienst annehmen. Nur wenn etwas auf dem Jahrmarkt zu kaufen war, besorgten sie es für ihn. In sein Haus aber durften sie nicht hereinkommen ... um nur gar keinen Verdacht zu erregen, sprach er mit einer Schwester nur durch das verschlossene und verhüllte Fenster. Und wenn sie ihm etwas geben oder sonst einen Dienst erweisen wollten, bediente er sich dabei der Vorrichtung einer drehbaren Scheibe.« Einem Schüler, der ihn auf den Grund dieser Maßnahmen hin befragte, antwortete er: »Übergroße Vorsicht schadet niemals. ... Wer also die Keuschheit bewahren will, der muß Augen und Ohren in Zucht halten, und nur aus zwingenden Gründen und furchtsamen Herzens darf er mit einer Frau sprechen.«
Und die Wirklichkeit? In der Kirche von Vraa, einer romanischen Dorfkirche Nordjütlands, findet sich ein Bild des Jüngsten Tages. Ein Bischof weist auf eine nackte Dirne hin: »Sie hat mich verführt. Ihretwegen gehe ich zur Hölle.« Die Wiederholung der Sündenfall-Geschichte! Schuld wird auf andere, vor allem auf die Frau abgewälzt. Im »Narrenschiff« des Hieronymus Bosch singen der hagere Mönch und die hagere Nonne, vernarrt ineinander, sich gegenseitig an. Trauer lösen die ausgehungerten, gierigen Gesichter aus, Abstoß erregt der Bruch der Gelübde.

Die unheimlich gemachte Natur und die Gegensteuerungen

Zwar geschieht in den Augen der mittelalterlichen Menschen eine »Verschönerung« der Landschaft. In den Bildern tauchen die Gärten, Haine und Weinberge auf. Mehr Sonne fällt auf den Boden, nachdem die Wälder zurückgedämmt sind. Die Welt wird heller. Mit den Trockenlegungen sind auch die Feuchtigkeit und mit ihr die Krankheiten gewichen, die sie hervorruft. Der Umgang mit der Natur zeitigt aber auch unangenehme Folgen.

Die zerstörte Natur

Durch die eintönige Bebauung erschöpft sich der Boden. Dagegen läßt sich zwar vorerst noch die Dreifelderwirtschaft einrichten, doch bedarf die Natur bald stärkerer Schonung. Eichenstämme für Venedigs Untergrund oder für den Pfalzbau in Gelnhausen, lange Balken für die Dachstühle der Kirchen, Stämme für den Mastenwald der Schiffe sind nötig.

Die Köhlerei legt Wälder nieder. Eine ununterbrochene und steigende Nachfrage nach Holz sichert zwar Arbeitsplätze, übergibt aber den kommenden Generationen ein gegen Wind und Abschwemmung ungeschütztes und unfruchtbares Land. An der Nordküste Jütlands holzt König Christian für den Bau seiner Flotte die Strandwälder ab. Den Sandsturm hemmt kein Hindernis mehr. Es werden mit dem Wald aber auch die Wasserspeicher fehlen.
Die Gerberei verdirbt das Wasser. Die Luft riecht schlecht, löst Husten aus und überträgt die Ansteckungen.
Und schwindet nicht die Achtung vor der Natur und dem Menschen in dem Maße, in dem die Natur als wehrlos erlebt wird? Die Kirche verurteilt zwar nur, daß die Kleriker auf die Jagd gehen, doch drückt sie ihre Mißbilligung der Jagd insgesamt deutlich aus: Die Nachfolger des wilden Nimrod, die Jäger, seien wie Nimrod immer in der Gefahr, zu Unterdrükkern der Menschen zu werden.

Gegensteuerungen

Kritik meldet sich, wenn auch vorsichtig. Den Helden Feirefiz nennt Wolfram von Eschenbach im »Parzival« »einen wahren Waldzerstörer, denn im Kampf zerbrach er manchen Speer und durchlöcherte die Schilde«.
Strenge Strafgesetze versuchen den Waldbestand zu schützen.
Franz v. Assisi bestimmt ahnungsvoll seinen Umgang mit der Natur in Umbrien und der Toskana, einem durch und durch kultivierten Land. »Dem Bruder, der das Holz für das Feuer spaltete, gab er die Weisung, er solle nie einen Baum völlig aushauen, sondern immer noch ein Stück des Stumpfes stehenlassen, aus Liebe zu jenem, der unser Heil am Holz des Kreuzes wirken wollte.« Die Liebe zu den Geschöpfen – modern ausgedrückt, zur Natur – geschieht um dessentwillen, der sie alle geschaffen hat. Auch »sagte er zum Bruder, der den Garten bestellte, er möge nie das Erdreich bloß mit eßbaren Kräutern bepflanzen, sondern auch einen Teil des Bodes frei lassen, daß da auch ein Gras Platz habe, damit zu jeder Jahreszeit unsere Schwestern, die Blumen, gedeihen könnten.« Franziskus wehrt die Versuchung ab, die Dinge völlig in die menschliche Gewalt zu nehmen und auszunutzen. Er weigert sich, die Dinge der Welt ganz und ausschließlich auf den Menschen zuzuordnen. Raum soll für das Nichtverwertbare sein, denn nur so würdigt sich selbst der Mensch, der ja unverwertbar und damit – im besten Sinne – unnütz ist. Menschliche Kraft darf sich nicht bis ins Extrem ausreizen, denn so würde sie sich »erschöpfen« und nicht mehr Schöpfung sein können.
Im oberen Arnotal läßt die geduldige Wiederaufforstungsarbeit der Franziskaner und Kamaldolenser wieder zusammenhängende Mischwälder

entstehen. »Viel pflanzen, wenig schneiden«, lautet eine der Regeln der Kamaldolenser.
Auch die Sprichwörter raten zur Mäßigung. Ein niederländisches Sprichwort mahnt: Laß *ein* Ei im Nest.

3. Soziale Ordnungen

Für alle Gestaltungen läßt sich im Mittelalter ein allgemeiner Ansatz finden. Er besagt, daß der Mensch zwar immer Ordnungsentwürfe vorfinden wird, es ihm aber überlassen ist, ihnen die ihm angepaßte Form zu geben. Es ist irrig anzunehmen, daß das Mittelalter nicht in Strukturen dachte. Die Ritterorden, die Hospitäler, die Inquisition und die sich unter Menschenhand weiterbildende Lehnsordnung beweisen es zur Genüge. Dem Menschen ist es jedoch nicht nach seinem Verständnis – im Gegensatz zur Moderne – aufgebürdet, ins Voraussetzungslose und Bodenlose zu gestalten. Leben setzt immer Leben fort und bringt es in eine Gestalt. Herstellen ist Anknüpfen und Weiterbauen. Er erfährt, daß die Welt sich ordnen läßt, daß ihm das Recht zum Ordnen zusteht, aber auch die Pflicht dazu zugefallen ist. Niemand nämlich, keine Macht der Erde und über der Erde, nimmt ihm dieses ursprüngliche Menschenrecht und diese Menschenpflicht ab. Weil menschliches Werk, ist Ordnung immer gefährdet. Während das Mittelalter aus einem Arsenal vorgefundener und nur leicht angepaßter technischer Instrumente lebt, erweist es sich bei der Gestaltung der sozialen Beziehungen schöpferisch. Jene Kreativität, welche uns in der Neuzeit in den Naturwissenschaften und im Umgang mit der nichtmenschlichen Natur begegnet, entwickelt im Mittelalter die politischen Institutionen. Hier zeigt sich auch so etwas wie die Benutzung des Experiments zur Erprobung dessen, was dem Menschen zuträglich ist, was er verkraftet oder was ihn unterfordert.
Gelegentlich treffen wir auf die Behauptung, daß das Mittelalter in Hierarchien denke. Sie ist richtig, wenn auch unvollständig. In vielen Lebensbereichen des Mittelalters ist von »superiores« und »subditi«, von Oberen und Untergebenen, die Rede. Verbreitete und tiefsitzende mittelalterliche Ansicht ist, daß von oben her das Untere Leben empfängt, daß »die Vernichtung alles Übrigen erfolgte, da das Untergeordnete des Übergeordneten entbehrte«. Das Oben wird als Vormacht erlebt, alles andere ist von ihr abhängig – und darf innerhalb dieses Rahmens eine Umschichtung der Macht anstreben. Die staatspolitischen Aussagen eines Manegold von Lautenbach († 1103), eines Marsilius von Padua (1275/1280–1342/1343) und die politischen Theorien über das Stadtregiment sehen

jedoch Macht als eine von unten dem Oben übertragene und vom Volk seinen Repräsentanten übergebene Macht. Und doch wäre selbst mit dieser Korrektur einer verbreiteten Sicht unser Blick auf das Mittelalter unvollständig, würde er nicht auch den Vertrag und die horizontalen Beziehungen mitberücksichtigen, die Beziehungen zwischen Gleichen in der Ehe, im Rahmen der civitas, zwischen Sacerdotium und Regnum, Papst und Imperator, innerhalb der Orden und Laiengemeinschaften.
Fragen wir nach der Herkunft des Ordnungsdenkens, so sind die spätantiken, germanischen oder anderweitigen Einflüsse zu erforschen. Wenn den »superiores« eine größere Nähe zu Gott als den Untergebenen zuerkannt wird, so treffen wir auf vor- und antichristliche Elemente des politischen Lebens. Die christliche Deutung des Mensch-Gottes-Verhältnisses läßt gegenüber Gott eine solche Privilegierung sterblicher Menschen nicht zu. Werden hingegen Menschen zu bloßen Befehlsempfängern degradiert, können asiatische oder spätantike Modelle nachgeahmt sein und sind christliche Vorstellungen verraten worden.
Die Erfahrung des Mittelalters ist, daß Ordnung die tieferen Unordnungen des Menschen deutlicher sichtbar, aber auch gründlicher beherrschbar macht.

Spätantike Zentrallenkung, lehensrechtliche Stufung, demokratische Verwaltung

Das Mittelalter ist nicht auf *eine* politische Struktur festgelegt, so wenig wie in der Architektur, die ordnet und sich dabei nicht nur nach *einem* Modell ausrichtet. Wir sprachen bereits über den Baukörper von Sankt Michael in Fulda, die romanischen und gotischen Gottes- und Menschenhäuser. Gleichfalls geschieht keine Festlegung auf nur *einen* Adressaten, der Ordnung zu schaffen hat.

Ordo-Bilder

Die Bilder von Ordnung reichen von konkreten sichtbaren Gebilden bis hin zu kaum mehr anschaulichen Wirklichkeitsstrukturen.
Ein hervorstechendes Beispiel ist die Klostergründung: inmitten einer wüsten Gegend läßt sich ein Kloster erbauen. Es bietet, einmal erbaut und in »Betrieb« genommen, mit seinem ausgefeilten Tagesablauf und mit den aufeinander abgestimmten Arbeiten das Ordo-Bild einer Gemeinschaft, deren Ordnung sich immer wieder be«währt«. Vater Abt steht der Gemeinschaft vor. Sie wählt ihn auf Lebenszeit. »Ordo« bezeichnet ursprünglich übrigens die Klosterordnung.
Das Kirchengebäude mit der Vielzahl seiner Flächen, Säulen, Räume, Wände und Fenster und nicht zuletzt mit der Liturgie stellt *eine* Ordnung

dar, die entgegenzunehmen und jeweils neu zu schaffen ist. Wie der Kirche so dient auch der Stadt die Ordnung des »Himmlischen Jerusalem« als Vorbild.

Formend wirkt ab dem neunten und verstärkt ab dem 13. Jahrhundert auf das Ordnungs-Denken des Mittelalters der nur durch seine Schriften bekannte Dionysios Areopagita ein. Die unter seinem Namen verbreiteten Schriften sind um 500 verfaßt: »Über die himmlische Hierarchie« und »Über die kirchliche Hierarchie«. Genaue Gliederungen im Engelsbereich vermitteln zwischen Gott und der obersten Schicht der Menschheit, welche die Kirche bildet. Die Kirche muß die himmlische Hierarchie abbilden und sich deshalb aus sechs Stufen aufbauen, wovon je drei zusammengehören: Bischöfe, Priester und Diakone, Mönche, Gläubige und Katechumene oder Büßer. Die übrige Menschheit hat sich auf die Kirche zuzuordnen, welche in besonderem Kontakt mit der untersten Gruppe der Engel steht. Welche Legitimität für die Amtsträger! War ihr Interesse vielleicht Anlaß beider Werke?

Ein anderes Schema – von ihm war bereits kurz bezüglich des Arbeitsbegriffes die Rede – ist das der drei Stände, der Beter, der Krieger und der Arbeiter, der orantes, der milites und der laborantes. Adalbert von Laôn beschreibt und beschwichtigt: »Das Haus Gottes, welches man beim ersten Hinsehen für ... ungegliedert hält, ist also dreifach geteilt: die einen beten, die anderen kämpfen, der Rest schließlich arbeitet. Diese drei Teile leben zusammen und leiden nicht daran, unterschieden zu sein; die Dienste, welche ein Stand erbringt, schaffen die Bedingungen für die Werke der jeweils beiden anderen Stände. Jeder Stand sucht auf seine Weise, die beiden anderen zu entlasten...«

Ein organologisches Ordnungsbild haben wir im fünften Buch des von Johannes von Salisbury (ca. 1115–1180) verfaßten »Polycraticus sive de nugis curialium et vestigiis philosophorum« vor uns, das um 1159 vollendet ist: »Es ist aber die Respublica ... in gewisser Weise ein Körper, der durch die Wohltat göttlicher Amtsführung am Leben gehalten, durch den Befehl höchster Gerechtigkeit geführt und durch das Steuer der Vernünftigkeit regiert wird.« Die Seele des Körpers bilden diejenigen, die dem religiösen Kult vorstehen. Das Haupt ist der König, er ist nur Gott unterworfen und seinen Stellvertretern auf Erden; der Senat amtet als Herz; als Augen, Ohren und Zunge wirken die Richter und die Leiter der Provinzen; als Hände fungieren die Zivil- und Militärbeamte; die Flanken sind der Beraterstab des Fürsten; die Finanzbeamten und Vermögensverwalter gelten als Bauch und Gedärme; die Rolle der Füße nehmen die Landwirte und Handwerker ein. Alle haben der ›universitas reipublicae‹ zu nützen. Die Grenzen des Gesetzes dürfen sie nicht überschreiten. Für das Wohl des Gemeinwesens ist gesorgt, »wenn die höherrangigen Glieder sich zu den niedrigeren sorgend neigen, und die niedrigeren den höheren ›pari iure‹ antworten, so daß die einzelnen Glieder gleichsam wie im Wechsel Glieder der anderen sind, und ein jeder gerade darin am meisten für sich selbst gesorgt sieht, worin er den anderen am nützlichsten zu sein erkannt hat.«

Die Gewalt ist gemäß dem Sachsenspiegel des Eike von Repgow (1189/1190–nach 1233) gleichfalls hierarchisch und in Korrespondenz zur Abfolge von Adam, Noe, Abraham, Moses, David auf Jesus Christus gegliedert. »Gleicherweise sind die Heerschilde ausgelegt. Der König hat den ersten, die Bischöfe, Äbte und Äbtissinnen den zweiten, die weltlichen Fürsten den dritten, seitdem sie Lehensleute der Bischöfe wurden, die freien Herren den vierten, die freien schöffenbaren Leute den fünften und die Lehensleute der freien Herren und sodann deren Lehensleute den sechsten Rang.« Der Aufmarsch erfolgt in genau festgelegten Staffelungen und stellt dar, wer neben, nach und vor jemandem räumlich und sozial, politisch und innerhalb der Welt stehen darf. Den sechs Schöpfungstagen entsprechen die sechs Weltzeiten, aber auch die sechs Stufen im menschlichen Leben und die sechs Ordnungen der Heerschilde. Diese Ordnung will nicht auffallen, sondern sich unter die anderen reihen.

Ein weiteres Ordnungsschema rückt alle auf die gleiche Stufe. Seine Quelle ist der Gedanke der Gleichheit aller Menschen in Ursprung und in Geburt, im Sterben und vor Gott.

Die Leges-Lehre des Thomas von Aquin zeigt die Gestalt dieses Ordo und damit auch das Denken des Ordo sehr deutlich. Die lex aeterna ist vorgegeben. Sie umspannt und lenkt diese Welt, die unbelebte und die belebte nichtmenschliche Welt und auch den Menschen als »animal« und als »rationale«. Als »animal rationale« ist der Mensch zur freien Stellungnahme auch gegenüber dieser Ordnung fähig, die ihn verpflichtet. Ablehnung und Anerkennung bieten sich als Möglichkeiten jedem Menschen dar. Die lex aeterna begegnet ihm im Gewissen als lex naturalis. Diese lex will das Handeln, Dulden und Unterlassen des Menschen ordnen. Sie ist im gebildeten, geformten Gewissen zu erkennen. Ihre Grundforderung lautet, »das Gute tun und das Böse meiden«, sie ist die Berechtigung für den Erlaß der lex humana und Kriterium für deren Inhalte. Die Abfolge von lex aeterna, lex naturae und lex humana zeigt Ordnung in drei Ordnungen. Die Stufung in diese drei leges weist dem Menschen Ort und Auftrag zu. Das Universum ist von Ordnungen geprägt und gehalten, welche von Gott ausgehen und seine geordnete Schöpfung überall gegenwärtig machen. Sie kreisen aber auch um den Menschen, laufen auf ihn zu und überlassen ihm die Endausgestaltung.

Vorgegebenheit und aufgegebene Gestaltung skandiert Friedrich II. 1231 in der Einleitung zu den »Konstitutionen von Melfi« mit klarer politischer Sprache: »Nachdem das Gefüge der Welt durch die göttliche Vorsehung geformt und die ursprüngliche Masse mit der Aufgabe, eine bessere Natur zu bilden, auf die Gestalten der Dinge verteilt war, beschloß der, der alles, was zu tun war, vorausgesehen hatte, ... den Menschen ... den übrigen Geschöpfen voranzustellen ... Unter eines Gebotes Gesetz jedoch stellte er sie; weil sie das zu halten hartnäckig verschmähten, bestrafte er sie als schuldig der Übertretung mit Entziehung der Unsterblichkeit ... Auf Antrieb der göttlichen Vorsehung wurden die Fürsten der Völker gewählt, damit durch sie die Freiheit zu Verbrechen eingeschränkt werden könne; sie sollten als Richter über Leben und Tod den Völkern das ihnen gebührende Schicksal, Los und Leben gleichsam als Vollstrecker der göttlichen Vorsehung begründen. Damit sie über die ihnen anvertraute Verwaltung vollauf Rechnung ablegen könnten, wird vom König der Könige und Fürsten der Fürsten von ihren Händen vor allem verlangt, daß sie die hochheilige Kirche ... nicht ... beflecken lassen und sie ... schützen, daß sie den Völkern den Frieden und, sobald sie befriedet sind, die Gerechtigkeit, da diese beiden sich wie zwei Geschwister gegenseitig umschlingen, nach Vermögen bewahren...« Von den Zielvorgaben her bemißt sich die Verantwortung des Königs. Er gibt sich als Vollstrecker göttlichen Willens aus. Sein Dienst läßt in ihm Gott gleichsam sichtbar werden und verschafft ihm zugleich höchste Autorität, die über jeden selbständigen Lebenskreis und jede Zwischeninstanz gesetzt ist. Auf Gott hin offen ist nur der Fürst, auf den hin das Gemeinwesen geöffnet ist.

Das Modell zentraler Lenkung ist nicht konkurrenzlos. Die Lehensverfassung webt aus wechselseitigen Verpflichtungs- und Treueverträgen die soziale und politische Struktur. Nicht einer, sondern zwei schaffen gemeinsam politische Wirklichkeit. Der Eid tritt als elementares Abstützungsmittel dem Gewebe zur Seite. Anerkennung und Hingabe, Bindung und Selbstverantwortung, Dezentralisierung und Teilnahme bestimmen dieses Muster. Es gründet im Jawort und in der Treue. Wo allerdings, wie in Frankreich, der Vasall mehrerer Herren darauf verzichten muß, die Treueverpflichtung gegenüber dem einen Herrn gegen einen anderen Herrn ausspielen zu können, sondern einem Herrn verpflichtet ist und alle weiteren Treueverpflichtungen nur vorbehaltlich dieser Verpflichtung eingegangen werden dürfen, bahnt sich innerhalb des Lehensverhältnisses die Zentralisierung an.

Ein demokratisches Modell funktioniert durch Wahlen einer gleichberechtigten Bürgerschaft und mittels der Stellvertretung. Das Volk organi-

siert seine Ordnung in den Städten. Germanischer, aristotelischer und ciceronianischer Einfluß wirken zusammen.
Das Mittelalter erträgt verschiedene und gegenläufige Entwicklungen. In der Kirchenverfassung werden die demokratischen und repräsentativen Elemente im Laufe der Jahrhunderte abgeschmolzen, in den Städten erkämpfen sie sich hingegen ihr Daseinsrecht. Flächenstaaten bauen sich mit ihren Institutionen und Hilfsgruppen auf. Lehnselemente beharren auf ihrem Lebensrecht.

Soziale Brennpunkte: Die Familie, das Dorf, die Burg, die Staat, das Kloster und die Universität

In Strukturen, die älter als das Mittelalter sind, preßt sich das soziale Leben zusammen, pulsiert in ihnen und sprengt sie. Solche sind die Familie und das Dorf. Das Mittelalter schafft sich aber auch eigene Formen. Solche sind die Burg, das Kloster und die Universität.

Die Familie und die soziale Stellung der Frau

Nicht der einzelne, aber auch nicht die Klein- oder Großfamilie, sondern der Haushalt bildet die kleinste soziale Einheit, zentriert um den Mann, der Ehegatte, Vater, Großvater, Onkel und Herr über das Gesinde ist.
Nur einige knappe Bemerkungen zur Stellung der Frau. Verglichen mit dem Mann sind ihr weniger Rechte und Rechte geringeren Inhaltes zuerkannt. Falls ökonomisch nötig und politisch sinnvoll, geschieht eine gesellschaftliche Aufwertung ihrer Position und erweitert sich ihr Handlungsraum. Die Ungleichbehandlung spiegelt sich noch einmal auf der Skala von der armen Frau bis hin zur hochgestellten Dame ab. Sie wird eilfertiger als der Mann mit dämonischen Kräften in Beziehung gebracht.

Das Dorf

Das Dorf zeigt sich in unterschiedlicher Gestalt, begegnet als Kastellform, als Rundling, als germanische Haufenanlage, als Straßen-, Doppelreihen- oder Waldhufendorf. Der Blick fällt meist auf die Kirche oder gar auf eine Kirchenburg und den befestigten Kirchhof, der seine Vorratsräume, die »Gaden«, dem Blick verbirgt. Höfe in charakteristischen Anlagen, wie sie die Gegend ausbildet, das grundherrliche Zehnthaus, die Zehntscheuer und die Arbeitsstätten spezialisierter Berufe, wie des Schmiedes, bestimmen das weitere Bild.
Unterschiedlich entwickelt sich die Rechtslage der Bauern. Die fränkischen Bauern etwa erhalten im 15. Jahrhundert weitgehend das volle Erbrecht an den vorher zinspflichtigen Gütern, die Leibeigenschaft ver-

schwindet, die Dienstleistungen beschränken sich auf einige wenige Tage im Jahr. Der Prozeß verläuft aber nicht überall in Europa in dieser Weise und auch nicht immer unumkehrbar.
Eine rechtliche Besonderheit bilden die Reichsdörfer im »Heiligen Römischen Reich Deutscher Nation«, wie Gochsheim in Unterfranken. Auf altem königlichem Krongut oder auf Gut, das als Reichslehen ausgegeben worden ist, sitzen freie Reichsbauern. Sie verwalten sich unmittelbar unter dem Kaiser und im Reich, nennen sich »des Reiches Hausgenossen« und organisieren die Hauptsachen ihres dörflichen Lebens durch Wahlen. Sie selbst bestimmen den Reichsschultheißen, der die freie Dorfgemeinschaft nach außen vertritt und die Reichslehen verteilt, sie alle bestimmen auch, wer Pfarrer und Lehrer werden soll. Aus der Gemeinde gewählte Richter üben die niedere Gerichtsbarkeit aus, schwerere Fälle gehören allerdings vor das bischöfliche Zehentgericht.
Die Bauernaufstände gehen nicht von den ärmsten Landarbeitern aus. Zu Rebellen schwingen sich oft jene auf, welche Wohlstand und Freiheiten genießen, sie aber bedroht sehen oder den weiteren Aufstieg in Gefahr meinen. Das Selbstbewußtsein ist gewachsen. Um nur *einen* Bauernaufstand herauszugreifen: Mit Wat Tyler zieht 1381 der Priester«Prophet« John Ball durch Essex und Kent bis nach London hinein und predigt über das Wort: »Als Adam grub und Eva spann, wo war da wohl der Edelmann?« Christus habe alle Menschen ohne Ausnahme erlöst; wodurch rechtfertige sich denn die Leibeigenschaft, bringen die Bauern vor. Von dem Bewußtsein ihrer Würde spricht jene andere Überlegung: Der Bauer pflanze und ernte die Brotfrucht, durch des Priesters Handlung wandle sich das Brot zum Leib des Herrn; so gebe es also ohne des Bauern Arbeit keine Eucharistie.
Wernher der Gärtner zeichnet im »Meier Helmbrecht« ein »Sittengemälde« des Dorfes. Von den Jahreszeiten, dem Boden, den Abgaben bestimmt und immer über sich die höheren Schichten wissend, regt sich bei einzelnen Protest gegen diese sozialen Vorbestimmtheiten. Der Sohn eines Bauern, Helmbrecht, bricht entgegen allen Warnungen, aber auch naiv und dumpf unterstützt, aus der engen, festen Ordnung auf und schmeichelt sich in die Welt der Ritter vor. Als er heimkehrt, lauschen ihm alle zu und erfüllen seine Wünsche. Er findet jedoch außerhalb der dörflichen Ordnung keinen Halt und sinkt tiefer hinab, als es das Dorf je erlaubt hätte. An dem kriminell gewordenen Helmbrecht rächen sich die Bauern mit aller fast archaischen Grausamkeit. Der eigene Vater verweist dem blinden Sohn das Haus. Ein einst von Helmbrecht bestohlener Bauer greift mit seinen Knechten zur Selbsthilfe, verhöhnt, martert, ersticht und erhängt Helmbrecht und seine Gesellen. Die Gnadenlosigkeit dieser Welt unterstreicht jene Geste, mit der Helmbrecht in den Mund ein Stück Erde gelegt wird, eine Anspielung auf die Hostie als Wegzehrung.

Andere Bilder zeigen uns die derbe Ausgelassenheit des Dorfes, während die unzähligen Dorfkirchen des Abendlandes von Glaube, Hoffnung und Liebe der Menschen Zeugnis ablegen.

Die Burg

Während das Dorf durch eine Gemeinschaft bestimmt wird, ist die Burg von einer Familie geprägt, manchmal sogar einer einzelnen Persönlichkeit. Dieses so oft als »typisch mittelalterlich« bezeichnete Bauwerk ist individuell gestaltet. Selbst wenn sich, wie meist, die Burganlage vom Gelände bestimmen läßt, drückt sie doch der Landschaft den Stempel auf.
Noch das neunte Jahrhundert kennt den Stützpunkt, der sich mit Graben und Palisaden schützt. Die nachkarolingische Zeit macht festere und gesichertere Plätze nötig. Auch die Pfalzen reichen nicht mehr zur flächendeckenden Sicherung aus. König Heinrich I. legt zum Schutz gegen Einfälle aus dem Osten Burgen an, und erst ab dieser Zeit spielen Reiterei und Ritter die bedeutendste Rolle bei Angriff und Verteidigung.
So entstehen die Wasserburg mit ihren Gräben und die Höhenburg mit Mauern sowie weitere Verteidigungsanlagen, Bergfried und Wohngebäude. Im Laufe der Zeit führen gewachsene Bedürfnisse, neue Aufgaben und sicherlich auch ein Wettbewerb unter den Rittern zu einem verfeinerten und erweiterten Burgenbild. Die Burg bekommt eine Kapelle, Frauenräume, die Kemenate; Pallasbauten und Erker zieren sie, flankierende Türme, Torhaus und Brücke schützen sie.
Die Vielfalt reicht von der Kaiserpfalz zur Reichsburg über die Fürstenburg und Bischofsburg zum Edelsitz für einzelne oder mehrere Erben. Die Burgen setzen Herrschaft und funktionieren als Wacht- und als Verteidigungsposten, als Gefängnis und als Ort kulturellen Lebens und kultureller Entfaltung einer Region. Auf die Burgen verlegt König Heinrich I. die Gauversammlungen, die Gerichtssitzungen und die Feste.
Eine »hocherotische Spannung« herrscht bei dem engen Zusammenleben beider Geschlechter auf den Burgen. Auch hier gibt »Meier Helmbrecht« Auskünfte. »Die Ritter übten sich in Spielen, / mit denen sie den Fraun gefielen... Sie ritten kreuz und quer im Ring / wie toll und drauf zu toben... Eine Schar hin, die andre her / stachen einand' mit langem Speer, / sich stoßend von den Rossen... Nach solchen Kampfestaten / die Ritter Tänze traten / Mit prächtigem Gesange.« Zoten, derbe Reden, Prahlereien und Verdächtigungen bestimmen die Gespräche. Die Ausdifferenzierung von Frauen- und Männerräumen schafft zwar auch Frei- und Rückzugsräume, bestärkt aber auch die Männergemeinschaft, die unter sich bleiben will, in ihrem Treiben.
Schilderungen vom Innenleben einer belagerten Burg finden sich nicht nur in Wolframs »Parzival«, Berichte von Hunger und Durst der Belager-

ten, von der immer verzweifelteren Ausschau nach einem Entsatz und das Hoffen auf ein Wunder, welches diese schreckliche Zeit beendet. Bei Erfolg der Belagerer kann die Burg die höchste Strafe treffen, daß sie »geschleift« wird, das heißt vom Erdboden verschwindet.
Wie die Fehde so wird auch der Aufbau solcher Machtzentren zunehmend von Genehmigungen abhängig, monopolisiert und immer weniger gestattet. Die Zeit der Burgen endet, als sie den Angriffswaffen des 15. Jahrhunderts nicht mehr trotzen können und eine Zentralgewalt die kleinen selbständigen Einheiten aufsaugt. Beide, die Waffen- und die politisch-rechtliche Entwicklung, stehen in einem Zusammenhang.

Die Stadt

In der Spätantike zieht sich ein Großteil der städtischen Bevölkerung auf das Land zurück. Der Trend hält in das Frühmittelalter hinein an. Für die auf Landwirtschaft eingestellten Germanen ist die Stadt außer als Marktort nicht interessant, doch regieren die Merowinger noch von den Städten aus. Römische Städte setzen ihr Leben in bescheidenerem Zuschnitt fort. Ein römischer Kastellbezirk wandelt sich oft zum bischöflichen Immunitätsbezirk, der Tempel zur Kirche, doch bleiben die Gewerbeflächen wie zuvor genutzt. Die mittelalterliche Bevölkerung Roms füllt den Mauerring nicht aus. Nicht nur in Barcelona läßt es die geschrumpfte Zahl der Bevölkerung zu, den Friedhof innerhalb der Stadtmauern anzulegen.
Neue Städte bilden sich. 2 500 Städte gründeten deutsche Siedler während des Mittelalters. Ist der Stadtplan entworfen worden oder kommt die Stadt durch »wildes Wachstum« zustande? Einige Städte bewahren die Legionslagerstruktur von Cardo und Decumanus, den zwei sich kreuzenden Hauptstraßen des Militärlagers. In Basel dient wahrscheinlich als Planungsvorgabe das sogenannte »Kirchenkreuz« von vier Kirchen, die über zwei in etwa rechtem Winkel zueinanderstehende Straßenachsen verbunden sind. Im Osten Europas überwiegt die Stadt, nach Winkelmaß gebaut, mit vorbedachter Linienführung. Ein Gitternetz liegt den normannischen Gründungen in England und den Zähringergründungen zugrunde. Trotz aller ordnenden Vorgabe kann das weitere Wachstum wieder ungeordnet verlaufen.
Schätzungsweise leben in den Städten nur 1,5 % der frühmittelalterlichen Bevölkerung, am Ende des Mittelalters 5%. Als 1260 der Dom in Uppsala gebaut wird, fristen nur 900 Menschen in diesem »Städtchen« ihr Leben. München kommt um 1300 auf circa 10 000 Einwohner, hundert Jahre später ist die Zahl auf 13 000 gestiegen. Paris zählt am Ende des 12. Jahrhunderts 100 000, hundert Jahre später wahrscheinlich 240 000 Bewohner. Für Venedig und Mailand werden Bevölkerungszahlen von je 100 000 Einwohner im 14. Jahrhundert angenommen.

Die »Stadt« ist eine rechtliche Gesamtheit, ein Agglomerat an Rechten, an Freiheiten und Abhängigkeiten. Sie ist ein komplexes Gebilde, das in ständiger Sorge um seine Rechte lebt, nach oben zum König oder zu dem Landesherrn, gegenüber anderen Städten, die vielleicht auf Bündnisse mit Oberhoheit drängen, nach unten, zu den von dem Stadtregiment abhängigen Menschen der Stadt und des Umlandes. Gegen die Unruhen im Innern Europas bejahen die Städte die Gottesfriedensbewegung, aber auch die über alle Grenzen hinweg anerkannte kirchliche Gerichtsbarkeit. In den Städten sorgen die Herren- und die Handwerkszünfte, die Stadtregimenter und Patrizier für den geregelten Ablauf, für Ventile und für bleibenden Druck. Innerhalb der Stadt herrscht ungleiches Recht. Auch wenn die Stadtluft nach Jahr und Tag frei mache, so doch nur von bisherigen Bindungen des bäuerlichen Lebens. Die Stadtluft schafft aber keine Rechtsgleichheit. Außerdem setzen sich Grundherren, deren Hörige in die Stadt und damit in die Freiheit zu entlaufen drohen, vielfach und mit Erfolg gegen die Zuerkennung der Freiheiten ein.
Schauen wir, von außen kommend, in die Stadt hinein. Mauern umschließen sie, welche die Hausdächer überragen sollen. Auf Beschädigung der Mauern steht die höchste Strafe. Jede Berufsgruppe erhält einen Mauerabschnitt zur Verteidigung, oft den, hinter welchem sie arbeiten und ihre Familien leben. Für Venedig gilt analog dieselbe Strafe für denjenigen, der den »öffentlichen Wassern« Schaden zufügt.
Die Kirchenbezirke, Kirchen und Kreuzgänge, die Asylstätten, das Ghetto, die Zunftstraßen, die öffentlichen Plätze, die Weideflächen und Gärten, sie alle strukturieren die Stadt.
Die Kirchen prägen: Die Kathedrale, die Basiliken, die Pfarrkirchen und die Ordenskirchen. Die Bischofskirche und die Kanonikerkirche, das Bischofshaus und das Kanonikerhaus, die von den Kanonikern unterhaltene Bildungsstätte, bilden eine kompakte Ansammlung. Der Kreuzgang samt den Grabstätten um den »Dom« herum und die Freistätten runden das Areal ab. Der Bau einer Stadtkirche oder gar des Münsters verpflichtet und vereinigt den Großteil der Bürger. Sie stiften Steine und Fenster; manche verpfänden ihr Haus, um das Geld aufzubringen. Individueller wie kollektiver Ehrgeiz, etwa einer Zunft, stacheln ebenso zur Freigebigkeit an wie der Stolz auf die Stadtgemeinde und die Ehre Gottes. So prägen Gemeinschaftswerke wie der Mauerdienst und der Bau der Kirchen das Stadtleben und -bewußtsein. Die mittelalterliche Stadt lebt mit den Bauruinen der nicht fertiggestellten Kathedralen. Unfertige Kirchenrümpfe prägen viele Stadtbilder.
Die Lebenden strömen in die Kirche, die oft den einzigen geraden, hohen und klaren Raum der Stadt zur Verfügung stellt. Die Toten bringt man gleichfalls in die Kirche und in die Nähe des Altars. Die Pfarr- oder Domkirche, gelegentlich selbst die Klosterkirche, ist bis auf die Sakristei

und wenige Kammern oder auch Säle ein allen Gläubigen offenstehender Raum. An die Kirche sind oft Kapellen angebaut. Sie können reichen Bürgerfamilien gehören, die sich abheben wollen und nach einer Art Privatheit der religiösen Andacht suchen, ungestört von den Armen, welchen die Kirche bleibt. In dieser Hinsicht sah der bereits erwähnte P. Kropotkin vieles richtig.
Die Pfalz zählt zu den öffentlichen Gebäuden. Der öffentliche Platz, die Piazza, zieht die Straßen auf sich hin und dient nicht zuletzt der Meinungs- und Gerüchtebildung.
Die Produktionsstätten sind in verschiedenen Vierteln der Stadt angesiedelt. Venedig baut das »Arsenal«, die umfangreichste mittelalterliche Schiffsbauanlage und »Fabrik« überhaupt.
Die Fleischhauer, die Schneider, die Schmiede, die Schuster, sie alle haben ihre Gäßchen und Plätze. Die Lohgerber, die Färber und die Abdecker müssen ihres übelriechenden Gewerbes wegen an den Rand der Stadt rükken. Das pulsierende Leben auf dem Weinmarkt in Brügge zeichnet Simon Bening in seinem »Flämischen Kalender« sehr anschaulich: Fest gebaute, stramme Pferde ziehen auf den Kufen eines Schleifschlittens die Fässer auf den Place de la Grue. Dort rollen Männer, die vielleicht gegen Stundenlohn angemietet sind, die Fässer auf die Pflastersteine. Kaufleute lassen sich Proben reichen, kaufen und verkaufen den Wein. Auf der gepflasterten Straße werden lebhaft Preise ausgefeilscht. Man untersucht eindringlich die Ware, kostet den Wein und betastet das Vieh. Die Händler treiben das Vieh durch die Straßen, wohl an den Metzgerläden vorbei. Müßiggänger streifen langsam durch die Gäßchen, lehnen sich von dem Brückengeländer herab, um dem Verstauen der Weinfässer zuzusehen, und begaffen die Fassaden und Passanten. Hohläugige Bettler wanken umher. Das mächtige Gehäuse des Holzkrans im Hintergrund trägt gotische Verzierungen im Holzaufbau, das Dach zum First hinauf stolzieren schmiedeeiserne Reiher. Männer, auch sie wahrscheinlich angemietet, treten stumpfsinnig das Rad, welches die Seilwinde in Bewegung bringt. Durch leichten Druck läßt sich der Kran zu den abgeladenen Fässern wenden. Er hebt sie hoch dank der menschlichen monotonen Fußarbeit innerhalb des Tretrades und befördert sie mit kleiner Drehung auf den Lastkahn zu.
Die Luft in den Städten dürfte oft verbraucht und mit unangenehmen Gerüchen eingeschwängert gewesen sein. Würzburg wird zur Universitätsstadt auch deshalb erwählt, weil die Luft erträglich und rein ist. Brandgefahr droht beständig. Es dürfte auch kollektive Aufräumungs- und Instandsetzungsarbeiten gegeben haben. Schmutz in den Straßen? Auf Rogier von der Weydens »Geburt Christi«-Bild wie bei Simon Bening sind Straßen und Bürgersteige blitzsauber. Enge Gassen und die Nähe der Haushalte bedeuten, daß das Innenleben der Häuser ins Nachbarhaus und in das gegenüberliegende Haus dringt. Diskretion ist gefordert. Üble

Nachrede und Verleumdungen bleiben nicht aus. Jugendbanden verunsichern das städtische Leben. Die Kriminalität Erwachsener erweckt den gemeinsamen Abscheu der Bürger.
Das Land und die Stadt bilden ihre Räume aus. Auch im Innern der Stadt befinden sich noch längere Zeit Äcker und werden Tiere gehalten; das Haus in der Stadt gleicht dem Landhaus, erst allmählich gewinnt das »Stadthaus« seine Konturen. Wegen Platzmangel türmen sich bald mehrere »Häuser«, die Stockwerke, übereinander und rückt die Treppe in das Innere des Hauses.
Der Galgen ist außerhalb der Stadt an der Landstraße aufgestellt.
Die Stadt sorgt für eine immer stärkere Segmentierung der Lebensverhältnisse und Arbeitsvollzüge. Die Grundherren fördern die Stadt, nimmt doch durch die verschiedenen Berufe, die Arbeitsteilung und die interessanten Produkte der Reichtum zu. Der Gleichheitsdrang stößt sich immer an den Hierarchisierungstendenzen und umgekehrt.

Das Kloster

Wenn von »Kloster« die Rede ist, so ist an die Anlagen der Benediktiner, der Zisterzienser, der Prämonstratenser, der Augustinerchorherren und der entsprechenden Frauenklöster gedacht. Die Bettelorden sind Orden der Stadt, ihre Strukturen und ihre Eingliederung unterscheidet sich von der klösterlichen Form. Beginen und Begharden beziehen Häuser, die Dritten zugänglicher sind als die Klöster.
Die Klöster geben die Zeit an. Eine Tagereise weit sollen sie auseinanderliegen, damit der reisende Mönch in der Hut des Klosters die Nacht verbringen kann. Die Glocke gibt der Land- und Stadtbevölkerung die Stunden vor.
Klöster bezeichnen den Raum. Auf sie führen Wege und Straßen zu, nicht nur in kolonialisierten Gebieten. Wo gerodet, trockengelegt, gepflanzt wird, drückt die Arbeit der Mönche und ihrer Laienbrüder der Landschaft den Stempel auf. Klöster engagieren sich in der Landwirtschaft, betreiben Eisenbergwerke oder leiten einen Weinhandel.
Viele Klöster stellen einen Machtfaktor dar. Sie gewähren Asyl, dienen als Haftstätten und zum Zwangsaufenthalt, beispielsweise für den letzten Merowingerkönig Childerich, für Tassilo, karolingische Prinzessinen und byzantinische Patriarchen.
Das Wissen und die Weisheit vieler Mönche machen sie zu gesuchten Ratgebern. Die Sprechzimmer stehen nicht lange leer. Äbte sitzen in den politischen Versammlungen, den Ständeversammlungen, dem Reichstag, den Landständen, dem Parlament.
Das Kloster grenzt aus und gewährt nicht jedem Zutritt. Die Gastfreundlichkeit ist groß, aber die Gästezimmer liegen am Rande des Klosters.

Außen und Innen bilden sich schroff heraus. Thomas von Kempen schreibt: »Es ist an einem Ordensmann lobenswert, wenn er selten ausgeht, sich nicht gern sehen läßt und andere nicht sehen will.« Das Kloster versucht, durch seine Arbeiten und die Organisation ein »autarker« Raum zu werden.

Das Klosterleben ist ein Mittel der Gestaltung des je eigenen Leben in Gemeinschaft, in Gehorsam, gemeinschaftlicher Armut und Einförmigkeit und in Ehelosigkeit, um für sich und für andere das Heil zu suchen. Das Gelübde des Gehorsams besagt, daß Gott allein und nie ein Mensch den Menschen gänzlich in Anspruch nehmen darf. Herrschaftsfreiheit zwischen den Ordensmitgliedern erhält ihre Stabilität durch die Verpflichtung auf die Regel und die Aufsicht des »Vaters«, des Abtes oder der Äbtissin. Güter sollen sich nicht trennend zwischen die Ordensangehörigen schieben; wer besitzt, ordnet Dinge herrschend auf sich zu; er wird bald auch über Menschen bestimmen wollen. Dies zu verhindern, ist neben der Solidarität mit dem armen Jesus der Sinn, das Gelübde der Armut abzulegen. Die Ungeteiltheit der Antwort an Gott und die Verfügbarkeit für ihn samt der Haltung, sich »auszuteilen« an die Menschen, verlangen nach der ehelosen Lebensform.

Was die Arbeit betrifft, so soll jeder an der Stelle verwendet werden, an welcher er die ihm angeborenen und entwickelten Kräfte am besten ausnutzen kann. Die verschiedenen Arbeiten werden zu einer durchsichtigen sinnvollen und deswegen bejahbaren Ordnung mit Zielvorgaben zusammengefügt. Ein demokratisches Element schwingt mit.

Einordnung und Einsatz, Führung und Ausführung, Pyramiden-Aufbau mit Selbständigkeiten an der »Basis«, so stellt sich das Kloster dar, nicht als ein mechanisch funktionierender Koloß und nicht als Gefängnis.

Gewiß ist allerdings, daß es Abstriche, Unvollkommenheiten und Gewissenskonflikte gibt. Zwischen Gehorsamspflicht und aufkeimender Kritik bewegen sich viele Nonnen und Mönche. Die einen verlassen das Kloster, andere gewinnen für sich neu den Sinn ihres einmal abgelegten Gelübdes. Wieder andere fallen in Resignation und sterben in friedlicher Ergebenheit, ohne zu wissen, ob Bleiben und Zustimmen für sie richtig waren. Der Mönch Gottschalk leidet daran, daß ihn seine Eltern dem Kloster für Lebenszeit anvertraut haben. Er sucht auszubrechen. Gewaltig ist der Strafdonner, den Hrabanus Maurus über Gottschalk herabläßt. Der Maler Filippo Lippi, Karmelit mit Gelübden, hat mit einer Nonne Kinder gezeugt; heiraten aber will er sie nicht, selbst aber auch nicht ins Kloster eintreten. Viele, die im Mittelalter leben, haben einmal eine Tonsur oder den Schleier getragen und dann ihr Kloster wieder verlassen. Einige dürften versöhnt mit diesem Lebensabschnitt ihr inneres Gleichgewicht gefunden, andere schwer an der Entlassung getragen und ihr Scheitern nie verwunden haben. Die Karrieren solcher »Ehemaligen« im Mittelalter sind noch nicht erforscht.

Die Universität

Die »Universitas« ist die soziale Einheit von Lernenden und Lehrenden, die trotz ihrer konkreten Anbindung einen »universalen Anspruch« erhebt, nämlich überall und immer gültiges Wissen zu vermitteln. Paris, Bologna und Oxford erteilen den Graduierten die Erlaubnis, überall lehren zu dürfen. Die Universität sprengt die Enge des Lokalen, und sie ist antihierarchisch.

Probleme stellen sich bei der Universitätsgründung, ihrer Strukturierung, der inneren Abläufe und der Gestaltung der Beziehungen zu dem sie umgebenden sozialen Feld, wie etwa der Stadt.

Die Universität von Bologna wird am Ende des 11. Jahrhunderts gegründet. Es folgen Paris 1150, Palencia 1208, Padua 1222, Neapel 1224, Cambridge 1233, Salamanca 1243, Lissabon 1290, Prag 1349, Krakau 1364, Erfurt 1379, Heidelberg 1385, Catania 1444, Uppsala 1477, Aberdeen 1494, um nur einige Orte zu nennen.

Als Träger kommen der Papst, der Kaiser und König, der Landesfürst, der Bischof oder die Stadt in Betracht. Die Pariser Universität ist päpstliche Gründung und päpstlichen Rechts. Neapel beherbergt die erste Universität, die sich ausschließlich kaiserlicher Autorität verdankt. Kaiser Karl IV. ruft die Prager Universität ins Leben, Erzherzog Albrecht 1457 die Universität in Freiburg i. Breisgau. Basel beherbergt seit 1459 die einzige von einer Stadt getragene Universität nördlich der Alpen.

Der Papst verhilft der Universität zur Selbstverwaltung. Für die Städte, die sich bereits mit den zahlreichen Asylräumen und exemten Bereichen herumzuschlagen haben, ist das keine Erleichterung ihrer Aufgabe.

Die mittelalterliche Universität ist der Lebens- und Arbeitsbereich einer fast autonomen Gemeinschaft. Lehrende und Studierende unterstehen einer eigenen Gerichtsbarkeit. International zusammengesetzt, »inter nationes«, arbeiten sie zusammen. In Bologna allerdings verwalten die Studenten und nicht die Professoren die Universität, in Paris die Lehrenden. Die Universität hat das Streikrecht, eine eigene Rechtsprechung und das Recht, Grade zu verleihen.

Die voll ausgebildete Universität teilt sich in vier Fakultäten, drei höhere, nämlich die des Kanonischen Rechts oder der Legistik, der Medizin und der Theologie, und die Artistenfakultät, in welcher die artes liberales unterrichtet werden.

Die Ausbildung besteht aus einem Grundunterricht in den artes liberales, der mit dem Baccalaureus beendet wird, und dem Studium in einer der drei Fakultäten und wird mit dem Doktor als Grad gekrönt.

Zeiten strikter Ordnung und vibrierender Auseinandersetzungen wechseln sich mit Zeiten erschlaffender Disziplin und sinkenden Lehrniveaus ab. Papst, König, Landesherr und Bischof versuchen immer wieder, sowohl auf die Ausbildungsordnungen, den Lehrplan und -stoff Einfluß zu nehmen wie auch auf die Lebensweise der Universitas.

Infragestellung und Lockerung der Ordnungen

Das Nachdenken über den Ordo ist immer von aktuellen Anlässen bestimmt, dem Streit zwischen den Vertretern des Sacerdotium und des Regnum etwa oder der Abdankung des Papstes Cölestin V., oder beginnt anläßlich eines Zunftaufstandes.
Die Konflikte entstehen in einem oft unentwirrbaren Knäuel von Interessen. Sie enden manchmal in einem trotzdem unhaltbaren Kompromiß, münden in einen Krieg mit ungerechtem Ausgang ein oder führen zu einem tragfähigen Bezugssystem.
Kain und Abel sind eindrucksvoll in der lateinischen Bibel aus dem 12. Jahrhundert gezeichnet, welche die Bibliothèque Sainte Geneviève aufbewahrt. Kain steht zwar aufrecht, trägt aber ein Kleid in der Farbe der wilden Natur. Abel liegt flach auf dem Boden, den Kopf gespalten, beide Hände zum Friedensgruß und -angebot noch erhoben. Sein Gewand ist blau und ähnelt dem eines Priesters. Der Konflikt der Lebensformen bildet sich als Konflikt zwischen »Natur« und »Kultur«, zwischen Unfrieden und Frieden ab.

Die Infragestellung

Es gibt zwar Warnungen vor der Infragestellung. Dante ruft im Purgatorium aus: »O Volk, das nur der Frömmigkeit du leben / Und Cäsar sollst auf seinem Sitze lassen, / Wenn wohl du faßtest, was dir Gott bestimmet.«
Das Mittelalter kennt nun aber das Fest, in welchem nicht nur Amtsträger karikiert oder verspottet werden, sondern die soziale Ordnung als veränderbare gezeigt wird. Ihr »revolutionärer Charakter« läßt die grundsätzliche Gleichheit der Menschen durchscheinen und brandmarkt Standesunterschiede und Abschottungen der Stände.
Dem Dreikönigsfesttreiben kommt ein solcher »subversiver« Charakter zu. Jeder darf sich ja als Papst oder als Bischof verkleiden, als König und als Graf auftreten. Die Kirche verbietet bald, was sie als Exzeß bezeichnet.
Auf zahllosen Höllendarstellungen reiht der mittelalterliche Künstler Personen der höchsten sozialen Stellungen, Könige, Bischöfe, ja auch Papst und Kaiser in die Gesellschaft der Verdammten sein. Wie wirkt dies auf die Menschen? Wie hängen solche Darstellungen mit sozialen Bewegungen zusammen? Sie können ja auch solche Personen zu ihren

Lebzeiten aufrufen wollen, sich zu bekehren. Aber ist dies anzunehmen? Ein Aufruf zur Respektlosigkeit? Vielleicht, aber zu unterstellen ist, daß er der Entmystifizierung politischer und kirchlicher Gewalten dienen soll!

Weit reichen »Demokratisierungsbestrebungen« zurück. Sie drücken aus: Was sich der Große leisten kann, darf sich auch der Kleine leisten. Steht dem toten Stammeschef die Bestattung im Schiff zu, warum nicht dem kleinen Mann – und der Frau? So setzt man bald Steine in einem Oval in den Rasen, und ein imaginäres Schiff trägt den – einfachen – Toten dem Sonnenaufgang entgegen.

Oder soll nur der Kreuzfahrer in den »Genuß« all der Bevorzugungen von seiten des Himmels und der Gesellschaft kommen, nicht aber auch der kleine Mann? So gibt es bald Ablässe, den Nachlaß der Sündenstrafen und den Erwerb von Gnaden für diejenigen, die zu Hause geblieben sind. Dieser Vorgang unterstützt nicht die Kreuzzugsbewegung, er trägt vielmehr auch zusammen mit der Demokratisierung in Westeuropa zum Versiegen dieser kriegerischen Auseinandersetzung bei.

Das Widerstandsrecht ist aus dem germanischen Rechtsbereich überkommen. Jetzt ist dieses Recht des Volkes mit den neuen Erfordernissen einer starken Zentralgewalt zu vermitteln, welche besonders Städter und Kaufleute begrüßen. Wenn sich viele auch einen starken König wünschen, um den Versuchen der päpstlichen Politik wirkungsvoller widerstehen und um Sicherheit im Lande schaffen zu können, so ringen die Menschen um die Erlaubtheit und um das Ausmaß der Widerstandsleistung. Obwohl oder weil die Sphären »öffentlich« und »privat« noch nicht geschieden sind, sind die Menschen für den Mißbrauch und die Usurpation der zum Wohle aller anvertrauten Macht besonders hellhörig. Das Problem, eine zentrale Macht entstehen zu lassen, die aber nicht unkontrolliert handeln darf, beschäftigt das Mittelalter ebenso wie die Neuzeit und die Moderne. Johannes von Salisbury entwickelt eine Lehre der Psychogenese der Tyrannis: »Auch wenn nicht jeder in die Stellung der Fürsten und Könige gelangen kann, ist doch niemand oder kaum jemand vor der Tyrannenherrschaft gefeit.« Tyrann kann auch jemand über ganz wenige Menschen sein, es muß sich nicht immer um ein ganzes Volk handeln, das unterdrückt ist. »Einen Tyrannen zu töten ist nicht nur erlaubt, sondern billig und gerecht. Wer nämlich das Schwert nimmt, ist es wert, durch das Schwert umzukommen. ›Das Schwert nimmt‹, wer es aus Eigensucht und Vermessenheit nimmt, nicht wer es von Gott zur Verwendung entgegennimmt ... Wer die Macht an sich reißt, unterdrückt die Gesetze ..., wer ihn nicht verfolgt, der vergeht sich gegen sich selbst und gegen den gesamten Staatskörper.« »Zwischen Tyrann und Fürst besteht allein der Unterschied, daß dieser dem Gesetz gehorcht und gemäß dem Urteil des Gesetzes das Volk regiert, als dessen Diener er sich weiß ...« Für Salisbury ist die Tyrannentötung ein logischer, gerechtfertigter, frommer Akt. Aber es wird kein Freibrief erteilt, keiner Laune die Zügel gelockert. »Die Geschichte lehrt uns, darauf zu achten, daß niemand den Tod eines Menschen bewerkstellige, dem er durch Treueid oder sonstwie vor Gott verpflichtet ist ... die Beseitigung muß ohne Schaden für Glauben und Ehre erfolgen« und »ehrenvoll ist es, nur dann zu töten, wenn anders der Tyrann nicht bezwungen werden kann«.

Lockerung und Verhärtung der »Ordnungen«

Zahlreiche Kräfte arbeiten an den Ordnungsstrukturen, sei es, um sich mehr Freiraum zu verschaffen, sei es, um die eigene Ordnungsvorstellung zur Geltung zu bringen.

Die Lehen werden einerseits erblich, andererseits verkäuflich, verpfändbar, vererbbar.

Eine kleine Schar von Fürsten schält sich im Laufe des 13. Jahrhunderts als eigener Kreis aus dem der Fürsten heraus und nennt sich das Kollegium der Kurfürsten. Sie erschaffen sich selbst als Gremium und setzen sich im Zentrum der Macht fest, die Königswahl fällt in ihre ausschließliche Zuständigkeit. Die Kurfürsten sorgen für Stabilität und immerfort für eine Feinabstimmung der Machtsphären mittels der Wahlkapitulationen und »Willebriefe«, die zwischen ihnen und dem Kandidaten für den Königsstuhl abgeschlossen werden.

Die Dreiteilung der Gesellschaft in orantes, milites und laborantes überwinden beispielsweise die nach der Regel des heiligen Benedikt lebenden Mönchsgemeinschaften. Sie folgen dem »ora et labora« und verbinden somit die Tätigkeiten des ersten und des dritten Standes. Mönche roden und legen Drainagen, säen und pflanzen, produzieren Eisen und verschiffen Wein.

Der Angehörige der Ritterorden, wie sie auf der iberischen Halbinsel und im Heiligen Land entstehen, will Beter und Krieger in einer Person sein. Er eignet sich die Rolle der Kleriker und Mönche an.

Die Durchlässigkeit der Schichten bezeugen kirchliche Karrieren wie die des heiligen Eligius. Eine Veradelung des Bischofskollegiums setzt allerdings in der zweiten Hälfte des Mittelalters ein. Den aus armen Verhältnissen stammenden Condottiere können seine militärische Kunst und seine Gefolgschaft zur Regierung führen.

Gegen die Zentralisierung arbeiten ständig neue Kräfte. Gerichtsbarkeiten, lange in einer Hand, müssen auf Druck von unten verteilt werden. Keineswegs herrscht ein einheitlicher Zentralisierungsschub.

Mittel der Machterringung und Machterhaltung

Jede wirkungsvolle Tätigkeit erfordert eine starke Ausgangsposition, die zur Verteidigung geeignet ist. Oft wandelt sich nun diese Aufgabe zum Hauptzweck. Auch die mittelalterliche Kirche gerät in diese schwierige Situation. Sie unternimmt es, den abendländischen Raum mitzuschützen und zu gestalten und bedient sich dazu der verhängnisvollen Machtmittel, des Geldes und auch der Gewalt. Die Kirche sieht sich zum Ordnungsfaktor berufen, und genau dies bringt sie in Bedrängnis.
Doch gibt es auch nichtkirchliche, wenn auch nicht areligiöse gesellschaftliche Verteidigungs- und Bindemittel; solche sind der Eid und die Geisel. Fälschungen und List verhelfen zur Macht, wo der nackten Gewalt mißtraut wird.

Die Machtkonzentration bei der Kirche und ihre Machtmittel

Schon die Kirche des achten Jahrhunderts hat ein solches Ansehen erlangt, daß Pippin der Jüngere sich 749 eines päpstlichen Schiedsspruchs versichert, bevor er den den Merowingerkönig Childerich vom Throne absetzen läßt. Auch Wilhelm der Eroberer läßt seine Aktion von 1066 gegen Harold von England durch den Heiligen Stuhl autorisieren.
Die Kirche verlangt energisch ein Mitbestimmungs- und schließlich ein Alleinentscheidungsrecht über den zulässigen Kreis der Ehepartner, das Heiratsalter, die Verpflichtung zur ehelichen Treue – auch bei Kinderlosigkeit. Die Einehe wird bindend verlangt, ein Scheidungsrecht abgelehnt. Die Machtposition der Kirche erstreckt sich auch auf das Legitimationsrecht nichtehelicher Kinder. Die Eheaffäre König Lothars II., der Wunsch Kaiser Heinrichs IV., sich von seiner Frau zu trennen, die Absicht König Heinrichs I. von England, sich mit der schottischen Prinzessin Mathilde zu verheiraten, die Nonne geworden war, – und viele Fälle mehr rufen immer die Kirche auf den Plan, beschäftigen Synoden und stärken letztlich die Stellung des Papstes.
Doch kennt die Kirche auch subtile Mittel der Machtausbreitung. So ist beispielsweise in der römischen Kirche der attraktive gregorianische Gesang entwickelt worden. Pilger lernen ihn beim Besuch der Apostelgräber in Rom kennen. Karl der Große, der die gallische Liturgie für ungenügend erachtet, sendet zwei Priester nach Rom, um den Gregorianischen Choral zu studieren und ihn im Frankenreich einzuführen. Zahlreich sind nun die Verweise in den Gesangbüchern auf die römische Liturgie. Sänger und Zuhörer machen sich mit ihr immer vertrauter, und so ist es nicht verwunderlich, daß die römische Liturgie unter Karl die gallische ersetzt, allerdings unter Beibehaltung charakteristischer gallischer Elemente.

Kaum ist Erzbischof Thomas Becket in Canterbury 1170 an den Stufen des Altars ermordet worden, spricht ihn Papst Alexander III. als Märtyrer der Freiheit der Kirche heilig. Rasch verbreitet sich unter entsprechender Hilfe »von oben« der Kult dieses Heiligen bis in entlegenste Orte des Abendlandes.
Kirchliche Strafandrohungen verstärken häufig im Hintergrund die Anordnungen. So führt Wilhelm der Eroberer auf seinem oben erwähnten Feldzug auch Exkommunikationsbullen gegen den Feind im Gepäck.
Das Interdikt sperrt einen Raum von den Sakramenten und der Feier der Messe aus, wie das Kloster St. Rupert der Hildegard von Bingen, eine Stadt wie Venedig, gelegentlich eine Diözese.
Die Strafe der Exkommunikation soll den Verurteilten isolieren und von Hilfeleistungen abschneiden.
Die Suspension entfernt zeitweilig aus dem Amt, die Depositio für dauernd.
Aber dann gibt es wieder die Privilegien, die Indulte, eine besondere Form der Ausnahmeregelung als Gnadenakt, die Dispens als Befreiung vom Recht. Nicht selten begegnet das Spiel, daß eine Regelung erlassen wird, um an der Dispens von ihr zu verdienen oder mit ihr die Macht zu stärken.

Die Mahnungen an die Fürsten

Johannes von Salisbury erläutert zum Zwecke der Abfederung von politischen Erdstößen die Formel »Princeps legis nexibus absolutus«: »Der Fürst ist aus den Verpflichtungen des Gesetzes herausgelöst, nicht weil ihm Ungerechtes erlaubt ist, sondern weil er nicht aus Furcht vor Strafe, sondern aus Liebe zur Gerechtigkeit die Billigkeit pflegen, das Wohl der Gemeinschaft besorgen und in allen Belangen das Wohl der anderen dem eigenen Wollen vorziehen soll.«
Der Entschärfung dient auch die Skizzierung eines »Fürstenspiegels«, in der Art, wie sie seit Aurelius Augustinus‹ »De civitate Dei« bekannt ist: »Der Fürst ist freilich Diener der Priesterschaft und besorgt jenen Teil der heiligen Pflichten, welcher den priesterlichen Händen zu unwürdig zu verrichten ist«; der Fürst soll nach Salisbury keusch und der Habgier abgeneigt sein, gebildet, demütig, mit der Unterscheidungsgabe hinsichtlich der Verbindlichkeit des Rechts ausgerüstet, maßvoll, milde und berechenbar.

Die Wahrung des Eides und das Geiselnehmen

Macht verleiht der Eid dem, der zu seiner Ablegung berechtigt war, und dem, zu dessen Gunsten das Versprechen beeidet ist oder der Aussageeid

erfolgt. Bezeichnenderweise beansprucht die Kirche, die Eide für ungültig zu erklären, welche Vasallen an ihre zu Häretikern erklärte Lehnsherren binden.
Wo immer es politisch möglich ist, verläßt man sich nicht auf den Eid allein, der im Kern eine Selbstverfluchung beinhaltet. Man stellt Geiseln. Die Macht des Geiselnehmers liegt darin, über die Bindungen aus den Blutbanden auf eine bestimmte Zeit verfügen zu können. Er achtet das Leben, entzieht aber dem Unterlegenen eventuell dessen fähigste Krieger. Der Überlegene vermag die Geiseln an seinem Hofe mit seiner Lebensart vertraut zu machen und vielleicht entspinnen sich auch neue Bande zwischen den jungen männlichen Geiseln und jungen Hofdamen. So wandeln sich die Geiseln zu Trägern der Kultur des Überlegenen.

Die Fälschungen und die List

Fälschungen dienen der Machterringung und -erhaltung. Sie versuchen dazu, die Herkunft in der Zeit zurückzuverlegen, um Ansprüche zu sichern oder überhaupt erst entstehen zu lassen.
Um die Mitte des 11. Jahrhunderts, in einer Zeit sinkender Bedeutung des Klosters und der Machtkämpfe mit dem Bischof, suchen die Mönche von Sankt Emmeran in Regensburg nach Mitteln, das Ansehen des Klosters wieder zu heben. So geben sie vor, die Reliquien des hl. Dionysios zu besitzen. Dazu fälschen sie Inschriftensteine sowie Urkunden und behaupten, daß das Kloster Sankt Emmeran durch einen Tausch Eigenkloster Karls des Großen geworden sei und somit in königlichem Besitz und nicht dem des Bischofs stehe. Die Nischenform des ab 1049 neugebauten Hauptportals ahmt karolingische Bauwerke nach und will bewußt die karolingische Herkunft untermauern.
Alle Rechtssummen gehen ausführlich auf die Fälschung als Delikt ein und geben Ratschläge, wie die Fälschung entdeckt werden kann.
Von allerlei List wird berichtet. Die Sachsen graben zum Beispiel eine Nacht hindurch vor ihren Stellungen Gruben und überdecken die Falle mit Blattzeug. Prompt galoppiert die Reiterei Heinrichs IV. am nächsten Tag an, fällt in die Gruben und in ihr Grab.
Karl von Anjou besiegt auf den Campi Palatini bei Tagliacozzo am 18. August 1268 Konradin von Hohenstaufen, weil Karl ihm die trügerische Zuversicht gibt, das Heer des Anjous bereits überwunden zu haben. Als sich Konradins Truppen erleichtert geben, fällt Erard von Valéry mit seiner Reiterei über die Hilflosen her.
In der Schlacht bei Mühldorf 1322 läßt Ludwig der Bayer 400 als österreichische Ritter getarnte eigene Reiter auf Friedrichs des Schönen Heer los und siegt.

Ausführliche Darstellungen findet der Leser in zahlreichen Handbüchern. Es geht mir nur darum, einige Linien aufzuzeigen und Fragen zu stellen.

Es gibt ein Repertoire an Strafen, das aus dem germanischem Rechtsleben überkommen ist, Strafen des römischen und des byzantinischen Rechts treten hinzu. Was behält das Mittelalter bei? Wo mildert es? Wann, warum?

Mit Vorsicht glaube ich sagen zu dürfen: Manche Grausamkeiten, also jene zusätzlichen Zufügungen von Schmerz und Qualen, die vor dem Tod Menschen erleiden und weit mehr den Opfern antun als zur Verhinderung von Verbrechensaktivität nötig ist, drangen aus dem vorderasiatischen Raum, aus ehemaligen oder bestehenden Großstaaten, in die europäischen Zonen ein. Je mehr sich die zentral gelenkte und damit von den Gruppen und den Menschen abgehobene politische Führung herausbildet, desto geringere Wertschätzung wird dem einzelnen Menschen zuteil, desto menschenverachtender gerät die Abwehr- und Abschreckungspolitik. Manchmal gilt es auch im Abendland als »modern«, sich solcher Verfahrensweisen zu bedienen, um in der Rücksichtslosigkeit gegenüber dem einzelnen das Ansehen der Herrscherfamilie und der Respublica zu steigern. Welche Praktiken aber sind gemeint? Die Abschließung mit Preisgabe an den Hungertod, ausgesuchte Foltermethoden und die inszenierte qualvolle Hinrichtung.

Doch sind immer asiatische Abhängigkeiten anzunehmen? Auf Quälereien kann die Phantasie der Abendländer ohne Nachhilfe von auswärts selbst gekommen sein. Allerdings weigert sich das Abendland, bestimmte Strafen zu verhängen. Die Kreuzigung etwa führt kein politisches Gebilde des Abendlandes in seinem Strafenrepertoire, auch nicht die Pfählung, bei welcher ein angespitztes Holzstück längs durch den Körper getrieben wird, möglichst ohne ein Organ dabei zu verletzen. Dieses Pfählen wenden Herrscher auf dem Balkan an zehntausend Gegnern an. Aber auch vor Verstümmelungen des Antlitzes dessen, der Ebenbild Gottes ist, schreckt man lange zurück.

Welche Strafen gibt es nun? Gegen Ende des Mittelalters meint His eine Zunahme der Zahl und der Härte der Vollstreckung der Todesstrafe feststellen zu können: Vierteilen, Lebendigbegrabenwerden, Sieden, Verbrennen, Rädern, Ertränken treten neben das Hängen und Enthaupten. Frauen mutet man die Galgenstrafe erst ab dem 16. Jahrhundert zu. Die Vierteilung erscheint erst mit dem 14. Jahrhundert.

Unter die Verstümmelungsstrafen fällt das Abhauen von Fingergliedern, Fingern, der Hand, der Zunge, eines Ohres, wohl nicht des Fußes und kaum der Nase. Das Ausstechen beider oder eines Auges geschieht.

Bulgarenschlächter, Bulgaroktonos, wird der byzantinische Kaiser Basileos II. († 1025) genannt, der im Jahre 1014 an die 14 000 Bulgaren blenden läßt. Auf je hundert geblendete Bulgaren kommt einer, dem nur ein Auge ausgestochen wird, um die 100 zu führen. Abschreckung soll praktiziert werden und – die geblendeten Soldaten sollen nie wieder Krieg gegen Byzanz führen können. Blendung im westlichen Teil Europas? Vereinzelt tritt sie als gerichtliche Strafe auf. Karl der Kahle läßt seinen Sohn Karloman blenden.

Strafen an Haut und Haar werden durch Schläge, Haarabschneiden oder auch durch die Brandmarkung vollzogen.

Man bedient sich neben der Strafe der Ächtung auch der Verbannung. Sie kann in Form einer Pilgerfahrt oder auch durch Klosterhaft abgeleistet werden.

Freiheitsstrafen sind nicht so unbekannt, wie ein modernes Vorurteil meint. Ein Einfluß der Kirche ist anzunehmen, kennt sie doch die Klosterhaft für Zauberei oder Blutschande; auch bietet sie ihre Klöster als Haftorte bei politischen Vergehen an.

Ehrenstrafen sollen abschreckend wirken. Der oder die Verurteilte muß etwa eine Zeit am Pranger verbringen. Die Antoniuskapelle an der Marienkirche zu Krakau nennen die Bewohner die »Bösewichtskapelle«. Die Verurteilten beichten in ihr vor dem schweren Gang. In Kirchennähe befinden sich auch oft die Pranger. Hier kommen viele Leute vorbei, der Bösewicht wird wirkungsvoll zur Schau gestellt. Kleinen Kriminellen wird ihr Kopf in einen fest geschmiedeten Ring gezwängt. Sie haben sich der Beleidigung ihrer Eltern, der Sonntagsarbeit, der Wollust, der Beschimpfung oder kleinerer Diebstähle schuldig gemacht. Auch Geldstrafen werden verhängt.

Alle Strafen dürfen gemildert werden. Eine häufiges Entgegenkommen ist, vor der Vollstreckung der vorgesehenen Todesart den Täter auf eine für ihn leichter zu ertragende Art zu töten, ihn etwa zu enthaupten oder zu erdrosseln, bevor er verbrannt wird.

Das Strafsystem ist auf die Aburteilung weniger Fälle berechnet. In Krisenzeiten wächst die Zahl der Vergehen und damit der Verurteilten an. Noch fällt den meisten Menschen das Erkennen der sozialen Zusammenhänge schwer, um von ihm her eine Sozialpolitik zu entwickeln und mit ihr die Gesellschaft bewußt zu gestalten. Eher setzen sie am Ende der Reihe von Handlungen, von Ursachen und Wirkungen an, wenn der Schaden eingetreten ist, und rufen zur Rechenschaft. Die Galgen mehren sich. Sie drücken weniger die Macht als die Ohnmacht der Menschen aus. Die dem Mittelalter unterstellte Grausamkeit bezieht sich zum einen auf diese Ohnmacht, welche in ein kopfloses Bejahen von Sühne und Abschreckung einmündet.

Doch gibt es auch hier Ausnahmen. Antonin von Florenz (1389–1459) und Bernardin von Siena (1380–1444) erfahren, wie die Spielleidenschaft viele Familien in Not bringt und daß aus ihr wiederum Verbrechen folgen. So bekämpfen beide unerbittlich trotz Morddrohungen das Laster des Glücksspiels. Ein solcher Zusammenhang gibt sich dem christlichen Blick damals leichter als wirtschaftliche Zusammenhänge zu erkennen, wie sie zwischen Profitgier, Landkauf, Schafzucht, Verarmung der Ackerbauern, deren Landvertreibung und Kriminalität bestehen. Erst Thomas Morus legt in seinem ersten Buch der »Utopia« von 1516 meisterhaft diese Ursachenkette dar.

Wird der Mensch nicht durch Bilder, durch seine Vorstellungskraft am ehesten noch beeinflußt? Ist dies aber richtig, so müsse man ihm doch den Gehenkten, den Geräderten, die ertränkte Person vorführen, um die Labilen auf dem rechten Pfad zu halten und die durch das Verbrechen Versuchten abzuschrecken.

Viele denken so. Maphaeus Vegius ist um die Mitte des 15. Jahrhunderts mit seinen Empfehlungen in dem Kapitel »Über das Strafen von Kindern« seiner Erziehungsschrift wenig zimperlich: Nicht um an fremdem Unglück sich zu ergötzen, sondern um vom schlechten Lebenswandel abzuschrecken, »mag es ... zweckmäßig sein, den Knaben bisweilen zu gestatten, den Hinrichtungen von Wegelagerern, Meuchelmördern und dergleichen Missetätern beizuwohnen«.

Hrabanus Maurus bemüht sich um eine Rechtfertigung des Strafens: »Ich will das Beispiel des Arztes nehmen, der einen einzelnen Körperteil nicht verschont, um alle anderen Teile zu retten ... Wenn der Arzt davor zurückschreckt, einen Teil herauszuschneiden, obwohl es nötig ist, wie wird da nicht die Krankheit zunehmen ... Wie die Sünde Israels zum Heil der Völker diente, so muß auch die Strafe, die einem zuteil wird, dem Heil anderer nützlich sein!« Generalprävention und stellvertretende Sühne verbinden sich als Strafzweck. Im Hintergrund ist der Ausspruch aus der Passion vernehmbar: »Es ist besser, daß einer für das Volk leidet, als daß das Volk zugrunde geht«.

Zur Illustration der Strafpraxis, ihrer Gefährdetheit und ihres »Erfolges« sei auf den Fall des Konrad von Piacenza († 1351) verwiesen. Er legt im Jagdeifer Feuer an ein Gestrüpp, in welches sich ein Reh verkrochen hat. Das Feuer breitet sich rasend aus und vernichtet eines der letzten Waldstücke der Kommune von Piacenza. Das Stadtrecht befiehlt: Wer Wald vernichtet, wird mit Abhauen der Hand, Kerker und Konfiskation des Vermögens bestraft. Das Volk ist über den ökologischen Frevel aufgewühlt. Unter diesem Eindruck ergreift die Justiz einen Unschuldigen, der unter der Folter die Tat gesteht. Die Volkswut verlangt ein Todesurteil – entgegen dem Strafgesetz. Es ist fast schon ausgesprochen – als Konrad sich meldet. Die Zeit der Untersuchungshaft im Kerker erschüttert ihn so tief, daß er, nachdem die Stadtväter sich milde erwiesen und nur auf

Schadensersatz bestanden haben, als Einsiedler in die sizilischen Berge geht. Seine Frau tritt bei den Klarissen ein.
Vielfache Proteste erheben sich gegen die Strafpraxis. Hedwig von Schlesien (1174–1243) und Antonius von Padua (1195–1231) drängen auf Eingrenzung und Milderung der Schuldknechtschaft. Aber auch Befürworter der Todesstrafe, wie die Verfasser einschlägiger Quaestiones der Summen, bezeugen, wie sie um die Rechtfertigung dieser Strafe ringen.
Wo eine Radikalreform weder denkbar noch zu verwirklichen ist, setzt die Hilfe der Menschen an, um das Los der Kriegsgefangenen, der inhaftierten Verbrecher und der Verwundeten zu erleichtern. Die Findigkeit, ohne Infragestellung der Ordnung doch ihre Folgen abmildern zu können, zeigt sich am Beispiel des Rechts des Ritters, den Gehängten mit seinem Schwert vom Galgen abzuschneiden und ihn begraben zu lassen. So macht der Ritter sich durch Berührung mit dem Leib des Gehängten nicht unrein, sorgt aber für die Bestattung.
Das Asylrecht will helfen, durchlöchert aber gleichfalls das System der Verbrechensbekämpfung. Asylsuchenden bieten Klöster und Kirchen Schutz. Auf Jersey führt von den Kirchen ein Fluchtweg an das Meer. Wer Zuflucht in der Kirche gesucht hat, kann so heimlich-sicher zur Küste gelangen. Asylsäulen zeigen überall im Abendland den Beginn des schützenden Bezirkes an.

Die Waffen

Das mittelalterliche Arsenal ist zum Fürchten: Schwert, Dolch, Lanze, Hellebarde, Armbrust, Messer, Äxte, Beil, Balken, Feuer, Pfeil und Bogen, Kanonen, Schleudern, Knüppel finden Verwendung.
Viele suchen beständig nach wirksameren Angriffswaffen und Verteidigungsmöglichkeiten. Experimente werden an den Waffen, den Rüstungen und an dem Zusammenwirken von Mensch und Tier, Reiter und Pferd, vorgenommen. Die Schwerter werden verbessert, so weit ein solches Wort erlaubt ist. Neben das einschneidige Schwert, den Langsax, tritt das zweischneidige, Spatha geheißen. Den Maschenpanzer löst der Plattenpanzer ab. Man härtet die Helme. Die Armbrust, die Kanonen und die verschiedenen Belagerungs- und Sturmmaschinen reihen sich in das Arsenal der Verteidigung und der Vernichtung ein. Der Mauerbau, die Führung der Zugangswege zum Kastell und die Vorwerke orientieren sich an der neuesten Waffentechnik. Sorgsam gehütete Geheimnisse wie das griechische Feuer regen zur Übertrumpfung an. Furcht herrscht davor, daß der Feind über eine Überraschungswaffe verfügen könnte. Im »Parzival« scheint etwas von dieser Furcht auf: »Bocksblut läßt Helme – hart wie Diamant – weicher als ein Schwamm werden.« Spionage wird getrieben. Mönche üben sich im Abfangen der Boten. Leistungskräftige

Pferde werden, wie in Schweden, gezüchtet, deren Export streng reglementiert. Für verschlafene Entwicklungen legt die Schlacht bei Azincourt vom 25. Oktober 1415 Zeugnis ab, als das französische Ritterheer den englischen Speerwerfern und Armbrustschützen jämmerlich unterliegt. Die Armbrust bewirkt, daß der Eisenpanzer der Ritter aus weiter Entfernung durchschossen werden kann. Der Tod kommt auf heimtückische Weise. Die Kirche verbietet auf dem dritten Laterankonzil unter Papst Innozenz II. (1138–1143) diese Waffe, weil ihr Einsatz im Fernkampf die Mensch-Mensch-Beziehung lockert und damit eine Tötungshemmung entfallen läßt: »Die Kunst, die Armbrust zu verwenden, ist eine der verwerflichsten und es ist untersagt, daß ein Christ gegen einen Christen diese Waffe benutzt. Falls sie einer verwendet, ist er exkommuniziert... Dieses Verbot gilt aber nur für den ungerechten Krieg. In den gerechten Kriegen ist die Verwendung der Armbrust erlaubt, denn wo ein Recht auf den Krieg besteht, dort besteht auch ein Recht auf die Wahl der Waffen. Hier ist nicht von Bedeutung, wie gekämpft wird ... Verboten ist aber die Armbrust, weil sie über die Maßen schnell tötet.« Die Einschränkungen sind ersichtlich: Erlaubt ist der Gebrauch der Armbrust im Krieg der Christen gegen Nichtchristen, und in jedem gerechten Krieg. Und wer tut sich schwer, einen gerechten Grund zu finden? Drittens findet keine grundsätzliche Ächtung dieser Waffe statt.
Diese Erfindungen sind ein Zeugnis dafür, daß das Mittelalter zwar auf die antiken Erfahrungen zurückgreift, doch über die Antike hinausgelangt. In der Rüstung erzielt das Mittelalter eine Eigenständigkeit, wie sie in den Wissenschaften noch selten und nur zaghaft zu verzeichnen ist. Der Einfluß aus den arabischen Ländern und aus Byzanz ist hoch zu veranschlagen. Die Mongolen scheinen bereits mit Kanonen angerückt zu sein. Der Bericht der Schlacht von Liegnitz 1241 spricht von den qualmenden und feuernden Giftschlangen auf Rädern. Eventuell führen aber auch die Mongolen ein Gift mit, das sie aus Behältern, die auf ihre Lanzen gesteckt waren, gegen den Feind vortragen und ihn damit kampfunfähig machen.
Auch damals haben sich die Künstler des »Design« und der Verzierung der Waffen angenommen. Die Knaufkrone des Schwertgriffs und die Parierstange überziehen Muster. Edelsteinanlagen auf der Seite, die beim Schwerttragen dem Körper abgewandt ist, aber auch Verzierungen auf der dem Körper zugewandten Seite des Schwertes lassen es zum Prunkschwert und damit zum Geschenk werden.

Das Verhältnis zu den Juden

Warum richten sich Pogrome gegen die Juden? Warum sind sie so oft Gegenstand des Volkszorns und der Verdächtigungen so primitiver Art, warum stehen Juden bei allen Krisen im Zentrum der Anklagen?

Sie sind nicht »Gläubige«, wohl aber oft Gläubiger der Christen. Sie sondern sich ab, zählen nach eigenem Kalender, feiern eigene Feste und feiern sie zu ihrer Zeit. Sie sprechen und denken anders als die Christen. Nur weil Fremde, sind sie bereits belastet und schutzloser. Einen kleinen Hinweis aus dem frühen 9. Jahrhundert liefert die Gräfin Dodana, wenn sie in ihrem »Handbüchlein« davon schreibt, daß sie sich habe Geld leihen müssen, von Christen und, wie sie fast errötend hinzufügt, auch von Juden.

Aber der mittelalterliche Christ sieht seinen Glauben und seine Kirche auch aus dem jüdischen Glauben wachsen und in Zusammenhang mit dem Auserwählten Volke stehen. Es ist nun gerade die Nähe, die verunsichert. Das Ringen um Eigenstand führt zur Verleugnung des Ursprungs und zur Abstoßung. Wer ein Erbe beansprucht, muß alle anderen Bewerber verstoßen.

Hinzu kommt, daß die Juden des Abendlandes nicht der agrarischen altisraelischen Gesellschaft entstammten, sich somit nicht die Achtung vor den Patriarchen auf sie übertrug, sondern daß sie meist als Händler tätig waren und damit schließlich auch noch am Gegensatz Stadt – Land zu leiden hatten.

Den Juden wird die Verantwortung für Jesu Tod umso mehr aufgebürdet, als die Römer im Mittelalter aufgewertet werden und die Mitverantwortung in diesem Fall von ihren Schultern genommen wird. Jede Übernahme römisch-antiken Geistesgutes und des römischen Rechtes wirkt sich nachteilig in dieser Gewichtsverlagerung aus. Daß Jesus Jude war, ebenso wie die Jünger und Maria es waren, mildert und versöhnt nicht. Erst recht treten absichtsvoll jene Verse in den Hintergrund, die davon sprechen, daß die Sünden aller Menschen, und nicht nur die der Juden, Jesus an das Kreuz hefteten. Hingegen gewinnt der Vers: »Sein Blut komme über uns und unsere Kinder« eine beherrschende Bedeutung und wird von einigen als Auftrag angesehen, den Juden Sühne aufzuerlegen.

Unhaltbare Vorwürfe peitschen die Stimmung hoch: Den Juden wird Landesverrat vorgeworfen. Blut- und Ritualmorde hängt »das Volk« ihnen an und glaubt, daß jüdische Ärzte Christen umbringen. Die Rechte der jüdischen Gemeinden und des einzelnen Juden werden im Laufe des Mittelalters immer mehr abgebaut. Ein Prozeß, der allerdings in die Neuzeit und die neueste Zeit reicht, weder im Mittelalter beginnt noch in ihm endet. Das Mittelalter ist in der Frage der Verschlechterung der beidseitigen Beziehungen Durchgangsstation, nicht aber Initiatorin oder gar Vollenderin. Pogrome kennt bereits die Spätantike.

Ein Beispiel aus dem karolingischen Prozeßrecht soll die Bewertung markieren, die den Juden zuteil wird: Einem Juden, der etwas gegen einen Christen vorbringt, solle eine Dornenkrone aufgesetzt werden, bestimmt eine Verordnung aus der Karolingerzeit. Die Knie seien dem

Juden zu fesseln, eine Rute, mit Dornen stark besetzt, sei zwischen den Oberschenkeln hindurchzuziehen, während der Christ den Eid spricht. – Der einzelne Jude wird mit seinem Volk und der ihm von den Christen angelasteten Tat in dem Moment gleichgesetzt, da der Jude sein Recht bei dem Christen sucht. Spiegelbildlich soll er allein wegen seiner Anschuldigung bestraft werden. Die Prozedur wird ihn zeugungsunfähig machen. Die Schmerzen, die Schmach und die Verletzung seiner Würde sollen Juden ein für allemal vom Prozessieren gegen Christen abhalten.
Es treten »Aufklärer« auf, vernünftige Menschen, welche auf die Haltlosigkeit und Primitivität der Verdächtigungen weisen, doch dringen sie kaum durch und vermögen nicht den an manchen Orten einmal oder mehrfach aufbrechenden Blutrausch zu dämmen. Päpste wie Innozenz IV., Kaiser wie Friedrich II. von Staufen oder der Prediger Bernhard von Clairvaux gehören zu solchen »Aufklärern«. Sie warnen die Christen davor, ohne Überlegung und allzu bereitwillig unter den jüdischen Einwohnern die Täter der Verbrechen zu suchen oder ihnen die Verantwortung für alles mögliche Mißliche zuzuschreiben. Doch geschehen diese Warnungen an die Christen sporadisch, wenig systematisch und ohne Nachdruck. Gegen den breiten, dumpfen Anti-Judaismus sind warnende, abwiegelnde Worte machtlos. Volksaufklärung in diesem Punkte zu betreiben, wird versäumt. Es mangelt an einem beständigen und folgerichtigen Eintreten für die Juden und für einen umfassenden Schutz der jüdischen Gemeinschaft.
Und die Juden selbst? Wie sehen sie sich? Nur ein Vorwurf sei erwähnt, den sie gegen sich selbst erheben: So heißt es in der jüdischen Chronik Sebet Yeduha im siebten Kapitel: »Wenn tausend Juden auf einem Platz versammelt sind, und es kommt ein kleines Kind und schreit: ›Auf gegen die Juden!‹, so werden mit Sicherheit alle Juden Hals über Kopf fliehen.« Doch zeigt dies nur, wie die jahrhundertelang zugefügte Mißhandlung und die erlittene Abschätzung verinnerlicht worden sind.

Die Inquisition

Abzuheben sind die »normalen« Strafverfahren in der Kirche und in den Königreichen von den Inquisitionsverfahren (angemessener ist es, die Mehrzahl zu verwenden). Eine eigene juristische Struktur prägt die spanische Inquisition und mit einigen Besonderheiten die Inquisition im spanischen Lateinamerika.
Wo geglaubt wird, nimmt der Glaube vielfältige Ausdrucksformen und eine je persönliche Einfärbung der Inhalte an. Die Spannbreite der persönlichen Prägung ist im Mittelalter weit und durfte weit sein. Diese faktisch geübte und bewußt von den Bischöfen eingeräumte »Toleranz« und Zurückhaltung zeugt von einer mit dem Glauben einhergehenden und

letztlich gar nicht behebbaren Unsicherheit über Inhalt und Ausdruck des Glaubens. Wo Glaube nun aber eine Gemeinschaft fordert und bildet, stellt sich drängender die Frage, wer zu dieser Gemeinschaft gehört und wer nicht. Versteht sich nun aber die Glaubensgemeinschaft als eine politische Größe, so verwandeln sich Glaubensfragen in Macht- und Überlebensfragen; dann wird um die Antwort auf Abweichungen bald nicht mehr bloß in Diskussionen gerungen, sondern die Skala der Mittel bis hin zur gewalttätigen Auseinandersetzung eingesetzt. Die Christen des Mittelalters stehen in beständiger Auseinandersetzung mit Abweichlern, und ebenso sehen sich Christen und andere Gläubige immer einer mehr oder weniger offiziellen Linie gegenüber, die den Glauben und den Kult normieren.

Dramatisch spitzt sich in der zweiten Hälfte des 12. und im beginnenden 13. Jahrhundert die Lage zu, als inmitten des Abendlandes und nicht etwa an seinen Rändern ein starker Einbruch nichtchristlichen, manichäischen Glaubens und ein Massenabfall von Christen zu den Bogumilen erfolgt. Albigenser wird man sie nennen oder die »Katharer«, die Reinen. 1170 halten sie ohne Scheu ein Konzil in Saint Félix de Caraman unter einem Bischof ab und dokumentieren ihren Kirchencharakter. Bischöfe und Papst suchen nun erst recht nach einem Instrumentarium zur Frühentdeckung und Absonderung der Häretiker, der vom »wahren« Glauben Abgefallenen. Spätantike und frühmittelalterliche Prozeßelemente werden zusammengefügt, kaiserliche Reaktionsweisen aufgenommen und so der kirchliche Inquisitionsprozeß ausgestaltet.

Die bischöfliche Inquisition geht auf das Konzil von Verona, 1184, zurück. Ein Regelwerk formt sich im Lauf von vier Jahrzehnten zu einem päpstlichen Instrument aus. Am 8. Februar 1232 überträgt Gregor IX. den Predigerbrüdern »die Aufgabe des Glaubens« in der Bulle »Ille humani generis«, wenig später betraut er auch die Franziskaner mit dieser Aufgabe und richtet ein Verfahren samt den Institutionen ein, welche als »Inquisition« bezeichnet werden können. Sie findet nun in päpstlichem Auftrag und unter päpstlicher Aufsicht statt. Kann letztere bei den damaligen Kommunikationsverhältnissen wirkungsvoll sein? Der Weg zu einer außerordentlichen päpstlichen Präsenz und zur Verselbständigung der Gerichte ist beschritten. Verlierer sind nicht nur die Bischöfe, an denen vorbei eine päpstliche Justiz in der Diözese waltet, sondern auch die Denunzierten und Verurteilten, ja sogar die weltliche Justiz.

Wer ist ein Häretiker? Derjenige ist es nach Thomas von Aquin, der einen häretischen Satz behauptet, also einen Satz, der einem Glaubensartikel, einer von der Kirche verkündeten Glaubenswahrheit oder dem Inhalt der Bücher widerspricht, die im Kanon festgelegt sind. Laut ausgesprochene Glaubenszweifel reichen im Laufe der Zeit bereits aus, um jemanden als Häretiker abzustempeln.

Wie rechtfertigen sich die Inquisition und das Verfahren, welches mit dem Tod des Ketzers enden kann, angesichts des Gleichnisses vom Unkraut, das zwischen dem Weizen wächst und gerade nicht während des Wachstums herausgerissen werden soll? Nach dem Evangelium ist es dem Herrn der Ernte überlassen, zu der Zeit, die er bestimmt, Weizen und Unkraut zu trennen und das Unkraut zu verbrennen. Tatsächlich verbietet in den Augen der damaligen Kirche dieses Gleichnis aber nur das unbekümmerte Zugreifen, das willkürliche Absondern und ungeregelte »Austilgen« der Abweichler. Augustinus argumentiert gerade mit diesem Gleichnis, um ein exakt prüfendes Vorgehen gegen Glaubensabweichler zu begründen. Thomas von Aquin übernimmt diese Argumentation und behauptet in der »Summa Theologica«, daß Jesus mit diesem Gleichnis zu verstehen geben wollte: Wenn die Kirche genau über solches – geistiges – Unkraut Bescheid wisse und es ohne Gefahr für die Guten und zu deren Nutzen entfernen könne, dürfe die Kirche nicht schweigend und tatenlos zusehen, wie sich eine verderbliche Lehre verbreitet und Menschen in den Irrtum hinabzieht. Es bestehe die Pflicht, tätig zu werden.
Der Häretiker und nicht nur die Häresie wird als Unkraut bezeichnet, das die guten Pflanzen erstickt. Das Bild treibt weiter, denn so wie Unkraut verbrannt werden dürfe, so eben auch der Häretiker. Aus dem kaiserlichen Recht wird eine andere Sicht dazugefügt. Falschmünzer vergiften den Umgang der Menschen und untergraben das Vertrauen. Schlimmer als diese Verbrecher seien aber die Häretiker, welche die Basis des Zusammenlebens, nämlich den einen wahren Glauben, aushöhlen und verfälschen. Thomas von Aquin widersetzt sich nicht dieser Einstufung: Ketzer, so schreibt er, verfälschen, also sind sie wie Fälscher zu bestrafen. Auf Falschmünzerei stehe die Todesstrafe, somit sei sie demHäretiker nicht zu ersparen, falls er nicht ehrlich und für Dauer abschwöre. Ein anderer Vergleich taucht auf: Der Häretiker sei ein Deserteur. Doch während der Deserteur mit lebenslanger Verbannung zu bestrafen sei, müsse der reuevolle Häretiker voll integriert werden. Wir werden gleich sehen, daß dieser Vergleich keine große Wirksamkeit entfaltete.
Fast vergessen oder verdrängt sind Worte desselben Augustinus, daß nämlich die göttliche Vorsehung viele Abweichler mit verschiedenen Irrtümern zulasse, damit sie uns durch ihre Anfragen das Nichtwissen zeigen, uns aus der geistigen Bequemlichkeit reißen und zum Studium der heiligen Schriften veranlassen. Einen solchen Sinn vermögen viele Christen und Kirchenvorsteher der Häresie bald nicht mehr zu geben, sondern sie fürchten sie ausschließlich als Unruhepotential und verfolgen die Häretiker als Verräter an der Sache Gottes und als Vergifter des Zusammenlebens.
Die Ausgestaltung des Verfahrens schafft einen vom Bischof unabhängigen Inquisitor, der aus Eigeninitiative tätig werden, seine eigene Schutz-

und Aufspürgruppe halten und ein eigenes Gefängnis errichten darf. Zur Anzeige eines Häretikers ist jeder aufgerufen, auch der übel Beleumundete, der Komplize und erst recht der Hausangestellte. Die Folter ist erlaubt. Der Inquisitor darf sie durch seine Helfer anwenden lassen, benötigt also nicht den »weltlichen Arm«. Die Schutzvorschriften für den Verdächtigten und Angeklagten legt der Inquisitor aus. »Alles, was man zur Bekehrung der Häretiker unternehmen kann, ist Gnade«, sagt der Inquisitor Nicolas Eymerich (1320–1399). Gnade für wen? Auch für den Inquisitor? Er hat es sicher so gesehen. Außerdem werden alle, die »sich mit dem Kreuze bezeichnet haben, um dazu beizutragen, die Häretiker auszurotten, derselben Ablässe und Privilegien teilhaftig wie die ins Heilige Land ziehenden Kreuzfahrer«.

Wohl sind auch Freisprüche möglich. Wer nicht bereut, ist der weltlichen Gewalt zu übergeben, doch darf er sogar noch monatelang in Haft behalten werden, um ihn zur Reue zu bewegen. Der reuige Häretiker, der abschwor, ist hingegen nicht einmal auf Sicherheitsleistung hin freizulassen, sondern auf Lebenszeit in Haft zu nehmen, die allerdings zu einer Zeitstrafe umgewandelt werden darf. Wer bereut hat, dann aber wieder rückfällig wurde, ist im Rahmen dieses Verfahrens als Christ völlig unglaubwürdig geworden und dem weltlichen Arm zur Hinrichtung zu übergeben. Die Sakramente der Versöhnung und der Eucharistie dürfen ihm allerdings nicht verweigert werden. Der Fall Jeanne d'Arc dokumentiert ein solches Verfahren.

Die Bischöfe werden übergangen, stehen aber zugleich außerhalb der Kompetenz des Inquisitionsgerichtes. Diese Schonung trug wohl in nicht geringem Maße zum Überleben der Inquisition bei.

Thomas von Aquin tritt an anderer Stelle in seinem Werk, nämlich in seiner Schrift über »Das Geheimnis«, für Werte ein, die im Inquisitionsverfahren keine Berücksichtigung finden: den Schutz der inneren Sphäre und der Gedankenwelt. Niemand dürfe gezwungen werden, sich selbst anzuklagen; der Ankläger müsse seine Anklage beweisen und der Beklagte sei nicht verpflichtet, auf eine unbewiesene Anklage zu antworten.

Gegen Ende des 15. Jahrhunderts nehmen in Spanien die Spannungen und Feindschaften zwischen Christen und Juden sowie den Muslimen bedrohlich zu. Staatspolitische Gründe sind es, die in einem Juden und Muslim einen unzuverlässigen Bewohner des zurückeroberten Gebietes sehen. Die bereits bestehende Inquisition wird als unzureichend betrachtet. So erläßt Sixtus IV. am 1. November 1478 die einschlägigen Bullen der Inquisition für Spanien, deren vollständige Errichtung sich bis 1518 hinzieht. Besonderheiten sind, daß das Santo Oficio, wie die Inquisition jetzt geheißen wird, im kirchlichen und staatlichen Namen handelt, die Inquisitoren kirchliche und staatliche Funktionen ausüben. Ihr sind nur die Verfahren gegen Kardinäle, Erzbischöfe und Bischöfe entzogen – für sie ist der Heilige Stuhl zuständig, alle anderen Verfahren gehören in die ausschließliche Zuständigkeit der spanischen Inquisition. Die Berufung nach Rom ist unter Strafe der Exkommunikation durch Leo X. untersagt worden. Der König ernennt im Namen des Papstes, der die Ernennung jedoch nur ratifiziert, den Generalinquisitor, dieser mit Zustimmung des Königs die Inquisitoren. Das Verfahren deckt sich weitgehend mit dem kirchlichen, allerdings darf die Folter rechtlich häufiger angewendet werden.

Ist von dem Inquisitionsverfahren ein Neuerungsschub auf die Strafrechtspflege ausgegangen? Einer der Aufklärer, Malesherbes, soll wegen der gerichtlichen Voruntersuchung und der Schutzrechte des Beschuldigten, wegen des Kautelen- und Auflagensystems und der Schmiegsamkeit des Strafensystems mit seinen Rücksichtnahmen auf Alter und Geschlecht es als das fortschrittlichste der damaligen Zeit bezeichnet haben.

Die Laster- und Tugendkataloge

Alles Handeln und Unterlassen geschieht nach bestimmten Grundtypen. Wer spontan, aus einer Gemütsaufwallung oder einem schnellen Einfall heraus gut handelt, erwirbt sich wenig Verdienst. Lobenswert ist es, wenn das liebevolle, maßvolle, gerechte, tapfere und kluge Handeln zur »zweiten Natur« geworden ist. Wie alles menschliche Tun und Unterlassen wirkt auch diese »Natur« auf die Ordnungen des gesamten Kosmos.

Die einzelnen Laster

Der *Hochmut* ist das Laster desjenigen, der über sein Maß, seine Stellung, seinen Stand, seinen Beruf hinaus will. Hochmütig ist der Mensch, welcher nach Wissen und Macht strebt, die Gott entthronen und überflüssig machen sollen. Der Hochmut gegen Gott findet gegen Ende des Mittelalters seinen bildlichen Ausdruck im »Turmbau zu Babel«.

Die Gräfin Dodana weist im 5. Kapitel ihres bereits mehrfach erwähnten Handbüchleins auf alltägliche Versuchungen zu solchen Grenzüberschreitungen hin: »Es ist menschlicher Sprachgebrauch, daß wir alle Dinge uns zurechnen, was eigentlich nicht richtig ist. So erhebt sich einer über die Welt und sagt: ›mein Reich‹ und ›in meinem ganzen Reich‹, und er bedenkt nicht, daß des Herrn das Reich ist mit allem, was darin ist.«

Hochmut tritt als Widerpart des Gehorsams auf. Gehorsam ist, wer sich in die vorgefertigte Lebensstellung einpaßt und sich mit einer einmal getroffenen Wahl zufriedengibt. Auf Autoritäten hören entspricht dem Gehorsam und widerspricht dem Hochmut. Die besten Schüler sind die, welche dem Lehrer glauben, und nicht die, welche immer fragen: »Warum,

warum?« sagt Peraldus (gest. um 1260) im fünften Buch seiner Erziehungsschrift »De eruditione principum«. Die Autoritätengläubigkeit, dem Mittelalter so oft vorgehalten, beruht meist nicht auf einer faulen Selbstzufriedenheit, unehrlichen Genügsamkeit oder schlicht einer »Kindergläubigkeit«, nein, sie lebt oft aus dem Geist bewußter Bescheidung, auch aus der Ahnung um die Uferlosigkeit des Wissens, das weitertreibt und sich verselbständigt. Deshalb ist der einmal gewählte Lebensstand beizubehalten, soll die Ehe bis zum Tode dauern, dürfen Orden und Kloster nicht verlassen werden.

Der Kampf gegen den Hochmut kommt in einer Reihe von Bräuchen zum Ausdruck, etwa wenn der Mensch und im besonderen der Herrscher an seine Sterblichkeit und die kurze Lebensdauer erinnert wird. Gelegentlich wird er gezwungen, in einfacher Kleidung sich mit den unteren Schichten der Bevölkerung solidarisch zu erklären.

Die *Habgier* ist das Laster des hemmungslosen Haben-Wollens. Der Eigennutz ist die tägliche Versuchung der Menschen. Wer diesem Laster dient, weigert sich zu teilen, wieder wegzugeben. Er hortet und stapelt. Die Sorge wächst mit, die gesammelten Güter auch wirklich behalten zu können. Mißtrauen und Herrschsucht stellen sich ein. Eine eigene Dynamik wohnt dem habgierigen Menschen inne. Ein Rätselgespräch lautet: »Was macht den Menschen nicht müde?« – »Der Gewinn«.

Columban sagt mit Blick auf die habgierigen Reichen: »Was sie nicht hingeben wollten für Christus, das verlieren die Geizigen alle zu ungelegener Zeit. Andere sammeln nach ihnen.« Nur was für Christus ausgegeben ist, gehört unabtrennbar dem Menschen. Er verliert genau das, was er für sich festhalten will, und verliert es oft doch an die, denen er es vorenthielt. Auf den Hunger der vielen antworten Prasserei und Verschwendung einer kleinen Zahl, die immer noch zu groß ist.

Wer Geld für geistliche Ämter oder Verrichtungen annimmt, ist habgierig, wer für Geld ein Amt oder Sakrament erhalten will, ebenfalls. Exkommuniziert ist einer, ohne daß ein Gerichtsverfahren nötig ist, der während kriegerischer Handlungen zwischen Christen und Sarazenen die letzteren mit Waffen beliefert.

In der ehemaligen Abteikirche Saint Pierre in Moissac, zwischen 1120 und 1135 erbaut, ist die Habsucht als eine ausgemergelte Gestalt dargestellt, mit Gütern überladen, eine Gestalt, die sich selbst zu Boden drückt und schwankt. In der Kollegiatskirche Notre Dame du Port von Clermont Ferrand (Puy de Dôme) kämpfen die Freigebigkeit und die Liebe, largitas und caritas, in Rüstung und Schild mit ihren Lanzen gegen die Habsucht. Der Eigennutz wird nicht heroisiert, nicht als dynamisches Element der Wirtschaftsordnung hingestellt. Die Habsucht schiebt sich in den Lasterkatalogen, die in den handeltreibenden Städten entstehen, vor den Hochmut.

Der *Neid* entsteht aus dem Vergleichen und der Unfähigkeit, das eigene Gute zu sehen und die eigenen Vorzüge zu erkennen. Deswegen sollen die Augen »gehalten«, das heißt »geordnet« sein. Die Kleiderregelungen oder die Antiluxusgesetzgebung richten sich gegen das Übertrumpfenwollen. »Weh dir, Regimar von Zweter... Bei dir gibt es drei Wundertiere, das ist der Geiz, der Haß, der Neid«, klagt der Marner, ein mittelhochdeutscher Lieder- und Spruchdichter († um 1270).

Dem *Zorn* überlassen sich viele. Sie lassen sich zu Gewalttaten und Grausamkeiten hinreißen, wie Bischof Anno von Köln sich an den Kölner Bürgern vergeht – trotz eines Eides, mit dem er Schonung versprach.

Auf einem Kapitell in Notre Dame du Port in Clermont-Ferrand, um die Mitte des 12. Jahrhunderts erbaut, ist der Zorn in halb menschlicher, halb monstrenhaftiger Gestalt gemeißelt, die sich selbst tötet. Der Zorn, so sagt das Kapitell, beseitigt sich selbst; er ist selbstzerstörerisch und verzehrt den Menschen.

Die *Trägheit* und der *Müßiggang* als Angewohnheiten sind des Teufels. Wir sprachen schon in den Kapiteln über »Arbeit« und »Keuschheit« über den Müßiggang. Wenn Mutlosigkeit und Traurigkeit den Menschen überfallen, so helfen die sinnvolle Beschäftigung, die Arbeit und das Lernen. Eine Angst vor dem Ausruhen und vor der leeren, freien Zeit durchzieht das Mittelalter. Ebenso bedrohlich wie die Zeit des Endes ist die vom Menschen unausgefüllte Zeit. Horror vacui temporis!

Die *Gaumenlust* unterwirft sich den Menschen und ist doch unersättlich. »Was wird nicht alles begangen um der Lust willen, die sich auf der Breite von zwei Fingern abspielt«, ruft Bernhard von Clairvaux aus. Vergeblich ist der Wunsch jenes Gierigen, der sich einen Kranichschnabel wünscht, um möglichst lange genießen zu können.

Die *geschlechtliche Lust* findet in den Lasterkatalogen ausgiebige Behandlung, kommt aber erst am Schluß und jedenfalls nach Hochmut und Habsucht.

Eine Warnung vor dem Tanzen erteilt ein Kapitell in der ehemaligen Abteikirche in Saint-Benoit-sur-Loire (Loiret), das um 1040 bis 1050 entstand. Die Lust wird von den Teufeln an ihren empfänglichsten und empfindlichsten Stellen gequält. In Sainte Madeleine in Vézelay windet sich eine Schlange zwischen den Beinen der luxuria, deren Haare zu protzigen Signalen käuflicher Liebe aufgedreht sind.

Die Tugenden

Den Lastern stehen die Tugenden gegenüber: Demut, Gerechtigkeit, Freude am Guten des anderen, Sanftmut, Tapferkeit und Einsatz für die anderen, Mäßigung, Keuschheit. Die Tugend der Klugheit bestimmt das Maß aller Tugenden und sucht ihnen die Mittel aus.

Symmetrische Gegenüberstellungen von Tugenden und Lastern werden angestrebt. Die Darstellung des Weltgerichts am Westportal und dem Tympanon der Abteikirche Sainte Foy in Conques-en-Rouergue (Aveyron) entspricht diesem Wunsch des Mittelalters.

4. Der einzelne und seine Selbstfindung

Während in den ersten Jahrhunderten des Mittelalters die Gruppenzugehörigkeit den einzelnen stark geprägt haben dürfte, und in der Spätzeit des Mittelalters das Ich sich stärker gegen die Gruppe profilierte, findet das Hochmittelalter seinen sozialen Ausdruck – auch dies sei behutsam vermerkt – in einer Balance von Eigen- und Gruppenbewußtsein. *Jeder* weiß sich als ein besonderer von Gott angenommen und geliebt, jeder lebt mit seinem nur *ihm eigenen* Schutzengel, *seiner* Verantwortung und *seinen* Sünden. Die Einzelbeichte sorgt für ein wachsendes Bewußtsein der Besonderheit, die dem Menschen bleibt und die er zu erringen hat. Da gestaltet sich das einzelne Leben unverwechselbar aus seinen *ihm eigenen* Plänen, mit *seinen* Gefühlen, Gedanken und Beziehungen. Zugleich drücken die Familie, die Gruppe, die übergreifende politische Einheit dem Menschen ihren Stempel auf: er ist Franke oder Sachse, Kleriker oder Laie, Mitglied dieses oder jenen Rechtes. Identität formt sich in diesen Einheiten, welche auch ihre Heiligenpatrone und Schutzengel haben.
Thomas von Aquin (1225–1274) betont die vom einzelnen unabtretbare Aufgabe, das Gewissen zu bilden – an Normen. Die Orientierungsvorgabe, die lex naturalis, zeichnet sich durch Selbstbeschränkung und Zurückhaltung aus. Dem Menschen obliegt die Pflicht, der lex naturae, dem Naturrecht, durch die Gesetze aus Menschenhand die zeit- und ortsgemäße Ausgestaltung zu geben. Für Thomas von Aquin ist damit der Mensch in einen an Gott gebundenen Selbstand und in eine zu verantwortende Freiheit gesetzt, welche auf die zu regelnde Materie von dieser Orientierungsvorgabe her blickt, die ein Ratsuchen in der Heiligen Schrift nicht notwendig macht.
Hier beginnen im Laufe des Mittelalters Auflösungsprozesse, die zu Vereinzelungen und Absonderungen bis hin zum Widerstand gegen die Gemeinschaft führen. Jetzt entstehen Gemälde wie »Hieronymus im Gehäuse« und zunehmend Porträts. Ein extremes Beispiel für eine solche Ausprägung der individuellen Freiheit, mit Unernst gegenüber der Sache einhergehend, liefert Petrus von Candia, wenn er in seinem Kommentar zu den Sentenzen schreibt: »Dazu, daß ich eine bestimmte Ansicht in

meinem zweiten Anfang gegen den Mag. G. Calcar aufgestellt habe, und zu der ich jetzt das Gegenteil vertrete, bemerke ich, daß ich die eine Ansicht nicht für wahrer halte als die andere, sondern daß ich die andere Meinung nur deshalb vertrete, um den Weg für die Vorstellungskraft farbiger und abwechslungsreicher zu gestalten.« Als Martin Luther die Erkennbarkeit der lex naturae bestreitet, verweist er den Menschen einerseits auf das Wort Gottes, die lex divina scripta, und andererseits unmittelbar auf die Welt selbst, auf die sogenannten Sachgesetzlichkeiten. Gegenläufigkeit und Ungleichzeitigkeit bestimmen allerdings auch diese Verläufe.

Die mittelalterliche Kommunikationsgesellschaft und ihre Infrastruktur

Die Kommunikation hat im Mittelalter verschiedene Ausbreitungsflächen, Dichten und Organisationsformen.

Mündliche Kommunikation und Briefverkehr

In einer Gesellschaft, in der nur wenige schreiben können und Briefe selten sind, vollzieht sich der Großteil der Kommunikation mündlich. Der Glaubwürdigkeit der Berichterstatter, der Zeugen und damit dem »Augenschein« kommt hohe Bedeutung zu. Nicht selten führt das Mißtrauen gegenüber Nachrichten zu Gerüchten, die das Gegenteil verbreiten; zum Beispiel weigern sich viele, die Nachricht vom Tode Friedrichs II. ernstzunehmen. Bald kommen Gerüchte auf, daß Friedrich dort und dort gesehen worden sei.
Es gibt einen Briefverkehr. Privatbriefe werden den Boten der Kaufleute und den Gesandtschaften mitgegeben. Größere Handelshäuser halten ihre Niederlassungen auf dem laufenden. Der Klosterbote zieht aus dem Kloster und nimmt Nachrichten mit, nicht nur für seinen Zielort, sondern für alle Gemeinschaften, bei denen er Unterkunft oder Unterstützung erhofft, oder für einzelne, die er besuchen wird. Ebenso stellt er auch auf der Heimreise zwischen allen Orten und nicht nur zwischen Ausgangs- und Zielort ein Kommunikationsnetz her. Dabei ergeben sich häufig Umwege und die Rotula, der aufwickelbare Pergamentstreifen, an den immer ein neues Stück angeklebt wird, wächst manchmal bis auf 30 Fuß Länge an.
Mit dem Bedarf an geregelter und schneller Kommunikation nimmt die Zahl der Boten zu. Ihr Beruf differenziert sich aus. Die Städte nehmen den Botendienst selbst in die Hand und stellen ihn allen Bürgern zur Verfügung. Für den Weg von Rom nach Prag werden im 15. Jahrhundert neun Tage, ebensoviel von Rom nach Paris benötigt. Für die Beförderung einer Botschaft von Madrid bis Prag sind die Boten 20 Tage unterwegs.

Das europäische Mittelalter weist besondere Kommunikationsorte auf. Stabile Orte sind die Stadt, der Markt, der Hafen und das Kloster, das Hospital und die Herberge; sich für bestimmte Zeiten bildende sind die Synoden, Konzile, Hof- und Heeresversammlungen, »vorübergehende« Kommunikationsorte die wandernden Gerichtsversammlungen.

Das wirtschaftliche und rechtliche Geflecht

Der Handel und die Produktion öffnen die Räume. Die Begehrlichkeit wächst mit den wachsenden Möglichkeiten des Austauschs.
Seltene Tiere wie Elefanten, Ausstattungsgegenstände, Dinge zum Essen und Würzen, Waffen und Rüstungen spielen oft Vorreiter. Gift und Reliquien, Handschriften und Riesenbibeln, selbst Menschen werden gehandelt, so etwa Slawen in den byzantinischen und den islamischen, Berber in den iberischen Raum verkauft. Den venezianischen Schiffen ist es geboten, nie leer aus den orientalischen Häfen zurückzukehren. Auf diese Weise gelangen Säulen, Kapitelle und Statuen ins Abendland.
Münzen aus dem vorderasiatischen Bereich belegen bis hinauf nach Schweden die Streuung des Austauschs. Konstanzer Geld findet sich in der Provence, Südengland und im skandinavischen Raum.
Das Geld läuft immer schneller um. Wo die Kirche Gold und Silber in ihren Schatzkammern festgelegt hat, bringen Plünderungen, etwa der Wikinger, die Wertgegenstände wieder in den Verkehr. Der Kampf um das Prägerecht spiegelt die Machtverhältnisse wider. Das Mittelalter bietet auch eine Geschichte des Währungsverfalls und der Münzverschlechterungen, der harten Währungen und der Geldfälschungen.
Rechte werden veräußert, so etwa Stadtrechte aus Mitteleuropa in Richtung Osten. Es gereicht einer Stadt zum Ruhm und erst recht zu Macht und Reichtum, einer Neugründung ihr Recht verliehen zu haben. Magdeburg und Lübeck führen die Liste dieser Exporteure an. Das 1219 von König Friedrich II. an Nürnberg verliehene Stadtrecht beeinflußt zum Beispiel das von König Rudolf an Eger verliehene. Stolz beantwortet der Rat zu Nürnberg die ihm vom Rat von Eger vorgelegten Rechtsfragen.
Im Mittelmeer konkurrieren die Venezianer, Genueser, Pisaner und Amalfianer um den Transport mittels der niedrigeren Transportpreise, der besseren Häfen und eines Rechtes, das für den Wareneigentümer, den Spediteur, den Schiffseigner und den Adressaten günstiger als das des Konkurrenten sein soll. Amalfi unterliegt hier bald den Genuesern, die mit den Venezianern das Mittelalter hindurch um die Vorherrschaft ringen.
Je stärker sich das Kaufen und Verkaufen ausbreitet, umso bereitwilliger greifen die Geschäftsinhaber und Lohnabhängigen, die Gläubiger und Schuldner, die Richter und Anwälte nach dem ausdifferenzierten römi-

schen Recht. Je mehr die Menschen mit dem römischen Schuld- und Sachenrecht arbeiten, desto stärker ändert sich ihr Zusammenleben und Wertempfinden. Wieder findet eine Translatio statt!

Die Beweglichkeit und ihre Kontrolle

Es interessiert uns hier nicht der Aspekt der Öffnung, sondern die Bedeutung der Beweglichkeit für den einzelnen. Arbeiter wandern zu den Produktionsstätten, die Verkäufer, eigenartigerweise sagt man Kaufleute, ziehen zu ihren Verbrauchern. Eine breite Schicht ist im Mittelalter beständig unterwegs. Aus Zwang die einen: die vertriebenen Juden und Häretiker, die hungrigen Arbeiter und die Ostkolonisatoren, Kinder auf Beschäftigungssuche, Greise mit dem Bettelstab. Aus Abenteurerlust und um der Bildung willen machen andere sich auf.

Wanderung zur Produktionsstätte – Produkte auf Wanderschaft

Die Wanderung geht zur »Produktionsstätte«. Ein markantes Beispiel liefert der alljährliche Massenauflauf bei Skanör-Falsterbö. Die Heringsschwärme, welche an der Landzunge im Öresund von August bis Oktober Jahr für Jahr bis etwa 1425 vorbeischwimmen, ziehen eine große Menge von Menschen an. Den Fisch fangen, ausweiden, einsalzen, in Fässer verpacken und die Fastenspeise in das christliche Abendland zu versenden, versammelt für einige Monate bis zu 20000 Menschen. Eine Art Messe und Kirmes richtet sich während dieser Zeit ein. Aus den Lüneburger Salinen kommt das benötigte Salz via Lübeck. Das Herstellen der Netze und der Fässer, schließlich die Verpflegung und Unterhaltung der Arbeiterinnen und Arbeiter, der Transport der Heringe bis in die Dörfer machen ein Netz von Zulieferern und Dienstleistungen nötig. In der ersten Hälfte des 15. Jahrhunderts versiegt diese Erwerbsquelle, der Hering wird nun in der Nordsee gefangen. Die Landzunge verödet. Die Blütezeit zeigt, welche Organisationstalente vorhanden gewesen sein müssen und welcher Austausch an Nachrichten und Erfahrungen an solchen Orten stattgefunden haben muß.

Mit den Produkten geht man auf Wanderschaft. Kaufleute furchen mit ihren Karren die Wege auf, immer in Eile, in der Furcht, zu spät zu den Messen zu gelangen, etwa zu jenen, die abwechselnd in Troyes, Bar an der Aube und Lagny an der Marne abgehalten werden. Nürnberg wird bald als Tauschplatz und Gewerbestadt dazustoßen und wie ein Magnet die Kaufleute zwischen Ostsee und Mittelmeer anziehen. Treibende und Getriebene in einem!

Die holzverbrauchenden Industrien müssen verlagert werden, wenn die Wälder abgeholzt sind.

Die Künstler bleiben nicht in ihren Winkeln und Kammern hocken, so wenig wie die Studenten, die zu den Universitätsorten eilen oder zwischen ihnen hin und her wechseln, zwischen Paris, Erfurt, Bologna, Salamanca oder Köln. Byzanz lockt mit Freisemestern. Willig wird die Fremde in Kauf genommen und oft werden Universität und Universitätsstadt zur Heimat.

Die Badereise kommt auf: nach Baden, Ems, Wildbad, Pfäffers, Kall, Wiesbaden drängen sich zur Sommerzeit Frauen und Männer.

Es wandern die Reliquien, um Verehrung zu »produzieren«. Von Ost nach West, vor allem seitdem der Islam den Christen das Leben schwer macht, verlassen Kleriker, Kapitel und Mönchsgemeinschaften ihre Heimat und nehmen ihre Reliquien mit. Zahlreiche Reliquien werden somit aus dem östlichen Mittelmeerraum in das westliche Europa verbracht. Von dort finden Translationen der Reliquien in den mitteleuropäischen Raum statt. Eine weitere Mobilität der Reliquien beruht auf Schenkungen, Kauf oder gewaltsamer Wegnahme. Karl der Große läßt zur Gründung des Bistums die Gebeine zweier Märtyrer der Diokletianischen Verfolgung, Crispin und Crispinian, von Soissons nach Osnabrück überführen. Sind es wirklich zwei Märtyrer oder hat man geschwind aus einem zwei gemacht? Für die Menschen handelt es sich jedenfalls nicht um »Wildfremde« oder »längst Tote«, sondern um ein lebendiges Pfand für das Wirken Gottes. Perugia raubt der besiegten Stadt Bettona den Leib des heiligen Crispolto. Ein deutscher Mönch »entwendet fromm«, wie es in der Chronik Perugias heißt, den Verlobungsring der heiligen Jungfrau Maria, den Chiusi aufbewahrt hat, und hinterlegt ihn in Perugia, das ihn nicht mehr herausgeben wird. Diebstahl ist sühnbar, die Reliquie unbezahlbar.

Die Anziehungskraft der Orden ist groß, ebenso der Wechsel zwischen ihnen. Als die Zisterzienser entstehen, ziehen sie so viele Menschen an, daß ein zeitgenössischer Chronist schreibt: »Die Welt ist in Gefahr, zisterziensisch zu werden«. Der junge Franziskanerorden wiederum bietet sich zahlreichen Mönchen, die in schon lange bestehenden Orden und eingefahrener Ordnung leben, als interessante Möglichkeit an, ihr Leben geistlich zu vertiefen und zu radikalisieren. So treten etwa nicht wenige Zisterzienser im 13. und 14. Jahrhundert in den Franziskanerorden über. Einer von ihnen ist Berthold Schwarz, der »Erfinder« der Kanone und des Schießpulvers.

Die Wallfahrten vermitteln das Erlebnis der Ungesichertheit und der Armut, aber eben auch das der einen vereinigenden Kirche. Sie »produzieren« Erfahrungen der Barmherzigkeit und der Unbarmherzigkeit, der Hartherzigkeit und Gier. Wer heimkehrt, genießt hohes Ansehen. Die erlebte und genossene Nähe zum Heiligen gibt einen Vorrang und schafft einen Nimbus. Sicherlich nicht gern von den »Heil-Bringern«, den Geistlichen in der Heimat gesehen! Prozesse kommen von hierher in Gang, etwa Überlegungen über Vorränge im geistlichen Leben und Werkgerechtigkeit. Das Verlangen nach »Demokratisierung« der Heilszugänge entsteht. Christliches Leben ist für sein Gelingen nicht auf den Besuch bestimmter Stätten angewiesen. Die »Demokratisierung« der Heilswirkungen durch die Kirche läßt dieselben Gnadengaben auch am Arbeitsort, im heimischen Dorf und in der vertrauten Stadt erwerben. Und trotzdem: Eine unter Tausenden, Birgitta Birgersdotter, wandert von Südschweden 1341 nach San Jago di Compostella, 1349 mitten durch das Pestjahr nach Rom und 1372 in das Heilige Land. So errichtet Papst Bonifaz VIII. im Jahre 1300 das »Heilige Jahr« als Institution. Es zieht Tausende von Pilgern nach Rom. Von 1370 bis 1380 besuchen circa 60 000 Pilger das Jakobsheiligtum in Galizien. Nachdem 1394 das erste Schiff mit englischen Jakobspilgern in La Coruña gelandet ist, zählt man an einem einzigen Tag des Jahres 1456 in diesem Hafen 32 englische Schiffe, die ihre Pilger direkt von der britischen Insel herüberholen. Dadurch wird der Landweg von Bordeaux aus bis San Jago di Compostella umgangen. Ein einfacherer Weg zum Heiligtum ist gefunden. Zweckrational! 1512 – etwas außerhalb unseres Zeitrahmens – versammeln sich in Trier zur Ausstellung und Besichtigung des Heiligen Rockes innerhalb weniger Tage 60 000 bis 80 000 Pilger.

Die Kontrollen

Eine ehrgeizige Kirchen- und Landespolitik versucht, Pilger von weither anzulocken, die Bewohner des eigenen Landes aber möglichst im Lande zu halten. Dies fördert den lokalen Heiligenkult, vielleicht sogar die Heiligkeit.

Die intellektuelle Neugierde bricht im 12. und 13. Jahrhundert auf. Papst Honorius sieht sich 1225 gezwungen, den Klerikern das Studium des römischen Rechts und das Medizinstudium zu verbieten. Honorius ahnt den Schaden, den der Vormarsch der »nutzbaren« Wissenschaften auf Dauer anzurichten vermag.

In Anbetracht unsicherer Zeiten entwickelt sich das Geleite. Die Leistung von Sicherheit erfolgt gegen Geld. Dazu treten die Zölle, Nebenzölle und Abgaben, welche das Reisen und Wandern verteuern. Das alles muß beim Landesherrn beantragt und bezahlt werden. Somit ist auch die Kontrolle der »Bewegungen« möglich, Wegstrecke und Zeit sind vorgeschrieben. Viele stille Nebenstraßen werden nun nicht mehr benutzt. Das Abgabenwesen verlangt Konzentration.

An Gastfreundschaft mangelt es nicht, doch sinkt die Bereitschaft, Fremde aufzunehmen, mit der Verbreitung der Seuchen. Herbergen entstehen. Kurze Zeit später führen die Herrschenden den Herbergszwang ein.

Gastfreundschaft gegenüber Fremden zu üben, wird hier und dort unter Strafe gestellt.

Das Bemühen um Bildung

Die Menschen formen sich mittels der häuslichen und dörflichen Erziehung, inmitten der Beziehungen des Alltags, doch zunehmend errichten die politischen Gemeinwesen und die Kirche eigene Institutionen mit einem besonderem Bildungsauftrag.

Die Entwicklung der Bildungsinstitutionen

Auf dem Gebiet des römischen Gallien pflegen bis in das sechste Jahrhundert zahlreiche Klosterschulen die Künste und transportieren das Wissen weiter. Der Klerus ist gebildet. Mit der zunehmenden Schwäche der merowingischen Herrschaft zerfällt das Bildungssystem. Die Machtergreifung durch Pippin 753 und erst recht das Engagement Karls des Großen läßt die Bildungsarbeit wieder aufleben und verleiht ihr starke und weitreichende Impulse. Dies ist wiederum möglich, weil in den Randzonen Europas, wie Irland und dem angelsächsischen Raum, Schulen bestehen blieben, und die wissenschaftlichen Erkenntnisse der Antike oder auch des Frühmittelalters nicht nur wiederholt, sondern kraftvoll weitergedacht wurden. Auch aus Italien kann Karl der Große frische Kräfte für den Aufbau des Bildungssystems holen. Für weite Bereiche Mittel- und Nordeuropas beginnt jetzt erst die Bildungsarbeit: So sind auch hier die Landstriche je nach ihrer Geschichte gesondert zu betrachten.
Byzantinische Bildung verkümmert im achten und neunten Jahrhundert unter dem Druck der Anti-Bilder-Bewegung, erholt sich aber in der zweiten Hälfte des neunten Jahrhunderts unter dem Patriarchen Photios, leidet aber im 12. und 13. Jahrhundert erneut unter einer bildungsfeindlichen Strömung. Ab 1261 setzt unter den Palaiologen eine »restauratio« byzantinischer Gelehrsamkeit ein.
Die Ausbildung wandert von der Klosterschule auf die Dom- und Palastschule. Oft entsteht aus der Zusammenlegung mehrerer Klosterschulen die Universität, an der wieder Mönche dozieren.

Die Lernmotivation

Da gibt es Fragen, die sich in jedem Menschenleben stellen und trotzdem nicht mit schnellen Antworten abgespeist werden können; eine solche Frage ist die nach dem Bösen, der Herkunft des Leides und nach dem gütigen Gott.

Das bereits vorhandene Wissen wird auf vielfache Weise herausgefordert, durch Kirchenmitglieder und andere, »von außen«, aus der Beobachtung des Lebens, der Lebensführung, der eigenen wie der fremder Personen, aus der Tatsache mehrerer verschiedener Religionen, Weltanschauungen, Lebensstile und Wertungen. Arabische, byzantinische, muselmanische und christlichhäretische Strömungen wecken Zweifel an Ausschließlichkeitsansprüchen, zwingen zur Verdeutlichung, Abgrenzung und zur Erweiterung des Lehrstoffes und der Glaubensaussagen.

Die Schriften der Antike konfrontieren die Menschen mit Haltungen, die einst für sinnvoll und gut erachtet worden sind.

Starke Neugierde, aber auch der Wunsch, belehrt zu werden, läßt die Menschen sich um die Kanzeln der Prediger versammeln. Berthold von Regensburg, Bernardin von Siena, Vinzenz Ferrer, Meister Gerhard Grote und viele andere scharen Massen von Menschen um sich. Thomas von Kempen schildert in seiner Lebensbeschreibung des Meister Gerhards: »Die Wirkung des Hörens des Wortes Gottes war so groß, daß kaum eine Kirche die zusammenströmende Menge fassen konnte. Denn viele ließen sogar ihre Mahlzeiten im Stich und gaben notwendige Arbeiten auf, um, von heiliger Neugierde getrieben, zu seiner Predigt zusammenzulaufen.«

Nicht alle Mönche oder jene, die sich auf das Priestertum vorbereiten, sind aber zum Studium motiviert. Notker (950–1022) klagt, ja, er klagt seine Schüler fast an: »Ein Spiel und eine unvergleichliche Lust sollte es für euch sein, beständig etwas Neues vom Unsichtbaren und Überirdischen zu hören, täglich etwas von den verschlossenen Geheimnissen des Gesetzes und der Propheten entweder zu lösen oder zur Beantwortung vorzulegen... Ich beschöre euch alle, verlegt euch mit Eifer auf das Studium der Wissenschaft, damit ihr es verdient, vor euren weltlichen Anverwandten zum Priestertum befördert zu werden und vor den Königen und der gesamten Versammlung des Volkes an den Altar Gottes zu treten, zu dessen Dienst ihr von der Wiege an von euren Eltern bestimmt worden seid. Es ziemt sich nicht für euch, die schmutzigen und beschwerlichen Arbeiten der Bauern zu verrichten, nachdem ihr die angenehme und süße Last Christi zu tragen übernommen habt. Es ist schändlich, an leibliche Nachkommenschaft zu denken, während ihr geistliche Väter und Stellvertreter Gottes werden könnt.« Notker rührt zwischen den Zeilen an die besondere Problematik dieser Auszubildenden. Sie sind fast ausnahmslos von ihren Eltern dem Kloster übergeben worden, ohne daß ihr eigener Willensentschluß diese Bestimmung hätte akzeptieren können. Es zeigt sich auch der »Dünkel«, die bewußte Erhebung des intellektuellen Arbeiters über den Landarbeiter. Geworben wird für das ehelose und keusche Leben, wohl mit wenig Aussicht in einer Welt, in welcher es Sicherheit und Rang verleiht, Nachkommenen zu haben.

Die Lehrinhalte

Das der Vermittlung für wert befundene Basiswissen ist in die Ordnung der bereits genannten artes liberales gebracht. Grammatik, Rhetorik, Dialektik, Arithmetik, Geometrie, Musik und Astronomie bilden diesen Kanon.
Was fehlt? Die Jurisprudenz? Ihre Anfangsgründe sind in der Rhetorik untergebracht. Die Menschen kennen noch ihr Recht, das mit ihnen geboren ist. Die technische Ausbildung? Sie gehört nicht zu den Künsten des »Freien«. Das Wissen eines Vitruv vermittelt sich vielleicht in dem Fach Geometrie. Sport findet nicht statt, die Übung der körperlichen Kräfte besorgen andere Gemeinschaften.
Welche Werke lesen die »Gebildeten«? Selbstverständlich widmen sie sich den Evangelien und Teilen des Alten Testaments, Ciceros »De inventione« und der ihm zugeschriebenen »Rhetorica ad Herennium«. »Man« studiert Quintilians »Institutio oratoria«. Höchst beliebt ist »De re militaria« des Vegetius.
Gesucht ist damals wie heute das handliche, handhabbare, leicht verwertbare Wissen, auf Zurückhaltung trifft der abstrakte, sich mühselig mit Meinungen auseinandersetzende Stoff.

Nachdenken und Glauben

Wir beschäftigen uns hier nur knapp mit dem Glauben, der »fides«, als Inhalt und als Tun; so verstanden ist Glauben »Annehmen dessen, was man nicht sieht« und »vertrauensvolles Sichüberantworten«. Ihm stellen wir die Tätigkeit der Vernunft gegenüber, als die Tätigkeit des fragenden, prüfenden, schlußfolgernden Vermögens, »ratio« geheißen. Auch wird im Mittelalter der Begriff »intellectus« verwendet, der von der Grundbedeutung her »Einsicht in einen Zusammenhang« meint.
Die offenbarten Schriften enthalten eine Fülle von Antworten für alle Lebenslagen, eine klare Richtung, und außerdem erkennen die Menschen des Mittelalters in ihnen Gottes Wort. So stellt sich die Frage, weshalb man sich noch auf die Vernunft stützen solle. Aber die Antwort auf diese Frage unterwirft sich vernünftiger Rechtfertigung. Wenn wir also dem vernünftigen Argumentieren gar nicht entrinnen können und wir andererseits auch nicht schweigen wollen, so bleibt das Problem, wie sich denn beide, Glauben und Selbstvergewisserung, zueinander verhalten, »fides« und »intellectus«, Gottes Wort und menschliches Wissen, Theologie und Philosophie. Das Ringen um die Antwort begleitet das christliche Denken durch das Mittelalter hindurch. Daß der Beantwortung dieser Frage Bedeutung für die Wertung der Freiheit des Menschen zukommt, leuchtet ein. Wer die Vernunft ab- und den Glauben aufwertet, begünstigt

damit die Stellung jener Institution, welche den Glauben vermittelt und Gehorsam verlangt, also der Kirche. Wer sich auf die Vernunft stützt, beginnt zu fragen, wie denn die politische Gemeinschaft funktionieren solle, wenn jeder nur »seine« Vernunft als Autorität anerkenne.

Die Pflicht zur Selbstvergewisserung

Dem Mittelalter fällt es nicht allzu schwer, die Notwendigkeit des Glaubensaktes einzusehen. Die soziale Ordnung baut sich aus Vertrauensverhältnissen auf, in denen man einem anderen Glauben schenkt und sich selbst so verhält, daß andere einem vertrauen können. In eine Welt der sozialen Bindungen, die aus der Treue leben, fügt sich das Treue- und Bundesverhältnis zu Gott als ein »normales« Verhältnis ein.

Über den Glaubensakt hinaus erfährt der Mensch, wie abhängig sein Leben von Inhalten ist, die er anderen glauben muß: Meldungen über Krieg und Frieden, Nachrichten über die eigene Herkunft und gemeinsame Ziele. Trotz aller Einfügung in Traditionen meldet sich aber auch die Lust an der Infragestellung des Übernommenen und an der Überprüfung des Geglaubten. Die Gespräche zwingen dazu, die bezogene Position auszuweisen.

Wo ist die Grenze zwischen Glaube und Vernunft zu ziehen? Sie ist das Ergebnis eines Nachdenkens über den Menschen, damit also bereits Ergebnis eines Tuns, dessen Berechtigung erst zu begründen ist. So erweist sich auch hier die Unverzichtbarkeit vernünftigen Vorgehens und Argumentierens.

Das mittelalterliche Denken geht davon aus, daß auf Gott zweifellos letztlich alles zurückzuführen ist, die Welt jedoch vielgestaltig ist und verschiedene aktiv-gestaltende Zwischenstufen kennt, die Ursachen der Dinge sind. Die Erfahrung der Eigenverantwortung dürfte maßgeblich zu dieser Erkenntnis beigetragen haben. Wer die relative Selbständigkeit der Schöpfung und des Menschen in ihr erkennt und anerkennt, findet einen Zugang zur Bedeutung menschlichen Handelns und Unterlassens und zur Erkenntnis der eigenen Verantwortung. Er anerkennt, daß Gott zwar für den freien Menschen, aber nicht für die freien Entscheidungen des Menschen die Verantwortung übernimmt.

Diese Erfahrung der Selbsttätigkeit und der Selbstverantwortung läßt Thomas von Aquin sagen, daß eine der Schöpfung angemessene Erklärung die Dinge nicht nur aus dem letzten, sondern auch aus dem nächsten Grund erklären muß.

Damit ist aber erst die Struktur und noch nicht ihr Grund genannt. Er besteht darin – und auch hier sind Vorerkenntnisse miteingebracht –, daß Gott als Gott nicht selbstzerstörerisch, sondern selbstbejahend, lebensbejahend und sich-selbst-liebend ist. Das Leben trägt nun die

Dynamik in sich, sich weiterzugeben, und die Liebe will sich verschenken. Deshalb verlangt die Selbstbejahung nach Wesen, welche diese Annahme bezeugen, das Leben sucht lebendige Wesen und die Selbstliebe führt zur Nächstenliebe. Wenn daher Gott das ihm mögliche Höchstmaß an Leben und Liebe verschenkt, so läßt er eine Schöpfung lebens- und liebesfähiger Wesen entstehen, die in Freiheit zu handeln imstande und dabei Gott mit ihm sowie sich selbst mitzulieben fähig sind. Somit ist die Schöpfung in relativer Selbständigkeit gleichsam eine »Notwendigkeit« der Liebe Gottes. Gebraucht der Mensch seine Freiheit und seine Vernunft, so ist dies kein Frevel gegen Gott, sondern der von Gott vorhergesehene und ersehnte Gebrauch seiner Schöpfung. Abhängigkeit – als Schöpfung – und Selbstand gehen gerade im Menschen eine gar nicht mehr aufkündbare Einheit ein. Ein »Gottes- und Weltdienst«, der nicht die Vernunft und die Freiheit des Menschen berücksichtigt und mit ihnen »wuchert«, mißachtet und verfälscht die Schöpfung.

Jetzt wird verständlich, was Thomas von Aquin vom Stellenwert des Autoritätsargumentes sagt, daß es nämlich das schwächste Argument ist, soweit es sich auf eine menschliche Autorität beruft, das stärkste allerdings, wenn es sich auf Gottes Offenbarung stützt. Der Mensch hat sich mit den Verstandeskräften seines Lebens und seiner Aufgaben zu vergewissern. Verständlicher ist jetzt auch, wenn Thomas sagt, daß der Glaube ein Zustimmen der Vernunft zu dem ist, was geglaubt wird.

Vor diesem Hintergrund kann man Angriffen begegnen, welche das Wissen als höchst gefährlich für das vertrauensvolle Sichüberantworten im Glauben einstufen; zersetze es doch die Haltung demütigen Entgegennehmens. Das Wissen suche *ihm* einsichtige Absicherungen und zerstöre alles, was ihm uneinsichtig ist. Diese Haltung, die nicht völlig die des Bernhard von Clairvaux ist, ihr aber doch nahe kommt, übersieht, daß wer glaubt, nicht deshalb schon demütig zu sein braucht, vielleicht nur faul und bequem ist. Wir erinnern uns, daß Augustinus den Häresien den Sinn zuerkannte, daß sie die Gläubigen im guten Sinne aufrütteln und in Frage zu stellen haben. Ja, es kann Glaubenshaltungen des Hochmuts geben.

Fides und Intellectus

«Verbinde Glauben und Vernunft« – stellt sich das Mittelalter als Aufgabe. Es ist der Mensch, der verbinden soll. Befindet er sich aber an ausreichend übergeordneter Stelle, um beide zu überblicken? Da die Verbindung eine Vernunftarbeit ist, kann der Vorrang der Vernunft schon mitgesagt sein. Wird der Glaube also nicht zu kurz kommen? Die Verbindung muß jedenfalls der wahren Grenze beider entsprechen.

Daß der Mensch nicht in zwei völlig getrennte Welten zerfällt, in einen vernünftigen Teil, Ergebnis eigener Anstrengung, und einen gläubigen Teil, leuchtet dem Menschen ein, der sich als ein einziger in seinem Suchen und Finden begreift und erkennt, daß die Wahrheit nur eine sein kann, wenn sie einen Anspruch an den Menschen erheben will. Zwei »Wahrheiten« paralysieren sich wechselseitig und stellen den Menschen über die »Wahrheit«, denn es fällt ihm ein Wahlrecht zu.

«Fides quaerens intellectum«, »Der Glaube sucht die Vernunft«, denn er bedarf ihrer um seiner eigenen Beständigkeit und Durchsichtigkeit willen. Glauben heißt ja annehmen, was ein anderer gesehen oder gehört hat. Dieser Glaube sucht sich gleichsam selbst davon zu überzeugen und beginnt nachzudenken. Sein Denken kann die innere Stimmigkeit von Glaubensaussagen und den widerspruchsfreien Zusammenhang aller Glaubenssaussagen aufzeigen, Gottesbeweise versuchen, über menschliche Vermögen und im besonderen über die Willensfreiheit Aussagen treffen. Die Vernunft hilft also dem Glauben. Sie läßt ihn erkennen, daß alle Nächsten- und Gottesliebe von seiten des Menschen Antwort auf Gottes Vorleistung ist. Will zudem der Mensch den Worten: »Liebe deinen Nächsten wie dich selbst« gerecht werden, so muß er die »Zeichen der Zeit« lesen, die historische Situation verstehen und geeignete Mittel suchen. Zur notwendigen Umsetzungsarbeit bedarf es also gleichfalls der vernünftigen Überlegung.

Aber der Glaube hilft auch der Vernunft: Er hilft zum leichteren Verständnis der rein natürlichen Wahrheiten. Die Arbeit mit der Vernunft liegt nicht vielen, und die wenigen irren sich auch. Die Erkenntnis Gottes gelingt nicht jedem Menschen mit Hilfe seiner Verstandesgaben. Hier nun kommt die göttliche Offenbarung zu Hilfe. Sie richtet sich an die vielen und gibt ihnen Klarheit in faßbaren Aussagen. Thomas bezeichnet die Vernunft als ausreichend zur guten Lebensführung, den Glauben will er als Unterstützung der Lebensführung herangezogen wissen. Der Glaube habe in den großen Lebensfragen kein Mehr an Antwort zu bieten, doch eröffne er zu den Antworten auf die Lebensfragen den leichteren Zugang.

Die Vernunft wiederum sucht den Glauben. Da der Mensch auf Gott als seinem Endzweck ausgerichtet ist, der die Begriffskraft der Vernunft übersteigt, ist es unumgänglich, dem Menschen für sein Heil gewisse Wahrheiten durch göttliche Offenbarung mitzuteilen.

Ist das, was zu glauben ist, zumindest als nicht widervernünftig ausgegeben, so bezieht eine extreme Position jener, der sagt: »Credo quia absurdum«, »ich glaube, weil es absurd ist«. Gerade, das was sich der Vernunft verweigert, ist Inhalt des Glaubens. Bonaventura und Thomas sowie viele andere Gelehrte ihrer Zeit lehnen diese These ab. Sicherlich, es gibt eine »Torheit« des Glaubens, welche der »Weisheit« der Welt nicht eingeht, es läßt sich auch von einer Torheit der Liebe sprechen, die unbegreiflich in ihrer Hingabe ist. Doch zeigen die Glaubensgeheimnisse von Schöpfung – siehe oben – und Erlösung eine eigene Rationalität, bei aller Unverrechenbarkeit der Liebe Gottes.

Theologie und Philosophie

Hören wir eine Antwort zu diesem Verhältnis zuerst aus der Perspektive Bonaventuras. Die Theologie gehe von der Offenbarung Gottes aus, ziehe ihre Schlüsse und gelange immer mehr in das Konkrete. Das Hinabsteigen der Theologie sei dem Schöpfungsprozeß selbst vergleichbar. Die Philosophie setze bei den Sinnen und dem Verstand an. Dringe das philosophische Denken zur letzten Ursache oder zum letzten Grund vor, so werde sie über Gott sprechen. Das Erkennen folge somit der Ordnung des geschaffenen Seins, beginne in der Schöpfung und gehe den Weg gleichsam zurück und damit hinauf zu Gott. Indem jedoch auch die Vernunft geschaffen sei, habe sie an dem göttlichen Licht und an Gottes Wahrheit teil. Theologie geschehe im Dienste des Glaubens, Philosophie im Dienste der Wahrheit. Weil nun aber der letzte Gegenstand der Philosophie Gott sei und nicht ein Gegenstand neben anderen, sondern einer, der zur Erklärung aller anderen Erkenntnisse beitrage, so werde die Philosophie sich der Theologie sinnvollerweise und für immer zuordnen, um von ihr das zu erfahren, was philosophischem Nachdenken verwehrt sei. Die Vernunft könne mit ihren Mitteln nicht zur Ahnung, geschweige denn zur Erkenntnis der Dreifaltigkeit des einen Gottes, zur Menschwerdung Gottes und zum rücksichtslosen Wirken gegen sich selbst eines sich trotzdem gleichbleibenden Gottes vordringen.
Ein Thomas von Aquin wird hier andere Akzente setzen als Bonaventura. Die Philosophie unterstellt sich zwar wie bei Bonaventura auch der Theologie, doch vermag die Philosophie ein ihr eigenes Feld zu finden und auf ihm mit ihren Mitteln zu forschen. Bei Thomas ist die Philosophie an sich selbst freigegeben und hat nicht die Theologie nötig. Für Bonaventura hat alles Erkennen nur einen Sinn, wenn es sich in eine deutliche Beziehung zu Gott stellt, immer jenen letzten Bezug thematisiert oder jedenfalls um ihn weiß. Bei Thomas treffen wir das Denken vom relativen Eigenwert der Schöpfung und der relativen Eigentätigkeit der Vernunft, Leben geschieht um seiner selbst willen.

Die Wege des philosophischen Denkens

Es können hier nur einige wenige Bemühungen philosophischen Nachdenkens verdeutlicht werden.
Entgegen einem Pauschalurteil, nach dem das Mittelalter antike Traditio-

nen abgebrochen habe, leben Richtungen der Antike weiter – gewiß in unterschiedlicher Intensität und in Einseitigkeiten, die zum Teil durch die Quellenlage verursacht sind. Auch ist das Mittelalter keineswegs die Zeit einer einheitlichen, gleichförmigen Denkart. Wenn man andere Jahrhunderte beiseite läßt, kann man allein für das 13. Jahrhundert zumindest von einer eher platonisch-neuplatonischen Richtung einerseits und einer eher aristotelischen sprechen. Sind Augustinus und Bonaventura vorwiegend der ersten Richtung zuzurechnen, so Albert der Große und Thomas von Aquin eher der zweiten. Eine geschichtlich-dialektische Denkweise setzt sich mit einer synthetisch-statischen auseinander. Jüdische und islamische Philosophie belebt in unterschiedlich starker Auseinandersetzung ebenfalls das mittelalterliche Denken.
Extreme Positionen werden bezogen, Vermittlungen versucht.
Nur auf einige charakteristische Antworten des 13. Jahrhunderts gehe ich ein. Der Schwerpunkt liegt auf der Darstellung einiger Antworten des Thomas von Aquin.

Skizze einer Anthropologie

Fragt man, worum es dem Menschen gehe, so wird die Antwort sein, es gehe dem Menschen um Wissen, um Glück und um Frieden. Er suche die Wahrheit, eine Lebenserfüllung und einen Zustand der Ordnung sowie des Maßes im Zusammenleben wie auch für sich selbst. Aus einer optimistischen Grundhaltung speist sich die Wahrheitssuche, denn der Mensch kann wahre Sätze aussprechen. Wer dies verneint, beansprucht selbst noch einmal Wahrheit. Der Mensch ist auf das Gute angelegt; alles Streben, selbst die lasterhafte Handlung, geschieht unter der Rücksicht eines vorgestellten Guten. Dem Menschen ist nicht die Ruhelosigkeit zutiefst zueigen, er sucht vielmehr ein Maß, die Ruhe und die »Voll-Endung«. Wer sich auf nichts festlegen will, setzt auf – Nichts und verliert sich. Damit ist es dem Menschen aufgegeben, sich auf drei Ebenen anzugleichen und Teilhabe zu üben: die Angleichung der Sätze und der Reden des Menschen an seine Gedanken – also untersagt er sich zu lügen; eine Angleichung der Lebensführung an die Normen des Rechten und Guten; eine Angleichung des Denkens an das, was ist, an die lebendige Wirklichkeit, die letztlich personale Züge trägt.
Darin ist eine Grunddynamik bemerkbar: Der Mensch darf nicht bei sich stehen bleiben, er ist aber auch nicht zu einem ziellosen Herumwandern verurteilt. Wer nur *sich* ernst nimmt, erklärt etwas Endliches zum letzten Maßstab. Wer aus sich herausgeht, der wird den Maßstab, den Gott anlegt und der Gott selber ist, entdecken, an ihm wachsen und seine wahre Gestalt und innere Einheit finden.
Deshalb sind auch weder Philosophie noch Theologie Selbstzweck, sie

sind Durchgangsstufen und Vermittlungen. Den Ordo kennzeichnen das Beginnen, das Fortschreiten und der Versuch anzukommen.

Grundzüge einer Erkenntnislehre

Zwei Erkenntnisweisen stehen dem Menschen zur »Verfügung«: das Erkennen »per connaturalitatem«, durch Angleichung des Erkennenden an das oder den zu Erkennenden, so wie freundschaftlich verbundene Menschen um sich aus dem Gleichklang »der Herzen« wissen. Eine gewisse Unmittelbarkeit zeichnet dieses Erkennen aus, bedarf es ja noch nicht einmal der Vermittlung der Sprache.
Die zweite Erkenntnisweise geschieht »per cognitionem«. Das abstraktiv, begriffliche Erkennen vollzieht sich über die geistige Tätigkeit der Begriffsbildung und Schlußfolgerung. Erkennen ist »erarbeitete« Erkenntnis, die sich der Sinne bedient. Sie scheidet durch ihre eigene Anstrengung mittels eines Abstraktionsvorgangs und entdeckt in einem durchaus mühseligen Prozeß das Wesentliche und Unwesentliche des Erkannten. Einer göttlichen Erleuchtung oder der unmittelbaren Mitarbeit Gottes am Erkenntnisvorgang bedarf es nicht. Der Mensch ist für sein Leben ausreichend ausgerüstet. Er hängt von Gott ab und Gott wirkt in ihm, aber Gott hat den Menschen freigegeben, hat ihn sich selbst überantwortet und mit den notwendigen Fähigkeiten ausgerüstet.
Das Erkennen geht auf das, was ist. Es durchdringt Meinungen, weiß um den Irrtum und vermag trotz aller Schwierigkeiten sprachlichen Ausdrucks und menschlicher Verständigung, in allem Wissen um die perspektivische Annäherung und angesichts der Gewaltigkeit des zu Erkennenden, doch zu sagen: »Dies ist wahr!« Der Hunger des Erkennens bleibt und kennt doch trotzdem gewisse »Sättigungen«. Sie erreicht der Erkennende bezüglich der Gotteserkenntnis im Dreischritt der positiven, der negativen und der übersteigenden Aussage. Unangemessen redet, wer Wissen als Besitzergreifen von der Wahrheit versteht, angemessener spricht, wer sein Nichtwissen bekennt. Wer vor sich selbst zugibt, daß er nichts über Gott weiß, nähert sich ihm.
Die Wirklichkeit ist aus einsichtigen Strukturen aufgebaut. In der Erkenntnis fügt sich das Bild einer stimmigen Schöpfung zusammen.

Das Substanz-Akzidens-Denken, die Ursachenlehre und das Akt-Potenz-Schema

Mit der Verbreitung der aristotelischen Philosophie bedienen sich die Philosophen der Grundschemata des Aristoteles. Wird dabei immer beachtet, daß es sich bei diesen Schemata um menschliche »Erfindungen« handelt, die allein deswegen schon Erkenntnis auch begrenzen? Der endliche Mensch verfügt nicht über nichtendliche Erkenntnismittel. Wird dieser begrenzte Werkzeugcharakter der Erkenntnismittel vergessen und werden diese Schemata ungeprüft angewendet, so versperrt man sich einen Zugang zur Wirklichkeit. Dieser erfährt noch eine zusätzliche Verengung, wenn die Brüche oder das Anliegen der aristotelischen Schriften verkannt werden. In besonderer Weise sind diese denkerischen Hilfsmittel dadurch gefährdet, daß auch im Mittelalter die sinnliche Erfahrung bestimmender Ausgangspunkt ist und das, was man sieht und greifen kann, erst einmal als Modell für das Denken des »Allgemeinen« oder der »Substanz« dient. Auch gehen die mittelalterlichen Denker immer von dem Einzelnen aus, selbst jene, die den Ordogedanken zum maßgebenden Prinzip erheben. Dies zur Korrektur einer Ansicht, welche vorgibt, daß das Allgemeine der durchgängige Ausgangspunkt des mittelalterlichen Denkens gewesen sei.

Grenzen und Hilflosigkeit zeigen sich im Denken über Gott: Finden sich Potenz und Akt, Entwicklungsmöglichkeit und Verwirklichung in ihm? Wenn Gott als der Vollkommene aber keine Entwicklungsmöglichkeiten haben kann und immer schon ganz entfaltet ist, wie steht er dann zu seiner Schöpfung und ihrem Erhalt? Oder: Wie lassen sich die mitmenschlichen und sozialen Beziehungen denken? Sind sie akzidentell oder konstitutiv für den Menschen? Welchen Rang nimmt das Werden ein? Engführungen und Ausblendungen werden miteingehandelt.

Der Mensch läßt sich mit Hilfe des Substanz-Akzidens-Schemas einerseits als eine Einheit denken, die durch sich und in sich Bestand hat. Andererseits zeichnet er sich durch bestimmte »Akzidentien« aus und befindet sich immer in einem Koordinatensystem von Zeit, Raum und Beziehungen. Die Substanz-Akzidens-Lehre hilft hier zu unterscheiden und zu sichten, was »wesentlich« und was »unwesentlich«, was bleibend und beständig, was austauschbar und veränderbar ist. Wie aber ist die »durch sich Bestand habende« Substanz als Schöpfung zu denken? Jeder Erkenntnisgewinn führt zu einer Fülle neuer Probleme.

Ein Wort zur Ursachenlehre. Aristoteles unterschied vier Verursachungen. Das Mittelalter bedient sich dieser Ursachenlehre. Am Beispiel eines Bildhauers an einer Kathedrale läßt sich dies verdeutlichen: Er bedarf eines Steines, eines Materials. Er muß eine Idee haben, gleichsam ein Vorbild. Von der Form her muß er sich bestimmen lassen und zur Formgebung fähig sein. Schließlich bedarf er eines Zieles, das ihn antreibt. So spricht das Mittelalter von den vier causae, nämlich der causa materialis, causa exemplaris, causa formalis und der causa finalis. Die Gefahr liegt nahe, »Materie« vorrangig im Sinne der sinnlich wahrnehmbaren Materie zu denken, was Aristoteles jedenfalls vermieden wissen wollte.

Von hierher kann man fragen, wie denn »der Mensch« zum konkret einzigartigen Menschen wird, wie also seine Individualisierung geschieht?

Ist da eine Form »Mensch«, aus der man dann, aber eben durch »was«, zum einzelnen Menschen gelangt? Ist die Materie das, wie man sagt, Individuierungsprinzip? Oder die Form? Oder beide zusammen? Das Mittelalter gibt verschiedene Antworten. Führt dieses Schema aber zu einer überzeugenden Antwort oder in eine Sackgasse? Zweifel sind erlaubt. Aber die begrenzte Leistungskraft menschlicher Schemata wird auch im Mittelalter oft übersehen.

Die Akt-und-Potenz-Lehre erlaubt es, den Zusammenhang eines Menschen zu denken, der er selber bleibt und sich doch auch wandelt. Unannehmbar ist für dieses Denken eine Aussage wie: »Der Mensch erschaffe sich selbst«, denn der Mensch ist vor allem eigenen Handeln eine Anlage, die zur Verwirklichung bestimmt ist. Auch wenn der Mensch noch nicht spricht, noch keine Interessen verfolgt und noch nicht aktiv Beziehungen knüpft, ist er doch der Potenz nach Mensch. Der Mensch verwirkliche sich, aber erschaffe sich nicht. Mit jedem Tun – dem Akt – überführt er jedoch aus einer Anlage etwas in die Wirklichkeit und eröffnet sich selbst neue Möglichkeiten.

Gott und seine Schöpfung

Wie weiß der Mensch um die Existenz Gottes? Für Thomas ist dem Menschen nur die Fähigkeit zur Erkenntnis der Existenz des einen Gottes angeboren. Bonaventura hingegen sieht die Erkenntnis selbst angeboren: Alles Wissenwollen und Wissen behauptet und bejaht das Ziel allen Wissens und die Wahrheit der Wahrheiten, nämlich Gott. Bonaventura leugnet selbstverständlich nicht den Abstand des Schöpfers von seinem Geschöpf, doch benötigt es nicht mit derselben Dringlichkeit wie bei Thomas von Aquin die Gottesbeweise. Für Thomas hingegen, der ja behauptet, daß Gottes Existenz dem Menschen nicht evident sei, sind die Gottesbeweise und damit die Untersuchung der Strukturen des Wirklichen von hoher Bedeutung. Die Gottesidee trägt der Mensch nicht in sich, er begegnet Gott gleichsam in den Gegenständen, und erst wenn der Mensch sich selbst vergegenständlicht und sich untersucht, findet er die Spuren Gottes in sich. Der Verstand ist für ihn »leer«, bei Bonaventura hingegen hinsichtlich der Existenz Gottes »erleuchtet«. Anders steht es um die Erkenntnis der Wesenheit Gottes. Hier ist Bonaventura zufolge dem Nachdenken ein Irrtum immer möglich, es sei denn, es richtet sich auf das Wort der Offenbarung aus.

Gott der Allmächtige ist überall und immer. Er kennt kein Außen und kein Innen, in dem er und das er nicht ist. Etwas schaffen heißt aber, etwas Neues außer sich hervorbringen. Wie ist deshalb Schöpfung Gottes zu denken? Da Gott nicht außerhalb seiner selbst wirkt, ist er in allen Dingen – je nach deren Fassungsvermögen. Sind diese deswegen Gott?

Eine Antwort ist: Gott selbst und sonst keiner bestimmt die Art und Weise seines Gegenwärtigseins und seiner Erkennbarkeit. Schöpfung läßt sich gemäß den Gedanken der mittelalterlichen jüdischen Kabbala als Verzicht Gottes auf bestimmte Weisen der Präsenz verstehen; Gott verberge sich und habe sich selbst von sich zurückgezogen.
Gott kann nicht alles, muß sich der Mensch des Mittelalters eingestehen, der alle seine Fragen an das Gottesverständnis heranträgt und seine Vorstellungen überprüft. Gott kann nicht eine Unvollkommenheit als solche wollen, er kann sich nicht selbst zerstören oder ablehnen, denn Gott ist Liebe und Leben.

Das Böse

Das Böse ist in der Schöpfung. Gefragt wird, warum denn der Mensch böse sei, wenn der allmächtige Gott ihn geschaffen habe. Kann Gott einen Fehler begehen? Gott ist aber doch allmächtig und sein Schaffen fehlerfrei. War es seine Absicht? Er ist gütig und will keinen Mangel zufügen. Gelang es einer fremden Macht, Gott in die Schöpfung zu pfuschen? Gott kommt jedoch keiner an Macht gleich. Liegt es an eventuell anzunehmenden Zwischenstufen, die das Schöpfungswerk langsam »verwässerten«? Die Antworten zu den ersten drei Fragen schließen die Verneinung der vierten mit ein. Gott erhält alles, so betont die christliche mittelalterliche Philosophie, und jeden überall mit seiner Kraft. In allen Geschöpfen wirken der unsterbliche, unendliche Gott und die Geschöpfe zusammen. Gott hat die Freiheitsanlage geschaffen. Er achtet seine Schöpfung, selbst wenn der freie Mensch, ausgehend von der Gottesgabe dieser Anlage, sich gegen die Schöpfung und gegen den Schöpfer entscheiden kann. Indem Gott die Freiheitsanlage schuf und schafft, bejaht er die freie Entscheidung so sehr, daß er mit dem zerstörenden Verhalten der Menschen rechnet, wenn er auch nie es billigt.
Das Böse ist Mangel. So sagt Dionysios Areopagita. Der Vorzug dieser Antwort ist, daß demnach das Böse nicht die Grundstrukturen der Welt, nicht des Menschen und seiner Natur, so auch nicht seines Leibes antastet. Ist aber damit der Erkenntnis der Dynamik des Bösen Rechnung getragen, ist nicht vielmehr bloß von dem Resultat die Rede?

Anfragen und Anregungen aus der Islamischen Philosophie

Avicenna (980–1037) versucht Plotin und Aristoteles zu verbinden. Er nimmt eine einzige geistige, aktive Substanz an, die er wohl auch mit der Gottheit gleichsetzt. Den Menschen komme eine von dieser Geistigkeit abgeleitete Geistigkeit zu. Diese suche, sich Gott anzunähern.

Wie steht es dann mit der Belohnung des je einzelnen Menschen, wie mit seiner Verantwortung? Wieviel ist der Weltseele zuzurechnen, wieviel dem einzelnen? Die Attacken Bonaventuras oder Thomas' gegen diese Position speisen sich aus dem Engagement für den Einzelnen und für seine Verantwortung und wehren sich gegen die Entmündigung.
Averroes (1126–1198) vertritt die Lehre, daß die Welt ewig wie Gott sei. Ein festes Gesetz bestimme sie, so daß Gott nicht mehr eingreifen müsse und brauche. Die Seele sei nur eine einzige und bestehe aus drei Teilen, dem möglichen, tätigen und erworbenen Verstand. Während die zwei ersten Teile ewig seien, sei der erworbene Intellekt vergänglich und löse sich mit dem Körper auf. Somit gebe es nur einen einzigen tätigen Verstand, aber eine endliche Zahl erworbener Intellekte. Offensichtlich ist Averroes von der Tatsache, daß sich sehr unterschiedliche Menschen verstehen und eine einheitliche Basis des Gedankenaustausches finden können, sehr beeindruckt worden.
Auch gegen ihn werden christliche Denker ein Bild des Menschen vortragen, dem Handlungen zuzurechnen sind und der für sie Verantwortung trägt. Vorbehalte der Kirche gegenüber der »Juristischen Person« und »übermenschlichen Einheiten« haben in der Abwehr averroistischer Einflüsse ihren Grund.
Der islamische Denker Ibn Jaldun (1332–1406) gilt als Begründer der Geschichtsphilosophie. Die Gemeinschaftsfähigkeit des Menschen ist nach Ibn Jaldun nicht natürlicher Herkunft, sondern Produkt leidvoller Erfahrungen.
Damit fordert er die Sozialphilosophie des Mittelalters zum Widerspruch heraus, insoweit sie von dem Menschen als »animal politicum et sociale« ausgeht.

Weiterentwicklungen

Einerseits beherrscht das Ordnen, Katalogisieren und immer subtilere Unterscheiden das philosophische Denken. Zum anderen wendet es sich noch stärker dem Einzelnen zu.
Die Frage der Vielheit und der Einheit tritt im Laufe der mittelalterlichen Denkgeschichte nach vorne.
Duns Scotus (1270–1308) gibt folgende Antwort: Aus Gottes *einer* Idee tritt Schöpfung ins Leben und entfaltet sich in die Vielheit und Vielfalt. Der erkennende Mensch beginnt immer mit den Einzeldingen, »bearbeitet« sie durch sein abstrahierendes Denken und erkennt die Gemeinsamkeiten in der Vielheit – legt das Allgemeine also nicht in diese hinein – und zerlegt das Erkannte, so daß er begrifflich Gattung, Art, artbildenden Unterschied in seinem Denken unterscheiden kann. Es »gibt« demnach ein Allgemeines *vor* dem Auseinandertreten in die Vielheit und Vielfalt

und es findet sich durch menschliche Tätigkeit im menschlichen Geist. Dies ist die umfassende und zur Versöhnung der Parteien gedachte Antwort des Duns Scotus auf das Universalienproblem seiner Zeit.
Duns Scotus' Denken kreist auch darum, wie der einzelne gedacht werden kann. Sein Vorschlag lautet, den Menschen als Einheit und Einzigkeit *sowie* aus mehreren Schichten »zusammengesetzt« zu denken: Er ist aus dem Einwirken der Form auf die Materie zu einem »animal«, zum »homo« geworden und erwirbt seine nur ihm eigene »Diesheit«. Über jeden Menschen läßt sich sagen: Er ist ein Lebewesen, er ist ein Mensch, er ist unverwechselbar der X oder Y. Je individueller die Ausprägung ist, desto vollkommener darf der Zustand genannt werden.
Wilhelm von Ockhams (1290/1300–1350) Kampf gegen die Annahme von Universalien führt zur radikalen Gegenüberstellung von einzelnem Ich und Gott. Zwischeninstanzen werden eliminiert. Die Nähe des Ockhamschen Denkens zu dem der Mystik ist erkennbar. Es hat auch eine politische Dimension: Wenn »Kirche« nur ein Wort ist, dem keine Wirklichkeit entspricht, so sind »Kirche« alle einzelnen Glaubenden. »Kirche« hat keine Wirklichkeit unabhängig vom Glauben der vielen Menschen.
Allen Philosophien liegen Entscheidungen zugrunde. Sie wachsen aus der Not heraus, die Fragen der Zeit aufzunehmen und Antworten zu versuchen. Ein Problem, das sich nicht nur im Universalienstreit Gehör verschafft, sondern auch in der Auseinandersetzung mit Averroes, betrifft die Selbständigkeit und Verantwortung des Menschen: Ist er Anhängsel eines Allgemeinen, das ihm die Verantwortung abnimmt, oder ist er so einzeln, daß er im Grunde nicht vergleichbar ist und nicht als Mensch und als »meinesgleichen« identifiziert werden kann? Ein anderes Problem wird die gleichfalls die folgende Zeit weiterbeschäftigen: Vertragen sich die Bindung des Menschen an Gott und die menschliche Selbständigkeit?

Die Theologie: Eine Geschichte der Fragen und der Festlegungen

In den Kapiteln zur Jenseitsausrichtung, zur »Natur« und dem sozialen Ordo begegneten wir auch dem theologischen Denken des Mittelalters. Die Liturgie, die Ehe- und Sündenauffassung, das Streben nach der Freiheit der Kirche, das Priester- und Ordensleben kamen bereits zur Sprache. Die Volksfrömmigkeit verursachte Anstöße, die Auseinandersetzung mit den »Griechen« gleichfalls. Diskussionsanliegen des theologischen Denkens im 14. und 15. Jahrhunderts sind die Existenz des Fegefeuers, die Epiklese, die Verwendung der ungesäuerten Brotes als Hostie.

Die Auslegung der Heiligen Schrift

Die Lektüre der Schrift betritt mehrere Ebenen: *Wörtlich* als Geschehen, soweit geschichtliche Bücher zugrundegelegt sind; *symbolisch* als Hinweise auf eine andere Ebene; *moralisch* als Orientierungs- und Antriebshilfe; und als Anleitung, um zu Gott, dem Vater, heimzufinden im *anagogischen* Schriftsinn.

Im Verhältnis des Alten zum Neuen Testament werden bestimmte sehr weitreichende Positionen erkennbar. Wer das Alte Testament hochschätzt und als Hinführung auf das Neue nimmt, hat in aller Regel einen Sinn für die Bedeutung menschlicher Schwächen und Verfestigungen, er erdet die Kirche und öffnet sie Einflüssen. Wer hingegen das Neue Testament vom Alten abtrennt und vorzieht, der nähert sich einer radikalen Sicht der Kirche, gibt sie als reine und geistgeleitete aus, die folglich nur aus radikal Entschiedenen bestehe, die in Gleichheit zu leben haben.

Das Gottesbild

Im Laufe des Mittelalters wird die Freiheit des freien Gottes so sehr betont, daß er zu einem Willkürgott stilisiert wird. Das Spätmittelalter gibt dieses Gottesbild an die Neuzeit weiter und erzeugt damit Furcht und Abneigung gegen Gott. Eigensinnig die Freiheit – zur größeren Ehre Gottes, wie sie meinen – überbetonend, vergessen Theologen, daß Gott ein Gott der Verläßlichkeit, der Bundestreue und der Liebe ist.

Die Christusorientierung

Genügte einst das bloße Kreuz, so sehnen sich die Menschen im Laufe des Mittelalters immer mehr danach, in ihrer Nähe oder vor Augen das Kreuz mit dem ganzen Corpus zu haben. Die Menschlichkeit Christi interessiert, das Majestätische nicht im gleichem Maße.

Auch die Vorstellung vom Auftrag Jesu Christi unterliegt Wandlungen. Für Joachim von Fiore, ich erwähnte es bereits, ist Christi Zeit ab dem Moment überholt, an dem die Zeit des Heiligen Geistes anbricht. Für andere ist Christi Auftrag noch gar nicht angenommen worden.

Menschliches Leben und Heilsgeschichte

Zwei Extrempositionen geben dem Suchen Orientierung. Die eine wertet Schöpfung und menschliches Leben ab; es sei zu verachten, das Leben in der Welt lenke vom Heil ab. Die andere Position erkennt den menschlichen Fähigkeiten und dem irdischen Leben eine hohe Kraft zu und tut sich schwer, die Bedeutung des Heils, als einer zusätzlichen Gabe, aufzuweisen.

Thomas bemüht sich zu zeigen, daß die Gnade die Natur voraussetzt und in ihr auf ein vorbereitetes Feld trifft, daß die Natur einer Vollendung und Hilfe bedarf, die sie sich selbst nicht geben kann und die gleichsam alle Erwartungen übertrifft. Der Mensch muß sich nicht vernichten, um die Gnade entgegennehmen zu können, auch ist er nie dazu fähig, die Grundstruktur der Schöpfung als »gutes Werk« zu beseitigen. Selbsterlösung ist unmöglich, Selbstliebe unerläßlich. Gott bejaht und liebt sich, und er erlöst. Nur *der* Mensch wird in Gottes Spuren treten, der sich bejaht, sich liebt und andere miterlöst. Den Menschen ist es unabdingbar aufgetragen, die Vorbedingung zu schaffen und sich wie den anderen das Leben liebenswert zu machen.

Die Erlösung

Wird einmal bejaht, daß der Mensch in solche Verstrickungen und Belastungen durch eigenes Tun geriet, daß er einer Erlösung bedarf, dann ist die Frage, wie solche geschehen kann. Das Mittelalter denkt Erlösung vom Datum des Todes Jesu Christi aus. Irgendein Mensch, der ja selbst als Mensch verstrickt ist, wird niemanden erlösen können; außerdem würde ihm diese Erlöserrolle eine Stellung zuweisen, die er nicht verkraften könnte. Andererseits aber ist es für das Mittelalter wie für die Patristik überzeugend, daß nur das erlöst werden kann, was angenommen ist. Es klingt paradox, aber es besagt, daß wer aus den Banden der Sünde lösen will, diese Sünde zuvor als die *seine* bejahen muß. Insofern muß der Erlösende ein Mensch sein. Somit kann nur der Mensch-Gott erlösen. Dies gibt auch eine Antwort auf die im Mittelalter immer wieder gestellte Frage, welches denn der Beitrag der Menschheit Jesu Christi für die Erlösung sei.

Die Kirche

Angesichts einer zum Christentum bekehrten Gesellschaft stellt sich die Frage nach der Kirche: Ist sie identisch mit dieser Gesellschaft, wenn nicht, wie und wodurch unterscheidet sie sich? Wenn nicht, wie nimmt dann die Kirche die ihr aufgetragene Fleisch- und Kulturwerdung wahr, wie und wo inkarniert sie sich? Ist die »wahre« Kirche die der Heiligen im Himmel und die Kirche auf Erden nur ihr Schatten? Oder ist im Gegenteil die Kirche nur und ausschließlich die irdische Gemeinschaft?

Dieses Ringen bestimmt auch ein humaner Zug, denn das Kirchenverständnis soll so sein, daß es niemanden vom Zugang zum Heil ausschließt. Andererseits darf die Radikalität der Botschaft Christi nicht verraten werden.

Innerhalb der Kirche findet die Auseinandersetzung zwischen einer extremen Hierarchisierung einerseits und den Versuchen einer »Kirche des allgemeinen Priestertums« statt. Verkörpert der Klerus vorzugsweise oder exklusiv die Kirche? Gehören die Laien also nur vermittelt, nämlich über den Klerus, der Kirche an? Die politischen Folgerungen der möglichen Antworten liegen auf der Hand. Beziehen die Bischöfe vom Papst ihre Rechte und erhalten von ihm die Beschreibung ihres Auftrags, oder sind sie die Träger der kirchlichen Struktur, so daß dem Papst nur zukommt, was er ausdrücklich für sich – bisher? – beansprucht hat? Dürfen nicht auch die Laien aus dem Kelch trinken, oder ist das Trinken nur dem Priester vorbehalten? Müssen nicht auch sie eine Mitbestimmmng auf dem Konzil erhalten?

Die Sakramente

Die Siebenzahl der Sakramente orientiert sich für Thomas von Aquin nicht an den sieben Lastern, sondern an den sieben menschlichen Entwicklungs- und Entscheidungssituationen. Sie sind damit nicht vorrangig gegen die Sünde gerichtet, sondern unterstützen das menschliche Reifen hin auf Gott.

Die Schwierigkeiten mit der Eucharistie entstehen zuerst einmal durch den intellektuellen Wissensdrang, aber auch aus der Not heraus, das Geschehen, an dem man Tag für Tag teilnimmt, einem Verständnis zuzuführen. Fides quaerens intellectum – hier zeigt sich nun der Intellekt: Wie »leibhaftig« und wie »materiell« darf die Gegenwart Christi aufgefaßt werden, wie anders ist sie als ein »bloßes Zeichen«? Bernhard von Clairvaux beruhigt einmal einen zweifelnden Mönch mit dem Zuspruch: »Nimm den Leib des Herrn, – auf den Glauben der Kirche hin!«

Zu weiteren Wissenschaften

Das gezielte, systematische Befragen der Natur ist dem Mittelalter insgesamt fremd. Wenige einzelne Menschen fragen gezielter nach Ursachen. Albertus Magnus (um 1193–1280) ist einer von ihnen. Er interessiert sich für Bergwerke, Gase und die Entstehung von Marmor. Er fordert die eigene Bobachtung und betont die Wichtigkeit des Experiments.

Ansonsten wird die Forschung daran gemessen, was sie an direkt nachweisbarem Nutzen bringt, und ob sie für das Heil des Menschen förderlich ist. Aus direkter Notwendigkeit entstehen im Mittelmeerraum und bald schon an der atlantischen Küste die Portolane, Seekarten, welche die Küstenumrisse, die Häfen, Vorgebirge und die Namen der Küstenorte enthielten. Gezeichnete Netze und Linienbündel zwischen Küstenorten oder markanten Landpunkten und den Inseln sollen der Seefahrt helfen.

Aber das allgemeine Desinteresse an den Wissenschaften der Natur ist oft religiös motiviert. Kosmas Indikopleustes, ein byzantinischer Geograph (um 550 n. Chr.) artikuliert es so: »Was nützt uns jegliche Erkenntnis von der Erde, wenn wir dadurch in unserem Glauben nicht weiterkommen.«

Eine Vielzahl von Gründen führt zur Entstehung des neuen Naturbezugs der Neuzeit: Die Freigabe des Menschen an seine Kräfte, seine Stellung gegenüber aller anderen Schöpfung gemäß dem Schöpfungsbericht, die immer stärkere Konzentration des Menschen auf sein »Ich«, die mit der Zunahme der Bearbeitung der Natur einhergehende Erfahrung ihrer Beherrschbarkeit und ihre Herabstufung zum »Gegenstand« und der Vertrauensverlust der Kirche. Diese Aufzählung kann nicht erschöpfend sein.

C. VERSUCH EINER GESAMTBEURTEILUNG

Wir skizzierten die Urteile über das Mittelalter (A) und unternahmen eine Rekonstruktion dieser 1000jährigen Kultur und Politik unter dem Gesichtspunkt der vier Achsen (B), der Jenseitsausrichtung, der Naturbearbeitung, der sozialen Gestaltung und der Ich-Findung.
Zuerst will ich nun einige Charakteristika des Mittelalters herausarbeiten, sodann auf die Leistungen, die Fehlentwicklungen, und die negativen Seiten dieses Zeitalters eingehen. Zuletzt frage ich nach Anknüpfungspunkten für uns heute.

1. Zum Selbstverständnis des Mittelalters

Schwierig ist es, das Selbstverständnis der Menschen zu erheben. Ihre Lebenswelt fand nur zum Teil in Quellen Eingang, und von ihnen ist wiederum nur ein Teil erhalten, von dem wiederum nur ein Bruchteil angemessen auszulegen ist. So beruht die heutige Rede vom »Mittelalter« auf mehrfacher Abstraktion. Schließlich muß, wer über das Mittelalter schreibt, eine Zusammenfassung vornehmen und eine unverzichtbare und deswegen zu verantwortende subjektive Auswahl treffen.
Auch will ich bemerken, daß zu einem jeden Charakterzug sich ein fast diametral entgegengesetzter Zug den Quellen entnehmen läßt. Oft bringt die Vielschichtigkeit dieser Zeit den, der auf Eindeutigkeit aus ist, zum Verzweifeln. Und doch ist gerade diese Vielfalt noch einmal ein Wesenszug. Die Neuzeit nämlich vereinheitlicht und formt die Gesellschaften nach wenigen Mustern durch.
Ein Überblick ergibt meines Erachtens nun aber folgende Ergebnisse:
Der einzelne Mensch schwankt zwischen Geburt und Tod, erlebt sein tägliches Ringen, Scheitern und Gelingen, erfährt sich als tugendhaft, Lastern hingegeben und oft verblendet: »Der Galgenweg geht auch durch lustige Auen.«
Aus heutiger und übermittelter früherer Erfahrung läßt sich behaupten, daß auch damals die meisten mitmachen, sich einordnen, sich zum eigenen Urteil nicht aufschwingen können und fremde Ansichten bereitwillig übernehmen. »Ich muß mich krümmen, will ich durch die Welt kommen,« sagt ein mittelalterliches niederländisches Sprichwort. Es gibt

Außenseiter, immer auch Kritiker, und doch sind Helden auch damals dünn gesät. Treue und Verrat, Großzügigkeit und kleinlicher Streit begleiten alle Unternehmungen; daß sie sich die Waage halten, läßt sich aber nicht begründen. Die Sorge um das tägliche Überleben und nicht nur um das Brot saugt die meiste menschliche Kraft auf, und viele bringen mehr Interesse für die Hilfsmittel des Lebens als für es selbst auf. Das Mittelalter ist eine Welt der Menschen, die ackern, weben, Korn mahlen und Kranräder drehen, verkaufen und kaufen, Stadt- und Reichspolitik betreiben als auch auf Entdeckung gehen.

Ihre Lebenserwartung ist, verglichen mit heute, kurz; Unterernährung weicht langsam der gesünderen und zureichenden Verpflegung. In ihrer Mehrzahl wirken die Menschen unter harten Anforderungen, die sie sich zum Teil aber selbst etwa durch Streit und Krieg auferlegen. Das Mittelalter lebt eng mit dem Tod zusammen. Es weiß: Nur wer mit dem Tod bekannt ist, kennt das Leben. Der Tod ist häufiger Gast in den Familien, auf den Straßen und dem Wasser. Der Tod kommt in die Hütte, der Tod wartet draußen, er holt sich auf dem Feld, dem Schlachtfeld und während der Pilgerreise seine Opfer. Columban (545–615) schreibt: »Die Welt vergeht und nimmt täglich ab... Keiner wird am Leben bleiben, keiner ist immer lebendig geblieben.« Jede Zeit ist Zeit der Bedrohung: »Die Reise ist noch nicht zu end, wenn man Kirch und Turm erkennt.« Jederzeit ist aber auch Zeit der Besserung. Der Bußakt zu Beginn der heiligen Messe bietet das Geschenk der Verzeihung den Gläubigen an.

Von wenigen Randerscheinungen abgesehen, wo in der Überfeinerung die elementare Bedrohung vergessen wird, bewertet diese Zeit das Leben sehr hoch, gerade weil es so knapp bemessen zur Verfügung steht. Die Versuchung ist groß, nicht zimperlich zu sein, wenn das eigene Leben nur um den Preis des Todes eines anderen bewahrt werden kann. Der Wunsch nach einem leichteren, angenehmeren Leben steht vor Augen; Unsicherheit, Ohnmacht und Ergebenheit in die Abläufe verhindern oft, es zu erreichen.

Die nahen Strukturen sind auch damals bestimmender als die fernen. Der Glaube wiederum läßt Fernes nah werden und rückt Nahes in die Ferne. So verlassen Menschen von einer Stunde auf die andere Acker und Burg, um dem Kreuzzug zu folgen. Ebenso schließt einer seine Werkstatt und begibt sich auf Geißlerwallfahrt.

Institutionen gleichen sich an und verändern sich über längere Zeiträume beträchtlich und stehen immer in dem Konflikt, Grundsätzliches nicht zu verraten und doch Kompromißfähigkeit zu zeigen. Immer taucht die Forderung nach Rechtfertigung der Macht auf, manchmal lauter, manchmal versteckter.

Vor Gott – dienstbereit

Unser »Jenseits«-Kapitel zeigte die Ausrichtung auf Gott. Atheismus kommt vor, bleibt aber die seltene Ausnahme. Noch seltener begegnet seine öffentliche Bekundung. Von Gott her und mit ihm messen die Menschen Grund und Abgründe ihrer Zeit aus. Sie glauben, daß sie sich so weder vermessen noch daß sie falsch vermessen werden.

Das Leben wird nun in der Regel, so meine ich, nicht irgendwie ge- und verlebt, sondern »zur Verfügung gestellt«. Das Engagement für die anderen, für die Gemeinschaft und – dann erst – für sich selbst bestimmt das Leben. Die Gottesfriedensbewegung des 10. und 11. Jahrhunderts verlangt einen harten und gefährlichen Einsatz für die Gemeinschaft. Bünde von Rittern, Städtern und Bauern bilden sich, um unter Einsatz des eigenen Lebens gegen Friedensstörer Ordnung herzustellen, Vergehen zu ahnden, das Leben und die freie Bewegung und Entfaltung sicherer zu machen. Sicherlich mangelt es auch diesem Einsatz nicht an eigennützigen Motiven. In der gleichfalls motivationsschillernden Kreuzzugsbewegung erfüllen auch Großherzigkeit und Rücksichtslosigkeit gegenüber sich selbst die Herzen zahlreicher Ritter und Pilger. Der »Parzival« des Wolfram von Eschenbach bezeugt diese Ausrichtung, wenn Erlösung nur der mitleidenden Anteilnahme entspringt. Und wenn gegen Ausgang des 15. Jahrhunderts Dieric Bouts den »Christophorus« malt, der umhüllt von dem roten Mantel bedächtig das Kind durch die Flut trägt, das seinen Träger segnet, so ist dies ein Bild für jene Haltung des Mittelalters, das immer auf der Suche nach einem Einsatz ist und auf ein Engagement wartet, für das ein Mächtiger wirbt. Noch Christoph Kolumbus gibt sein Vorname das Programm auf, Christus in die zu entdeckende Welt zu tragen.

Wenn die Konstanzer Juden von dem frisch gekrönten Papst Martin V. sich anhören müssen: »Lernt das Gesetz verstehen, und der Allmächtige nehme die Binde von euren Augen weg, damit ihr das Licht des ewigen Lebens sehen könnt!«, so wird ihnen nicht so sehr zum Vorwurf gemacht, daß sie Juden sind, sondern daß sie es immer noch sind und sich noch nicht Jesus Christus zur Verfügung stellen. Der Ausgangspunkt ist unerheblich; es zählen Ausrichtung und Annäherung an das Ziel.

Deswegen ist im Mittelalter die Haltung des Abwartens, Überlegens und der Indifferenz eher rar. Ohne lange Abwägung wird oft rasch entschieden. Es ist vom Drang beherrscht, sich zu verpflichten und sich in Anspruch nehmen zu lassen, und es wird sich selbst gegenüber unwahr, wenn es sich am Ende der Dienstzeit und am Beginn der Herrschaft glaubt. Eine Zeit der Unfreiheit? Nein, denn »es ist gänzlich unnütz, erzwungenen Dienst Gottes leisten zu wollen«. Dienst und freies Tun sind unzertrennlich.

Ungleichzeitige Abläufe und ganzheitlicher Zusammenhang

Ein vorsichtiger Charakterisierungsversuch muß enthalten, daß das Mittelalter immer seltener die Einheit *mit* der Zeit und zunehmend *gegenüber* der Zeit lebt und sie bemißt. Uhren, wie Dürer sie 1514 in der »Melancholia« und in »Hieronymus im Gehäuse« darstellt, passen erst zu Bildern des ausklingenden Mittelalters. Abgesehen davon kennt das Mittelalter durchaus den sehnsüchtigen *Rückblick* auf eigene Vorfahren, Karl den Großen oder den Ordensgründer. Die *Gegenwart* begreift sich im Mittelalter gegenüber der Vergangenheit als »Fortschritt«, nicht erst die Zukunft wird ihn verkörpern! Leben wir doch, so sagen die Menschen, aus tiefer ansetzender Erkenntnis als das Altertum: Wir haben hier mehr als Platon und als Aristoteles! Der Stolz des Mittelalters schafft sich Gehör. Eine selbstbewußte Zeit!

Wie sah das Mittelalter sich selbst? Als eine Mitte oder als Ende? Wer sich im sechsten Zeitalter, im sechsten Tag weiß, der fügt in Gedanken keine andere Zeit mehr an, er erwartet das Ende. Alle Umbrüche verblassen zur Oberflächenerscheinung. Die Abneigung gegen Neuerungen wächst aus der Endzeiterwartung.

Zeitverschiebungen

Die Ungleichzeitigkeit und Zerklüftetheit der Lebensbedingungen ist ebenso ein Charakterzug wie die vom christlichen Glauben hergestellte Einheitlichkeit, die nie Einförmigkeit ist. Das mittelalterliche Leben spielt sich in Räumen ab, die gegeneinander »versetzt« sind: Während Flandern, Oberitalien, Südengland bereits mit Geldverkehr, einem Bankengewerbe, arbeitsteilig arbeitenden Manufakturen und eigenem Handelsstand ausgestattet sind, verzahnen sich andere Gesellschaften noch durch den Sachtausch. Gebiete preschen vor und vertiefen die Kluft zu den anderen. Auch dieser ungleiche Ablauf, der Vorlauf und der Nachlauf, werden erlebt. Es dämmern noch sich mit wenigen Werkzeugen abmühende bronzezeitliche Kulturen neben Gesellschaften des verfeinerten Burgunderstils einher. Dumpfes »Wir«- und »Man«-Bewußtsein artikuliert sich mühsam neben Christine de Pisans »Allein bin ich, allein will ich bleiben.«

Läßt die *eine* Kirche, wo sie sich ausbreitet, die Unterschiede umso deutlicher hervortreten oder dämmt sie sie ein? Hilft die Suche nach dem *einen* Ursprung gemeinsam die Einheit zu ersehen, ohne die verschiedenen Ausgangspunkte und Wege leugnen zu müssen?

Die Menschen verfügen noch nicht über so viele Ersatzstücke wie die Moderne und begegnen den zerstörenden und heilenden Kräften der Natur, dem Alter, dem Tod und dem anderen Menschen so, wie alle diese Kräfte ihnen begegnen, nämlich unmittelbar und schonungslos. Aber diese Einheit mit den Kräften – eine Art Aussetzung – nehmen wir wohl überhaupt erst aus unserer Perspektive wahr, vorher wird sie schlichtweg gelebt, nicht einmal bewußt erlitten.

Das Leben ist durchlässig, auf die Umwelt *und* auf den Zeitablauf. Es ist Vorwegnahme und Widerhall. Prophezeiungen vor dem Lebensbeginn werden sich in ihm erfüllen. Über dem Stall von Bethlehem bringt Rogier van der Weyden das Kreuz an. Josef wurde von seinen Brüdern in den Brunnen geworfen und aus ihm befreit, Christus – das Nachbild – steigt in die Vorhölle hinab, aus der er Adam an der Hand herausführt: Vorzeichen und Erfüllung stellt die Bronzetür der Kirche San Zeno in Verona in innerem Verbund dar. Man lebt die Gleichsetzung verschiedener Lebensszenen und gibt auf *einem* Bild Leben, Passion und Auferstehung Christi wieder. *Eine* Miniatur vereinigt die verschiedenen Ereignisse eines einzigen Vorgangs: Zwei der Heiligen Drei Könige weisen sich gegenseitig auf den Stern hin, während der erste König bereits vor dem Jesuskind kniet. Herodes gibt den Befehl zum Kindermord *und* ein Soldat durchbohrt bereits ein Kind. »Fides« und »fides« werden gleichgesetzt: Da »alles, was nicht aus dem Glauben ist, Sünde ist«, kann vom Nichteigentümer nur derjenige Eigentum erwerben, der während der gesamten Verjährungszeit gutgläubig ist.

Zusammenhänge werden konstruiert. So entsteht die Geschichte der dreißig Silberlinge, für die Jesus verraten wird; den Schicksalen eines jeden der drei Heiligen Könige wird nachgespürt – mit Erfolg, wie die Legenden bezeugen. Entferntes wird mit Bekanntem zusammengeknüpft. Mehmed, der Eroberer von Byzanz 1453, müsse, so wird gemunkelt, eine fränkische Prinzessin zur Mutter haben.

Vereinheitlichung ist angestrebt: So versteht Karl der Große sich als Schirmherr und Richter der Kirche, so gestaltet Kaiser Heinrich III. aus einer rex-sacerdos-Kombination die Politik, wogegen Papst Gregor VII. die sacerdos-rex-Formel in den Kampf führt. Ritter leben als Beter *und* Arbeiter, Mönche arbeiten. Ein vereinigendes Bewußtsein, scharfkantig gegen außenpolitische Gegner abgesetzt, bildet sich im byzantinischen Reich ab 1204, im Frankreich des Hundertjährigen Krieges ab 1338 heraus. »Geboren im Königreich«, wird zur auszeichnenden und Fremde ausschließenden Formel.

Je dichter die Menschen miteinander wohnen, desto stärker artikulierten sich der Wunsch und die Absicherung nach einer neuen Abgeschlossenheit, nach Einsamkeit und Stille. Zaghaft formt sich eine private Sphäre im Spätmittelalter, welche sich Außenstehende schafft und sie ausspart. Die Privatkapelle, die Privatandacht und das in sich zurückgezogene Haus entstehen. Ein erstes Verständnis für Öffentlichkeit stellt sich damit ein. Immer breitere Schichten eignen sich einen Lebensstil an, der seit langem im klösterlichen Leben als Wechselspiel von Einzelzelle und Gemeinschaftsraum, individuellem und gemeinschaftlichem Leben bereits pulsiert. Übt die Ordnung des Klosters vielleicht sogar eine Anziehungskraft aus? Kennt das Mittelalter eine Klostersehnsucht?

In Wiedererkennung und Gleichsetzung

Das Mittelalter ist eine Zeit der Abzeichen, der Anstecker und aufgenähten Merkmale. Die Heiligen tragen ihre Attribute, Orden sind an »ihren« Heiligen zu erkennnen, Kreuzfahrer am aufgenähten Kreuz, Juden wird eine Tracht auferlegt. Gleichbehandlungen werden so gefördert oder aufgezwungen.

Wiedererkennung in der Wiederherstellung

Wenn den Neuerern der Nachweis gelingt, daß es sich bei ihren Anliegen nicht um Neuerungen, sondern um Er-Neuerungen handelt, also um »Wiederherstellung« eines ehemaligen und zwischenzeitlich verlorenen Zustandes, dann ist die Aufnahmebereitschaft höher. »Restitutio« ist das Zauberwort, das aus der gegenwärtigen Lage herausführt und doch nicht irgendwohin, sondern »zurück«, in den guten Anfangszustand, in das gleichgewichtige und gerechte Anfangsstadium, etwa zur armen Urkirche, in eine Zeit ohne Stände oder in die Nähe des Gründers.

Gleichsetzung als Vergegenwärtigung

Soll ein Kloster gegründet werden, ziehen zwölf Mönche aus. Die Zeit liebt es, die Apostelschar zu vergegenwärtigen und sich wie diese gesandt zu glauben.

Franziskus sucht sich zwölf Gefährten, baut in der Weihnacht 1223 bei Grecchio eine Krippe vor den Augen der Gläubigen auf und sucht der Armut und der »Durchsichtigkeit« des Herrn nachzuleben. Verwundert es, wenn ihm, dessen tiefstes Anliegen es ist, das Christusgeschehen zu verdeutlichen, die fünf Wundmale Christi zuteil werden?

Innozenz III. ruft 1215 bei der Eröffnung des Vierten Laterankonzils seinen Mitbrüdern im bischöflichen Amte zu: »Herzlich habe ich danach verlangt, mit euch dieses Pascha zu essen.« Ein Wort Jesu aus dem Gesche-

hen des Letzten Abendmahls, ein Wort über sich und seine Sendung ruft Papst und die Konzilsteilnehmer in eine aussagekräftige Einheit.
Als unter Kaiser Ludwig dem Bayern ein Gegenpapst in Rom gekrönt wird, lautet der zentrale Spruch der Predigt: »Nun bin ich gewiß, daß der Herr seine Engel gesandt hat und mich aus der Hand des Herodes entrissen hat.« Petri Wort dient dem Papst zur Rechtfertigung dafür, ein echter Nachfolger auf dem Stuhle Petri zu sein und die Verfolgungen erleiden zu müssen, welche die Verfolger der Kirche Petrus zufügten.
Bei der Feier des Regierungsjubiläums des englischen Königs Eduard III. weist der Kanzler des Königreiches vollmundig auf den Nachfolger hin: »Des Königs Enkel und Erbe ist zum Vorsitzenden der Versammlung gesandt worden, wie Gott seinen eingeborenen Sohn in die Welt gesandt hat.«
Erinnert sei an die karolingische Lex, welche bestimmt, daß im Strafverfahren dem Juden eine Dornenkrone aufzusetzen sei. Aus demselben Geist baut man das Heilige Grab von Jerusalem in Eichstätt und anderswo nach.

Eine Zeit der Vergleiche

Einer der Züge des Mittelalters ist es, Gleichwertigkeiten festzustellen. Man denke an das Bußgeldwesen und die Kompensationsmöglichkeiten. Wer sich eidlich zu einer bestimmten Leistung verpflichtet hat, der darf statt dieser Leistung eine andere erbringen, statt beispielsweise zu wallfahrten, ist es ihm erlaubt, eine bestimmte Geldsumme zu entrichten. Ebensoviel wie ein Kreuzzug ins Morgenland der Heiden ist die Bekämpfung der Häretiker im Abendland wert.
Die Menschen, die zur Seligkeit gelangen, werden die Engel ersetzen, welche von Gott abgefallen sind. Dieser Gedanke aus dem »Gottesstaat« des Augustinus findet ein starkes Echo im mittelalterlichen Schrifttum.
Das Ordnungsdenken strebt sein Gleichgewicht unter je anderer Gestalt an und versucht so, Änderung mit Stabilität in Einklang zu bringen.

In Ordnungen lebend und im Schwebezustand

Selbst die Gegner gewisser Ordnungen unterwerfen sich Ordnungen, so die Katharer, so auch die Waldenser, wie ja auch die Nachfolger des Franz von Assisi die Reglementierung benötigen. Mit Franz taucht kometenartig und schnellverglühend eine einzigartige Verbindung völliger Dienstbereitschaft und Selbstbestimmung auf.

In verschiedenen Ordnungen lebend

Die Menschen leben trotz oder wegen ihrer Ganzheitlichkeit in verschiedenen Ordnungen und gehören selbst noch einmal verschiedenen Ordnungen an, dem Reichs-, Hof-, Land-, Stadt- und Dorfrecht, einer Pfarrgemeinde, einer Zunft und einer Bruderschaft, sie befinden sich im Kosmos des Dorfes, der Stadt, einer Burg, innerhalb der Ordnung eines geistlichen oder weltlichen Landesherrn und geborgen in der Ordnung der übergreifenden Kirche. Selbst jene werden von Ordnungen geschützt, die mit ihrem Leib Eigentum eines anderen und an die Scholle gebunden sind, und jene, welche die Gemeinwesen leiten, an der Spitze der Lehensordnung stehen und viele Ordnungen zu schützen haben.
Solche Lebensordnung bezieht ihre Rechtfertigung aus der Ordnung der Schöpfung selbst. Wer sein Leben in Ordnung hält und in Ordnungen einbringt, der fügt sich in den geordneten Kosmos ein. Die Pariser Bible Moralisée aus dem zweiten Viertel des 13. Jahrhunderts zeigt den thronenden Schöpfergott als Weltenmesser, der den Zirkel auf das Chaos ansetzt.
Ordnen heißt im Mittelalter *alles* ordnen. Die ungeheure Welt wird nicht verdrängt und aus dem Bewußtsein herausgenommen. Als Wasserspeier sind die Dämonen gleichsam in Dienst genommen, und manches Aquamanile trägt die Züge eines Ungeheuers.

Im Schwebezustand

Ein Zustand ist angezielt, der die Last aufhebt. Suchen regnum einerseits und sacerdotium andererseits nicht jene Balance, in der König und Papst nur das, was ihnen zukommt, tragen?
Ein Schwebezustand anderer Art kann sich in der Lehensstufung herausbilden, wenn in sie der oberste Lehensherr auf einer unteren Stufe als Vasall eines anderen Vasallen eintritt und dieser Vasall zum – wenn auch untergeordneten – Lehnsherr des obersten Lehnsherrn wird.
Zu verspüren ist diese schwebendleichte Ordnung in der Inschrift der Reichskrone »per me reges regnant« – »durch mich herrschen die Könige«. Es heißt nicht »pro me«, »für mich«, auch nicht »per reges regno«, »ich herrsche mittels der Könige«, nein, der Mensch tritt auf, handelt und ordnet, aber ganz genährt durch die Kraft Christi. Ohne Christus vermag der Mensch zwar nichts, und doch »regiert« er, der Mensch. Sind nicht göttliche Gnade und menschliche Mitwirkung beide unverzichtbar und unverrechenbar?
Warum ist Äsops Geschichte vom betrogenen Betrüger im Mittelalter so beliebt? Heben sich nicht Unrecht und Schaden auf? Die vielen Bilder mit Waage zeigen das jederzeit gefährdete Gleichgewicht an.

Und gilt die heimliche Vorliebe nicht jenem Zustand, der die Anstrengung des Aufstiegs an sich trägt, aber noch nicht zur vollen Höhe und Ausreifung seiner Möglichkeiten gelangt ist? Ist so nicht die Bewunderung für Barbarossa und die geheime Scheu vor seinem Sohn Heinrich VI. zu erklären?

Kritisch, neugierig, witzig

Distanzen werden hergestellt. Die Ordnung erlaubt und ermöglicht sie, die Ordnung verhindert aber auch den radikalen Bruch und das unüberbrückbare Mißverstehen. Selbst die Katharer teilen viele ihrer Gedanken in einer verständlichen Sprache mit.

Die Kritik

Gegenüber den kulturellen Kräften, besonders gegenüber der Kirche, wird Kritik geübt. Mißstände sind nicht zu leugnen. In der modernen Literatur ist aber zu wenig von den Bekehrungen, den Wiedergutmachungen oder den Sühneleistungen die Rede. Klöster werden gestiftet, Betrogene entschädigt, stille Wiederaufbauarbeit geleistet und öffentliche Buße getan. Der Mensch nahm die Kritik an.
Typologisch ist zu unterscheiden, wer Kritik übt. Eine Linie führt von oben nach unten, denn sehr viele Provinzsynoden und Konzilsbeschlüsse üben Kritik an kirchlichem Verhalten und versuchen Korrekturen. Mahnungen ergehen. Allzuleicht denken wir bei Kirchenkritik, daß sie von außerhalb der Kirche kommt. Doch kann es eine demütigendere Mahnung an die Adresse mancher Prälaten über ihre Gelage und ihre Nachlässigkeit beim Gottesdienst oder eine beschämendere Rüge wegen der Ausbeutung der Untergebenen geben, als sie das Vierte Laterankonzil ausgesprochen hat? Kritik ist weitgehend Kritik der Kirche gegenüber sich selbst!
In seinem »Laienspiegel« weist Jonas von Orléans auf die verantwortungsvolle Aufgabe der Taufpaten hin, besonders auf ihre geistliche Vaterschaft und klagt: »Freilich gibt es viele, die dieses heilbringende Amt nicht zum Heil des Täuflings ausüben, sondern vielmehr aus weltlicher Rücksicht.«
Von unten nach oben ist es interessant zu unterscheiden, ob Frauen oder Männer Kritik üben und welches ihre Themen sind. Zeichen des Protestes gegen eine bestimmte Kirchenpolitik sind bei Hildegard von Bingen (1098–1179) vernehmbar, als sie sich weigert, einen auf dem Klostergelände bestatteten Ritter, von dessen Exkommunikation sie erst nach dessen Tod erfuhr, ausgraben und anderswo verscharren zu lassen. Warnungen und eindringliche Umkehrrufe finden sich bei Mechthild von Magdeburg bis hin zu Katharina von Siena.

Kritik kommt auch von außerhalb der Kirche, von den Juden und den Muslims, aber auch von jenen Getauften, die sich nicht mehr in der Kirche fühlen.
Kritik geschieht im bitteren *Wort,* oft angelehnt an ein Prophetenwort des Alten Bundes, auf *Darstellungen* des Jüngsten Gerichts – in kirchlichen Räumen ausgestellt und aufgehängt! –, wenn neben Königen und weltlichen Adligen auch Päpste und Bischöfe, Leutpriester und Mönche in die Hölle geschickt werden. *Gegenmodelle* wiederum halten den Lebensformen den Spiegel vor.

Die Neugier und die Rätsel

In der mittelalterlichen Gesellschaft sind die Menschen gezwungen, sich auf kleinem Raume einzurichten. In ihrem Leben gibt es keine große Abwechslung. Ist nicht eine Ackerbaugesellschaft ohnehin neugierig, das heißt wißbegierig? Neugier wird anders in einer Gesellschaft einzuordnen sein, welche beständig sich mit Neuem auseinanderzusetzen hat und die abwechslungsreich lebt, wie eben eine handeltreibende und reisende Gesellschaft. Der Gleichklang in der mittelalterlichen Gesellschaft fördert zudem die Gier nach Abwechslung. Neue Bedürfnisse locken weitere an. Die Menschen begnügen sich damals so wenig wie heute mit dem, was die nahe Umgebung ihnen vor Augen führt und vernehmen läßt, was es zu betasten und zu schmecken gibt. Alle wollen weiter ausgreifen.
Die Welt des vertrauten Lebens ist vielen immer nur das halbe Leben. Fälle werden mit Begeisterung gesucht, die das Altgewohnte in Frage stellen und neue Aussichten eröffnen. Die Lust am Grenzfall macht dafür anfällig, sich an Monstren und Abnormitäten zu ergötzen.
Immer neue Formen drücken das neue Lebensgefühl aus und verhelfen ihm erst zum Durchbruch. Der spätantike und karolingische Baustil muß dem romanischen weichen. Bald antwortet der gotische Stil auf die Fragen der Zeit, doch auch dieser Stil wird sich wieder verändern.
Der Stabilität so vieler Lebensformen und -abläufe entspricht eventuell die radikale Infragestellung, sie erlaubt geradezu die hitzigen Auseinandersetzungen. Tradition gilt; weil sie gilt, gestaltet sich die Welt um.
Im Rätsel meldet sich die intellektuelle Neugierde. Alkuin (735–804) etwa fingiert ein Prüfungsgespräch zwischen dem Gelehrten Albinus und Pippin: »‹Es sind drei Personen: Die erste ist nie geboren und einmal gestorben; die andere einmal geboren, nie gestorben; die dritte einmal geboren und zweimal gestorben.‹ Pippin antwortet: ›Die erste heißt wie die Erde (Adam), die zweite wie mein Gott (Elias), die dritte wie ein armer Mann (Lazarus).‹«

Die Bewältigung im satirischen Bild

Die Lust reizt zu Kontrasten und zu klar-greller, derber Gegenübersetzung. Solchem Geist entspringt die gereimte Erzählung von dem Kampf zwischen der Fleisch- und der Fastenzeit: Zwei Könige rufen ihre Vasallen zusammen und lassen sie zu einem unerbittlichen Kampfe ausrücken. König Fasten reitet auf einer Meeräsche, schützt sich mit einem Schild aus Käse, seinen Körper bedeckt der Panzer eines Rochen, mit einer breiten Scholle versucht er zu schlagen, doch als Wurfgeschosse sind ihm nur Bohnen, Kastanien und trockene Früchte geblieben. Der König Fleisch hingegen stolziert auf einem stattlichen Hirsch einher, an dessen Geweih fette Lerchen baumeln. Von königlichen Kopf tropft eine Wildschwein-Pastete herab, ein Pfau dient als Helmbusch. – Das Breviarium Grimani stellt unter der Gestalt dieses Kampfes den Freiheitskampf Flanderns gegen die Habsburger dar.
Zu einer reichen satirischen Literatur treten noch die Fabeln.

Spott und Witz

Spott und Witz machen die Runde. Ihren Bischof Heinrich II. von Hildesheim (1310–1318) taufen seine Gläubigen Aleke, Adelheid, denn er ist ihnen nicht »Manns genug«. »Pfaffenkönig« wird Heinrich Raspe 1247 entgegengerufen, »König Vater« nennen die schwedischen Bauern voller Respekt ihren König Sven, der im ganzen Lande Kinder gezeugt hat. Das florentinische Proletariat brandmarkt im ausgehenden 13. Jahrhundert die Partei der Bankiers und Großhändler mit der Bezeichnung »popolo grasso«, »das fette Volk«. Albert dem Großen wird wegen seiner häufigen Fußmärsche durch Europa der liebevolle Name »Der Bundschuh« zuteil. Kaiser Friedrich III. (1440–1490) rechne damit, die Welt im Sitzen zu erobern, spottet Aeneas Silvius, der spätere Papst Pius II. Den Beinamen »le Bougre«, der Schurke, muß sich der Dominikaner Robert gefallen lassen, der im Mai 1239 in der Champagne ohne viel Federlesens einen Katharerbischof und 180 Katharer dem Feuertod übergibt.
Sebastian Brant (1457–1521) stellt den Lesern 112 Narrengestalten in seiner Moralsatire »Das Narrenschiff« (1494) gegenüber. Er hofft damit aufzuklären, Einsicht zu wecken und Optimismus hinsichtlich der Besserungsfähigkeit der Menschen zu verbreiten. Till Eulenspiegel führt die Leute an der Nase herum.
Das Mittelalter ist eine Zeit der Selbstverspottung, der Selbstkritik, eine Zeit des derben Witzes.

Unentwegt verfolgte Traumziele und nicht eingelöste Sehnsüchte

Ich lasse beiseite, daß die Menschen des Mittelalters das Ziel eines je längeren Lebens, der je größeren Macht und der in ihren Augen geglückten Lebensgestaltung ersehnen, und gehe nur auf die besonderen Ziele ein.

Ständige Ziele

Kaiser und Könige suchen die Selbständigkeit ihrer Reiche: Der Kaiser will sich die Könige unterordnen; königliche Politik aber zielt darauf ab, sich abzuschließen und einen eigenen Rahmen zu bilden, der keine Einmischung des Kaisers oder anderer Könige zuläßt. Deswegen erzwingen sie Privilegien – es geht vorerst nur in dieser Form, daß niemand mehr an den Kaiser Berufung einlegen und der Kaiser keinen Rechtsstreit an sich ziehen kann. Ziel aller Herrscherfamilien ist es, gesunde Nachfolger zu haben, nicht zu viele, aber wenigstens einen.

Das »Traumziel« der Stadt im »Römischen Reich« heißt, die Selbstverwaltung der Stadtgemeinde durch die Bürger zu erreichen, sich selbst die Gesetze zu geben, für deren Anwendung zu sorgen und sich selbst richten und befestigen zu dürfen. In der ottonischen Zeit konnte dieses Ziel lauten, aus der Gaugrafenherrschaft in die des Bischofs überzuwechseln, spätere Zeit versucht, sich der bischöflichen Herrschaft zu entwinden, aber Bischofssitz zu bleiben.

Geht es der einen Stadt darum, Zollfreiheit für ihre Waren zu erhalten, streben andere danach, durch kaiserliche Privilegien – anders ging es auch hier nicht – zu einer »Freien Reichsstadt« zu werden.

Die Zünfte wollen die Stadt mitregieren, die Patrizier sich das Heft nicht aus der Hand nehmen lassen.

Schauen wir auf die päpstliche Politik, so werden bei allen Schwankungen und Schwenkungen, Brüchen und Widersprüchlichkeiten doch einige rote Fäden sichtbar. Ziel ist die Freiheit der Glaubensverkündigung und die Selbständigkeit der kirchlichen Verwaltung. Solange dies nicht ohne Unterstützung der Großgrundbesitzer, der Adligen und des Königs oder Kaisers geht, werden diese eingeschaltet und benützt, sobald auf sie verzichtet werden kann, aber abgeschüttelt. Der Papst verlangt in einer Gesellschaft, die sich vom Boden her bestimmt, nach eigenem Grund und Boden: So entsteht das Patrimonium Petri. Jede Schwäche und jedes Bedürfnis des Königtums nützt der Papst im 12. und 13. Jahrhundert aus, um eine Oberhoheit über die weltlichen Gewalten zu beanspruchen. Zum Kaiser zu krönen, erfordere, so der Papst, daß er den Kandidaten, das Wahlrecht und das konkrete Wahlverfahren in allen seinen Bestandteilen prüfe.

Die Bischöfe kämpfen um ihren Selbstand: einmal in Richtung der Diakone, die den Bischof in ihre Abhängigkeit bringen wollen, dann gegen den Klerus, dem sie das Recht nehmen, den Bischof zu wählen; schließlich gegen die Metropoliten, welche sich in die Diözese einmischen. Die Bischöfe bedürfen dazu der päpstlichen Macht. Die Machtminderung der Erzbischöfe wird mit der Stärkung des Papsttums bezahlt, welches schließlich auch den Selbstand der Bischöfe immer mehr einengt.
Die einen Orden streben nach Reform, andere beharren auf dem Status quo. Alle versuchen die Zahl der Heiligsprechungen zu steigern und die Kirchen zu Anziehungspunkten und Wallfahrtsstätten zu machen. Der Ordenspriester kämpft nach außen um seine Beicht- und Predigtprivilegien, im Orden um Gehör und Mitbestimmung. Er drängt auf Reform oder versucht sie zu verhindern.
Den Juden geht es darum, einen Rechtsstatus als Gemeinde und als einzelne zu erhalten, der im politischen und rechtlichen Umgang auch beachtet wird. Oft bleibt es ein »Traumziel«, wenigstens das Leben zu retten.
Den Grundeigentümern kommt es darauf an, Gebiete aneinanderzufügen, einen Raum zu schließen, zu arrondieren, wichtige Durchgangswege oder umschlagkräftige Märkte in ihre Gewalt zu bekommen, oder über die Verarbeitungsinstrumente, wie die Mühlen, ein Monopol zu erringen. Gelegentlich gehen sie den Weg des sozialen Abstiegs und der Rechtsminderung, um wirtschaftlich weiter zu kommen. So steigt Adel in die Ministerialität ab, um Kirchenlehen zu erhalten.
Sehnsüchte neuer Art entstehen mit den Änderungen des Lebensstils. Innerhalb erniedrigender Abhängigkeiten meldet sich die Sehnsucht nach einem verklärt gesehenen Landleben. Aeneas Sylvius Piccolomini erlebt in einer für ihn abstoßenden Weise das Hofleben und ruft aus: »Kurz, nicht nur einfache Bürger, die mit einer freundlichen Gattin, umgeben von lieben Kindern, ihre schlichten Mahlzeiten halten, oder Landleute, die unter ihrer Herde süße Kastanien und prangende Äpfel zu ihrer Milch verzehren, aus dem schimmernd klaren Fluß trinken, ja sogar die, welche in Felshöhlen hausen oder an Brücken und Kirchentüren betteln, ziehe ich den Hofleuten vor, die um guten Essens willen den Fürsten dienen ... Toren ... sind alle, die aus solchen Gründen in Fürstendienst treten.«

Unerfüllt gebliebene Sehnsüchte

Abgesehen von den unzähligen Wünschen der einzelnen, denen die Erfüllung versagt bleibt, erleben Geschlechter, wie ihnen die Macht aus den Händen genommen wird, weil Nachkommen fehlen oder Mächtigere mehr zu sagen hatten. Opfer waren infolgedessen unnütz, Kompromisse fruchtlos. Orden sehen ihrer Erstarrung und dem Abfall von ihrem

Lebensprogramm zu. Das Heilige Land geht verloren, das Kaisertum verliert an einigender Kraft und zerrinnt in einen Schattentitel. Die große Sehnsucht vieler Christen, eine Kirche der Armut und der Brüderlichkeit mitzugestalten, läßt sich nicht verwirklichen.

Durch leibhaftige Präsenz regieren

Das physische Leben ist im Mittel aller ständig bedroht, dauert nur kurz und kennt den schnellen Verschleiß der Kräfte.

Die Abhängigkeit vom Leib und von der Lebensdauer

Nur durch die persönliche »Leibes«-Präsenz kann lange Zeit die eigene Politik durchgesetzt werden. Die politische Macht des Klosters Cluny in Burgund beruht auch darauf, daß dem Kloster drei heiligmäßige und organisatorisch hervorragend begabte Männer vorstehen, deren Amtszeit mehr als 150 Jahre füllt: Majolus (Abt von 965 bis 994), Odilo (Abt von 994 bis 1048) und Hugo (Abt von 1049 bis 1109).
Die Strukturen, selbst schon die Treuebindung, sind engstens an Lebenszeit und Lebenskraft der Beziehungsträger gebunden.
Wo feste Strukturen nicht vorliegen, schafft nur die persönliche Gegenwart des Herrschers die Macht. Sie bringt das politische Schwergewicht hervor und übt Anziehungskraft aus. Aufgrund der langwierigen Ortsveränderung, der klimatischen Herausforderung und der oft unzureichenden Ernährung gerät Politik in beständige Abhängigkeit von der Robustheit des Herrschers.
Politische Macht ist direkt von der Existenz fähiger Nachfolger abhängig, zuerst von deren Existenz, dann auch von ihren Fähigkeiten. Der Heiratspolitik kommt enorme Bedeutung zu.

Lösung von der persönlichen Bindung

Im Laufe des Mittelalters aber zeigt sich, wie sich Rechte und Pflichten von ihren Trägern lösen, zu einem Gegenstand des Handelns, des Verkaufs, der Verpfändung und des Verzichts werden und damit – paradoxerweise – eine neue Festigkeit erhalten.
Eine andere Antwort auf die Unzulänglichkeit der Lebensabhängigkeit ist es auch, wenn die persönlichen Bindungen immer häufiger in sachliche überführt werden. Statt sich auf Vasallen verlassen zu müssen und oft verlassen zu sein, baut der Herrscher sich sein Söldnerheer auf, stellt Funktionäre ein, schult sie und richtet sie auf strikte Ergebenheit und Dienstbeflissenheit ab. Leistungen werden gesetzlich normiert und der persönlichen Beeinflussung entzogen. Heer und Beamtentum lösen die

Lehnsgesellschaft ab. Wenn Herzog Philipp der Gute von Burgund (1419–1467) einen Ritterbund gründet, knüpft er zwar an eine Tradition an, setzt sie aber keineswegs fort. Der Ritterbund steht jetzt im Dienste sich bildender Zentralgewalt, ist auf den Souverän hingeordnet und trägt politische Mitverantwortung. Und selbstverständlich unterliegt der Bund strengster Friedenspflicht. Aber: Ordnung löst Ordnung ab.

Die Bibel – ein Glücksfall

Die Dreiteilung in geschichtliche, prophetische und Weisheits-Bücher liefert reiches Material, um Lebensführung und -haltung zu orientieren, die Vergangenheit zu verstehen und die Zukunft deutlicher werden zu lassen.

Die geschichtlichen Bücher und die Zweiteilung in Altes und Neues Testament ermöglichen es, eine Weltgeschichte zu schreiben, erlauben die Zuordnung anderer Geschehnisse und stärken das Selbstbewußtsein all derer, die jenem Neuen und ewigen, unüberwindlichen Bund anzugehören beanspruchen.

Die prophetischen Bücher des Alten Testaments öffnen die Augen, machen die soziale Not deutlicher und ermuntern zur Kritik. Die Kirchenkritik der Hildegard von Bingen, der Mechthild von Magdeburg oder auch der Katharina von Siena lebt aus prophetischer Quelle.

Die Heilige Schrift spricht von Unterordnung unter die politischen und häuslichen Gewalten, ermächtigt jedoch dazu, von dem Fürsten Rechenschaft zu verlangen und Fürstenspiegel zu entwerfen. Zugleich vermittelt die Weisheitsliteratur eine Fülle an Erfahrungen, welche sich mit den Weisheitssprüchen eines Cicero, Seneca oder Quintilianus verbinden lassen.

Die Heilige Schrift gibt nun nicht nur dem Leben Orientierungen, sondern bietet der darstellenden und bildenden Kunst eine Fülle an Szenen an. Dieses Angebot wird im Mittelalter zu jeder Epoche angenommen. Zu erinnern ist an die Theaterstücke über die Erschaffung der Welt und den Sturz des Luzifer, die Dreikönige und den bethlehemitischen Kindermord, den Antichristen und das Passions- und Auferstehungsgeschehen sowie an Dichtungen wie den »Heliand«.

Kaum zählbar sind Skulpturen und Malereien, die das Geschehen von der Erschaffung des Menschen bis hin zum Jüngsten Gericht vor Augen führen. Die Bibel stellt nicht nur reizvolle Themenaufgaben, sie gestattet unter dem Schutz ihrer Autorität, daß die Künstler sich in der Darstellung des Körpers, der Bewegungsabläufe und der stillen Natur erproben. Adam und Eva etwa finden sich im Stande der Unschuld auf einem Kapitell im Chor der Kirche von Fromista in Spanien und an anderen Orten in unbefangener Leibesfreude herausgemeißelt. Die Aufträge, die in der Sintflut Ertrunkenen oder die Apostel, Christus als Kind oder am Kreuze, Eva oder Maria darzustellen, zwingen zur Beschäftigung mit dem Körper des Kindes, des jungen Mannes und der Frau. Die Kunst führt damit auch – von wenigen Gegenströmungen abgesehen – zur Leibbejahung.

Überliefert die Bibel wenig über ein Geschehen, so ist es dem Künstler gestattet, die Szene auszugestalten. Die Kargheit der Bibel ermöglicht damit die Befreiung der Phantasie, die zeitgenössische Darstellung und die kritische Anmerkung zur Zeit.

Maria liest zum Beispiel bei der Verkündigungsszene: so beim Meister von Flémalle bis hin zum Marienaltar des Veit Stoß in Krakau, wo Maria vor einem echten Lesepult sitzt. Das bürgerliche Interieur mit dem Tuch über dem Tisch, der Blumenvase, dem Bücherschrank sowie Schaufel und Besen, dem Messinggeschirr, den Butzenscheiben und schmiedeeisernen Schlössern bietet sich als Objekt der Erprobung dar. Außerdem: Der Verkündigungsengel trifft Maria beim Lesen an. Das Bild merkt damit an, daß Maria, die einfache Frau aus dem Volk, mit Büchern umgehen konnte und die Ausschaltung der Frau von Studium und Universität ungerechtfertigt ist. Die Verkündigungsszene nimmt den Betrachter in das Geschehen hinein. So wird ihm bedeutet, daß auch er wie Maria sein Ja-Wort zu Menschwerdung und Nachfolge zu sprechen habe.

Die Worte der Heiligen Schrift geben Probleme auf. Einmal fordern sie aufgrund der untereinander nicht vereinbaren Aussagen alttestamentlicher oder neutestamentlicher Schriften, dann aber auch wegen festgestellter Widersprüchlichkeiten zwischen Altem und Neuem Testament zum Denken und zur Kritik heraus. In einem nächsten Schritt gerät der Versöhnungsversuch, der die Schwierigkeiten aufzulösen versuchte, in die Kritik. Die Bibel ist eine Schule des Geistes. Warum Abraham und Jakob mehrere Frauen haben durfte, nicht aber der heutige Christ, oder wie es erlaubt sein konnte, daß die Israeliten beim Auszug aus Ägypten Gold und Schmuck der Ägypter ohne deren Erlaubnis mitnehmen durften, alle diese Fragen zwingen zu immer gründlicherem und umfassenderem Forschen, das allerdings die Autorität der Heiligen Schrift im Mittelalter nicht antastet.

Auf dem Weg zu Freiheit und Gleichheit

Eine Methode ist immer wieder feststellbar: jemand prescht in der Ausstattung seines Status nach vorn. Das »Besondere« aber, das er sich zulegt, muß sich vor den anderen Gesellschaftsgliedern rechtfertigen. Ein Privileg ist einem erteilt und Noch-nicht-Privilegierte melden den gleichen Anspruch aus Gründen der Gleichberechtigung an. Bald setzt sich die Verallgemeinerung des Besonderen durch und ebnet den einst besonderen sozialen Status ein. Die Methode des Vorpreschens und des nachfolgenden Verallgemeinerns möchte ich diese erste Methode nennen. – So ertrotzen sich die Kurfürsten die Privilegien, daß keine landesfremde Instanz Gerichtssachen an sich ziehen und niemand an sie aus dem Land heraus appellieren darf. Es dauert nicht lange, bis auch andere Fürsten das Privileg beanspruchen, bis es eben keines mehr ist, sondern allgemeine Regelung.

Ähnlich liegt folgender Vorgang: Jemand hat zur Regelung eines bestimmten Falles ein Recht erhalten; bald wird er versuchen, seine Ermächtigung zu verallgemeinern und sie auf alle irgendwie vergleichbaren Fälle auszudehnen. – Um die Metropoliten zu entmachten, erkennen die fränkischen Bischöfe dem Papst mehr Macht über sie zu. Die pseudoisidorischen Dekretalen liefern etwa ab 850 den Nachweis, daß seit vielen Jahrhunderten solche Rechte des Papstes existierten. Eine hervorragende Fälschungsarbeit im Erfinden und Rückdatieren päpstlicher Erlasse! Papst Nikolaus I. (858–867) macht die ihm über die Metropoliten – und letztlich auch über die Bischöfe – zugefallenen Rechte sogar gegenüber dem Patriarchen von Konstantinopel geltend und bereitet so den Bruch mit Ostrom vor.

Eine andere Vorgehensweise ist das Spiel von Beschweren und bezahlter Aufhebung der Beschwerde. Jemand beansprucht ein«Recht«, dem eine Pflicht gegenübersteht. Der Verpflichtete wehrt sich, der Berechtigte ist nun bereit, auf dieses Recht zu verzichten – gegen ein Entgelt. Großzügigkeit scheint erwiesen, Erweiterung oder Vertiefung der Machtposition sind auf elegantem Wege erreicht, Schmiegsamkeit und Dialogfähigkeit vorgetäuscht. Jedes Recht und jede Pflicht hat nun ihren Geldpreis, auch die Treueverpflichtung selbst. Diese Entwicklung, deren Beginn unterschiedlich, aber jedenfalls immer mit der Verdichtung der politischen Verhältnisse – und das heißt für viele Gebiete am Ende des Frühmittelalters – angesetzt werden darf, führt zu Unehrlichkeit und belastet einseitig die unteren Schichten, die letztlich zu zahlen haben.

Ein anderes Vorgehen läßt sich als das Lauern auf die Schwäche der Berechtigten oder Machthaber und das Auffüllen der entstehenden Vakuen charakterisieren. Wo die Entfernung vom Herrn oder die sich ausgleichende und sich aufhebende Kombination der Herrschaftsverhältnisse einen Raum der Selbstverwaltung unfreiwillig eröffnet, füllen ihn die Menschen schnell aus. – Dies ist in Ragusa, dem heutigen Dubrovnik, der Fall. Der ungarische König als neuer Herr seit 1358 ist weit, so bildet sich faktisch eine selbständige Adelsrepublik.

Gleichheit provoziert geradezu die Ungleichheit. Wo alle gleich vor Gott und gleich als Erlöste sind, bricht ein ständiges Rennen um bessere Plätze aus, gleich ob für die Lebenden oder die Toten. – St. Gudula in Brüssel zeigt, wer sich eine Gruft in der Kirche und noch dazu in der Nähe der

Altäre leisten kann und wer nicht. Die Ärmeren bleiben draußen, werden auf dem Kirchhof bestattet, oder müssen gar mit einem Grab außerhalb der Mauern vorliebnehmen. Die sehr materielle Vorstellung von Reichweite und Kraft der Gnade führt zum Verdrängungskampf, begünstigt und rechtfertigt die Ungleichheit. Auch diese Zeit läßt dem, der hat, noch mehr zukommen, und wer nichts hat, dem wird auch noch das wenige genommen.

Wie weit unterstützen Prediger solchen materialisierten Glauben? Wie wohltuend mag die Mitteilung von einem Gott, der niemanden vergißt und sich um jeden kümmert, bei jenen Armen angekommen sein? Als sich die sozialen Unterschiede herausbilden, entstehen die Orden der Minderbrüder, um den Armen und »aller Welt« zu zeigen, daß Gott bei jenen Benachteiligten war. Von der Demokratisierung der Heilszugänge und der Heilswirkungen war bereits die Rede. Zudem gilt, daß niemand sich selbst taufen kann und nicht nur nicht darf. Jeder benötigt zu seiner Taufe einer anderen gläubigen Person, deren gesellschaftlicher Stand »nichts zur Sache tut«. In der Pfarrkirche hat der Täufling von dem Pfarrer die Taufe zu empfangen. Auf dem Konzil von Vienne 1312 wird es nun aber Königen und Fürsten erlaubt, ihre Kinder in ihren Schloß- oder Pfalzkapellen taufen zu lassen.

Mit der Verknappung der Güter stellt sich auch im Mittelalter die Rücksichtslosigkeit ein. Die Berichte von Hungersnöten lassen diese Begleiterscheinung nicht aus, ob Raoul Glaber von der Hungersnot des Jahres 1033 schreibt oder Boccaccio 1348 von der Pestzeit.

2. Die Leistungen des Mittelalters

Es geht um Leistungen aus unserer Sicht. Unsere Aufzählung kann damit den Leistungen der damaligen Menschen gar nicht gerecht werden.

Die Weitergestaltung und die Urbarmachung Europas

Das Mittelalter ist Grundlage für die europäische Neuzeit und die Moderne. Bereits gestaltete Räume finden ihre Fortgestaltung, andere Teile Europas werden urbar gemacht und zu lebbaren Räumen geformt. Aus den vorgefundenen Strukturen treten die Menschen des Mittelalters immer dann heraus, wenn die Not sie zwingt. Dann entwickeln sie technische Geräte, ändern den Schiffsbau und errichten die notwendigen Städte. Jeder Aufbruch führt nicht in eine grenzenlose Weite, sondern in eine neue Ordnung hinein.

Das Mittelalter lebt aus Vorgaben. Von ihnen zehrt der christliche Glaube und stärkt sich der politische Zusammenhalt. Solche Vorgaben sind etwa das Bewußtsein um die Werte der Treue und der Beharrlichkeit, die Empfänglichkeit für Gottes Wort und das Wissen um die Nähe des Todes. Es ist also unzulässig verkürzt, wenn behauptet wird, daß das Mittelalter aus dem Glauben lebe. Es belebt vielmehr den Glauben aus lange zuvor geschenkten Vorgaben.

Identität gewinnen die Menschen vorerst und lange Zeit hindurch in der Verwandtschaft, der Lebensgruppe der Sippe oder der Dorfgemeinschaft. Daneben errichtet sich eine Identität durch das gemeinsame Bekenntnis zum Glauben und in der einheitlichen Denkrichtung.

Eine Kultur wird durch tausend Jahre hindurch aufgebaut – und nur zum Teil auf der Grundlage der römischen Hochkultur. Auch wenn während der tausend Jahre Mittelalter sehr viele Kunstwerke und kulturelle Leistungen von mittelalterlicher Hand wieder zerstört werden, so zeugt das Erhaltene von planerischer Einsicht, von geläutertem Stilempfinden und Geschmack.

Originell ist das Mittelalter in den Baustilen wie dem romanischen und gotischen, die ohne Vorbild entwickelt werden und darin mehr Selbstand als die Renaissance verraten. Die arabischen Zahlen, der Kalender, die Universität, der Pflug und die Staatswerdung Europas – das wurde bereits erwähnt und es ließe sich noch mehr aufzählen – sind dem Mittelalter zu verdanken.

Es ist nicht eine der naiven Kindheit vergleichbare Epoche, wo Glaube dem Wissen nur zögerlich Raum einräumt, es ist eine ebenso wie die Moderne gläubige, naive, scharfsinnige und raffiniert planende Zeit. Man denke nur an die Arbeit der päpstlichen und königlichen Kanzleien, deren Arbeit sich in genau berechneter Wortwahl niederschlägt. Selbstverständlich denken die Menschen zweckrational. Was von der Neuzeit unterscheidet, sind die Zwecke, auf welche die Mittel zugeordnet werden oder welche überhaupt erst die Mittel bestimmen. Der allerletzte Zweck ist den Menschen der Dienst Gottes.

Darin bildet sich ein Selbstbewußtsein heraus, das bei manchen zwar zur Selbstgenügsamkeit oder zum schroffen Hochmut ausufert, in der Regel aber von dem nüchternen Bewußtsein bestimmt ist, qualitativ mehr als die Antike darzustellen, nämlich in tieferem Maße an der Wahrheit teilzuhaben und an einer besonderen Erwählung durch Gott. Die Erwählung ist verpflichtend. Erfahren wird, was Würde des Menschen ist. Die Würde gehört nicht dem einzelnen Menschen an, sondern einer Ordnung. Nur in solchem Bewußtsein kann sich die Strafe der Exkommunikation als Ausschluß aus maßgeblichen Lebensordnungen so machtvoll behaupten.

Die Menschen stellen bei aller Unsicherheit im persönlichen und politischen Leben sich und die Erde in den Mittelpunkt. Mag die Erde nun groß oder klein sein, sie bildet den Mittelpunkt. Was bedeutet dies für die Menschen? Vielleicht nicht viel, in einer Zeit jedenfalls, wo die eigenen Sorgen sie zu überrennen drohen und beständig hilflos zeigen. Oder gibt es eine letzte Zuversicht, welche das Leben der Schöpfung verleiht und welche gerade ein Leben in Randzonen und Außenbezirken nicht geben kann? Verloren bin ich nicht, kann sich der Mensch sagen, so gefährdet das eigene Leben auch erscheinen mag. Ist aus solcher letzten Zuversicht vielleicht so manche Warnung vor allzu großer Selbstsicherheit zu verstehen, mancher Bußruf erst glaubwürdig?

Die Bewahrung, Sammlung und Neuaufbereitung des Wissensstoffes

Die sogenannten »Renaissancen« leiten einen Aufschwung der Studien ein. Gegen die Sprach- und Schriftverwilderung unter den Merowingern bemüht sich bereits die Karolingerzeit um klare Buchstaben, Reinigung der Wortbedeutungen und der Grammatik.

Das Abschreiben erhält der Nachwelt Schätze antiken Wissens. Es ist eine auch immer als selbstlos verstandene Aufgabe wahrgenommen worden. Die sklavische Arbeit des Abschreibers wird höher geachtet als die freiere Arbeit des Buchausmalers, dessen Ansehen geringer ist.

Auf die Sammelleidenschaft wirft eine Bemerkung Notker des Stammlers in seiner Schrift »Über die Auslegung der heiligen Schriften« Licht. Der Satz zeugt von den Schwierigkeiten der Handschriftenüberlieferung: »Kannst du die Leidensgeschichte des heiligen Laurentius vollständig ausfindig machen, so daß sie nicht zerstückelt ist, welche Kämpfe und welche Siege der Märtyrer wirst du entdecken!«

Gelegentlich findet über die bloße Entnahme eines dekorativen Zitates hinaus auch eine Auswertung der Schriften statt.

Das Kunstschaffen

Es gibt »Schulen« und »Handschriften«, die eine Identifizierung erlauben, zugleich läßt eine einheitliche Prägung es offensichtlich zu, von »mittelalterlicher Kunst« zu sprechen.

Das künstlerische Schaffen des Mittelalters, gleich ob es zur Skulptur, zum Bild oder zum Theaterstück führt, zielt auf den bereits besprochenen vierfachen Sinn. Das einzelne Kunstwerk soll nun nicht nur in sich »stimmig« sein, es hat vielmehr auch einen zugewiesenen Platz einzunehmen und zu füllen. So dürfen sich alle Kunstwerke zu einem Gebäude, zu einem »Domus« zusammenfügen. So wenig wie die Kunst ist das einzelne Kunstwerk ortlos.

Alle Kunst soll auf Gott zuführen, er soll in aller Kunst gefunden, er kann aber auch in ihr verloren werden. Es gibt keine Zonen, welche Gott nicht durchlassen, aber auch keine Bereiche, in welchen nicht die Entscheidung für oder gegen Gott und damit für und gegen die Schöpfung und den Menschen fallen kann. Diese Durchlässigkeit vermag also nicht bloß zu dem Bewußtsein führen, sich geborgen und getragen zu fühlen, sondern auch dazu, sich beständig unter dem Anprall und Druck der Widersacher Gottes zu wissen. Das Kunstwerk hat sich insofern vor dem Menschen zu bewähren, es steht nicht in sich und für sich.
Die Darstellung wächst aus der Ergriffenheit des Künstlers heraus, hängt mit seinem Gottsuchen und -finden aufs engste zusammen und verkörpert damit sowohl seine Individualität als auch den Ordo, dem der Künstler zugehört. Das Kunstwerk dient und ist darin eigenständig: so spiegelt es die Achsen menschlichen Lebens wider, wie das Mittelalter es verstand: vieldimensional, auf Gott ausgerichtet, in der Bewährung, individuell und innerhalb eines Ordo.

Rationalisierungen, Aufklärungen und kritische Überprüfungen

Wilhelm Scherer (1841–1886), der Begründer der modernen Literaturwissenschaft, schreibt: »Die älteste Gestalt der Nibelungensage ist ganz durchsetzt mit Elementen des germanischen Heidentums. Götter, Riesen, Zwerge, Drachen sind darin verflochten; Verzauberung, Gestaltwechsel, Vergessenheitstrank werden als Hebel der Handlung gebraucht. So wie aber die Sage im Nibelungenlied vorliegt, hat sie schon einen rationalistischen Reinigungsprozeß erlebt; die Aufklärung des zwölften Jahrhunderts hat jene Bestandteile, sie hat überhaupt das Wunderbare, wo nicht verdrängt, so doch abgeschwächt. Das Menschliche überwiegt, das Übermenschliche schwindet zum großen Teil...« Die zutreffende Beurteilung weist auf den Reinigungsprozeß und seine Grenzen hin.
Unbestreitbar ist die Tatsache eines Wunderglaubens, eines allerdings in der Zeit und je nach Regionen schwankenden Reliquienglaubens und einer oft sehr naiven, blinden Verehrung. Die Suche nach Geborgenheit und Hilfe, nach Absicherung des Lebens und nach gesicherter Vorausschau bestimmt das Verhalten vieler Menschen. Es gibt wenige Strukturen im Bewußtsein der Menschen, die ihnen sicher erscheinen. Deswegen klammern sie sich an Gott und vor allem an die Heiligen und Wundertäter.
Es ist jedoch vermessen zu behaupten, daß dies der alleinige Grund des Glaubens ist. Denn unabtrennbar verbindet sich mit jenem Festhalten an dem, was nützt, auch die Gewißheit, daß es Gott ist, der in den eigenen Wünschen nicht aufgeht, der nicht zum Wunschgebilde verkommen darf, der vielmehr eine Herausforderung bleibt. Nur ein einziges Indiz sei für diese Auffassung angeführt: Nie beherrscht das Bittgebet

allein das Feld, sondern Lobpreis und uneigennützige Anbetung erheben sich inmitten aller Not.
Zum Wunderglauben sei gesagt, daß die Menschen sich an viele und vieles mit der Bitte um Hilfe wenden. Bei der Mehrzahl überwiegt hier eine Art Falsifizierungsmethode. Denn es wird zwar zuerst davon ausgegangen, daß die Person oder der Gegenstand, einer der vierzehn Nothelfer oder eine Armreliquie etwa, helfen werde; doch wenn die Hilfe ausbleibt, wendet sich der Hilfesuchende ab. Für ihn ist diese Beziehung »gestorben«. Aus seinem Weltbild scheidet diese Beziehung aus oder sein Glaube vertieft sich und rückt die Heiligenverehrung in einen Zusammenhang mit Christus, »der dem Menschen innerlicher ist als dieser sich selbst«. Der Beter erkennt seine Verantwortung für sich und die Notwendigkeit, sein Leben zu ändern. Sicherlich wird er in aller Regel einen anderen Kontakt aufbauen. Was in der Neuzeit das experimentelle Vorgehen heißen wird, nämlich, die eigenen Vorstellungen an die Natur heranzutragen und sie zu befragen, wickelt sich ziemlich genau im Verhältnis der Hilfesuchenden gegenüber den »wunderbaren Gegenständen« ab: Sie werden auf ihren Nutzen hin befragt und haben sich zu bewähren. Mißlingt die Bewährung, ändert sich vielleicht zuerst die Befragung, oder sie wird eingestellt. In allem Wunderglauben spielt die Macht der Menschen eine Rolle, das Heilige berühmt zu machen oder beiseitezulassen. Die »Do-ut-des«-Gesinnung ist tief eingewurzelt. Dies hindert nicht, daß auch der Fluch oder die Rache der Heiligen oder der heiligen Gegenstände gefürchtet werden.
Überprüfungen der Reliquienechtheit sind vorgesehen. Allzu bekannt ist, daß Fälschungen vorkommen. Also werden Nachweise verlangt, die allerdings wiederum geglaubt werden müssen. So verbindet sich mit den Reliquien, aber auch mit dem Wunderglauben immer auch ein Glaube an Menschen, an solche, welche den Leichnam fanden, übertragen oder welche ihn ein Wunder wirken gesehen haben.
Genaue Nachforschungen sind vorgeschrieben, die letzte Begutachtung Rom vorbehalten. Um 1170 verfügt Papst Alexander III.: »Auch wenn durch jemanden Wunder geschehen sollten, ist es nicht ohne die Genehmigung der Römischen Kirche erlaubt, ihn als Heiligen zu verehren.« Innozenz III. läßt das Vierte Laterankonzil 1215 beschließen, daß die seit altersher verehrten Reliquien nur noch, wenn sie innerhalb des Schreines oder der Gefäße bleiben, dem Volk gezeigt und nie und nimmermehr zum Verkauf ausgestellt werden dürfen. Sind neue Reliquien gefunden worden, so ist ihre Verehrung nur mit der Genehmigung des Papstes gestattet. Es wird hinzugefügt, daß das gläubige Volk an sehr viele Orte durch die Reliquien gelockt und dabei durch Lügen oder falsche Urkunden über die Echtheit der Reliquien getäuscht wurde. Das Mittelalter leistet hier weniger eine Kritik an der kritiklosen Wundergläubigkeit,

sondern an der oft hemmungslosen Ausnützung eines solchen Glaubens. Die beiden Päpste gehen gegen die Ausbeutung von Gläubigkeit vor und sorgen damit für eine Kontrolle dessen, worauf sich der Glaube richtet.
Wie naiv ist dieser Wunder-Glaube? Die Menschen nehmen die Fülle der Kreuzpartikel auch damals wahr und fragen, ob diese alle vom Kreuzesholz stammen können, an dem Christus gehangen hat. Immerhin gibt es diese Frage. Die Antwort oder eine der Antworten lautet, daß die Berührung des Kreuzesholzes durch anderes Holz durchaus genüge, um dieses Holz zur Reliquie zu machen, daß andererseits die Kreuzesbalken sich auf wunderbare Weise ergänzen und das Holz nachwachse. Das eine Argument bezieht seine Kraft aus dem Hinweis auf die unerschöpfliche und auf bestimmte Wege nicht eingrenzbare Hilfe Gottes. Die andere Antwort erklärt ein Wunderbares durch ein noch größeres Wunder. Uns interessiert hier nur, daß nach Erklärungen gesucht und auch eine Antwort erteilt wird. Mit einer solchen Antwort ist ja auch gesagt, daß die Behauptung der Echtheit auf ihre Wahrheit hin mindest ebenso schwer zu überprüfen ist wie die Behauptung, daß diese oder jene Reliquie gewirkt habe.
Viele fühlen sich mit festen »guten« Adressen versehen, um Hilfe zu erhalten, von Gott, von den Engeln und von den Heiligen. Die Menschen verlangen nach einem persönlichen Gegenüber und einer persönlichen Ansprache. Die Namensänderung der Klosterkirche von Saint Germain des Prés in Paris ist bezeichnend. Wegen eines Kreuzpartikels und eines Gewandes des Märtyrers Vinzenz erhält die Kirche die Bezeichnung »Zum Heiligen Kreuz und Heiligen Vinzenz«, als sie am 23. Dezember 558 geweiht wird. Nachdem jedoch der als heilig verehrte Bischof von Paris, Germanus, an der Seite der Kirche bestattet wurde, nennen die Gläubigen die Klosterkirche etwa ab 576 zunehmend »Zum heiligen Germanus und heiligen Vinzenz«.

Die Förderung der Individualität

Auf die lebendige Aneignung des Glaubens wird in beständigem Drängen der Kirche Wert gelegt. Alkuin empfiehlt die Beichte. Dabei entfaltet er ein wenig die Eigenart dieses Sakramentes: Es gehe um den Einzelnen; seine Sünden zu bekennen sei ein unabtretbares Recht und eine bleibende Pflicht. Stellvertretung scheide aus. Gott wisse die Sünden der Menschen, doch sei die Anklage in der Kirche nötig, um Heilung in ihr zu erhalten. Das Innerste dürfe geoffenbart werden. So setzt eine Schulung der Menschen im Mittelalter ein: Sie werden sich ihrer Einzigkeit, ihrer unveräußerlichen und unverzichtbaren Rechte und Pflichten bewußt, der Vorgänge in ihren Gedanken, der Absichten hinter ihren Worten und Werken, sie entdecken ihr Herz als den Kampfplatz eines weltgeschichtlichen

Ringens zwischen Gott und seinem Widersacher. Kaiserin Agnes († 1077) legt Zeugnis davon ab, wenn sie an den Abt schreibt: »Mein Gewissen peinigt mich schlimmer als Geister und Gespenster«. Mit jeder Anklage, die wir selbst gegen uns vor Gott erheben, verkürzen wir dem Teufel, so Alkuin, seine Anklageliste gegen uns.
Das Vierte Laterankonzil schärft die Beichtpflicht im Kanon 21 ein; zumindest einmal im Jahr, in der Osterzeit, soll jeder – das Konzil betont, daß es hier keine geschlechtsspezifischen Unterschiede gebe – zur Beichte gehen.
Der Künstler tritt lange Zeit hindurch im Mittelalter mit seinem Namen nicht hervor, »verewigt« sich aber im Werk selbst. Letzteres zählt mehr, ja, es ist das einzige, was überhaupt zählt, vor allem wenn es sich um ein Gott geweihtes Werk handelt. Findet nicht ein Wettstreit im Verbergen der eigenen Individualität und des eigenen Namens statt? Betont nicht gerade das Evangelium den Wert des verborgenen Lebens? Lobt Christus nicht gerade die Kleinen und Unansehnlichen? Weniger oder gar nicht scheint mir die Furcht im Spiel zu sein, durch die Namensnennung den Betrachter von der Andacht weg auf die Beurteilung des Künstlers hin abzulenken. Die Stifter allerdings lassen sich nennen. Sie sind die Anreger und geben das Geld. Der Künstler führt nur aus.

Der Beitrag der Kirche

Mit Kirche sind hier alle Christen gemeint, die sich in ihr wissen, nicht bloß die Bischöfe oder der Papst.

Ihr Beitrag zur Freiheit der Menschen

Daß der Mensch nur frei zum Glauben gelangen kann, wird als Grundsatz festgehalten. Doch gilt: auch wer ohne seinen Willen getauft wurde, muß fortan als Christ leben. Alkuin kritisiert Karls des Großen zwangsmäßige Bekehrungspolitik im Sachsenland. Mit Erfolg? Die Eheschließung müssen die – künftigen – Eheleute selbst vollziehen, sie kann nicht durch die Vereinbarung der Familienoberhäupter oder anderer Personen ersetzt werden, wir sprachen davon.
Unbestritten ist die Einrichtung der »oblati«, derzufolge Eltern ihre Kinder dem Kloster übergeben dürfen, den Kindern aber ein Protest oder gar das Ausscheiden aus dem Kloster untersagt ist. Immerhin wird bereits zu Beginn des Hochmittelalters die Einwilligung des »oblatus« als unabdingbar angesehen.
Was trägt die Kirche zur Befreiung der Leibeigenen, der Hörigen oder zumindest zu ihrer Besserstellung bei? Ohne spektakuläre Aktionen, so scheint es, arbeitet die Kirche beharrlich auf Schonung der Arbeitskraft

der Abhängigen und auf Achtung ihrer Würde hin. Als wirkungsvollere Politik aber könnte sie die Entwicklung der Gesellschaft in die Richtung begrüßt und vielleicht auch gefördert haben, welche die »Haltung« von Hörigen unrentabel, die Freilassung hingegen für alle Beteiligten nutzbringender sein ließ. Doch ist hier noch viel zu erforschen.

Eine erhebliche Rolle bei der Umgestaltung auf die Neuzeit hin dürfte die Kirche allein dadurch gespielt haben, daß sie Alternativen zu herkömmlichen Karrieren anbot, vor Berufsentscheidungen stellte und eine Ausbildung jedenfalls vom künftigen Kleriker verlangte. Von ihr dürften Berufswahl, -ausbildung und -leben schärfere Konturen erhalten haben. Die Kirche fördert auch die Individualisierung, indem sie den einzelnen Möglichkeiten anbietet, ihren Namen eine irdische Unsterblichkeit zu verleihen: durch die Annahme von Stiftungen, sei es von Hospitälern, Altären oder Glasfenstern. Sie erlaubt es, daß Stifterbilder aufgehängt werden. Damit ist – nebenbei – auch ihre Rolle als Mäzenin erwähnt.

Die Kirche lockert die Anbindungen und mindert die Kraft der Vorverfügungen. Beispielsweise betont sie das Recht eines jeden, sich einen Begräbnisplatz zu suchen. So gruppiert sie den Bereich der Festlegung und der Öffnung um. Angesichts der neuen Wahlmöglichkeiten fällt es ihr leichter, die Bindungen zu betonen, die lebenslang dauernde Ehe und das Verbot eines echten Scheidungsrechtes. Stabilisierung und »Verflüssigung« der Gesellschaft bedingen sich.

Der Beitrag der Kirche zur politischen und sozialen Gleichstellung

Dieser Beitrag ist nicht leicht zu umreißen. Die Botschaft vom Menschen, der Ebenbild Gottes ist, von der Gleichheit aller in der erbsündlichen Verhaftetheit, und von der allen ohne Ausnahme angebotenen Erlösung wird verkündet. Viele Vertreter der Kirche legen aber nicht immer oder nie die seit ihrer Kindheit aufgesogenen Vorurteile über »Unterschiedlichkeiten« zwischen den Menschen ab. Zahlreich sind die Versuche, alle auf eine Stufe zu stellen. Stundenbücher und Drittorden sind dabei nicht unwesentliche Mittel, um Laien mit Klerikern und Ordensleuten gleichziehen zu lassen.

Während die Gesellschaft die Ehe zwischen Freien und Unfreien abwertet und dem Freien eine Reihe von Entlassungsgründen zugesteht, betont die Kirche, daß es vor dem Herrn weder Freie noch Sklaven gibt. So gilt auch für sozial Abhängige: »Gemäß dem römischen Recht kann der Sklave eine Ehe nicht eingehen; deshalb nennt das römische Recht die Verbindungen von Sklaven ›contubernia‹ und nicht ›matrimonia‹; gemäß den canones der Kirche aber können die Sklaven heiraten, denn sie sind genauso wie die Freien ›krank vor Begierde‹, also muß ihnen auch dieselbe Arznei zur Verfügung stehen.«

Die Kirche und hier vor allem die Bettelorden unterstützen die demokratischen Formen der Stadtverwaltung, entwickeln Formen des Parlaments und fordern Mitbestimmung: »Was alle betrifft, ist von allen zu genehmigen.« Sie sind Mit-Wegbereiter der politischen Mitbestimmung.

Die Sorge um Menschlichkeit und um das Recht

Vorarbeit in der Spätantike leistet Konstantin der Große, als er ein Gesetz erläßt, in welchem er die Verunehrung des Ebenbildes Gottes untersagt. Die Brandmarkung des Menschen wird geächtet. Auch das Mittelalter will das Gesicht grundsätzlich nicht antasten. Doch dann finden wir die Einführung der Folter in den Inquisitionsprozeß.

Die Betonung der guten Werke und ihrer Verdienstlichkeit liefert vielen, die über Güter verfügen, einen zusätzlichen Beweggrund zu helfen. Geistig und körperlich Kranke, aber auch die ökonomisch Armen bleiben somit in einem Bezug zu den anderen Schichten und sind im alles entscheidenden religiösen Weltbild vorgesehen. Was diese Integration bedeutete, wird mit der Ausbreitung der protestantischen Lehre deutlich, welche die guten Werke nicht verbietet, ihnen jedoch jede Verdienstlichkeit abspricht. Ab diesem Datum wandelt sich der Bezug zu den Irren, Kranken und Armen. Aber betonten die kirchlichen Vertreter manchmal nicht zu sehr das Gebot der Barmherzigkeit, ohne auf Gerechtigkeit und einen gesicherten Rechtsstatus hinzuarbeiten, ohne den Barmherzigkeit sich gegen die Würde des Menschen richtet? – Das Engagement für die Rechtsordnung ist in der mittelalterlichen Kirche allerdings hoch. Cluny und die Gottesfriedensbewegung, die kirchlichen Rechtsbücher, der Einfluß auf die politischen Gebilde zeugen vom Bewußtsein dieser Dimension.

Doch läßt auch dieses Engagement wiederum Unrecht entstehen. Die Kirche bemüht sich zwar um Reinigung der Prozeßverfahren, um die »Entmythisierung« des Eides, um ein Beweisrecht, dessen Ausgang nicht von der Zahl der Eideshelfer oder dem wirtschaftlichen Einfluß abhängig ist, sie kämpft gegen die Gottesurteile an und wirbt für das Beweismittel des Geständnisses. Doch um es zu erreichen, befürwortet sie die Folter. Strafe soll den Schuldigen treffen und nur ihn. So tritt die Kirche für ein Strafrecht ein, in welchem die Söhne nicht für die Sünden der Väter gestraft werden. Das Urteil ist außerdem nicht schon rechtens, wenn die bloße Mehrheit ihm zustimmt, denn die Wahrheit muß nicht auf der Seite der Mehrheit anzutreffen sein. Andererseits richtet die Kirche das Inquisitionsverfahren ein, welches sich auf Grund von anonymen Denunziationen in Gang setzt.

Die Schwächung von Legitimationsgrundlagen

So sehr sich die Staatsgewalt von Gottes Schöpfung her begründen läßt, so sehr verbietet es andererseits der dreieinige Gottas, daß die Monarchie sich als Monarchie unmittelbar von Gott her legitimiert.
Wer sich trotzdem von Gottvater her rechtfertigen will, ruft jene auf den Plan, welche im Namen Christi oder des Heiligen Geistes gleichberechtigte Mitsprache einklagen. Daß politische Macht ihre Autorität nur aus der Dienstauffassung und nicht aus direkter Beauftragung durch Gott beziehen kann, wird erst langsam begriffen oder schnell überhört.
Durch die Forderungen der Selbstbestimmung der Eheleute wird die Familie, durch die Betonung der Gleichheit und der Solidaritätspflicht aller Menschen ein jedes soziale Gebilde, welches der »anderen« und der scharfen Abgrenzung zu Gegnern bedarf, geschwächt. Doch tragen auch kirchliche Mitglieder zu neuen Profilierungen und Überheblichkeiten bei.

Ihr Angebot von Erprobungsstätten

Die Versammlungen der Zisterzienser, Franziskaner und Dominikaner stellen Erprobungsstätten der Argumente dar und üben ein sachliches Streitverfahren mit Entscheidungsfindung ein. Die Unterwerfung der Minderheit unter die Mehrheit wird als sinnvoll und notwendig erlebt. Die Orden bieten somit wertvolle Hilfen für das politische Leben an. Sie sind Experimentierstationen für Regeln und ihr Funktionieren.
Gerade durch die Zisterzienser entwickelt sich ein parlamentarisches System, das die Anklage auch der höchsten Vertreter des Ordens vorsieht, nämlich der Äbte von Citeaux, La Ferté, Clairvaux, Montmorillon. Dieses System der Verantwortung der Exekutive vor der »Legislative« beeinflußt die sich bildenden Städte und Reiche.

3. Die Diskussion möglicher Mängel

Findet das Mittelalter selbst zur Kritik an seinen Fehlern und Fehlentwicklungen? Sehr oft. Weshalb erscheint die Kritik aber meist so ohnmächtig? Vielleicht deswegen: Während derselbe Mensch im einen Fall bereut und umkehrt, läßt er im anderen sich »gehen« und pflegt seine kleinen und großen Laster. Die völlige christliche Durchdringung des Lebens gelingt selten. Die Kraft reicht nur für eine teilweise Bekehrung. Momentane Großherzigkeit scheitert an den Verhältnissen, die in ihre

Geleise zwingen. Strukturen zwingen zum Mitmachen, das stillschweigend oder laut murrend ertragen wird.

Nachlebendes Heidentum? Neu entstehendes »Heidentum«?

Unter Heidentum ist der Götter- und Dämonenglaube zu verstehen, auf welchen das Christentum bei seiner ersten Verkündigung traf, dann aber auch der Glaube an vergängliche Werte und Gesetzmäßigkeiten. Die Kirche trat mit ihrem Missionsauftrag an. Ihn an sich selbst und an den noch nicht Getauften zu vollenden, gelang ihr nicht. Deswegen muß ich von einem Mißstand sprechen.
Noch weit in das Mittelalter hinein streuen nach der Taufe Bewohner des Tauber- und Jagsttales Körner in die »Näpfchensteine«, um die Raben, die Vertrauten und Schützlinge Wotans, günstig zu stimmen. – Vom sechsten bis zum neunten Jahrhundert versuchen viele sich durch die »Sortes sanctorum« die Zukunft sagen zu lassen. Sie legen drei Schriften auf den Altar oder über die Heiligenreliquien, zum Beispiel das Buch Exodus, das Buch Jeremia und schließlich das Matthäusevangelium. Nach einem Gebet, das eine Nacht hindurch dauern kann, schlägt der Wissensdurstige die Schriften auf. Sein Blick wird auf je drei Verse fallen. Er kombiniert alle drei zusammen und deutet sie sich. Es ist kein primitives Erzwingen, aber eben doch ein Drängen auf Absicherung. Man will sich nicht vertrauensvoll mit Gottes Führung zufriedengeben und der Verantwortung für sich etwas ausweichen. Die Kirche wie dann auch die Könige verurteilen diesen Versuch, an Gottes Vorauswissen durch eigene, menschliche Praktiken teilhaben zu wollen und sich von Gott entlasten zu lassen.
Die Sitte der Grabbeigaben erlöscht in den Kerngebieten des fränkischen Reiches um achthundert, hält sich in England und Skandinavien aber bis weit ins neunte Jahrhundert. Noch lange Zeit hindurch nähen die Gläubigen zwar ein Kreuz auf das Totentuch, legen aber sicherheitshalber einen Charonpfennig unter die Zunge des Toten, holen zwar den Priester zum Vollziehen des Ritus, geben aber dem Toten auch noch Eier und ein geschlachtetes Huhn mit, damit der Verstorbene auf dem Weg zu Jesus Christus nicht Hunger leide. Pfiffigkeit und Absicherungssucht wirken zusammen. Statt das Leben auf dem Weg des Entweder-Oder zu läutern, entscheidet man sich für beide Seiten.
Zählebig ist der Glaube an Elfen, Nymphen, Riesen, Zwerge, an Teufel als Vertragspartner, aber auch an die geheimnisvollen Kräfte des »Heiligen«. Nicht nur Christen unterliegen solchem Glauben. Auf einem Prunkgewand Mehmeds des Eroberers sind die Salomonssiegel angebracht, mächtige Talismane, welche den Träger des Gewandes vor zauberischen Einflüssen bewahren und Angriffe der Dämonen ins Leere laufen lassen sollen.

Die Entdämonisierung der Welt, bereits ein Ziel der Schriften des Alten Bundes, wird nicht völlig erreicht. Es bleibt ein beliebtes Disputationsthema, wie die dämonischen Gewalten genötigt werden können, geheimes Wissen preiszugeben.
Den Rest des Dämonenglaubens werden spätere Zeiten übernehmen und von neuem wuchern lassen.
Die Rede von »Fortuna«, der Glücks- und Schicksalsgöttin tritt wieder auf. Das Leben des Menschen, das eines Volkes, ja alles Leben sei an ein Rad gebunden, das einmal das Leben nach oben zieht und dann hinabzieht. Fortunavorstellungen finden sich hinauf bis Nicolo Machiavelli (1469–1527). Die Rede ist dabei nicht von einem gütigen Gott, sondern von einem blinden Walten, das dem Menschen unverständlich bleibt und menschliches Leben wie eine unwiderstehliche Kraft beherrscht. »Mit dem Kreislauf der Sterne ist das Gewimmel der Menschenwelt verbunden«, heißt es im »Parzival«. Die Zeit beschert Gutes und Schlechtes, Siege und Niederlagen, je nach ihrer Laune. Gefällt es nicht auch, sich von solchen Kräften abhängig und damit auch entschuldigt zu wissen, um nicht von einem in die Verantwortung stellenden Gott begutachtet zu werden? Sicherlich wird jeder Christ im Mittelalter zugeben, daß Gott in dieser Welt Mensch geworden ist. Aber bestehen nicht bei vielen Zweifel, ob Gott wirklich Herr über alle Abhängigkeiten geworden ist?
Verweltlichungen kommen auf. Nur ein kleines Indiz: Der Vater des späteren heiligen Franziskus von Assisi kommt aus Frankreich zurück und benennt aus Enthusiasmus für dieses Land seinen Sohn Giovanni nun Francesco: den Heiligennamen, Johannes, tauscht er gegen eine Landesbezeichnung aus.
Kaiser Friedrich II. leitet die Konstitutionen von Melfi mit den Worten »Imperator augustus, semper Augustus Gratia dei« ein. Das »Jenseits« gründet sich in der Geschichte und führt über die Kaiserlinie zu Gott. Bevor Gott die Kirche durch seinen Sohn gründen und die Päpste einsetzen ließ, regierten bereits die Kaiser, wie Alexander der Große, der Weltbeherrscher, und Julius Caesar. Das Ältere ist berechtigter und gilt mehr. Legitimationen werden also nicht nur bei Adam, Abraham, David, Salomo oder Jesus Christus gesucht, sondern auch bei den römischen Cäsaren, dann bei Karl dem Großen, schließlich bei den sächsischen, salischen und staufischen Königen und Kaisern.
Die Gleichgültigkeit vieler Menschen gegenüber ihrem Lebensziel veranlaßt Thomas von Aquin davor zu warnen, eine sittlich völlig indifferente Handlung anzunehmen.

Wie christlich ist das christliche Mittelalter?

Alle Bewertung des Mittelalters als christlich wird immer die Gegenwart der Juden und der Muslims mitberücksichtigen müssen. Dante spricht für alle drei Glaubensbekenntnisse seiner Zeit, wenn er »jenes mitgeschaffene und ewige Dürsten nach dem Reiche Gottes« bemerkt.

Christlich ist das Mittelalter, abgesehen von den Zügen, die wir bereits besprochen haben, auch darin, daß es das Heidnische nicht gewaltsam verdrängt, sondern ihm einen Dienst zuweist – wie den Wasserspeiern an den Kirchentürmen oder den Teufeln auf den Kapitellen. Ja, einen Dienst!

Daß Gott nicht auf Rache ausgeht, sondern Verzeihung schenkt, bedeutet eine ergreifende und für die Gesellschaft vielleicht auch bedrohliche Botschaft in einer Zeit, da Blutrache und Fehde noch selbstverständlich sind. Christus ist nicht Rächer, sondern Arzt, so wird in vielen pastoralen Schriften betont. Die Kirche arbeitet gegen ein düsteres Gottesbild, was nicht ausschließt, daß die Natur oder Menschen im Dienste Gottes Menschen züchtigen können. Elegant meistert Jeanne d'Arc diese Schwierigkeiten während ihres Verhörs: Auf die Frage, ob Gott auf seiten der Engländer war, als sie gegen die Franzosen Erfolg hatten, sagt sie: »Ich weiß nicht, ob Gott die Franzosen haßte, aber ich glaube, er wollte zulassen, daß sie für ihre Sünden, wenn sie im Stande der Sünde waren, geschlagen würden.«

Eine bemerkenswerte Skulptur entsteht um das Jahr 1000 in Tirol. Der Künstler will die Kreuzabnahme darstellen. Unter seinen Händen wandelt sich, besser vertieft sich das vorgegebene Thema: Josef von Arimathäa hebt den toten Jesus vom Kreuz, aber es ist Jesus Christus, der, aus der Starrheit des Kreuzes befreit, sich über den Menschen Josef von Arimathäa beugt und ihm Geborgenheit und Schutz verleiht. Es ist eine ergreifende Darstellung, in welcher der Mensch, während er Gott und der Welt hilft, wiederum Hilfe von Gott empfängt. Nur aus tiefem Glauben gestaltet sich solche Skulptur.

Der christliche Glaube leistet aber nicht nur Widerstand und bietet eine andere Welt- und Menschensicht an, nein, er selbst wird durch heidnische Sichten auch umgemünzt. So glauben immerhin viele, daß die Seele ungeschaffen sei und sich nicht Gott verdanke; daß außerdem das Wesentliche des Menschen die Seele und nicht der Leib-Seele-Verbund sei. Deshalb werde die Auferstehung auch nur der Seele zuteil, die sich außerdem reinkarniere. Der Glaubenssatz von der geschaffenen Seele und der Auferstehung des Menschen mit seinem verwandelten Körper dringt nicht bis zu den tiefsten Schichten menschlicher Weltsicht vor. Nie gab es den unbestrittenen Anspruch des christlichen Glaubens. Immer war Platz für andere Werte.

Der Versuch, die Zeit festzuhalten und die Ewigkeit auf Erden zu erreichen

Auch im Mittelalter gibt es den Drang, sich selbst zu dokumentieren. Die erhaltenen Entwürfe, Skizzen, Baupläne und Abänderungszeichnungen des Kirchenbaus versuchen Abläufe und Menschengeschichte festzuhalten. Die Kirchen, Häuser, Brücken und Burgen zeugen von dem Wunsch, sich eine kleine irdische Unsterblichkeit zuzulegen. Doch soll von nicht ganz so harmlosen Versuchungen die Rede sein.

Sperren gegen eine Weiterentwicklung

Die Versuchung ist groß, sich »am Ende« zu wissen, sei es auf dem kirchlichen oder politischen Zenit. Menschen sperren sich gegen eine Weiterentwicklung. Heinrich Seuse spricht von der »greisenhaften Zeit«. Was kommen kann, wird nur noch Abstieg sein. Zu erwarten sind Abfall und Zerfall. Deshalb wird mit aller Kraft am Erreichten festgehalten. Den Höhepunkt gilt es zur Hoch-Zeit auszuweiten und diese zu stabilisieren. Kaiser Friedrich II. (1194–1250) gibt der Sehnsucht nach der Ewigkeit Ausdruck und läßt seinen Sohn Konrad (1228–1254) als den Höhepunkt einer Linie abbilden, die über Kaiser Friedrich I. (1122–1190), Kaiser Heinrich VI. (1165–1197) zu ihm, Friedrich, führt: Mehr ist nicht möglich, mehr ist auch nicht zu verlangen.
Für Innozenz III., Papst von 1198 bis 1216, sind alle nur möglichen und billigenswerten Gestalten des Ordenslebens zur Ausprägung gelangt. Grundlegend Neues kann es nicht mehr geben. Ein Zurückkehren ist unnötig, ein Weitergehen überflüssig. Auf dem Vierten Laterankonzil von 1215 wird deshalb beschlossen, daß alle künftigen Gemeinschaften der Kirche nur noch aus drei Typen von Regeln auswählen dürfen. Ein »Numerus Clausus« ist eingeführt, läßt sich aber ebensowenig einhalten wie die Zenitbahn der Staufer.
Selbst das auf den ersten Blick dynamisch wirkende Schema des Joachim von Fiore zeigt, daß die völlig offene Zeit nicht gewünscht, ein Raster hingegen willkommen war. Leben sollte sich auch zeitlich in einer festgelegten Struktur mit unaustilgbarer Herkunft und erwartbarer vorprogrammierter Endzeit vollziehen.

Die Erstarrung

Doch ist das Bild unvollständig, wenn wir nur auf diese grundlegenden Bemühungen zum Festhalten und Festschreiben achten. Jede Stadt ist davon gezeichnet, wie sich Phasen der Ausbreitung mit denen der Wendung nach innen ablösen. Zahlreiche Städte errichten nach einem Wachstumsschub Stadtmauern, befestigen sie zur Verteidigung und zur besseren Kontrolle des Innenlebens mit Türmen und rundum begehbaren Wehrgängen. Der freie Zugang zum Umland erfolgt durch immer weniger und bald immer wirkungsvoller bewachte Tore. Die Stadt ist Falle und Disziplinierungsinstrument. Wie oft verweigern sich Städte dem Wachstum?

Die Festschreibung des Lebens durch Regeln erstickt vielfach das Leben und verleiht der Regel einen Vorrang vor der Entfaltung menschlichen Lebens. Die Rezeptionsvorgänge, etwa die Rezeption des römischen Rechts, dürfen vielleicht auch von dieser Tendenz her zu lesen sein. In den Vordergrund ist das Bemühen gerückt, das Leben nach dem Recht zu gestalten, nicht das Recht nach dem Leben. Zugrunde läge nicht nur eine gewisse Abwertung des Lebens, sondern auch eine Angst vor der sich beschleunigenden sozialen Bewegung.

Die leichtfertige Förderung von Polarisierungen und der Verzicht auf Unterscheidung

Ein Mangel aus der Sicht unserer Zeit? Ja! Sind andere Zeiten besser? Es ist zu bezweifeln.

Geistlich gegen Weltlich

Auf ihre einheitliche Führung, Selbständigkeit und Unabhängigkeit bedacht, versucht die Kirche jegliche Bevormundung und Einflußnahme abzuschütteln, sich aber auch zum Richter über die politischen Gebilde aufzuschwingen.

Konflikte spielen sich zwischen Papst Gregor VII. und Heinrich IV., zwischen Innozenz III. und den Fürsten des Römischen Reiches ab. Gregor IX. und Innozenz IV. streiten sich mit Friedrich II., Johannes XXII. ringt mit Ludwig dem Bayern.

Der unerbittliche und manchmal blutige Kampf zwischen sacerdotium und potestas saecularis verliert jedoch den Grundgedanken der chalcedonischen Formel aus dem Auge, daß Gott und Mensch in Jesus Christus und analog der geistliche und der weltliche Bereich unvermischt und ungetrennt sich zueinander verhalten. Um den Gewinn der Selbständigkeit der Kirche und ihrer inneren Zentralisierung wird der beiden potestates gemeinsam übertragene Auftrag zur Vermenschlichung der Welt aufgekündigt. Das sicherlich schwierig zu lebende und zu wahrende Netz wechselseitiger Ein- und Gegenüberordnungen ist der zu klaren und damit falschen Formel des Gegeneinander gewichen. Freiheit ist nur durch Herrschaft zu erlangen, behauptet die päpstliche Politik. Wird die Freiheit aber nicht im Strudel der Machtbewahrung zunichte?

Kleriker gegen Laien

Der Hochmut der Kleriker gegenüber den Laien, ja gelegentlich die Feindschaft belasten das Leben in der einen Kirche. Man bringt es fertig, Einheit zu predigen, ohne sie sichtbar werden zu lassen. Für Aegidius Romanus (1243/1247–1316) sind die Laien »adscripticii« der Kirche, was soviel bedeutet wie Leib-Eigene. Sie bilden nicht die Kirche, sondern sind ihr unterstes Anhängsel. Ein Mitspracherecht, geschweige ein Mitentscheidungsrecht ist von diesem Bild her undenkbar.

Lateinisch gegen Griechisch

Die Lateiner blickten verächtlich auf die Griechen, die Griechen rümpften die Nasen gegenüber den Lateinern. Wir hörten bereits die verächtlichen Worte Liutprant von Cremonas. Eine Serie von Schriften, »Gegen die Lateiner« betitelt, durchzieht das Mittelalter.
Das Abendland stemmt sich gegen das Morgenland und versucht, sich nicht minderwertig zu fühlen. Notker der Stammler gibt zu Bedenken: »Ich meine, wir dürfen Gott dankbar dafür sein, daß wir, die Langsameren, ihnen (den Morgenländern) doch den Vorsprung wieder abgewonnen haben.« Eine Art Rückstand habe gegenüber dem Morgenland bestanden, sei jetzt aber aufgeholt. Notker spricht von den Heiligen, die in Westeuropa und Afrika der Kirche und der Welt geschenkt wurden: Ambrosius, Hieronymus, Augustinus, Simplician, Eusebius, Paulinus von Nola und Paulinus von Trier. Gegen Ende der Nacht, so Notker, kamen noch viele dazu: Comgall, Columba, Columban, Gallus, Gregor, Benedictus, Ethman, Audomarus.

Nation gegen Nation

Der Konflikt zwischen den »Völkern«, »Stämmen« und den Regna beherrscht zunehmend die Beziehungen; sein voller Ausbruch wird durch die Kreuzzüge und die vorübergehende Einbindung aller Stämme und Familien in eine geistige Aufgabe etwas hinausgezögert.
Gegenüber den Engländern findet sich »Frankreich« um Jeanne d'Arc (1412–1431) zusammen. Auf die verfängliche Frage, ob Gott die Engländer hasse, antwortet Jeanne d'Arc klar und prophetisch: »Über die Liebe oder den Haß Gottes gegen die Engländer weiß ich nichts. Aber ich weiß wohl, daß sie aus Frankreich vertrieben werden.« Und Jeannette Roland darf 1437 entgegen allem natürlichen und kanonischen Recht ihren geliebten Engländer nicht heiraten – aus nationalem Interesse.

Parteiungen

«Hie Welf – hie Waibling«: Je einem Lager, der Guelfen oder dem der Waiblinger, fühlen sich Einwohner des Römischen Reiches und Italiens zugehörig. Zwei sich aufs Blut bekämpfende Lager zerreißen den Frieden von Familien, Städten und Reichen.
Konflikte zwischen Fürst und Untertanen gehören zum Alltag.
Aber immer wieder stehen auch Könige, wie die Frankreichs oder Englands, gegen den Kaiser oder gegen ihresgleichen auf. Bewegt klingt die Klage Kaiser Heinrichs IV., die er am Osterfest des Jahres 1079 vor der Übertragung des Herzogtums Schwaben an Graf Friedrich anstimmt: »Tüchtigster der Männer, den ich unter allen meinen Gefolgsleuten im Frieden als den treuesten und im Kriege als den tapfersten erkannt habe, siehe, wie das in Finsternis verhüllte und der Treue beraubte ... Römische Reich sich zu niederträchtigen Anschlägen und verabscheuenswerten Taten verleiten läßt. Den Eltern wird keine Ehrerbietung, den Herren nicht der schuldige Gehorsam erwiesen. Heilige Eide, die nach göttlichem wie menschlichem Recht den Fürsten von ihren Vasallen öffentlich geleistet zu werden pflegen, werden für nichts geachtet; aufrührerische Parteieide hingegen, die gegen göttliches und menschliches Recht in Schlupfwinkeln geschworen werden, gelten aufgrund teuflischer Anstiftung als unverletzlich. Weder den Gesetzen noch den göttlichen Geboten zollt man Achtung. Da nämlich alle Gewalt von Gott stammt, handelt jeder gegen Gottes Satzung, der sich der weltlichen Obrigkeit widersetzt.« Eine parteiliche Stellungnahme gewiß, nicht frei von übertreibender Einseitigkeit, und doch täuscht sich der bittere selbstmitleidige Blick nicht über die Wankelmütigkeit und Treulosigkeit der Menschen.

Stadt gegen Stadt, Stadtgeschlecht gegen Stadtgeschlecht

Haß herrscht zwischen Perugia und Assisi, zwischen Florenz und Siena. Aussöhnung ist lange nicht in Sicht. Die Römer krönen Heinrich VI. nur unter der Bedingung, daß er Tusculum zerstöre. Wenige Tusculaner überleben.
Der Haß zerreißt Perugia, das keinen Frieden zwischen den wohlhabenden Familien zustandebringt und sich lieber zermürbt.
Kämpfe innerhalb der Stadtgemeinde, zwischen den »Geschlechtern« kosten zahlreiche Leben. Als im September 1425 der Volksprediger San Bernardino da Siena nach Perugia kommt, erschüttert er die 3000 Menschen. Sie schleppen ihre »Schminktöpfe, falschen Haare, Karten, Brettspiele« vor den Mönch, »sie verzichten auf die Sassaiuola, auf die Tänze an hohen Festtagen – auf ihren Parteihaß nicht. Sogar 1445 wurde noch

einer hingerichtet, ohne anderen Grund, als weil er ein Raspante war.« Der Haß macht starr, vergiftet und beschwert.
Bürger empören sich gegen den Bischof als ihren Stadtherrn. Ab dem 11. Jh. begehren Städte auf, um Freiheit von den Grundherren und dem Landesherren zu erhalten. Es bilden sich die »Communen« mit Selbstverwaltung und erfahren, daß es schwieriger ist, die Freiheit zu erobern als sie zu bewahren. Bald zieht eine Stadtaristokratie die Macht an sich und verteidigt sie verbissen und wenig wählerisch in den Mitteln ihrer Macht gegen den Druck von unten.
Handwerker stellen ab dem 14. Jahrhundert die Macht der Patrizier in den Städten in Frage, so in Augsburg und in Braunschweig. Wo die große Umschichtung der Machtverhältnisse stattfindet, werden in den Rat der Stadt neue Familien aufgenommen und die einfachen Handwerker an der Regierung beteiligt.
Konflikte vergällen aber auch das Leben der Handwerker untereinander. Über 130 Jahre währt der Kampf der Kölner Leinenweber, Wappensticker und Seidenweber gegen die verdienstschmälernde Konkurrenz der Beginen.

Adel gegen Bauern, Bauern gegen Adel, Soldaten gegen alle

Greifen wir nur einen Aufstand aus der langen und blutigen Liste der Bauernerhebungen heraus. Bei St. Jorgensbjerg in Nordjütland findet 1441 eine Schlacht der Bauern gegen die »Klerisei« und gegen den Adel statt. Bedrückt durch Abgaben, die als unannehmbar empfunden werden, und mittlerweile überzeugt von der Aussichtslosigkeit, durch Gespräche eine Besserung zu erreichen, fassen die Bauern ihre Erbitterung gegen die »Unterdrücker« in dem Aufruf zusammen: »Tötet die Wölfe, dann bekommen sie keine Jungen!« Hinzu tritt, vermittelt durch Kontakte der Bauern mit dem Reichsgebiet, ein hussitischer Funke, ein Traum von der Gleichheit aller Menschen. Auf die Seite der Bauern stellt sich der Reichsrat Erich, der sich von seinem Stand, dem Adel, lossagt und ihm die Worte entgegenschleudert: »Es ist Eure große Übermacht und Unredlichkeit, die niemandem weder Billigkeit noch Recht gestehen, es ist Eure Untreue, Eure Verschwendung und Euer hartherziger Geiz, daß Ihr, um der Güter und des Hellers willen weder Gott, die heilige Kirche noch den Thron scheut, weder Ritter noch Knechte, Frauen noch Jungfrauen, weder Bürger, Bauern noch Einwohner, daß Ihr so gierig eintreibt ohne jede Barmherzigkeit, so daß alle jene, die unter Euch sind, wegen Eures unredlichen Regimes in Verderb geraten, weswegen sie auch Eurer ledig sein wollen und aus diesem Grund sind Eure eigene Mannschaft und Eure eigenen Bauern in Aufruhr gegen Euch.« Am 3. Mai 1441 treffen die Heere aufeinander. Der Adel erleidet eine vernichtende Niederlage.

Die Bauern stellen die gefangengenommenen Anführer vor ein Kriegsgericht und exekutieren sie. Der Gegenschlag läßt nicht lange auf sich warten. Einen Monat später, am 6. Juni, kreist der König die Wagenburg der Bauern ein. Als die Herren ihre Bauern zur Kapitulation aufrufen und ihnen das Leben versprechen, gibt ein Teil auf, wird aber entgegen der Zusicherung alsbald hingerichtet. Die Übrigen harren aus und fallen. 20 000 Bauern, so berichtet man, seien auf dem Schlachtfeld tot zurückgeblieben.
Der Adel gibt kein Pardon, wenn er nur die aufmüpfigen Bauern niederhalten kann. Gnadenloses Zuschlagen, Blutrausch und enthemmte Gier zu töten bestimmen die Ritter um Oswald von Wolkenstein (1377–1445), die aus Wut und Haß mit einem Vernichtungssturm über die feindlichen Bauern herziehen: Es »... brannten juchhe Häuser und Mäuse«.
Entlassene Soldaten verunsichern das Land und bedrohen die Städte. Frankreich und England wissen ein Lied davon zu singen.

Söhne gegen Väter, Verwandte gegen Verwandte

Der Bruderzwist und der Aufstand des Sohnes gegen den Vater ziehen ihre Spur des Entsetzens und des Blutes durch das Mittelalter. Gegen Kaiser Otto den Großen empört sich beispielsweise sein Bruder, dann erhebt sich gegen Otto sein Sohn. Sohn Konrad und der spätere König Heinrich V. lassen sich gegen ihren Vater Heinrich IV. aufstellen, der älteste Sohn Hedwigs von Schlesien tritt gegen ihren Mann, den Herzog Schlesiens, an.
Die ärgsten Feinde können sich innerhalb der Familie finden. Die Vergeudung an Kraft, Zeit und Blut ist hoch. Sie wird vielleicht nur noch durch den dabei eintretenden Verlust an Glaubwürdigkeit übertroffen. Wer will also noch von einem idyllischen Mittelalter sprechen? Doch ist zu berücksichtigen, daß die Familie mangels der uns geläufigen Trennung in »öffentlich« und »privat« im Mittelalter die erste und wichtigste Einheit ist, mit der politische Macht erlangt, erhalten und in der sie verteilt wird. Dieser Umstand setzt die Familie Konflikten, ja Zerreißproben aus.

Die Schwierigkeit mit der Inkulturation. »Imperialismus«-Gehabe?

Nichts interessiert, was nicht unmittelbar weiterhilft, alles erregt Neugier, was zu einer Verbesserung des Lebens führen kann. Trotz aller Neugier geht oft eine geistige Genügsamkeit mit einer Eingebildetheit einher, die sich weigert, auf Fremdes zu hören, zu lernen und sich in Frage zu stellen.
Unverständnis gegenüber Byzanz bestimmt die weltliche und kirchliche Politik des Westens gegenüber diesem Staat und verspielt die Chancen

für eine tragfähige Verständigung. Erst recht produziert das Benehmen der Kreuzfahrer 1203 und 1204 während der zwei Einnahmen Konstantinopels die Stufe des Hasses, welche später jede Union und jedes Bündnis auf Ablehnung bei der konstantinopolitanischen Bevölkerung stoßen läßt. Nach der Eroberung von Konstantinopel wäre wohl ein Teil der Bevölkerung bei ein wenig Verständnis und Zurückhaltung von Seiten der Eroberer zu gewinnen gewesen. Doch auch diese wenigen werden durch das großspurige und wenig einfühlsame Verhalten der »Besatzer« abgeschreckt und wenden sich bald mit Haß ab.
Die arrogante Abkapselung gegenüber den Juden bereitet den Boden für groteske Gerüchte und Verdächtigungen ihnen gegenüber und verhindert schon im Keim, daß die Beschuldigten überhaupt nur in Ruhe und Unvoreingenommenheit der Richter zu den Vorwürfen gehört werden, geschweige sich gegenüber ihnen entlasten können.
Die Auseinandersetzung mit dem Islam erschlafft nach ersten Ansätzen. Während der Kreuzzugszeit werden nur wenige den Koran lesen, und ihre Zahl verringert sich. Menschen der Verständigung sind selten, Franz von Assisi und Kaiser Friedrich II. gehören zu ihnen.
Die hochmütige Haltung prägt ab 1492 auch die Eroberung und Besetzung Zentral- und Südamerikas.

Eine Zeit besonderer Grausamkeit?

Das Mittelalter kennt den wohlüberlegten Totschlag, den heimtückischen Mord, den feigen Raub und den schnell begonnenen Krieg, der zu Lasten der vielen geht, die ohne politische Mitbestimmung waren. Ganz unbestreitbar ist das Mittelalter eine Zeit der Grausamkeit und der Brutalität an einzelnen, aber auch des billigen Sterbens der großen Zahl. Sicherlich, denn wäre es keine solche Zeit, so wäre es keine menschliche Zeit, die bislang immer, sei es durch einzelne, sei es durch die Strukturen, den Menschen zusetzt und ihnen nicht ihr Leben läßt. Immer gab es den grausamen Tod, ununterbrochen schickten Menschen ihresgleichen in ein Sterben unter ausgesuchten Qualen, das Schrecken auslösen sollte. Nie starben bisher alle Menschen einer längeren Zeit auf friedliche Weise, immer wurde ein Teil durch die Gewalt anderer aus dem Leben befördert. Ein Forscher will für die erste Hälfte des Mittelalters nur ein Jahr entdeckt haben, in welchem kein größerer Waffengang stattfand, das Jahr 791.

Außerhalb des Krieges begangene Grausamkeiten

Wie zu allen Zeiten besetzen auch im Mittelalter hier und dort Sadisten Machtpositionen, etwa Vlad Dracul in der Walachei, quälen Psychopathen die ihnen Anvertrauten – vielleicht doch Richard III. von England? –,

geraten Menschen in Panik und toben sich an ihresgleichen aus, zum Beispiel an den Juden.
An Grausamkeiten fehlt es nicht in der Familie, nicht in der Stadt und nicht auf dem Dorf. Die Ermordung des einen Ehegatten durch den anderen kommt vor, vielleicht häufiger als bekannt wird. Die städtische Kriminalität ist durch Chroniken besser bezeugt als jene des Dorfes. Schweigen überdeckt hier vieles. Weder Papst noch König oder Herzog, nicht Ritter, Priester und Bauer und nicht die Frauen, Kinder und Greise sind vor dem mörderischen Zugriff oder vor Verstümmelungen sicher. Jede dieser Gruppen, mit Ausnahme der Kinder, weist Verbrecher in ihren Reihen auf.
Ich will aus der Fülle von Untaten nur fünf Beispiele herausgreifen.
Der Zerfleischungskrieg im »Merowingischen Hause«, der zwischen Brunechildis und Fredegunde erbarmungslos im sechsten und siebten Jahrhundert geführt wird, läßt Zeitgenossen bereits erschauern.
Der Gegenpapst Johannes von Piacenza wird im Jahre 999 an Augen, Nase und Ohren verstümmelt und auf einem Esel durch die Straßen Roms geführt.
Die Düsterkeit Karls von Anjou (König von Neapel 1265–1285) und sein Haß auf die Staufer wirkt sich auf die Überlebenden des Geschlechtes aus. Nach der Jagd auf Konradin (1254–1268) und dessen Hinrichtung läßt Karl seine Opfer einschließen. Einsperren erspare zwar das Blutvergießen, aber »sie leben nur, um zu sterben«, so raunen die Menschen mitleidsvoll. Karl will dem Tod nicht vorgreifen und dem Leben den Zutritt versperren. Um Entführungen zu unterbinden, werden die Gefangenen in feste Türme hinter Steinquadermauern verbracht und in immer tieferes Schweigen versenkt. Ununterbrochene Dunkelhaft macht die gefangenen Staufer erblinden, stumpft sie ab und verwandelt sie zu Wracks. König Enzio (1215/1216–1272) stirbt nach 23jähriger Gefangenschaft, Beatrix (1258–1307) kommt nach 18 Jahren Kerker 1284 im Gefangenenaustausch frei, Friedrich (1259/1261–1312), ein Sohn König Manfreds, verbringt von 1266 an bis Sommer 1304 sein Leben in den Kerkern. Sein Bruder Heinrich (1260/1264–1318) wird von 1266 an bis zu seinem Tode hinter den Steinquadern festgehalten. Eine Chronik dieser Leiden und enttäuschten Hoffnungen wird sehr wahrscheinlich nie geschrieben werden, auch nicht über die vielleicht doch – hoffentlich – heimlich gewährten Vergünstigungen.
Dante läßt den Leser der »Göttlichen Komödie« in das Innere eines Gefängnisses treten. Der Leser erlebt mit den Gefangenen, Graf Ugolino della Gherardesca und seinen vier Söhnen, die Vernagelung von Tür und Fenstern, und bleibt mit den Gefangenen in der Dunkelheit zurück. Die vier Söhne sterben den Hungertod. Der Bericht endet, als der Hunger den Vater zum Kannibalismus treibt.

Kardinal Jean de la Balue (1421–1491) zunächst Bischof von Evreux und Angers, dann Finanzminister Louis XI, wird wegen der Beschuldigung des Landesverrats in einen Eisenkäfig eingeschlossen und elf Jahre lang in ihm verwahrt. Er hatte den Käfig für seine Feinde entworfen.
Dürfen wir verurteilen? Wir, die wir belastet sind mit Genoziden, Torturen allen Raffinements und inhumanen Todesstrafen? So bleibt die Frage, ob es besondere Gründe und Hintergründe für diese Art des Umgangs der Menschen mit Menschen gibt.
Zahlreiche soziale und politische Funktionen hängen von der Kraft und der Dauer allein des physischen Lebens ab und gefährden es dadurch. Die Angst vor dem Gegner führt zu den geschilderten Haftbedingungen, falls nicht der sofortige Tod als noch sicherer vorgezogen wird. Dort wo das Recht die Unversehrtheit als Bedingung verlangt, um bestimmte Ämter zu bekleiden oder in einen Stand einzutreten, wächst die Bereitschaft, den möglichen Bewerber, Nebenbuhler oder gefährlichen Anwärter zu verstümmeln. Unbeherrschtheiten, mangelnde Selbstkontrolle und fehlender institutioneller Schutz erleichtern Grausamkeiten. Es gibt aber auch die Suche nach der »milderen« Art der Rache, solange sie wirkungsvoll scheint. Reicht die Blendung, so ersetzt sie den Totschlag.

Der Krieg

Das Abstürzen aus dem Flugzeug, das Ersticken und Zerquetschwerden im Stahlkörper des U-Boots oder der Krieg mit Gas, Napalm und Chemikalien als Todesarten des modernen Abschlachtens zeigen keinen Vorzug gegenüber dem Tod auf einem Schlachtfeld des Mittelalters. Andererseits bringen sie wiederum nur den Naiven dazu, das Mittelalter als idyllische Zeit zu bewerten. In der Rüstung zu ersticken oder unter Wasser gezogen zu werden, an den Pfeilen zu verbluten, die in Auge und Schädel dringen, von Pferden zertreten zu werden und auf dem Schlachtfeld ohne Arme und Beine zu liegen und zu verbluten, ist keine Vorzugsbehandlung.
Wer im Statens Historiska Museum in Stockholm die dort konservierten Reste der am 27. Juli 1361 gefochtenen Schlacht von Korsbetningen bei Wisby auf Gotland betrachtet, wird sich des Widersinns bewußt. Ins Feld gingen auch Kranke und Krüppel. Sie hielten stand und ließen sich schlachten. Gespaltene Schädel, rostige Pfeile, welche immer noch in den Augenhöhlen stecken, durch Schläge zersplitterte Knochen bieten ein stummes und doch so beredtes Szenario des Leidens.
Als Corso Donati nach erbittertem Widerstand der Bürger am 5. November 1301 in Florenz einzieht, läßt er die Gefängnisse öffnen und »gönnt« der Bürgerschaft eine ganze Woche des Terrors.

Zu den fast normalen Verlusten gesellen sich die grauenhaften Exzesse von Söldnern, wie etwa jener aus Monaco, die im Solde König Philipps VI. von Frankreich (1328 – 1350) verschleppten Fischern außer Nase und Ohren die Geschlechtsteile abschneiden und den Unglücklichen in den Mund stopfen, die so durch die Straßen gejagt werden.
Gründe für den erbitterten Kampf und für die hohe Bereitschaft zu Kriegen sind sicherlich auch darin zu suchen, daß die mittelalterliche Gesellschaft eine Gruppe ernährt und züchtet, die sich zum Kämpfen und Kriegführen berufen fühlt und den Waffengang als ihr Lebenselement betrachtet.
Es fällt auf, wie sehr doch das Leben der vielen in einem Verband von den Entscheidungen eines einzigen abhängig war. Zu Beginn des Mittelalters fielen die Entscheidungen über Krieg und Frieden auf breiter Ebene. Es schrumpft im Laufe des Mittelalters die Zahl derer, die für zuständig gehalten werden. Die Verfügung Einzelner über Menschen nimmt zu – und zwar gerade in lebensbedrohlichen Fragen. Mit der Distanz des Machthabers vom Ort der blutigen Auseinandersetzung verlieren sich aber auch die Tötungshemmungen.

Die Darstellungen der Martern

Das Thema »Grausamkeit« läßt uns nicht an den Abbildungen der verschiedenen Martyrien vorbeigehen. Über dem Altar erkennt man die Darstellung der Kreuzigung Jesu, auf den Retabeln der Seitenaltäre den halbnackten aufgereckten Leib des heiligen Sebastian, von Pfeilen durchbohrt, und den heiligen Laurentius, sich auf dem glühenden Roste windend. An weiteren Darstellungen kann noch das Herausspulen der Gedärme aus dem aufgeschlitzten Leib des heiligen Erasmus zu sehen sein oder die heilige Margarete, welche finstere, gefühllose Henkersknechte nackt an einem Schlächterbalken aufgehängt haben. Dort findet der Gläubige einen Kessel über dem Feuer abgebildet, in dem die heilige Julita mit ihrem Söhnchen gesiedet wird, auf dem gleichen Altarbild wird eine Heilige mit einer Waldarbeitersäge in zwei Hälften zerlegt, weiter weg ein Heiliger zerstochen. Enthauptungsszenen finden sich in vielen Kirchen abgebildet.
Noch Albrecht Dürer versucht sich wie andere zuvor an dem Gemälde »Die Marter der Zehntausend«. Hier bietet sich ein beliebter und berechtigter Anlaß zu Aktstudien und es mangelt nicht an Stoff zu einem bewegten Bild der Quälereien und ihrem gefaßten Ertragen. Ein hohes kompositorisches Können ist erfordert.
Was reizt aber darüber hinaus zu solchen Darstellungen? Gibt es eine Berechtigung, ja vielleicht Pflicht, die Märtyrer und ihre Martern darzustellen? Notker der Stammler schreibt unter dem Titel »Von den Lebens-

beschreibungen der Heiligen«: »Übrigens mußt du recht fleißig die Kämpfe und Siege der heiligen Märtyrer lesen, damit du dich gewöhnest, nach ihrem Beispiele nicht nur die Lockungen der Welt zu verachten, sondern selbst das Leben für Christus hinzugeben und die Qualen des Leibes für nichts zu achten, mit Hilfe der göttlichen Gnade und des innewohnenden Heiligen Geistes.« Der durchschlagene Hals und der zerfleischte Körper sind ein Aufruf, die kleineren Schwierigkeiten christlichen Lebens zu ertragen. Immer ist es die Geduld der Heiligen, die Passivität der Dulder, die hervorsticht. Die Darstellungen zeigen schonungslos, wohin ein radikal gelebter Glaube führen kann und daß der gewaltsame Tod für Christus nicht ausgespart bleiben muß. Das Leben soll als wertvolles Gut gezeigt werden, aber eben nicht als höchstes. »Lieber tot als Christus zu verraten«, lautet die Devise. Dem irdischen Leben wird also auch ein wenig gespottet und allen denen, die es für das oberste der Güter halten, ein klein wenig Verachtung entgegengebracht.

Verbirgt sich aber nicht auch in den oft brutalen Abbildungen der Versuch, die Zwänge zunehmend domestizierter Umgebung abzureagieren? Dienen die Darstellungen einer Art seelischer Hygiene? So würde die Darstellung des Heiligen ein Stück der Triebwelt berücksichtigen und ihm Raum geben.

Es wird kein Haß auf die Henker geschürt. Gingen verrohende Wirkungen von solchen Bildern aus? Rückschlüsse sind schwer möglich.

Die »Grausamkeit« des Mittelalters – und das 20. Jahrhundert?

Wer aber will die Grausamkeit des Mittelalters mit der des 20. Jahrhunderts abwägen? Gegenüber modernen, höchst sadistischen Praktiken der Folter, der Psychopharmaka-Behandlung von Dissidenten, angesichts qualvoller Hinrichtungen, menschenunwürdiger Haltung von Strafgefangenen in unserer Zeit schneidet das Mittelalter erst einmal nicht schlechter ab. Konnte je ein Mensch einen anderen leiden sehen? Damals wohl so wenig und so häufig wie heute!

Eine Zeit der Leibfeindlichkeit?

Unter »Leibfeindlichkeit« verstehe ich ein Verhalten, welches den Leib, die Sinne und im besonderen die Geschlechtlichkeit des Menschen abwertet, als gefährlich einstuft, vielleicht sogar verachtet. Die Pflege des Leibes wird vernachlässigt.

Wer mit dieser Frage das Mittelalter angreifen will, meint meist die Kirche. Um der Klarheit willen ist der Fragende zu befragen, von welchen Vorstellungen her sich seine Befragung leiten läßt und aus welchen Wünschen und Wunden sie sich speist.

Wir haben bereits gehört, wie M. Foucault das mittelalterliche Sexualitätsverständnis beurteilte. Leib und Geschlechtlichkeit sind ganz selbstverständlich für die weitaus größte Zahl der Menschen des Mittelalters – nicht nur für die Christen – Schöpfung Gottes, die gut ist und zum Segen ist.

Manche halten das Mittelalter für eine Zeit der Prüderie, der starken Kontrolle der geschlechtlichen Beziehungen, ja, der Leibfeindlichkeit. Andere rechnen solche Züge, deren Existenz nicht geleugnet wird, den jansenistischen oder viktorianischen Einflüssen zu und betrachten die Beziehungen zwischen den Geschlechtern in den vorangehenden Jahrhunderten als freier und ungezwungener. Zu Unrecht werde eine geschlechtsfeindliche Haltung ins Mittelalter zurückinterpretiert. Zu berücksichtigen ist sicherlich auch, daß das Mittelalter Haltungen der Spätantike übernahm. Es ist dann freilich immer noch für die Übernahme verantwortlich.

Auch hier können nur einige skizzenhaft verbleibende Antworten gegeben werden.

Sämtliches geschlechtliches Verhalten ist im Mittelalter in einen sozialen Kontext eingebettet und wird von ihm her beurteilt. Auf die Lebensweitergabe kommt es an; daß Gefühle dabei nicht fehlen, daß wer heiratet, in aller Regel sich auch mag, gilt als selbstverständlich. Doch weiß man um die Brüchigkeit der Gefühle und um die Unerfüllbarkeit von Wünschen, und spricht deshalb wenig über »Liebe«. Betont wird, daß die Ehe eine Hilfe gegen die Schwäche der Natur und ein Trost des Menschseins, vor allem der alten und hilfsbedürftigen Menschen sei, die sich gegenseitig helfen können und sollen.

Leibfeindlichkeit bestimmt keineswegs die allgemeine Wirklichkeit; dies bezeugen die Kunst, die Bräuche, selbst die »Beichtspiegel«.

Das Mittelalter möchte ich vielmehr als eine Zeit deftiger Sinnenfreude bezeichnen, die dann als Gegenreaktion die Verzichte provoziert. Naivfreudige Hingabe wechselt mit freudig übernommenem Verzicht, exzessives Sichausleben pendelt sich in angstvolle Einschränkung aus.

Die Kirche weiß um diesen Hang zum sinnlich prallen Leben bei den Menschen, den übrigens ihre eigenen Vertreter an sich selbst erleben. So sieht sie sich eher dazu berufen, Mahnerin zur Selbstbeherrschung und zum Verzicht zu sein, als die Werte der Geschlechtlichkeit zu unterstreichen.

Schiefheiten und Verzerrungen sind dabei zu erwarten. Einen Bereich, der jeden Menschen nach der Kindheit bis ins Alter sehr beschäftigt, zu normieren, ist außerdem schon aus Machtgründen verlockend, läßt aber um der Würde des Menschen willen höchste Vorsicht und Zurückhaltung geboten sein. Ob hier die Grenzen immer gewahrt wurden, ist nicht von vornherein wegen des menschlichen Machtstrebens zu vermuten.

Andererseits ist zu berücksichtigen, daß gerade die Rücksichtnahme auf die Herkunft und die Diskretion gegenüber der Einstellung zur Geschlechtlichkeit in der kirchlichen Erziehung die umfassende Erziehung und »Durchsäuerung« verhinderten. Oft führte gerade der Respekt vor dem anderen zum Schweigen und Ausblenden und damit zur Bewahrung schiefer und unreifer Haltungen.

Je stärker sich allerdings das Mönchstum zu Unrecht als *die* Form christlichen Lebens profiliert – gegen den Willen der Ordensgründer –, desto schwächer geschieht das Eintreten für die Werte der Heirat und der Familie. Schiebt sich eine Endzeithaltung nach vorn, müssen die Institutionen der Lebenssicherung zurücktreten. Außerhalb der Kirche und teilweise an ihren Rändern verbreiten sich solche Lehren während des Mittelalters.

Den ehe- und geschlechtsfeindlichen Lehren der Bogumilen und Katharer wird im 12. und 13. Jahrhundert aber das klare Ja zur Geschlechtlichkeit, zu Ehe, Fortpflanzung und zur Familie entgegengesetzt. Diese Bejahung wurde nie zurückgenommen, im Gegenteil immer bekräftigt, etwa im Herausstellen der Ehe als Sakrament.

Trotz grundlegender Lebensordnung: Künstlichkeit, Hektik und Lärm

Die grundsätzliche Ausrichtung des Lebens auf ein Ziel kann zur Ruhe führen, muß aber offensichtlich nicht, ja, es scheint, daß die grundsätzliche Orientierung sogar das Hin- und Herschwanken im Bereich der Mittel erst recht zuläßt, die Lebensführung unruhig und den Lebenshunger unersättlich werden läßt.

Künstlichkeit

Immer häufiger werden Straßen gepflastert, die Kirchen und die Häuser mit Stein ausgelegt. Die Menschen entfernen sich vom festgestampften Boden, auf dem sie bisher arbeiteten, gingen und oft auch schliefen.

Die Produkte können nicht von weit genug herkommen und nicht verfeinert genug sein. »Die Einwohner der Mark Ancona tun ihre Gelübde lieber dem heiligen Jakobus, und die von Galizien Unserer Lieben Frau von Loretto; in Lüttich macht man ein großes Aufheben von den Bädern zu Lucca, und in der Toscana von den Bädern zu Spa.« Gelegentlich kann man geradezu von einem Hang sprechen, sich mit Künstlichem und mit Menschenprodukt umgeben zu wollen. Anders ist es – vielleicht auch als eine Gegenreaktion! – zu bewerten, wenn die Natur wieder – auf künstliche Weise allerdings – hereingeholt wird, wenn Schloßsäle und Ritterhöfe mit Teppichen ausgekleidet werden, die den Wald zeigen, und so die höfische Gesellschaft – scheinbar – in die Natur zurückversetzen.

Das Recht wird umso mehr als künstlich erlebt, als Rechtsvergleiche möglich sind.

Hektik

Vorsicht ist angebracht. Wer im Mittelalter vorwiegend eine Zeit geruhsamen Ganges, der langsamen Bewegung und eines natürlichen Zeitverständnisses antreffen will, das sich vom Pflügen, Säen, Wachsen und Reifen her bestimme, projiziert seine Sehnsucht oft aus der Erfahrung der erlebten Hektik zurück. Zeugnisse des Mittelalters zeigen aber, daß diese selbe Zeit trotz ihrer Gemächlichkeit von ihren Zeitgenossen vielfach als hektisch und unruhig empfunden wurde. Gemächlichkeit und Hektik sind relativ.

Bei näherem Hinsehen spüren wir die Unruhe. Die Reisenden und die Heimgekehrten bringen neue Ideen mit, berichten von technischen Fortschritte und prahlen mit den Findigkeiten der Menschen. Unsicherheiten, Verunsicherungen sind die Folgen. Einheimische Eliten fürchten um Ansehen und Macht und ergreifen Gegenmaßnahmen. Spott trifft die Reisenden. Auf ihren Widerstand antwortet weiterer Widerstand.

Unter den Bauern zeigen sich Protest- und Ausbruchbewegungen, der Sohn des Meier Helmbrecht liefert dafür einen Hinweis, einen anderen die Landrevolten. Wo nur der Älteste oder der Jüngste, aber jedenfalls nur einer der Geschwister den Hof erhält, sind die anderen oftmals zur Auswanderung gezwungen.

Kaufleute hetzen ihren Terminen nach, Ritter suchen ein immer neues Bewährungsfeld ihrer Ehre. Klösterliche Regeln beruhigen nicht, sondern provozieren Umgehungen. Ordensreformen wirbeln eingefahrenes Verhalten auf.

Beständig Interessen ohne Rückgriff auf Gesetze und Urteile ausgleichen zu müssen, verleiht dem Mittelalter einen unruhigen Charakter und erschöpft früh das Leben vieler Menschen der Öffentlichkeit. Vielleicht zeigt Dante auch deshalb die Hölle nicht nur als Ort der Qual, sondern als unruhigen Ort. Und im »Narrenschiff« des Hieronymus Bosch, gemalt zwischen 1480 und 1516, beherrscht aufgeregtes lautes Treiben samt der dazugehörenden Isolation die Menschen. Sie unterstreicht der Narr in seiner Abgewandtheit, die aber weder Gegengewicht noch Rettung bildet.

Einzelschicksale belegen die vermutete Hektik. Ein Leben wie das des Bernhard von Clairvaux (1090 – 1153) bezeugt den Verschleiß im unermüdlichen Einsatz. Die Anstrengungen sind beträchtlich, auch angesichts freiwillig auferlegter Fasten und Abstinenzen, der zu überwindenden Strecken, der geforderten Leistungen als Redner, als Schiedsrichter und als Theologe.

Das Marktgeschehen von Laon dringt mit Gerüchen und Lärm in die Kathedrale und stört den Gottesdienst: In vielen Städten sind diese Störungen eine Quelle ständiger Reibereien. In Meaux schwätzt das Kapitel während des Offiziums – ungeniert um den Skandal. »Niemals wird vor Mitternacht Ruhe«, klagt Aeneas Sylvius im bereits zitierten Brief. »Die Besoffenen kommen, schlafen, erzählen... stoßen auf, streiten um die Betten... stehen wieder auf, um zu pissen... Die Diebe schlafen im selben Zimmer wie du, und wenn du eingeschlafen bist, so stehen sie auf und nehmen dir die Sachen weg, selbst wenn du darauf liegst. Immer sind Huren und leichtfertige Mägde, Kuppler und Gaukler, Spieler und Schmarotzer da, immer gibt es Streit unter ihnen, und es entsteht solches Geschrei, daß du nicht bloß nicht schlafen, sondern nicht einmal verstehen kannst, was dein Nachbar sagt, der neben dir liegt. Nimm dazu die Geschwätzigkeit der Landleute, die nicht zur Ruhe kommen, so lange die Nacht ist.« Albrecht Dürer bescheinigt seiner Mutter in dem Nachruf von 1514, daß sie sich nicht an dem ununterbrochenen Geschwätz ihrer Nachbarn beteiligt habe.
Im Sankt Trudperter Hohenlide aus dem 12. Jahrhundert hebt der Sänger an: »Werde laut, helle Stimme, daß dich die Unruhigen hören... Erhebe dich, herrlicher Klang, daß du zum Schweigen bringst den Lärm der unseligen Welt«. Thomas von Kempen ruft in seiner Weihnachtspredigt ein »Fest der Seele« zur Beruhigung des »Tumultes der Bosheit« in den Zuhörern aus. Eine andere Art des Lärms!

4. Anknüpfungspunkte

Eine Wiederherstellung mittelalterlicher Zustände mag ersehnt werden, möglich ist sie jedoch nicht, weder als ganze noch in isolierten Teilen. Alle Elemente des Mittelalters hängen ja zusammen. Wird das eine oder andere herausgerissen und isoliert zu leben versucht, verfälscht sich sein ursprünglicher Charakter. Annäherungen mögen in geschlosseneren Gemeinschaften wie einem Kloster möglich sein, der Künstlichkeit entbehren jedoch auch diese nicht, und es ist dann immer noch die Frage, wie sich der Binnenraum solcher Gruppen mit den Außenbereichen vermittelt. Die Zeit ist weitergegangen. Sie ist immer als Ganze zu durchqueren und zu bejahen, wenn wir uns bejahen wollen, die wir uns in einem universalen Ereigniszusammenhang gestalten, den wir Geschichte nennen.

So kommt nur in Betracht, jene Erfahrungen, die in jeweils konkreten Situationen einen Zug des Menschseins ins Bewußtsein hoben, für uns nutzbar zu machen, aus ihnen zu lernen und das Mittelalter insofern in Dienst zu nehmen.

Die Gefährdetheit allen menschlichen Wirkens

Vielleicht sehen wir unser Leben und unsere Welt als gesicherter und gefestigter im Vergleich mit dem Mittelalter an. Es stellt aber an uns die Frage, wieviel Verlaß auf diese unsere Schöpfungen ist. Grunddaten bleiben, wie das Folgende zeigt.

Das Leben ist immer zu kurz und steht beständig zur Wahl. Das Mittelalter legt eindringlich den Akzent auf den knappen Zeitraum, der dem Menschen gegeben ist und der durch vielerlei Ereignisse noch verkürzt werden kann. Thomas von Kempen richtet in seiner Weihnachtspredigt eindringliche Worte an jeden einzelnen seiner Zuhörer: »Nun sammle dir in dieser kurzen Frist, was dir für dein ganzes Leben nützen mag! Wie kannst du wissen, ob dieser Feiertag nicht dein letztes Fest hienieden ist?« Lebensorientierung geschieht unter dem »Respice finem-Gedanken«. Möglich, daß wir uns darin vom Mittelalter beeindrucken lassen und unser Verhältnis zu Leben und Sterben überprüfen lernen.

Muß es deswegen die Haltung jener zahlreichen Schriften sein, welche »Über die Verachtung der Welt« betitelt sind? Sie drücken die Sehnsucht nach einem unbeschwerteren Leben aus, wollen dann aber die Verachtung dessen lehren, was nicht erreichbar ist, und versuchen, die unerfüllbare Sehnsucht in die Tugendhaltung des Verzichts umzugießen. Ist damit eine ausgewogene Haltung eingenommen?

Das Mittelalter gibt uns die Ambivalenz menschlichen Lebens zu erkennen. Der Mensch ist frei, er kann das Gute oder das Böse wählen. Das Mittelalter selbst ist eine Zeit, die im Bewußtsein der Entscheidungen lebt. »Freiheit« ist nicht erst das zentrierende Wort der Neuzeit. Das Mittelalter bedenkt die »Freiheit«, wenn es von der Verantwortung, der Sünde und dem Gericht spricht. Und man weiß: Der Mensch muß sich vor sich selbst bewahren, denn aus ihm selbst dringen die Gefahren hervor. Er vermag das Beste zu verraten und dem Niedrigsten unerschütterlich anzuhängen. Aber auch aus der überlegt und verantwortlich getroffenen Wahl können sich weitere Entscheidungen ergeben, die die Linie der Entscheidungen ins Schlechte abwenden. Die Öffnung der Gruppe oder des Landes auf andere Menschen hin baut Feindbilder ab, fördert Verständnis, zersetzt aber auch bestehende Ordnungen und macht hilflos. Die Wahl der Abgeschlossenheit kann Stabilität schaffen, züchtet aber leicht Klischees und Vorurteile, die nicht einmal mehr überprüft werden können.

Lehrreich ist der Blick, wie Wege hoher Ideale versanden oder wie Hochherzigkeit und Naivität auf dunkle Wege abgelenkt werden können. Das Mittelalter zeigt uns eindrucksvoll aufgrund seines Ringens, daß hoher Sinn verlorengeht und sich zu niedrigem wandelt, wenn nicht tägliche Anstrengung ihn behütet, daß Neues übersieht, wer Altem nachtrauert, daß das immer noch schärfere und schärfere Unterscheiden in den theologischen Studierstuben zwar Klarheit bewirkt, aber auch Zusammenhänge des Lebens abtrennt und einzelnes verabsolutiert. Überflüssige Lektionen?

Noch eine Beobachtung sei angefügt. Die Menschen des Mittelalters breiten ihre Entscheidungen und ihre Bereitschaft vor uns aus, zu den Folgen ihrer Wahl zu stehen. Man fällt Entscheidungen und bekennt sich zu ihren Auswirkungen, weil ja auch Gott zu seiner Schöpfung steht, und das Geschöpf sich am Schöpfer ausrichten muß.

Die Menschen wählen außerdem schnell und wollen auch möglichst schnell erfahren, was ihre Wahl für sie bedeutet. Als Beleg sei nur auf die raschen Entschlüsse zur Fahrt in das Heilige Land hingewiesen. Nicht andere sollen belastet oder beglückt werden, nein, die Wählenden selbst wollen die Folgen ihrer Entscheidungen möglichst bald »auskosten«. Sie selbst sind bereit, an ihren Entscheidungen zu leiden und sich zu stärken. Das Mittelalter liebt die Konfrontation mit der eigenen Freiheit. Dabei scheint gerade die Jenseitsausgerichtetheit mit ihrer Festlegung die Gestaltung der Lebenskreise zu erleichtern und die rasche Entscheidung zu befördern, stehen doch die Vorausverfügungen fest und leuchten ein. Das Mittelalter reizt dieses Wagnis. Solches kann zu denken geben. Denn inwieweit setzen wir heute bereitwillig Ursachen, deren angenehme Wirkungen wir noch zu unseren Lebzeiten genießen wollen, deren unangenehme aber die Nachkommenden belasten werden?

Das Mittelalter lernt auch seine selbst geschaffenen Sachzwänge kennen. Der Versuch des Papstes Paschalius II. im Februar 1111, die Kirche unabhängig und ärmer zu machen, scheitert an solchen Zwängen. Die Verhältnisse sind nicht zum Verzicht und zur Trennung von sacerdotium und imperium fähig. Unvorstellbar und unerträglich erscheint den »Realpolitikern« des frühen 12. Jahrhunderts eine solche wechselseitige radikale Freigabe der Kirche durch die weltliche Institution und dieser durch die Kirche. Wie die freie Entscheidung zu weniger Freiheit führen und der Mensch sich selbst bestimmter Wahlmöglichkeiten berauben kann, führt das Mittelalter warnend vor.

Die Pflicht, Verantwortung zu übernehmen und im Amte zu bleiben

Die Wahrnehmung der Gefährdetheit wird dem Mittelalter zum Anlaß, sich auf die stabilisierenden Mittel zu besinnen. Ein solches Mittel ist,

Verantwortung zu übernehmen und auszuüben. Sich vor ihr zu drücken, gar nicht ein Amt anzunehmen oder vorzeitig aus ihm auszuscheiden, kann die Gefährdetheit erhöhen. Kaiser und Könige, Fürsten und Grafen, Schultheißen und Stadträte, Bischöfe und Pfarrer, Eheleute und Uvnerheiratete übernehmen aus dieser Haltung heraus Verantwortung.
Die Rückzüge aus dem öffentlichen Leben, die Amtsverzichte erregen immer wieder Ärgernis. Überwiegend treffen sie auf Ablehnung. Ist das Ertragen der Amtspflichten denn nicht eine Form der Passion? Ist nicht anzunehmen, daß Gott den Menschen in diesem Amte haben wollte, wenn es ihm schon einmal übertragen sei? Deshalb sei es nicht nur Feigheit, durch Amtsverzicht den Schwierigkeiten auszuweichen; wer verzichte, glaube außerdem nicht an Gottes helfende Zusammenarbeit und drücke sein Mißtrauen gegenüber Gottes Angebot aus. So wird der Amtsverzicht des Papstes Cölestin V. von Dante bitter getadelt.
Auch die Weigerung, ein Amt zu übernehmen, trifft auf heftige Kritik. Eine einleuchtende Rechtfertigung wird abverlangt.
Im Spiel vom «Antichristen« ist von der Verderblichkeit und Unverantwortlichkeit des Amtsverzichts die Rede. Wer besetze die freigewordenen Stellen, wird im Spiel gefragt. Die Menschen suchen einen sichtbaren Herrn, und wehe, man gibt ihn ihnen nicht.
Rücktritte werden auch gefordert, etwa von Papst Gregor VII. der Rücktritt Kaiser Heinrichs IV. Aber auch ein solcher Aufruf lebt aus dieser Verpflichtung, besagt doch der Aufruf, daß der Herrscher von vornherein fehl am Platze war und sich gegen Gottes Willen ins Amt gedrängt oder gekauft habe.
Das Mittelalter hinterläßt uns ein reiches Anschauungs«material« von Menschen, welche sich in ihren Ämtern verbrauchen lassen und in ihnen ausharren – trotz Verleumdung, Verrat und Mordanschlägen.

Die Notwendigkeit und Wohltat der Stellvertretung

Das Mittelalter weiß um die Beziehung der Stellvertretung, welche den Vertretenen nicht ihre Würde raubt, ihnen aber Lasten abnimmt. Stellvertretung ist notwendig und wird als «notwendend« erfahren und bejaht. Christus starb stellvertretend für die Menschen, Maria sprach stellvertretend ihr Jawort, der Priester opfert stellvertretend und empfängt auch stellvertretend für die Gemeinde die Kommunion. Ein Zweikampf zweier Personen findet in Stellvertretung beider Heere statt und erspart es vielen, ihr Blut zu vergießen. Karl der Große denkt Stellvertretung und Arbeitsteilung zusammen: während er kämpft, betet der Papst für den Sieg. Wieviele Boten sind in Stellvertretung unterwegs! Herrscher, die «im Namen Gottes« zu handeln beanspruchen, werden sich, zumal wenn sie das Engagement des Christengottes verstehen, bequemen müssen, im

Namen der ihnen anvertrauten Menschen Politik zu betreiben. So kann das Institut der Stellvertretung zu einer hohen Pflichtauffassung führen. Im Laufe des Mittelalters wird allerdings der römischrechtliche Satz stärker in den Vordergrund treten, daß niemandem eine Wohltat gegen seinen Willen erwiesen werden darf. So lernen die Menschen ihren Selbstand innerhalb dieser Institution zu bewahren und zu sichern, ohne auf sie zu verzichten.

Der Gedanke der Stellvertretung geriet erst innerhalb einer Gesellschaft in die Krise, deren Mitglieder alles selber machen wollen, die bei Stellvertretung bereits Entfremdung mithören, die sich keinem anderen anvertrauen wollen und bald auch sich selbst gegenüber Mißtrauen hegen. Zu den Vertretern einer solchen Sicht gehört J.J. Rousseau. Er verweigert sich solchen Gedankengängen, wie sie dem Mittelalter geläufig waren, und entscheidet sich folgerichtig für die Selbstbestimmung und gegen Zwischeninstanzen wie auch vermittelnde Institutionen, als wenn sich Stellvertretung und Selbstbestimmung völlig und nicht eben nur in Teilbereichen ausschließen würden und müßten. Die Einrichtung der Stellvertretung selbst oder deren Bejahung kommt sowieso nur durch den freien Akt des Menschen zustande.

Nach dem kurzen geschichtlichen Überblick wollen wir die stellvertretende Beziehung als solche ansehen. Es geschieht Entlastung in der Beziehung zwischen Vertretenem und Vertreter, ohne Entmündigung vorauszusetzen oder zwangsläufig herbeizuführen. Dort, wo kein ausdrücklicher Auftrag samt Vollmacht erteilt ist, kann im Namen der Vertretenen ihnen eine Wohltat erwiesen werden, von der anzunehmen ist, daß sie erwünscht ist. Das Tun oder Unterlassen des Vertreters ist dem Vertretenen zuzurechnen, der Radius der Aktivität und der Verantwortung erweitert sich, ohne sich zu überlasten. Der Dienst des Vertreters besteht darin, in fremdem Namen und Interesse, für einen anderen oder andere, tätig zu werden sowie die Grenzen des Auftrags und der Vollmacht zu beachten. Der Stellvertreter versieht einen bestimmenden und zugleich demütigen Dienst.

In einer modernen Gesellschaft der Freien und Gleichen stellt sich die Ohnmacht angesichts der komplizierten Fragen und Lösungen und die Unerfüllbarkeit allseitiger, zum Beispiel politischer Kompetenz heraus. So läßt sich auch jetzt einsehen, daß auf Stellvertretung zu verzichten unmöglich ist und daß es unumgänglich ist, daß der eine für den anderen und umgekehrt arbeitet, spricht und bindende Erklärungen abgibt. Die völlige Nachprüfbarkeit ist ebenso unmöglich wie ein Vorschuß an Vertrauen unverzichtbar.

Größe und Gefahren des Ordnungsdenkens

Auch der Ordo-Gedanke ist ein menschlicher Gedanke. Selbst wer «Ordnung« aus der Natur und dem menschlichen Leben herausliest, gibt der Erkenntnis und ihrer Formulierung unweigerlich menschliche, begrenzte Züge. Es mangelt an dem umfassenden Überblick und der alles erhellenden Einsicht. Wer diese Grenzen nicht sieht oder sehen will und das Modell verabsolutiert, als verdankte es sich nicht historischer Stunde sowie endlichen Menschen, der wird die Ordnung zur Zwangsordnung und zu einem starren Rahmen gerinnen lassen.

Das Ordo-Denken in heutiger Beurteilung

Das Feudalsystem ordnet das Verhältnis der Menschen durch Verträge und stützt sie durch Eide ab. In ihm ist das Gesetz nicht so maßgeblich wie in den Städten. Die großen, übergreifenden Beziehungen regelten sich durch Abmachungen mit wechselseitigen Bindungen. Deswegen müssen hier nicht gleich die Wurzeln des Staatsvertragsdenkens entdeckt werden! Es fehlt jedenfalls der Ausgangspunkt vom Individuum, dem Selbstbestimung, eine Allmacht und die damit eingehandelte Einsamkeit zugesprochen werden. Denn das Mittelalter gliedert einen ihm vorgegebenen Organismus, teilt vorhandene und in bestimmtem Sinne zu gebrauchende Macht Menschen zu, lagert sie in Räumen ab und koordiniert sie, gleich ob es sich um «Refeudalisierungsvorgänge« wie im neunten Jahrhundert und wie nach dem Tode Kaiser Heinrichs III. oder um Zentralisierungspolitik handelt. Im Staatsvertragsdenken hingegen wird überhaupt erst der Organismus begründet und Macht geschaffen. Mittelalterliches Denken ist überwiegend dezentral, dies sieht P. Kropotkin zu Recht. Aber weil bewußtes dezentrales Leben eine Erfahrung des Zentralismus voraussetzt, ist auch die Dezentralisation als solche nicht bewußt. Es fehlen anschauliche Modelle der Zentralverwaltung, außer daß sie bestimmte Hausorganisationen oder Gutshofstrukturen oder die Abtei vor Augen stellen. Beruft sich nicht auch deswegen die Monarchie der Neuzeit auf die Familie? Aber in der Stadt war das Kollegium die Regel, es verwaltete die ihm von der Gesamtheit der Bürger anvertraute Macht.

Gibt es hier Anknüpfungspunkte für uns heute? Die Frage an uns könnte sein, ob Vorgegebenheiten anthropologischer Art etwa wirklich fehlen und Gesellschaft tatsächlich ins Voraussetzungslose gebaut wird und, normativ gesehen, gebaut werden darf? Sind nicht die Lebensweitergabe, die soziale Anlage, die Willensfreiheit und die Möglichkeit der Schuld, das Bedürfnis, Gesellschaft mitzugestalten und das Bedürfnis, Entlastung zu erfahren, zu nennen?

Gemeinschaft und einzelner

Das Mittelalter zeigt am Beispiel der Domhüttenarbeit, daß Gemeinschaftsarbeit weder die Ausprägung eines individuellen Stils des einzelnen Mitarbeiters noch das Kunstwerk mit individuellen Zügen verhindern muß; ja, wahrscheinlich fördert gerade die Eingebundenheit beide. So enthält der Bamberger Dom, dessen Gebäude und Skulpturen im frühen 13. Jahrhundert in Gemeinschaftsarbeit erstellt werden, in den beiden Frauengestalten, der Synagoge und der Ecclesia, keine Kopien irgendeiner Vorgabe, sondern einzigartige Kunstwerke. Jede der Bamberger Apostel- und Prophetenfiguren offenbart sich einerseits als in die Gemeinschaft durch die stilisierten Haare, Bärte und Kleider eingebundenes und zugleich unverwechselbares Individuum.
In diesem Zusammenhang wird auch der Ansatz der Konziliarismustheorie – die Lehre von der Oberhoheit des allgemeinen Konzils über den Papst – zu lesen sein: als ein Zusammenspiel der Gemeinschaft mit den einzelnen, nicht als schroffes Gegenüber. Gemäß dieser Deutung wäre die Konziliarismustheorie dem mittelalterlichem Denken angemessen, die päpstliche Position dagegen die «modernere« Ansicht, weil sie auf den «Absolutismus« hinführt, obwohl die Konziliarismustheorie zeitlich erst ab 1378 auftritt.

Die Gefahren der Verselbständigung und der Auflösung der Ordnung

Der Mensch vermag es, Ziele anzustreben und die geeigneten Mittel auf diese zuzuordnen, doch ist er auch imstande, ungeeignete Mittel zur Erreichung der rechten Ziele anzuwenden. Die Mittel können sich zudem aus menschlicher Absicht oder Fahrlässigkeit zu Zielen wandeln, sich verselbständigen, und als neue Ziele Mittel auf sich hinlenken, die vielleicht selbst besser als Ziele anzusehen wären. Glauben als Ziel menschlichen Lebens verfällt zum Mittel der Gewissensprüfung, die einem anderen Ziele dient, vielleicht dem der politischen Stabilität. Die Sorge für das eigene Wohlergehen, ein Zwischenziel des gläubigen Mittelalters, wirkt auf den kaufmännischen Handel, der wiederum sucht seine eigene Steigerung und artet zum Selbstläufer aus. Soll die Mehrung des Reiches der Ehre Gottes dienen, so kann sich die Ausdehnungspolitik verselbständigen. Es könnte auch heutzutage ein vielleicht nicht immer durchsichtiges Spiel sein, Ziele und Mittel umzukombinieren.
Hierzu gehört auch die Politik der Verselbständigung und Isolierung von Normen und Programmen.
Den Zisterziensern war laut Ordensregel nur gestattet, in Wildnis und Einsamkeit ein Kloster zu gründen. Sehr häufig wurde die Einsamkeit, ein menschenleerer Raum aufgesucht, ein Kloster samt allen weiteren

Anlagen errichtet und die Gegend fruchtbar gemacht. Es gab aber mehrfach den Vorgang, daß Gründer ein Kloster in einer gut besiedelten Gegend errichten wollten. Wenn die Ordensleitung auf den Gründungswunsch einging, wurden des öfteren die in dem Gebiet bestehenden Dörfer entweder verpflanzt oder die Häuser «abrasiert«. So wurde die Wildnis also erst hergestellt, die laut Ordenssatzung Vorbedingung der Klostergründung sein sollte. Die Alt-Siedler galten nur als hinderliche Objekte eines gottgefälligen Werkes.

Eine andere Gefahr wächst im Mittelalter heran, durch Überregelung oder durch zahlreiche und letztlich nicht mehr bekannte oder gar zueinander im Widerspruch stehende Regelungen schließlich gar nichts mehr zu regeln. Eine Warnung an heutige Gremien?

Gefährlich ist es, zwischen zwei Zuständen starrer Regulierung der Anarchie – im wahren Sinne des Wortes – ein Feld einzuräumen. Das Mittelalter zeigt, etwa im zitierten Fall des Corso Donati, daß er eine Stadt mehrere Tage dem Terror von Gewaltverbrechern auslieferte, um sich dann vielleicht sogar als Retter der Ordnung aufzuspielen. Vor solchen Ansprüchen, denen die Kalkulation auf mehr Macht zugrundeliegt, weckt das Mittelalter Mißtrauen.

Die Geschichtlichkeit der Kirche und anderer Institutionen, der Wandel und die Vergebung

Wir behandeln hier hauptsächlich die Institution der Kirche, die stellvertretend für alle anderen Institutionen steht.

Die Menschen erkennen selbst, wie sehr die Kirche sich im Laufe der Jahrhunderte geändert hat: Sie wird abhängig von der örtlichen Grundbesitzerklasse und löst sich wieder langsam aus dieser Fessel; sie bewegt sich in Richtung «libertas ecclesiae«, die vorerst mit dem «weltlichen Arm« engstens verbunden lebt und von seiner Macht profitiert; aus der Unterordnung schließlich macht sie den Versuch, sich der weltlichen Macht überzuordnen. Menschen stellen fest, daß sie sich und mit ihnen die Institutionen ändern.

Nicht loslassen können

Welcher Wandel ist aber gerechtfertigt? Erkannt wird die Unzeitgemäßheit von Wandlungen, ihr Zufrüh und Zuspät und die schwierige Suche eines Weges, der zwischen zwei Versuchungen verläuft, einmal jener, einer Zeitströmung oder einer politischen Kraft nachzugeben und sich in herrschende Verhältnisse schlicht einzufügen, und andererseits jener Versuchung, auf Protest und Verneinung abzustellen; doch das ist nichts anderes als die Negativfolie des ersten Weges. Am schwierigsten also ist es, sich

selbst zu behaupten und die Eigenart, sei es der Familie, einer kulturellen Zone oder der Kirche herauszuarbeiten und zur Geltung zu bringen. Nur wenn Kirche ihr Grundsatzprogramm weiterverfolgt, findet die «Fleischwerdung« statt, wird Inkulturation zur Inkarnation.
Sie erkennt, daß es die Suche nach einer schlechten endlichen Ewigkeit gibt, welche ihr als Kirche zwar das Überleben garantiert, jedoch die Kraft zum Wandel im Endlichen äußerst erschwert und immer schwerer macht. Die Versuche, jenes Wort: «Und die Pforten der Hölle werden sie nicht überwältigen« für sich mit ihren eigenen Kräften wahr zu machen, anstatt sich von Gottes Hilfe abhängig zu wissen, führt zu der Verhärtung, welche die konkreten Menschen, die Zielgruppen und ihre Anliegen zweitrangig werden läßt. Der Satz: «Die Kirche stirbt niemals«, erscheint dann vielen als der Ausdruck dafür, daß sie das Sterben, Loslassen und Armwerden verlernt hat.

Die Schwierigkeiten der Wandlung

Im Mittelalter erkennen viele Menschen, wie notwendig Reform ist, und nehmen ohnmächtig wahr, wie der günstige Zeitpunkt dafür verstreicht, oder wie Menschen eine solche Möglichkeit nicht herzustellen wissen.
Die Geschichte des Mittelalters ist auch die Geschichte einer fast ununterbrochenen Kette von Reformbemühungen: Reformen der Schrift, der Sprechweise, der Grammatik; Reformen der Benediktinerklöster, der Domherrenkapitel, des Weltklerus, der Zisterzienser, schließlich der Bettelorden; die Reformatio Sigismundi, die ersehnte Reform an Haupt und Gliedern, und die Reformkonzilien und -synoden reihen sich aneinander. Beständig wird in Frage gestellt und Änderung erwartet. Im Hintergrund wird aber hartnäckig am Erhalt des Bestehenden gearbeitet. Zu erkennen ist, daß die Reform von eben jenen vorzunehmen ist, die dabei erst einmal Macht verlieren würden oder welche zumindest ihre Interessen und vor allem das Interesse an der Erhaltung des status quo haben.
Schwierig ist die Frage der Bündnispartner und der Koalitionen. Wenn eine Ortskirche wie die ottonische Reichskirche als weltliche Macht auftritt, wird sie zur Missionierung, geschweige denn zur Rückgewinnung von ihr abgefallener Menschen wohl kaum und nur schwerlich auf weltliche Mittel verzichten.
Es kann Eingliederungen und Einbindungen in Strukturen geben, welche jeden Protest gegen Maßnahmen der politischen Führung von vornherein gar nicht zur Sprache kommen oder schnell verstummen lassen, da mit den zu erwartenden Spannungen die eigene Basis entzogen würde. Ist diese Basis aber die zeitgemäße Gestalt?
Das Mittelalter ist vielfach von dem Versuch der Kirche betroffen, den Ausweg aus den strukturellen Abhängigkeiten in dem Erringen einer

Überordnung über die weltliche Macht zu suchen. Wiederum: Ist dies der Ausweg? Daraus ergibt sich, daß es sogar das Interesse der weltlichen Macht sein müßte, Kirche nicht zu stark an sich zu binden, um solche «Höhenflüge« nicht eines Tages erwarten zu müssen.

Die Vergebung

Macht die Kirche genügend darauf aufmerksam, daß die Verzeihung nicht als jederzeit mögliche Schadensregulierung bereitsteht, sondern daß zuerst und zuallererst kein Schaden geschehen darf?
Die «Confessio«, das Bekenntnis der Schuld, führt zum Neuanfang. Sie hält nicht in den Vergehen fest und befreit. Der Mensch wird nicht wie heutzutage danach beurteilt, ob er eine bestimmte Leistung erbringt oder nicht. Bringt er nichts zustande, so wird er «verworfen«, abgesetzt oder «entfernt« wie ein nichtfunktionierendes Maschinenteil. Kein Gehör findet, wer versagt hat. Anders das Mittelalter. Die Frage nach der Schuld ist nicht oder noch nicht durch die nach der Effizienz ersetzt. Nur dort aber, wo von Schuld die Rede ist, kann es Verzeihung geben, die nicht Vergessen bedeutet, wohl aber die Möglichkeit zum Neuanfang mit Starthilfen gewährt.

Jegliche menschliche Handlung ist kritikbedürftig

Für jede Handlung und jedes Unterlassen läßt sich gerade aus dem Wissen einer immer noch einmal übergeordneten Werteordnung ein Maßstab finden. Es ist immer eine Ordnung gegeben, welche das menschliche Tun rechtfertigt oder ungültig macht. Die Überprüfbarkeit gilt für Gesetz, Befehl, Vertrag und Urteil.
Der Eid beispielsweise wird in einem umfassenden Kontext von Einschränkungen abgelegt. So bemerkt das Mittelalter zum Schwur des Herodes: Er war nicht verpflichtet, dem Wunsch nach dem Haupt des Johannes des Täufers nachzugeben. Der geleistete Schwur ist ungültig, auch wenn Herodes sich an ihn gebunden fühlte. In jedem Versprechen sind immer zwei Einschränkungen enthalten: Ich verspreche nichts, was zu versprechen unerlaubt ist, und was ich in einer besonderen Weise mir vorbehalten muß. Auch wenn einer verspricht, einen anderen nicht anzugreifen, ist er doch zur Verteidigung berechtigt, wenn sein Bruder von jenem angegriffen wird.
Daß ein Eid von niemandem mehr berechtigterweise in Zweifel gezogen werden darf, ist dem Mittelalter fremd. Alles ist zu jeder Zeit überprüfbar. Im sozialen Bereich ist das Mittelalter äußerst kritisch. Es ließe sich, mit einer Anleihe aus der Philosophie der Neuzeit, von einer jederzeit aus Sorge um den Menschen «falsifizierbaren« Ordnung sprechen.

Nur ein Wort zur Art der Kritik. Sie hat ohne jeden Hochmut zu geschehen; so notwendig sie ist, umso entbehrlicher ist die Arroganz des Besserwissens und die Häme gegenüber dem Fehler des anderen. Tilman Riemenschneider läßt den Kreis der Apostel für den Betrachter offen, damit er sich zur Seite der Jünger setzen kann. Oft ist gerade die einladende Stelle durch den Weggang des Judas freigeworden. Kann es eine bedenkenswertere und zur Demut erziehende Aufforderung geben?

Ringen um das rechte Verständnis zu den Gütern der Welt

Zahlreiche Gruppen des Mittelalters ringen um das rechte Verhältnis zu den Gütern der Welt. Wer reich ist, macht sich abhängig, denn keiner kann einen immer größeren Reichtum mit seinen zwei Händen umfassen, er benötigt fremde Hände. Er wird zwar von seinem Reichtum abgeben müssen, doch ihn nicht notwendigerweise teilen. Neid wird geweckt, eine Bewegung nach Gütern in Gang gesetzt. Armut und Unabhängigkeit stehen in einer Beziehung, ein gewisser Reichtum aber ebenso. Wo ist die Grenze zu ziehen? Freigebigkeit ist eine Tugend, «gute Werke« aus aufrechter Gesinnung finden Gnade vor dem Weltenrichter. Welcher Anteil wird den Armen zuteil? Wächst ihr Anteil mit dem zunehmenden Reichtum mit? Die Kontroverse um die Erlaubtheit und die Sinnhaftigkeit des Bettelns durchzieht zahlreiche Orden. Ist die Missionsaufgabe auf dem Weg der Arbeit oder des Bettelns zu erreichen? Ist ein abstoßendes Leben zu führen, um die Menschen, die sich der Güteranhäufung hingeben, zu schockieren und zum Nachdenken zu zwingen, daß niemand mit dieser Art von Reichtum vor Gott treten kann? Oder soll der Ordensmann von seiner Hände Arbeit leben? Schadet er seinem Ruf, wenn er nicht wie alle die anderen Menschen arbeitet, von deren Fleiß die Bettelorden leben? Aber verdemütigt man sich nicht eher durch das Betteln als durch das Arbeiten? Franz von Assisi hält um der Erniedrigung willen das Betteln für unerläßlich. Thomas von Kempen warnt hingegen in der Lebensbeschreibung des «Meister Gerhard«, dem Gründer der Gemeinschaft der Devoten: «Auf keinen Fall gestattete er ihnen, öffentlich zu betteln, wenn sie nicht die allerdringlichste Not dazu zwänge. Auch sollten sie nicht neugierig durch die Häuser der Leute gehen, um dort vielleicht ein Almosen zu erhalten, sondern er riet an, sie sollten lieber zu Hause bleiben und sich an körperliche Arbeit halten ... Andere Arbeiten aber, die durch die Hoffnung eines reichen Gewinns der Frömmigkeit abträglich seien, verbot er auszuüben.«
Aus dem Geist der Armut wächst die Haltung des Verzichts. Verzicht auf zerstörende Naturbeherrschung und auf eine Zuordnung der Dinge, welche andere Menschen völlig von dem Genuß ausschließt; Verzicht auf

das Ausreizen der rechtlichen Möglichkeiten, Verzicht in diesem Sinne darauf, «zu tun, was man kann«.

Ein letzter Grund liegt für den mittelalterlichen Menschen darin, daß er nur so nicht auf sich als letzten Bezugspunkt verweist, sondern auf die Schöpfung und den Schöpfer. In diesem Sinne will der mittelalterliche Mensch gerade nicht «reflexiv« sein, nämlich auf sich selbst zurückgebeugt und vorrangig mit sich selbst beschäftigt. Nein, er will sich vor einem Größeren beugen und Zeuge eines Höheren sein.

ANHANG

Über die Seiten dieses Anhangs sind die Seitenzahlen des Haupttextes gesetzt. Die Kapitelnummern und Stichworte sollen die Auffindung erleichtern.
Für alle Fragen und zur Vertiefung ist das »Lexikon des Mittelalters« zu konsultieren, das im Artemis Verlag, München und Zürich seit 1980 erscheint. Nur in Ausnahmefällen wird auf es verwiesen. Heranzuziehen ist ebenfalls die »International Medieval Bibliography«, deren 23. Band 1990 erschien. Hilfsmittel zum Studium des Mittelalters findet der Interessierte in: Bosl, Karl: Staat, Gesellschaft, Wirtschaft im deutschen Mittelalter, München ^{2}1975 (s. u.)

Abkürzungen

AQMA:	Ausgewählte Quellen zur Geschichte des Deutschen Mittelalters, hrsg. v. R. Buchner, Darmstadt 1955ff.
GK:	Dante Alighieri: Göttliche Komödie
HLF:	Histoire Littéraire de la France, Paris 1865ff.
KLL:	Kindlers Literatur Lexikon München 1974ff. (s. Einsiedel)
KML:	Kindlers Malerei Lexikon, München–Zürich 1985 (s. Barzin)
LThK:	Lexikon für Theologie und Kirche. Hrsg. v. J. Höfner u. K. Rahner. 10 Bde. Freiburg 1957–1965
MGH:	Monumenta Germaniae Historica, Hannover 1826ff., mit wechselnder Herausgeberschaft und mehreren Abteilungen
Mansi:	Mansi, G. D.: Sacrorum conciliorum nova et amplissima collectio (31 Bde., Florenz u. Venedig 1759–1798; Nachdr. 60 Bde., Leipzig u. Paris 1900–1927)
Palatina:	Textband zur Ausstellung, Heidelberg (s. Mittler)
PL:	Patrologiae cursus latinus. Hrsg. v. I.P. Migne (Texte der Patristik und des Mittelalters bis 1216), 221 Bde., Paris 1844–1864
St:	Katalog der Stauferausstellung (s. Hausherr)
STh:	Thomas von Aquin: Summa theologica (um 1265–1273). Ed. Leonina, Rom 1882ff.; Deutsche Thomas-Ausgabe der Summa, Salzburg 1933ff.
TRE:	Theologische Realenzyklopädie. Hrsg. v. Gerhard Krause u. Gerhard Müller, Berlin / New York 1977ff.
UB:	Unbekanntes Bayern. Eine Sendereihe des Bayerischen Rundfunks. Hrsg. v. Alois Fink, München 1955ff. (Nachdruck München 1975f.)

EINLEITUNG

Eco, Umberto: Der Name der Rose. Aus dem Italienischen übersetzt v. B. Kroeber, München / Wien 1982 (Il nome della rose, Mailand 1980)

Der Roman diente 1986 dem von Jean-Jacques Annaud geschaffenen Film – mit Sean O'Connery in der Hauptrolle – als Vorlage.

Lancelot: Von Robert Bresson (geb. 1901) 1973 mit Luc Simon als Lancelot und Laura Duke Condominas als Königin verfilmt; deutscher Filmtitel: Lancelot, Ritter der Königin.

Boccaccio, Giovanni (1313–1375): Il Decamerone (verfaßt zwischen 1349 und 1353). Das Motto »Memento mori« leitet die 100 Geschichten ein, deren Zahl sich von den 100 Gesängen der »Göttlichen Komödie« Dantes her bestimmt, deren erster öffentlicher Interpret B. ist. Sieben Damen und drei Herren erzählen sich Geschichten aus »dem Leben«, um zu einer Art Lebensweisheit zu gelangen. Pier Paolo Pasolini (1922–1975) verfilmte 1982 einige der Erzählungen des »Il Decamerone«.

Zu erinnern ist an Jean Anouilhs (1910–1987) Drama »L'Alouette«, («Jeanne oder die Lerche«), uraufgeführt 1953; Bertolt Brecht (1898–1956) verfremdete klassenkämpferisch ihr Schicksal in »Die heilige Johanna der Schlachthöfe. Stück in elf Bildern«, das 1959 seine Erstaufführung fand. B. Brecht verfaßte auch »Der Prozeß der Jeanne d'Arc zu Rouen 1431«. Robert Bresson verlieh 1961 dem »Procès de Jeanne d'Arc« mit Florence Carrez als Jeanne filmischen Ausdruck.

Jean Anouilh schrieb »Becket ou L'Honneur de Dieu« (»Becket oder die Ehre Gottes«). 1959 gelangte dieses Stück zur Uraufführung. Thomas Stearns Eliot (1888–1965) sah sein Mysterienspiel »Murder in the Cathedral« («Mord im Dom«) 1935 uraufgeführt. Die vielfältigen Dimensionen des Stoffes werden in diesen beiden Bearbeitungen deutlich.

Zeitgenössische Mediävisten: Werke dieser Autoren findet der Leser in Auswahl im Literaturverzeichnis: Fernand Braudel, Georges Duby, Emmanuel Le Roy Ladurie, Jacques le Goff, Karl Bosl, Rolf Sprandel, Raymonde Foreville, Régine Pernoud, Barbara Tuchman, Arno Borst und Otto Borst. Die Auswahl ist so ungerecht wie die Gunst des Publikums. Nicht zu vergessen sind die Arbeiten von Philippe Ariès, Dieter Kühn, Lothar Baier, Hartmut Boockmann, Horst Fuhrmann und vieler anderer, die es mir verzeihen mögen, wenn ich sie hier nicht erwähne.

Staufer: Die Ausstellung fand im Sommer 1977 statt. Der Ausstellungskatalog wurde von Reiner Haussherr herausgegeben.

Karl IV.: Die Ausstellung stand unter dem Titel »1316–Kaiser Karl IV.–1378« und wurde von dem Bayerischen Nationalmuseum München auf der Kaiserburg Nürnberg vom 15. Juni bis zum 15. Oktober 1978 veranstaltet. Den Ausstellungskatalog gab Ferdinand Seibt 1978 unter dem Titel »Kaiser Karl IV. Staatsmann und Mäzen« heraus.

Wittelsbacher: Das Haus der Bayerischen Geschichte zeigte im Sommer 1980 drei große Ausstellungen in Landshut und München aus Anlaß der Belehnung des Pfalzgrafen Otto von Wittelsbach am 16. September 1180 mit dem Herzogtum Bayern und der Tatsache, daß von 1180 an bis 1918 738 Jahre lang die Wittelsbacher die Geschicke Bayerns mitbestimmten. Das »Haus der Bayerischen Geschichte München« firmiert auch als Herausgeber der Ausstellungskataloge.

Zeitdauer: Van Caenegem 3f. spricht sich für die Beibehaltung der Zeit von 500 bis 1500 aus. Was den Begriff angeht, so verweist er auf Petrarca († 1374), Giovanni Andrea dei Bussi († 1475) und Joachim von Watt († um 1518). Durch sie scheint die Redeweise von media aetas, media antiquitas und media tempora in Gebrauch gekommen zu sein. Wenn vom »dunklen Mittelalter« die Rede ist, so bezieht sich die Wertung meist auf den Stand der lateinischen Sprachkultur und nicht auf anderes. Van Caenegem zeigt, wie unterschiedlich die Wertung des Mittelalters ausfällt, anders im Mittelmeerraum und dort je nach Gegend verschieden, anders im nördlichen Europa. Gleichfalls entscheidet sich der »Guide de l'étudiant en histoire médiévale« Marcel Pacauts (Paris 1973) für den von mir gewählten Zeitraum (9f.).

Eine Würdigung Chalkedons in: Alte und neue Leitbilder. Bischof Graber zum Reichstagsjubiläum, in: Deutsche Tagespost v. 18/19.–10. 1963

A. Finsteres oder vorbildliches Mittelalter?

Medizin: Palatina, 238f.; 341f.

Rückgriff bis auf die Etrusker: G. Nanni (1432–1502), auch Annius Viterbiensis genannt: »Antiquitatum Italiae libri quinque«; s. Palatina, 221f., unter »Berosus Chaldaeus«

Utopia, Teil II; in der Übertragung von Gerhard Ritter, mit einem Nachwort von Eberhard Jäckel, Stuttgart 1964, 91. Th. Morus bezieht sich auf die Summulae Logicales des Petrus Hispanus (1210/1220–1277), des späteren Papstes Johannes XXI.(ab 1276); die Traktate VI, X und XI dieses Werkes enthalten jene bespöttelten Überlegungen. J. M. Bochénski edierte die Summulae (Turin 1947).

Pascal: »Je savais bien qu'il ne manquait pas de bonnes preuves. Lisez ce qu'il cite d'Aristote, et vous verrez qu'après une autorité si expresse, il faut brûler les livres de ce prince des philosophes, ou être de notre opinion« (In: Pensées et opuscules, 50). Der Jesuitenpater stützt sich auf die Autorität des P. Bauny, der wiederum mit Aristoteles argumentiert.

Beginn des Fragment d'un »Traité du Vide« (1647): »Le respect que l'on porte à l'antiquité est aujourd'hui à tel point, dans les matières où il doit avoir moins de force, que l'on se fait des oracles de toutes ses pensées, et des mystères même de ses obscurités; que l'on ne peut plus avancer de nouveautés sans péril, et que le texte d'un auteur suffit pour détruire les plus fortes raisons« (In: Pensées et opuscules, 74).

Dissens mit Aristoteles: Beispiele finden sich in Gilson, St.: Der Heilige Bonaventura, 349f. zur Frage, durch welches Prinzip eine allgemeine Form einer Vielheit wird. Diskussionsort ist II Sent. 3, 1, 2, 3, ad 4 (t. II, S. 110). S. auch Gilson, St., 362 zur Frage der besonderen Dauer der Engel. Diskussionsort ist II. Sent. 2, 1, 1, 1, fund. 4–6 und Conclusio (t. II, S. 55–57).
Erasmus v. Rotterdam: Das geistliche Gastmahl, in: Welzig, W. (Hrsg.): E. v. R. Ausgewählte Schriften. Ausg. in 8 Bänden. lat. u. dt., 6. Bd., Darmstadt 1967, 20–123 (79).

Heraclius 10. Jahrhundert: Tractatus »De coloribus et artibus Romanorum«, besonders das Kapitel »De fibulis auro decoratis«.

Zur Wissenschaft: Crombie

Vasari: Zit. in: Hofstätter 43. Im Werk G. Vasaris über die »Lebensläufe der berühmtesten Maler, Bildhauer und Architekten« heißt es in der Biographie Cimabues: »Durch die unendliche Flut von Unheil, die im Mittelalter dem unglücklichseligen Italien alle Lebensluft geraubt hatte, waren nicht nur die kunstvollen Bauwerke zerstört, sondern ... es gab auch keine Künstler mehr... Die damaligen Herrscher der Stadt beriefen ... griechische Maler nach Florenz, zu dem ausdrücklichen Zweck, die verlorene Kunst wiederherzustellen.« Der Vorwurf G. Vasaris an die Lehrer Cimabues mündet in das Urteil ein: sie malten, »ohne daß sie ein Streben gefühlt hätten, zu lernen und weiterzuschreiten« (7f.).

Bramante (= Donato d'Angelo) (1444–1514): Vasari, 358

Janson, 69

Eyck: Ganz abgesehen davon, daß auch schon eine Annäherung an die Natur und die Individualität in der Goldgrundmalerei gelingt, zeigt sie nicht immer eine ältere Malstufe an. R. van der Weyden greift absichtsvoll auf diese Malstufe zurück.

Rabelais: Gargantua: Deutsche Ausgabe: Frankfurt am Main 1961 KLL IV 3776–3779 (3776); 52. Hauptstück: 151ff.

Rückgriff: Palatina, 279f.; Dantes »Monarchia«: Die Abfassungszeit ist umstritten. Die Annahmen reichen von 1308/1309 über 1312/ 1313 bis zu 1316/ 1321. Lupold v. Bebenburg, Bischof v. Bamberg (1297–1363; Bischof ab 1353): De iuribus regni et imperii (1340); Lex Salica: Pernoud, Régine: Les Francais n'aiment pas leurs reines, in: Historama, Nr. 84, février 1991, 76–81 (80)

Descartes: Im 2. Teil des »Discours de la méthode« (1637) schreibt er: »... sind jene alten Städte, die – anfänglich nur Burgflecken – erst im Laufe der Zeit zu Großstädten geworden sind, verglichen mit jenen regelmäßigen Plätzen, die ein Ingenieur nach freiem Entwurf auf einer Ebene absteckt, für gewöhnlich ganz unproportioniert; zwar findet man oft ihre Häuser – betrachtet man jedes für sich – ebenso kunstvoll oder gar kunstvoller als in anderen Städten, – wenn man jedoch sieht, wie sie nebeneinanderstehen, hier ein großes, dort ein kleines, und wie sie die Straßen krumm und uneben machen, so muß man sagen, daß sie eher der Zufall so verteilt hat und nicht die Absicht vernünftiger Menschen...« (Übers. v. Lüder Gäbe, Hamburg 1978, 9f. (Philos. Bibl. 26 a).

Rousseau: »Europa war in die Barbarei seiner Vorzeiten zurückgefallen. Die Völker dieses jetzt so aufgeklärten Teils der Welt lebten vor einigen Jahrhunderten in jenem Zustand, der schlimmer als die Unwissenheit war. Ich weiß nicht, welcher wissenschaftliche Kauderwelsch, der noch verächtlicher als die Unwissenheit ist, den Namen des Wissens usurpiert hatte und einer Rückkehr einen schier unbesiegbaren Widerstand leistete. Es bedurfte einer Revolution, um die Menschen zum gesunden Menschenverstand zurückzubringen. Sie kam endlich von einer Seite, von der man sie am wenigsten erwartet hätte. Der dumme Muselmann, die Geißel der Bildung, ließ sie bei uns wiedererstehen. Der Sturz des Throns von Konstantinopel schwemmte die Trümmer des alten Griechenland nach Italien. Frankreich bereicherte sich seinerseits an dieser kostbaren Hinterlassenschaft...« (aus: Schriften zur Kulturkritik. Eingel., übers. u. hrsg. v. Kurt Weigand, 4. erw. Auflage, Hamburg: Meiner 1983, 7).

De Sade: Chatelet, Noelle (hrsg. u. eingel.): Sade. Système de L'Agression. Textes politiques et philosophiques, Paris 1972 (Bibliothèque Sociale); Simone de Beauvoir: Soll man de Sade verbrennen? 3 Essays zur Moral des Existentialismus, Reinbek b. Hamburg 1983; Raymond, Jean: Ein Porträt des Marquis de Sade (Aus dem Französischen v. N. Bornholm), München 1991

Lessing: KLL VII (1972) 6633–6635. Uraufgeführt 1783. Wilson, 1983

«Ewigkeit« der Klöster: Nachweise in: Brieskorn: Die kirchlichen Gemeinschaften, 797–801

Robert-François Damiens: Die Hinrichtung vom 2. März 1757 beschreibt Michel Foucault in: Überwachen und Strafen, 9–12.

Goethe: 22. Juli 1787 (Artemis Ausg. Bd. 11, 408); der Originaltitel lautet »Histoire de l'art par les monuments depuis sa décadence au IVème siècle jusqu'à son renouvellement au XVIème«. Das Werk erschien in 6 Bänden von 1811 bis 1823, deutsch 1840.

Krakau: Madeyski, 21

Voltaire: In seinem »Essai sur les moeurs et l'esprit des nations« von 1756. Arno Borst verweist auf Voltaire in: Die Staufer in der Geschichtsschreibung, in: St III 263–274 (269).

Die Biblioteca de la Universidad de Valencia enthält eine Fülle an Dokumenten über die Streitigkeiten, die sich aus oft lang zurückliegenden Rechtsverhältnissen ergeben. Unter Nr. 348 findet sich ein »Breve de Pio VI revocando todas las exenciones de pagar diezmos concedidas a los Cabildos eclesiásticos y órdenes regulares y militares«, ausgestellt in Rom am 15. Mai 1789.–Vergleichbares dürfte sich in anderen Bibliotheken oder Archiven finden.

Friedrich Sieburg: Chateaubriand. Romantik und Politik, Frankfurt am Main 1959

Die Mitwirkung eines Papstes bei Thronwechsel und Thronsturz – des Papstes Zacharias etwa im Jahre 749 anläßlich der Anfrage Pippins – veranlaßt im 18. Jahrhundert Denkschriften. Sie entstammen meist der Feder jener, welchen eine solche kirchliche Aktivität unangenehm und gefährlich erscheint (Hinweis in: Kern, F.: 252).

Die folgenden Verweise beziehen sich auf Band 10 der Artemis Gedenkausgabe.

Schultheißenstelle: I. 1., 47f.

Gegenwart des Mittelalters: I. 4., 174f. Der in der Goldenen Bulle von 1356 festgeschriebene Anspruch Frankfurts als Ort der Königswahl dient der Würde der Stadt als Bezugspunkt. Über Diarien und Wahlkapitulationen wird gefochten, ein Schlittenrecht erbeten. Ein »Ratshasen«-Deputat ernährt nur zum Teil seinen »Mann«. Die gotische Baukunst ist Gegenstand von Gesprächen. Fastnachtsspiele mittelalterlicher Herkunft lokkern den Alltag auf.

Druidenrepublik: II. 8., 348; ebenso werden das römische Recht und der Neuplatonismus studiert. Von den Eigenschaften der drei Patriarchen und der Kabbalistik ist die Rede. Die Antike öffnet den Blick auf die Natur. Goethe wendet sich Rousseau zu und reflektiert den Anfang der Sprache. Trotz seiner Schwierigkeiten mit der nordischen Mythologie hält Goethe ihr Studium für nötig, um Homer zu verstehen.

Erwin von Steinebach: Goethe berauscht sich nicht an dem Gemeinschaftswerk des Dombaus, sondern will das Genie und den Künstler feiern. »Was braucht's dir Denkmal!

Du hast dir das herrlichste errichtet; und kümmert die Ameisen, die darum krabbeln, dein Name nichts, hast du gleiches Schicksal mit dem Baumeister, der Berge auftürmte in die Wolken.« 1773 übergibt Goethe an Herder den Text zum Abdruck in dem Sammelband »Von deutscher Art und Kunst«.; II. 9 und 424; s. auch unter »1815« in Bd. 11, 869.

Die folgenden Verweise beziehen sich auf Band 11 der Artemis Gedenkausgabe.

Die soziale Stadt: Rom, 22. Sept. 1787 (440); weitere Hinweise: 33–127. Goethe lobt die »köstliche(n) Besitztümer der geistlichen Herren, die früher als andere Menschen klug waren«. Die »Forellenpacht«, das »Remedium pretii«, die Strafe des Hundetragens im Mittelalter, die Gegenwart Bernhards von Clairvaux' mit seinem Ausspruch (515): Spernere mundum, spernere neminem, spernere se ipsum, spernere se sperni (die Welt verachten, niemanden außer sich selbst geringachten, es verächtlich empfinden, verachtet zu werden) und der Karneval lassen die Gestalt des Mittelalters immer wieder hervortreten. Das Zitat aus dem Werk Bernhards ist Bildungsgut, dessen Benutzung mit keinem Bekenntnis verbunden ist. Goethe erteilt aber auch den Menschen ein Lob, welche die Natur beobachteten, aus den Beobachtungen ihre Schlüsse zogen; so richteten sie als Folge ihrer Erfahrungen die Dreifelderwirtschaft ein (294).

Verona und Assisi: 115, 126f.

Gelehrtenrepublik: (1794) 641, 643; Zerstörung: (1802) 699; Unruhe: (1803) 720; moderne Maxime: (1818) 903; Boisserée: (1811) 848, 849f.

Ancien Régime: Palermo, 13. u. 14. April 1787 (Bd. 11, 277); s. auch den »Großkophta«.

Kern, Margit: Zur Geschichtsphilosophie Friedrich Schillers, 261–299

Universalhistorische Übersicht: Eine traurige Nacht: 406; Kreuzzüge: 402; geistliche Einförmigkeit: 409.

Die großen Epochen: 409; Genius: 402; notwendige Bedingung: 404

Unsre rauhen Vorfahren: in: Was heißt und zu welchem Ende studiert man Universalgeschichte?, 315

Freiheit und Kultur: Universalhistorische Übersicht: 408 (Anmerkung); Gesetzlose Freiheit: 403; Enthusiasmus: 407f.; Selbstgesetzgebung: 408f.

Malteserorden, 181

Novalis: »Die Christenheit oder Europa«, in: Schriften (hrsg. v. Paul Kluckhohn u. Richard Samuel) 3. Bd. (Das philosophische Werk II) 3. Aufl., Darmstadt 1983, 495–524 (507); Kurzke, 60–67

«Ansichten«: Der Theologe, Arzt und Professor der Naturgeschichte Gotthilf Heinrich Schubert (1780–1860) veröffentlichte 1808 dieses Werk zur Vervollständigung der Sicht, welche die Naturwissenschaft den Menschen vermittelte. Ein Protest gegen Vereinseitigung, die sich als absolut ausgab!

Hoffmann: Die Elixiere des Teufels. Nachgelassene Papiere des Bruders Medardus, eines Kapuziners. Herausgegeben von dem Verfasser der Fantasiestücke in Callots Manier. Mit Illustrationen von Hugo Steiner-Prag, Frankfurt am Main 1978 (insel tb 304). 1815 erschien der 1., 1816 der 2. Band. Das Zitat ist auf S. 10 zu finden. Dort steht auch: »Du erkennst den verborgenen Keim, den ein dunkles Verhängnis gebar, und der, zur üppigen Pflanze emporgeschossen, fort und fort wuchert in tausend Ranken, bis *eine* Blüte, zur Frucht reifend, allen Lebenssaft an sich zieht und den Keim selbst tötet«. Hauptort ist das Kloster, *der* Ort der Beschaulichkeit und Rettung. Wie Gott aus sich selbst lebt und sich nicht verzehrt, so lebt das Böse aus sich, doch zehrt es sich selbst auf.

Schlegel, A. W.: Auf der Richtstätte der Jungfrau von Orléans zu Rouen (1806), in: Sämtliche Werke. Hrsg. v. Eduard Böcking, 1. Bd. Leipzig 1846, 259–261 (261)

Görres: Der teutsche Reichstag, in: Rheinischer Merkur, Nr. 116, 11. September 1814, in: Ges. Schriften. 2. Bd., München 1854, 143–146 (144)
Görres: Literatur: Politische Ansichten über Teutschlands Vergangenheit, Gegenwart und Zukunft. 1814, in: Op. cit., 88–92 (88)

Görres: Der Kaiser und das Reich. Ein Gespräch, in: Op. cit., 319–390 (323. 374). Görres' Ratschlag ist gegen die »Restauration« wie gegen die blinden Neuerer gerichtet: »Wir Teutsche sollen jetzo Sitte und Recht bewahren, wie sie noch leb- und rührsam sind, und weder starr auf ein gewisses Alterthum zurückbestehen, noch in windigem Neuerungstrieb die Zukunft vorwegnehmen« (362).

Es römele unter dem Namen Romantik: Diesen Vorwurf muß sich A. W. Schlegel gefallen lassen (Sämtl. Werke, 8. Bd. Leipzig 1946, 233). Wenn eine echte Beziehung, nicht oberflächliche Bezugnahme auf »Rom«, das heißt die Kirche und die Hierarchie, bei einem Romantiker vorliegt, so drückt sich darin eher die Suche nach einem »Ursprung« und das Bekenntnis zur Ursprünglichkeit als der Wunsch nach einer organisatorischen Bindung aus.

Restauration: Benannt nach dem Werk von Carl Ludwig von Haller (1768–1854): Restauration der Staatswissenschaft oder Theorie des natürlichgeselligen Zustands; der Chimäre des künstlichbürgerlichen entgegengesetzt, 6 Bde., Winterthur 1816–1834. G. W. Fr. Hegel kritisiert ausgiebig dieses Werk, im besonderen in einer Anmerkung zum § 258 der »Grundlinien der Philosophie des Rechts ...« von 1820.
Schlegel, Fr.: Transzendentalphilosophie, 46–48. 52. 84f.; zu diesem Aspekt der Romantik s. Bohrer, Karl Heinz: Die Kritik der Romantik. Der Verdacht der Philosophie gegen die literarische Moderne, Frankfurt a. Main 1989

Zu verweisen ist auf Bohrer, Karl Heinz: Der romantische Brief. Die Entstehung ästhetischer Subjektivität, München 1987

Müller: Die Elemente der Staatskunst. Öffentl. Vorlesungen, gehalten im Winter 1808 /1809 zu Dresden. Mit einer Einf. v. J. Baxa, 2 Halbbde., Jena 1922; besd. 1. Halbbd., 207

Achim v. Arnim (1781–1831)
Clemens Brentano (1778–1842)
Georg Friedrich Creuzer (1771–1858)
Jacob Grimm (1785–1863)
Friedrich Carl v. Savigny (1779–1861)

Das »eigene« Mittelalter: Schreiner, Klaus: Die Staufer in Sage, Legende und Prophetie, in: St III, 249–262. 261: »'Der alte Barbarossa' wurde im 19. Jahrhundert – dank Friedrich Rückert und der Brüder Grimm – zur Zentralfigur eines politischen Mythos, der das Verlangen nach nationaler Einheit und imperialer Machtentfaltung beleben, erhalten und rechtfertigen sollte«. Fr. Rückert schreibt in dem Gedicht »Barbarossa«: »Er hat hinabgenommen / des Reiches Herrlichkeit / und wird einst wiederkommen / mit ihr zu seiner Zeit«.

Französische Adlige hätten ihre Flucht vor dem Zugriff der französischen Revolutionäre und die Rückkehr unter den Bourbonen mit einem Argumentationsmuster aus der Zeit der Kreuzzüge erklärt, berichtet Louis Philippe in seinen Lebenserinnerungen: Sie seien ausgezogen und kehrten jetzt wieder heim. Interessant wäre es, die Geschichte daraufhin zu untersuchen, wer und wann sich auf den Kreuzzugsgedanken beruft. Lebt im Rittertum diese »Ausfahrt« und dieser »Waffengang« besonders stark nach? Als am 3. und 4. Januar 1400 unter Fürstbischof Gerhard Graf von Schwarzburg die Ritter gegen das Bürgerheer antreten, stimmen sie ein Kreuzfahrerlied an.

In Bayern wird bereits 1808 die Bevölkerung zur Mitarbeit an der vaterländischen Denkmalpflege aufgefordert. Den ersten deutschen Geschichtsverein gründet der Freiherr vom Stein 1819 in Frankfurt als »Gesellschaft für ältere deutsche Geschichtskunde«. König Ludwig I. von Bayern ruft am 27. Mai 1827 zur Sammlung von Altertümern auf: Erlkönig, 146ff. Geschichtsbegeisterung: B. Deneke: Kronprinz Ludwig und der altdeutsche Rock, in: G. Erichsen / U. Puschner (Hg.): ›Vorwärts, vorwärts sollst du schauen...‹. Geschichte, Politik und Kunst unter Ludwig I. Aufsätze zur gleichnamigen Ausstellung, München 1986, 153–170

Eichendorff: Zyklus zur Revolution von 1848, 4. Sonett. Im 5. Sonett heißt es: »Es ist den frischen hellen Quellen eigen, Was alt und faul, beherzt zu unterwühlen.« in: J. v. E. Werke in sechs Bänden. Hrsg. v. W. Frühwald u. a., Bd. 1: Gedichte und Versepen (hrsg. v. H. Schultz), Frankfurt a. Main 1987, 451;
Schultz, Hartwig: Da draußen stets betrogen ... Joseph von Eichendorff unter den Deutschen. Zum 200. Geburtstag des Dichters, in: Frankfurter Rundschau 12. März 1988, S. ZB 3

«Der letzte Held«: KLL VIII (1972) 6857

Heinrich Heine: Die romantische Schule, in: H. H. Historischkritische

Gesamtausgabe (Hrsg. v. Manfred Windfuhr) Bd. 8 / I (Hamburg 1979) 121–243 (138)

Frühwald, Wolfgang: Das verlorene Paradies, in: Literaturwissenschaftliches Jahrbuch N. F. 3 (1962) 113–192

Ozanam: Gisbert Kranz: Sie lebten das Christentum. 28 Biographien, Regensburg 3. Aufl. 1978, 105–123 (111); Labelle, E.: Frédéric Ozanam. Message d'un voyant, Paris 1939

Digby: Kobler, Andres S.J.: Katholisches Leben im Mittelalter. Ein Auszug aus K. H. Digby's ›Mores Catholici: or, Ages of Faith‹, 4 Bde., Innsbruck 1. Bd. 1887, 2. Bd. und 3. Bd. 1888, 4. Bd. 1889

Charles Forbes de Tyron, Comte de Montalembert: Les Moines d'Occident depuis Saint Benoit jusqu'à Saint Bernard (erschienen in der Zeit von 1860 bis 1877)

Chateaubriand: »Le Génie du Christianisme« (1802 veröffentlicht)
Doch gab es auch andere Stimmen. Eine von ihnen erhob Anton Rosmini-Serbati (1797–1855) mit seinem Werk: »Delle cinque piaghe della Santa Chiesa« (Lugano 1848), in welchem er von den fünf Fallen spricht, in welche die Kirche fiel und ihren Auftrag verfälschte. Eine von diesen Fallen ist das Bündnis mit den weltlichen Mächten (Hilckman, A.: R., in: LThK 9. Bd., Freiburg i. Br. u. a. 1964, 53–55).

Die repräsentative oder parlamentarische Regierung (zwischen 1879 und 1882 verfaßt), in: Kropotkin 89–116

Op. cit., 111ff. Die Fortsetzung des Zitats lautet: ... In diesen Gemeinden ... besteht keine Spur von Vertretungsherrschaft. Eine Straße, ein Stadtviertel, die ganze Zunft oder die gesamte Stadt fassen die Beschlüsse, nicht etwa durch Mehrheitszwang, sondern indem sie so lange diskutieren, bis die Anhänger einer der beiden sich gegenüberstehenden Meinungen, wäre es auch nur versuchsweise, sich der Meinung anschließen, welche die meisten Anhänger zählt ... Den befreiten Gemeinden verdanken wir die Wiedergeburt der Kunst; den Gilden der Kaufleute, oft allen Einwohnern der Stadt, von denen ein jeder das Seinige zur Ausrüstung einer Karawane tut ... Den Handwerkszünften ... verdanken wir die Schöpfung fast aller industriellen Erfindungen, die uns heute zugute kommen. Aber die mittelalterliche Gemeinde mußte untergehen. Zwei

Feinde griffen sie zu gleicher Zeit an: derjenige im Innern und der von außen.« Die Ungleichheit innerhalb der Stadt mehrte sich: »Die Stadt teilte sich in Reiche und Arme ... der Klassenkampf nahm seinen Anfang und mit ihm der Staat im Schoße der Gemeinde«.

Luxemburg: »Wälder«: 576; 577; 580;

Kroeschell: 1, 218f.

Pétain: Kurzüberblick in: Encyclopaedia Universalis. Thesaurus. Index, Paris 1985, 2291 f.; Pétain: L'Ordre nouveau, Radiobotschaft v. 11. Okt. 1940, in: Voilliard, Odette u. a. (Hrsg.): Documents d'Histoire contemporaine, Tome II: 1851–1971, 5. Aufl., Paris 1971 (Coll. U)

Pius XI.: »Quadragesimo anno« (1931), Nr. 95: Nachdem der Papst die Vorteile dieses ständestaatlichen Modells herausgestellt hat, äußert er seine Bedenken: der Staat könne an die Stelle der freien Selbstbetätigung treten und die Subsidiarität mißachten; die Bürokratisierung und Politisierung der Gesellschaft drohe, kurz: das System »könne ... politischen Sonderbestrebungen mehr dienstbar sein als der Herbeiführung und Einleitung einer besseren gesellschaftlichen Ordnung«.

Anknüpfen an die Ketzer: Rosenberg, Alfred: Der Mythus des 20. Jahrhunderts. Eine Wertung der seelischgeistigen Gestaltenkämpfe unserer Zeit, München 1930, 85f. (Der Kampf der germanischen Arianer um Glaubensfreiheit gegen die »römischen« Völker), 88 (Peter Waldes, der einen »rein nordischen Kopf« hat, fordert die Lehrfreiheit von der protzigen machthungrigen Kirche) und 238ff. (Eckehart mit »seiner deutschen Religion« gegen die Inquisition).
Feldzug 1124: Huch: Das Heilige Römische Reich, 123; ebenso Keller, H., 214

Byzanz: Wessel, 415

Hundertjähriger Krieg: Autrand, 63–71

Lebensschutz: Dawson, 175: »Der einzige Grundsatz der neuen Gesellschaft war das Recht der Gewalt und seine Entsprechung – das Schutzbedürfnis. Persönliche Freiheit war kein Vorrecht mehr, denn ein Mann ohne Herr war ein Mann ohne Beschützer.«

Gegen Friedrich Schlegel wird der Vorwurf erhoben, daß er die Priesterherrschaft, den Aberglauben, die Unwissenheit und die Barbarei des Mittelalters gelobt habe: A. W. Schlegel, Sämtl. Werke, 8. Bd. Leipzig 1846, 244.
Antje Vollmer: Das Mittelalter sei die Zeit der Inquisition und der Ketzerverbrennung, in: Die Zeit v. 16. Okt. 1987

Forster, Karl (Hrsg.): Mittelalterliches in der Kirche von heute? Studien u. Berichte der Katholischen Akademie in Bayern, Heft 21, Würzburg 1962

Eine Freilegung von allen Verfälschungen und Verzerrungen ist nötig, so anregend und ansteckend jene auch sein mögen. Ein Beispiel liefert Friedrich Nietzsche: Jenseits von Gut und Böse (1885/1886) Nr. 200 (Werke II 657): Friedrich II. gehört für Fr. Nietzsche zu jenen »zauberhaften Unfaßbaren und Unausdenklichen... zum Sieg und zur Verführung vorherbestimmten Rätselmenschen«. In »Der Antichrist« Nr. 60 (Werke II 1232) spricht N. über Friedrich II. von Hohenstaufen das Urteil: »jener große Freigeist« aus. – Andere, wie nationalsozialitische Strömungen entdecken das Mittelalter der Sozialrevolutionäre, s. den Artikel Joachim Fests über Ernst Bloch und die Sehnsucht nach dem Totalen, in: Frankfurter Allgemeine v. 9. März 1991 (Bilder und Zeiten).

Zum Wandel in der Kunstbeurteilung: Winzinger, 15. Während die Türen von San Zeno in Verona noch 1924 als »Barbarei« und »formlose Gebilde, deren positive Wertung außer dem Bereich der Möglichkeit« läge, abgewertet wurden, wird allmählich ihre Kraft im Ausdruck und die Theologie gewürdigt.

Die Forschung zehrt selbstverständlich auch von Ergebnissen, die das 19. Jahrhundert selbst erbte. Hermann Conrings (1600–1681) Widerlegung der sogenannten Lotharischen Legende (Schlosser, Hans: Privatrechtsgeschichte, 29), die Entlarvung der »Konstantinischen Schenkung« als Fälschung durch Lorenzo Valla. Zu letzterer s. Laehr, Gerhard: Die Konstantinische Schenkung in der abendländischen Literatur des Mittelalters bis zur Mitte des 14. Jahrhunderts, Berlin 1926

B. Versuch der Rekonstruktion des Mittelalters

1. Eine Zeit der Jenseitsgerichtetheit

Blau des Himmels: Peterich, Eckart: Italien, 2. Bd. 3. Aufl. München 1967, 58f.

Feenbaum: 3. öffentliche Sitzung am 24. 2. 1431: Schirmer-Imhoff, 26

Melusine: Droste unter Stichwort »Melusine«

Waldmenschen machen ihn den Menschen streitig. Im Regensburger Stadtmuseum ist der Wandteppich ausgestellt, in den Darstellungen der »Wilden Männer« eingewebt sind.

Veit Stoß' Marienaltar in Krakau: Madeyski, 47; Stefan Lochners (1400–1451): Jüngstes Gericht (um 1435), Köln, Wallraff-Richartz-Museum: KML 8, 221–228

Dodana: Handbüchlein an Wilhelm, 72. Kap., in: Ausgewählte Schriften, 103; s. auch 53f.

Bernhard von Clairvaux, Epist. 189, in: PL 182, col. 354–357 (355 A). Der gekürzt, aber sinngemäß wiedergegebene deutsche Text lautet auf Latein: »... virulenta folia utinam adhuc laterent in scriniis, et non in triviis legerentur. Volant libri: et qui oderant lucem, quoniam mali sunt, impegerunt in lucem, putantes lucem tenebras. Urbibus et castellis ingeruntur pro luce tenebrae; pro melle, vel potius in melle venenum passionibus propinatur. Transierunt de gente in gentem, et de regno ad populum alterum.«

Peraldus verwaltete ab 1245 die Diözese von Lyon. Gestorben ist er zwischen 1255 und 1275. Er verfasste »De eruditione principum«, Erziehungsschrift und Fürstenspiegel zugleich, in sieben Bücher eingeteilt. Das fünfte Buch von »De eruditione« ist in: Ausgewählte Schriften, 212–345 in deutscher Übersetzung aufgenommen. Im 10. Kapitel »Über die Wahl eines Lehrers« schreibt er: »Aufblähende Wissenschaft ist Teufelswissenschaft, von welcher auch die Dämonen beherrscht sind. Denn Dämon heißt soviel wie der Wisser« (230).

«Ante paganos«: Hubensteiner, 53

Augustinus: De civitate Dei XXII, Kap. 30 (Thimme, 2. Teilbd., 835) «Aetas senescens«: Dünninger, 32. Auch Heinrich Seuse (1295/1300–1366) verwendet dieses Wort: Horoloquium. Prologus (2); Bizet, J.A.: Henri Suso, in: Dictionnaire de Spiritualité. T. VII, Paris 1968, 234–257 (243)

Karl der Große: Einhardi Vita Karoli 24, in: AQMA V, 196

Otto von Freising: Chronik, in: AQMA XVI, Einleitung und Prolog

Franz von Assisi: Floretum S. Francisci, cap. 22 »Qualiter sanctus Franciscus liberavit turtures et fecit eis nidos« (Sabatier, 93f.). »Ich sehe, daß es gut ist«: auf das Ich hin gewendeter Ausspruch Gottes: Gn 1,10 u. ö.

Papst Clemens IV.: Hubensteiner, 48

Thomas von Kempen: Das Leben Meister Gerhards, 62f. Gerhard Grote, lebte von 1340 bis 1384.

Hildegard von Bingen: 106–109; s. auch 30–38

«Als Adam grub...«: s. unter: Arbeit

«Circulatio«: Thomas von Aquin: Sentenzenkommentar 1 d. 14, 2, 2; 1 d. 2. divisio textus (Hinweis bei Pieper, Hinführung, 93)

Apokalyptik: zur berühmten Vision des Mönches Bernold darüber, was mit den Toten geschieht: HLF V, 572; s. auch HLF V, 121f., 653f. Walther von der Vogelweide: «Wacht auf, es naht uns der Tag!« (Wehrli, 217). Für Walther sind Vorzeichen: Sonnenfinsternis, Lügen, Verrat und Rechtsbeugung.

Joachim von Fiore: Congar, 209–214

Westgotenideologie: Kempe, 23 (Asturien–Galizien als einziger berechtigter Nachfolger des früheren Westgotenreiches)

Lex Salica. Vorrede, S. 15. Text in: K.A. Eckhardt: Die Gesetze des Karolingerreiches. Vorrede, S. 15. Meine Übersetzung ist freier gestaltet.

Translationsberichte, in: HLF III ff. Auch die Bauwerke, wie die Kathedralen, wurden von Generation auf Generation zur Vollendung weitergegeben.
Gelasius I. an Kaiser Anastasius I. im Jahre 494: »Duo quippe sunt, imperator auguste, quibus principaliter mundus hic regitur: auctoritas sacrata pontificum et regalis potestas. In quibus tanto gravius est pondus sacerdotum quanto etiam pro ipsis regibus hominum in divino reddituri sunt examine rationem« (PL 59, 42 A–B; Jaffé 707): »Zwei sind es freilich, erhabener Kaiser, durch welche vor allem die Welt regiert wird: die geheiligte Autorität der Priester und die königliche Macht. Dabei ist die den Priestern übertragene Verantwortung umsoviel größer, als sie vor dem Göttlichen Gericht Rechenschaft über das Handeln der Könige abzulegen haben.«

Ennodius: in: MGH AA VII, S. 212. Gewidmet ist er dem König der Ostgoten, Theoderich dem Großen (473–526).

«Goldenes Davidsbild«: Art. David, in: Reallexikon zur deutschen Kunstgeschichte, III, 1083–1119 (1105); St V, 477–520 (Abb. 344)

Pius II.: Preißer, Karl-Heinz: Neben dem Schloß steht das Hammerwerk. Die Oberpfalz war Ruhrgebiet des Mittelalters, in: FAZ v. 8. 3. 1990

Thomas v. Kempen: Heilige Christnacht. Fest der Seele. (Ausgabe ist ohne Seitenangaben)

Trevrizent: Kapitel »Parzival und Trevrizent« (Eschenbach, 234)

Walsperger: Karte von ca. 1488; Österreichische Nationalbibliothek, Wien

St. Michael: Ledergerber, 39

Mittelpunkte: Legner, Anton (Hrsg.): Reliquien. Ausstellungskatalog, Köln 1989; Corboz, 173ff.

Bamberg: Die Bildwerke des Bamberger Domes. Geleitwort v. Karl Gröber. 46 Bildtafeln, Leipzig o. J.

Memling, H. (?1440–1495): Das Jüngste Gericht (Triptychon) Zwischen 1466 und 1473 erstellt. Öl auf Holz, Danzig (Lane 12., 14f.) Eine Reihe von Tonsurierten fällt in den Höllengrund (KML 9, 87–92); Lochner, St. (1400–1451):Jüngstes Gericht (um 1435), Köln, Wallraff-Richartz-Museum: KML 8, 221–228; Schongauer, M. (1450–1491): Das Jüngste Gericht: KML 11, 120–125

Augustinus: De civitate Dei XX. Kap. 9 (Thimme, 2. Teilbd., 610)

Fulda: Swiridoff; Pralle; grundsätzlich und von hoher Einfühlungskraft in die Kirchenkunst des frühen Mittelalters: Corboz

Romanik: Hervorragende Einführung: Rupprecht

Rupprecht, 13

Meines Erachtens betont Rupprecht in seinem ausgezeichneten einfühlenden Essay zu stark die Maßlosigkeit der Romanik und die Bedrohung, auf welche die romanische Skulptur aufmerksam machen wolle (Rupprecht, 16f.). Wird nicht übersehen, daß jene Mischwesen und Mißbildungen noch einmal »eingefaßt« sind, in einem Kapitell oder in einen Bogen eingefügt sind? Ist die Bedrohung, deren Existenz betont wird, nicht zugleich eine gebändigte?

Rupprecht, 16f., 65

Gotik: Einführungen: Hofstätter, Schäfke, Gozzoli, Rüdiger

Eduard I. und Zyzka von Trocnow: Berichtet von Montaigne in seinen »Essais«: Zürich, 67

Liber Extra: I. 1. 1.: »Firmiter credimus et simpliciter confitemur, quod unus solus est verus Deus... Es folgt ein kommentiertes Glaubensbekenntnis. Erst in dem 2. Abschnitt »Una vero est fidelium universalis Ecclesia« ist von der Kirche die Rede. Der Liber Sextus, von Papst Bonifaz VIII. 1298 promulgiert, beginnt in I.1.1.: »Fideli ac devota professione fatemur quod Spiritus Sanctus aeternaliter ex Patre et Filio ... procedit: hoc professa est hactenus, praedicavit et docuit, hoc firmiter tenet et praedicat, profitetur et docet sacrosancta Romana Ecclesia, mater omnium fidelium et magistra.« Im »Liber Sextus« vergegenständlicht sich die Kirche um ein wenig mehr als im »Liber Extra«.

Clementinen: Tit. Primus, cap. un.: »Fidei Catholicae fundamento, praeter quod (teste apostolo) nemo potest aliud ponere, firmiter inhaerentes, aperte cum sancta matre Ecclesia confitemur.«

614: MGH Legum, sect. II, 20: »Felicitatem regni nostri in hoc magis magisque diuinum intercedente suffragium succrescere non dubium est, si qua in regno deo propicio nostro bene acta statuta atque decreta sunt, inuiolabiliter nostro studuerimus tempore custodire...«

817: MGH Legum sectio II. Capitul. reg. Franc. Bd. I (1881) 270: »In nomine domini dei et salvatoris nostri Jesu Christi.«

Wormser Konkordat. Kaiserliche Urkunde v. 23. Sept. 1122 (MGH Legum Sectio IV, Bd. I (1893) 159): »In nomine sancte et individue trinitatis.«

Friedrichs II. Statutum in favorem principum, Mai 1232 (MGH Legum Sectio IV, Bd. II (1896) 211): »In nomine sancte et individue trinitatis.«

1355/1356: »In nomine sancte et individue trinitatis feliciter amen.« Merzbacher, Friedrich: Karl IV. und das Recht, in: Seibt 146–151; Hergenröther, Bernd-Ulrich: Die Goldene Bulle und Karl IV. und die Kunst des Möglichen, in: Seibt 143–146.

1495: Altmann ..., 281

Verträge in Vorhalle oder Chor der Kirche: Dante: GK. Hölle, X. Gesang, 87; auch von Freiburg i. Breisgau berichtet: Geiges, 40 und 42

Bayeux: Wilson, David M.: Der Teppich von Bayeux. Aus dem Engl. v. W. Proll, Frankfurt u. Berlin 1985 (London 1985)

Wienhausen: Schneider: Die Cistercienser, 332f.

In der Weltgerichtsrede (Mt 25,36.39.43) ist nur vom Besuch der Gefangenen die Rede, in Vers 44 allgemein von der Hilfe.
Mercedarier: Petrus Nolascus (um 1182–1256), gründete den Mercedarierorden zum Loskauf der Gefangenen. Gregor IX. bestätigte die neue Stiftung am 17. Januar 1235. Bemerkenswert ist, daß den Chronisten (oder der Wirklichkeit?) die mitmenschliche Solidarität als Motiv nicht ausreicht, sondern eine Marienerscheinung noch anfeuernd dazutreten muß, um die Gründung in die Wege zuleiten (P. Kneller SJ: Petrus

Nolascus, in: Wetzer und Welte's Kirchenlexikon .... Hrsg. v. Joseph Kard. Hergenröther u. Franz Kaulen, 9. Bd. Freiburg i. Br. 1895, 1927–1933)

Dodana: Handbüchlein an Wilhelm, 15., 19. und 8. Kap., in: Ausgewählte Schriften, 69f., 75 und 62f.
Peraldus: V. Buch, 8. und 9. Kap., in: Ausgewählte Schriften, 226 und 227f. Zur Schutzengelverehrung: Delumeau, J.: Rassurer et protéger. Le sentiment de Sécurité dans L'Occident d'Autrefois, Paris 1989

Maphaeus, Vegius (Maffeo Vegio) (* 1406 in Lodi, † 1458 in Rom), Humanist und Pädagoge, verfaßte »De educatione liberorum et eorum claris moribus libri VI« um 1450. Über Monika handelt er in I. 20 und III. 13, in: Maphaeus, 64f. und 129f.

«Vernachlässigung der Armen«: Schäfke, 32

Konzil von Lyon 583: can. 6: Die Leprosen sollen von dem eigenen Bischof Nahrung und Kleidung erhalten und nicht außerhalb betteln: Hefele 3 (1877) 38f.

Kathedralenfenster: Farbenfenster Grosser Kathedralen, Tafel VIII und Tafel XI: Sens: Nördl. Chorumgang, Chartres: Südliches Seitenschiff (12./13. Jh.)

Die Geschichte der barmherzigen Schwester (Wienand, 59) will korrigierend auf mystische Überbetonungen reagieren und dem Abgleiten in uferlose Gefühle den konkreten Siechendienst gegenüberstellen. Visionen sind normal. Gott ist im niedrigsten Dienst zu finden.

Wenn Domke, 386 anläßlich einer helfenden Geste des burgundischen Herzogs von »der humanitären Tendenz« spricht, »wie wir sie sonst im ganzen Mittelalter vergeblich suchen«, so geht er in seinem sonst so einfühlsamen Buch doch zu scharf mit dem Mittelalter um. Auf die zahlreichen Beispiele, die in Digby zusammengestellt sind, möchte ich dabei gar nicht eigens verweisen, auch die von mir angeführten Beispiele sprechen genug.

Dodana, Handbüchlein an Wilhelm, 21. Kap., in: Ausgewählte Schriften, 78; Das Beispiel der Hirsche: C. Plinii Secundi Naturalis Historia VIII. 32 (50) (rec. d. Detefsen, 68. Abschnitt 114); A. Augustinus: Ennarationes in psalmos (zu Ps 41. nr. 4): PL 36, 466; Gregor der Große: Expositiones morales in Job lib. XXX. cap. 10 (PL 76, 543 D–544 A)

Hildegard von Bingen, 16

Die Toten auf dem letzten Weg begleiten: Wienand, 139
Hedwig v. Andechs: Hubensteiner, 53; eindrucksvolle Geißlerdarstellung in: Die Belles Heures, f. 74 v

Thomas von Kempen: Das Leben Meister Gerhards, 68

Dodana: Handbüchlein an Wilhelm. 39. Kap., in: Ausgewählte Schriften, 90

Weltgerichtsrede: Mt, 25,31–46

Mist: S. 22 (Artemis Ausgabe Bd. 11, 294)

«Nicht mit Paternostern allein«: Ausspruch Cosimo de Medicis (1389–1464), in: Cremer, Emmy: Lorenzo de Medici. Staatsmann, Mäzen, Dichter, Frankfurt a. Main 1970, 7; Langewiesche, 79

Der ermüdend eintönige Ablauf: Lk 14, 15–24; 17, 26–28; die Unbekümmertheit um das heilige Geschehen zeigt recht gut der »Meister von Flémalle (Robert Campin?) (1380–1444): Geburt Christi (um 1425), Dijon, Musée des Beaux-Arts: KML 4, 131–140

Wie viel Prozent der städtischen erwachsenen Bevölkerung gehörten Todesbruderschaften an? 5 % wird behauptet. Ein Indiz? Sicherlich nur bedingt. Zu hören ist auf den oft beschwörenden Ton der Prediger. Auf die Zeugnisse über die Große Pest: in: Boccaccio im »Il Decamerone«.

Vinzenz Ferrer (1346/1357–1419) und zum Lebensgefühl des 14. und 15. Jahrhunderts: Delumeau, Rassurer

Der Blick umschließt mit der Erde zugleich auch noch »Himmel und Hölle«. Der Blick ist noch nicht mit jener gewollten Beschränktheit der Renaissance oder des 16. Jahrhunderts auf die Menschenwelt geheftet, welcher allerdings auch ab dem 16. Jahrhundert den Mißgestalteten, den Krüppel oder den Zwerg als solche wahrnimmt. Der Blick des Mittelalters ist transparent; er durchdringt das Sichtbare auf das Unsichtbare hin, liest das Sichtbare vom Jenseits her.

Turmbau-zu-Babel-Darstellungen: Dies ist genauer zu untersuchen.

Zu den Weissagungen Virdungs und Stöfflers: Pascher, P. H. (Hrsg.): Praktiken des 15. und 16. Jahrhunderts, Klagenfurt 1980; Palatina, 107f. Die Zaubersprüche Merlins geisterten umher. Einer lautete: Ein Land werde einmal durch eine Frau zerstört und durch ein junges Mädchen gerettet. Man bog ihn auf Frankreich hin und dachte an Jeanne d'Arc. Hatte sich aber ein Spruch bewahrheitet, so legte man damit auch anderen Sprüchen, selbst wenn aus anderem Munde, eine hohe Bedeutung zu.

Zur Alchemie: Dante: GK. Hölle, XXIX. Gesang, 119 f; Palatina 209f.

2. *Das Leben mit der Natur*

«Natur«: Hager, F. P./Maierù, A./Stabile, G./Kaulbach, F.: Natur, in: Historisches Wörterbuch der Philosophie. Hrsg. v. J. Ritter u. K.F. Gründer, Bd. 6: Darmstadt 1984, 421–478
Im Satz »Gratia supponit naturam«, die Gnade setzt die Natur voraus, faßt Thomas »natura« wohl vorerst im griechischen, aristotelischen Sinne auf, als eine Größe der Kräfte und Gegenkräfte, als ein System, das sich erhält. Indem Thomas dann aber auch von dem »desiderium naturale« spricht, ordnet er diese fast selbständige Größe auf Gott hin (Sinngemäß: In 4 Sent. dist. 49 qu. 2 art. 3. Resp. ad 8).

Herrschen über die Natur: Schubert, 28–32

Saerimnir: Reissenweber, A.: Germanische Göttersagen, neu erzählt, Heidelberg 1954, 25
Wiese: Dahl, J.: Einfach hineinlegen..., in: DIE ZEIT Nr. 32–3. August 1990, S. 53

Saint Pierre d'Ailly: Droste unter entspr. Stichwort; Rupprecht, B. zu zahlreichen anderen Tympana.

Carmina burana: Es handelt sich um eine Liedersammlung aus Benediktbeuern. Bayerische Arbeit aus dem ersten Drittel des 13. Jahrhunderts. München SB Clm 4460. Cetto, A. M. bespricht Blatt 64 v. (Tafel XVIII).

Sonnengesang: Celano: Buch der Wundertaten. Kap. CLXI (Grau u. Spätling, 333f.)

Bernhard v. Clairvaux: Legenda aurea II. Teil, (Benz, 41)

Bevölkerung: Dopsch, H.: Zum Anteil der Romanen und ihrer Kultur an der Stammesbildung der Bajuwaren, in: Dannheimer, 47–54. Dopsch unterscheidet zwischen römischen Staatsbürgern, die als nobiles eingestuft waren, solchen, die nach ihrem Recht leben durften, z. B. in Churrätien, schließlich den zinspflichtigen Romanen, zwischen Römern, die sogar unter der Germanenherrschaft zum Kriegsdienst verpflichtet bleiben, und Römern, die rechtlich auf den Stand der Leibeigenen abgesunken sind.

Bevölkerungswachstum: Colin McEvedy & Richard Jones: Atlas of World Population history, Suffolk 1979
Seuchen: Europa, 65. Allerdings starben schon vor der Pest zwischen 1313 und 1317 etwa 10 % der städtischen Bewohner Europas am Hunger. Zwischen 1326 und 1400 zählte man beispielsweise 32 Seuchenjahre in Flandern. Der Hunger schwächt die Menschen, Epidemien haben somit leichtes Spiel. Die Flucht in die Stadt verschlimmert aber wiederum die hygienischen Verhältnisse und verringert die Zahl der Bauern, welche Felder bestellen können. Der Hunger wird wiederkommen.

Anschaulich: Schnurrer: Chronik der Seuchen, in: Alte und Neue Welt 34 (1900) 135

Lebenserwartung: Frauen- und Männersterblichkeit: Europa, 62–65

Albertus Magnus: 1193 oder 1200–1280; Raymund de Peñaforte: um 1185–1275; Bischof Ulrich lebte von 890 bis 973

Behinderte: Notker Balbulus (um 830 bis 912); Hermann Contractus: H. v. Reichenau (1013–1054), in: Lexikon des Mittelalters IV, München u. Zürich 1989, 2167f.; König Balduin IV. (1161–1185) : Pegg, 265–287
Abschließungen: Bischof Ulrich (890–973): Huch, 47; weniger drastisch als R. Huch es darstellt, berichtet das »Leben des hl. Ulrich« Nr. 5: Er sonderte sich demnach ab, um »durch das unnütze Geschwätz der Leute nicht im Psalmengebet gestört zu werden«; in Nr. 6 heißt es: Er glaubte sich »den göttlichen Dingen umso näher ... je mehr er sich den menschlichen Unterhaltungen entzöge«, in: AQMA XXII, 78–80.

»Der tumbe Bauer«: Die Erzählung von den zwei Bürgern und dem Bauern, alle drei auf einer Pilgerreise, zeigt dies sehr schön, und wie der Bauer die zwei Hochnäsigen austrickst.

Germanen und Griechen: Liutprand von Cremona (920 – um 972): Die Gesandtschaft an Kaiser Nikephoros Phokas in Konstantinopel, Nr. 12, in: AQMA VIII, 534–536: »Wir aber, wir Langobarden, Sachsen, Franken, Lothringer, Bayern, Schwaben und Burgunder, verachten diese (die Byzantiner) so sehr, daß wir für unsere Feinde, wenn wir recht zornig sind, keine anderen Scheltworte haben als: Römer. Denn mit diesem einzigen Wort ›Römer‹ bezeichnen wir alles, was es an Gemeinheit, Feigheit, Habgier, Protzentum, Lügenhaftigkeit, ja überhaupt an Lastern nur gibt.«
Christen und Juden: Die Trullonische Synode von 692 zieht mehrfache Trennungslinien zwischen Christen und Juden und drückt die jüdische Gemeinde fast bis zur Rechtlosigkeit herab. Diese Aktivität führt hinauf zum 4. Laterankonzil (1215), das in can. 68 den Juden vorschreibt, sich durch bestimmte Kleidung in der Öffentlichkeit kenntlich zu machen. Die Vorschrift gilt allerdings auch für die Sarazenen.

Kloster: Thomas von Kempen stellt dem Ordensangehörigen die Väter in der »Einöde« wiederholt als Beispiel vor: »Nachfolge Christi« 1. Buch, 18. Kapitel, 3.: »Allem, was Reichtum, Würde, Ehre, Freundschaft, Verwandtschaft heißt, hatten sie den Scheidebrief gegeben...« (53); 4. Sie waren »...abgewandt von der Welt, aber Gottes nächste Verwandte und trauteste Freunde...« (53). Grundsätzlich war dem jeweiligen anderen Geschlecht der Zutritt verwehrt.

Außenkontakte: J. G. Arentzen: Imago mundi cartographica, München 1984; Palatina, 358 und 322f.

Heiliges Land: Meinardus

Afrika: Samhaber, 104: 1291 stechen zwei Galeeren unter dem Befehl der beiden Brüder Vadino und Ugolino Vivaldi von Genua aus in See und gelangten eventuell an die afrikanische Westküste; 1294 gründet Genua in Rouen ein Arsenal. 1364 nehmen normannische Kaufleute aus Dieppe und Rouen Kontakte, die lange geheim gehalten werden, mit Stämmen südlich der Sahara auf: Holle, 746.

Amerika: In der Zeitschrift »Geschichte mit Pfiff« 5 / 1981, 44f., berichtet »amb«, daß König Christian I. von Dänemark die hanseatischen Kapitäne

Diderigk Pynyng und Hans Poidthorsth ausgesandt habe, um neue Inseln und Länder im Norden und Westen zu erkunden. Ihr Lotse sei Johannes Scolvus gewesen. Die Reise habe um 1476 stattgefunden. Eventuell sei hier die Nordroute entdeckt und Amerika betreten worden.

Hanse: Vahtola

Ansiedlung der Wikinger: Bis heute unterscheiden sich die Herdwicks, die im Lake District typischen dunkelgrauen Schafe, von allen anderen Schafarten in England. Anzunehmen ist also, daß die Wikinger diese Schafart aus Skandinavien einführten.

Albanier: Geisen, Bernd: Wo niemand wohnen wollte, blieben die fremden Söldner, in: FAZ vom 8. 2. 1990 (Reiseteil)

Hagar: Winzinger, Bild 35. Hagar war eine Nebenfrau Abrahams. Die Hauptfrau, Sara, erzwang die Verstoßung: Gn 21, 9–21 (14)

Karl der Große: Annales a. 793, in: AQMA V, 60–62

Gotland: Zeitler unter Stichwort »Gotland«

Arbeit: van der Ven, 1. Bd., 109–209; 2. Bd., 9–184

Basilius- und Benediktinerregel im Vergleich: Balthasar, U.v.; die Basiliusregel hebt unter J. »Von der Arbeit« (91ff.) zwei Zwecke der Arbeit hervor, einmal menschliche Fähigkeiten zu entfalten, also an der Schöpfung als Geschöpf mitzuarbeiten, und andererseits für die Notleidenden und damit, gemäß Mt 25,40ff., für Christus zu sorgen. Im 48. Kapitel der Benediktinerregel »Von der täglichen Handarbeit« (193–195) ist lediglich davon die Rede, daß Arbeit gut gegen den Müßiggang sei.

Orantes, milites und laborantes. Georges Dumézil (1898–1986) arbeitete den indogermanischen Ursprung heraus. Die Dreiteilung prägt die Gesellschaften und ist in säkularisierter Form in Platons Unterscheidung in Könige, Wächter und Volk festzustellen. Georges Duby läßt in »L'An Mil«, 70–75 einen Hauptvertreter dieser Schichtung zu Wort kommen: Adalbéron von Laon: Lexikon des Mittelalters I (1980) 93

Das Kriegshandwerk: Im Italien des 15. Jh. mieteten die Republiken sich Söldnerführer. Der Mietvertrag heißt condotta (lat. Conductor). Deshalb nannten sich die Söldnerführer Condottieri. Die Verträge legten den

Auftrag, die Zahlungen, die Beuteaufteilungen fest (vgl. Hagen, 51–64). Hagen weist auch auf die »Versachlichung« des Krieges hin: Pferde, Rüstungen, Geschütze, auch die Menschen stellten ein Kapital dar, das möglichst ungeschmälert zu bewahren war. Somit bildeten sich gewisse »Kollegiale Umgangsformen« (ebd., 55) heraus. Die Aufstiegschancen waren hoch. So wie in der Kirche?

Darstellung auf dem Tympanon des nördlichen Sakristeieingangs des Freiburger Münsters: Der bärtige Adam hackt auf den Boden ein, er pflügt nicht. Eva spinnt auf den Rocken blickend. s. Power, E.
Franz v. Assisi: Die Kunst des Mauerns kam Franz beim Aufbau der Kirche von San Damiano zustatten: Legenda trium sociorum, 7. Kapitel (Hamburger, 44–51).

Eligius (Bischof von 640/644 bis 659): HLF III, 595; Franz v. Assisi: Legenda trium sociorum. 1. bis 6. Kapitel (Hamburger, 5–43); Boccaccio, Giovanni (1313–1375): Brockmeier, P.; Dürer, Albrecht (1471–1528): Panofsky, Erwin: The life an Art of A. D., 2 Bde., 4. Aufl. Princeton 1955; Wölfflin, Hans: Die Kunst A. Dürers, Neuaufl. München 1971

Meier Helmbrecht: KLL VII (1972) 6151f.; s. Wernher der Gärtner

Diese Fragestellung geht auf die Untersuchungen Max Webers (1864 – 1920) zurück. In »Wirtschaft und Gesellschaft« charakterisiert Max Weber das zweckrationale Verhalten als das Verhalten der Neuzeit. Es kalkuliert, sucht selbst die Ziele und bestimmt die Mittel. Lewis Mumford dehnte den feststellbaren Bereich dieses Verhaltens auf das Mittelalter aus. Und betrachtete in diesem Sinne die Klöster als Vorläufer der Moderne.

«Zwei Fliegen«: Eines der Sprichwörter auf Peter Bruegels (1525/30–1559) Bild »Die Niederländischen Sprichwörter« 1559, (Berlin, Stiftung Staatliche Museen. Gemäldegalerie), ebenso wie »Hacke-Stiel« und »Ungelegte Eier«.

Planung: Lk 14, 28–30

Beispiel für Zweckrationalität in einem Zisterzienserkloster: Wellstein, G., 39–45; der Staufer Friedrich II. (1196–1250) fühlt sich dem Geist der Zisterzienser sehr verbunden. Bauten aus seiner Regierungszeit atmen ihn. Willemsen, C. A.: »Am unmittelbarsten aber hat auf das Bauen des Kaisers die zisterziensische Frühgotik eingewirkt«, in: Willemsen, C.

A.: Die Bauten Kaiser Friedrichs II. in Süditalien, in: St. III, 143–163 (163).
Friedrich läßt sich am 13. Dez. 1250 in der Kutte der Zisterzienser bestatten: Schreiner, K.: in: St. III, 249. Bemerkenswert ist, daß offensichtlich Friedrich II., der so gern als »modern« hingestellt wird, die neuen Orden, nämlich die Bettelorden, mentalitätsmäßig nicht so lagen.
Die Kritik Bernhards an Cluny findet sich in: Apologia ad Guillelmum s. Theoderici Abbatem. 12. Kap., in: PL 182, 895ff.

Allgemein: Pirenne, Henri: Sozial- und Wirtschaftsgeschichte Europas im Mittelalter, Bern 1947; White, Lynn Jr.: Medieval technology and social change, Oxford / New York 1962

Monatsnamen: Einhardi vita Karoli, nr. 29, in: AQMA V, 200

Thomas Morus verlangt noch von jedem Utopier, sich als Ackerbauer zu betätigen. Erst nach Ausübung und Bewährung ist ein Aufrücken in andere Berufe gestattet: Utopia 2. Teil, 69–75 («Von den Handwerken«).

Ritter: Peuckert, 1. Bd., 15; König Sigurd: Peuckert, 1. Bd., 10ff.

Breviarium Grimani: Het Breviarium, 50; Janson, Bild 44 (aus einem Stundenbuch)

Die Belles Heures: Die Bilder zu Juni (Cancer), Juli (Leo), August (Virgo) und September (libra).

Kloster als Netzwerk: Stutzer, 13–17

Veit Stoß: Maydeski, 37f.

Medizin: van der Ven, 2. Bd., 164–167; Heinisch, 92–104; Bader

Friedrich II.: Er übernimmt von den Arabern die Falkenhaube, welche das schwierige »Augenbräuen«, das Zusammennähen der Augenbrauen des Falken, ersetzen: Willemsen

Wieland stellt im Dienst eines Königs scharfe und elegant verzierte Schwerter her. Die Abwerbung oder zumindest die Belieferung fremder Herren ist zu fürchten. »Hörige« ihres Herrn überlisten den Schmied und zerschneiden ihm die Kniesehnen. Verletzt am Leib und in seinem

Stolz denkt Wieland an Rache. Er baut sich Flügel, ermordet die ahnungslos vorbeischauenden Kinder des Königs und verführt die Königstochter. Dann schwingt er sich in die Höhe. Näheres in: »Erlkönig«, 140ff.: »Die Geschichte von Wieland, dem Schmied, findet sich sowohl im isländischen Völundarkvidha (Völund-Lied) der älteren Edda als auch in der jüngeren und ausführlicheren Prosafassung der Thidreksage. Beide Schriften sind lediglich in Abschriften des 13. Jh. erhalten. Diese lassen sich wiederum auf die verlorengegangene Sammlung von Snorri zurückführen, der um 1220 die alten Erzählungen als Skalden-Dichter-Lehrbuch aufschrieb. Die wahre Entstehungszeit liegt sehr viel weiter zurück, wohl in der Völkerwanderungszeit um 400, zumal die ersten bildlichen Darstellungen der Sage bereits um 700 entstanden.«
Was das 19. Jahrhundert besonders an dieser Gestalt in Bann schlug, war der Künstlermythos, der Mythos vom fliegenden Menschen, das Verhältnis von Handwerker und König, die politische Gewalt und die künstlerische Ausbeutung. (s. Edda: E.M. Betz: Erlanger Studien 2, Erlangen 1973, 131–160; R. Nedema: Die Denkmäler der Wieland-Sage, Göppingen 1988)
Zum Schmied: Wird er im 18. und 19. Jh. oder schon im Mittelalter als der konstruktive Arbeiter und als der Kämpfer für Ideale gesehen?: Bialostocki, Jan: Stil und Ikonographie. Studien zur Kunstwissenschaft, Köln 1981

Abbau der Bodenschätze: Europa, 112

Mljet: berichtet in: Neumayr, E./Pfister, W., 171f.

Zisterzienser im bernischen Oberaargau: Schmidt, Christina: Bös wird's, wenn die Wässerwasser nicht mehr fließen, in: Die Weltwoche v. 21. 7. 1988

Papier u. a.: Corboz, 46; Brille: Janson, Bild 40; der Wandteppich im Stadtmuseum Regensburg zeigt einen gehbehinderten Mann, der sich mit einem Dreirad behilft.

Foucault, Michel: Vorrede zur Überschreitung (1963), in: Foucault, 32. Die Ersterscheinung erfolgte in: Critique Nr. 195/196 (1963)

Byzanz: Zitat aus Hagen, 17, wo der Lebenslauf der Kaiserin Theodora beschrieben wird.

Torup Kirche bei Tornby: Broby, 13

«Gott sah, daß es gut war«: Gn 1, 10. 12, 18. 11. 25; »Gott sah alles an, was er gemacht hatte. Es war sehr gut«: Gn 1, 31

Die nährende Muttergottes: Martin Schongauers »Madonna im Rosenhag« um 1473 entstanden; Rogier van der Weyden: Mutter Gottes mit Kind (um 1435?).

Tommerby: Broby, 93
So ziert das Portal des Kirchleins Kilnaboy eine Shelanagig, »eine fettbrüstige Frau mit lasziver Schenkelhaltung« (E. Schnack: Mit den O'Faolains quer durch Irland, in: NZZ v. 1.6. 1990)

Schlaraffenland: Bruegel: Wien, Gemäldegalerie im Kunsthistorischen Museum

Hagen, 31f. »Les très riches heures du Duc de Berry« sind um 1415 von den Brüdern Paul, Hermann und Johann von Limburg († vor 1416) hergestellt worden.

Freude: Le Goff, J.: Rire au Moyen Age

Isidor v. Sevilla: Decretum Gratiani C. 32 q. 7. c. 15 § 7; Dist. 50 c. 16, der Text ist dem Werk Gregors d. Großen genommen und spricht auch davon, daß nur wenige nicht der luxuria erliegen.

Joh. v. Erfurt: SC I. 8. 1. C: S. 644. Gregor: Moralia in Job lib. 33, cap. 12, nr. 25 (MPL 76, 688); Thomas v. Aquin: Summa Theologiae II II, 154, art. 3, ad primum (unter Verwendung von Augustinus: De agone christiano und Isidor: De summo bono).

R. v. Courson: Summa »Tota celestis philosophia«, f. 127ra–b. s. Brieskorn: Die Kirche, 168f.

Abt Rudolf: Richer 3. Buch (betrifft die Jahre 954–986), Nr. 38–41, in: Hugo Capet, 170f.;Dante: GK. Läuterungsberg. XXIII. Gesang, 100–106: Dante ereifert sich über die gewagten Ausschnitte der Frauen Florenz'. Bernardin v. Siena (1380–1444), Johannes v. Capestrano (1386–1456), Girolamo Savonarola (1452–1498) sind mit ihrem Protest noch zu nennen.

Thomas von Kempen: Das Leben Meister Gerhards, 44

Der Lancelot-Roman war am Ende des 13. Jh. in der frz. Urfassung des Chrestien de Troyes aus der zweiten Hälfte des 12. Jh. so bekannt, daß Dante in Francescas Erzählung nur die Namen zu nennen brauchte. Francesca stammte aus dem ravennatischen Haus der Polenta, wurde um 1258–60 geboren und 1275 mit Lanciotto Malatesta, dem Podestà von Pesaro, vermählt. Paolo, der schönere und jüngere Bruder Malatestas, wurde 1252 geboren und heiratete ein Mündel seines Vaters. Auskunft aus: Erlkönig, 105ff. Dante: GK. Hölle. V. Gesang, 80–142
Doppelehe: Erlkönig, 119ff. Der Stoff ist behandelt in Veit Webers Anthologie »Romantische Geschichten« von 1792; Goethe verfaßt »Stella – Ein Schauspiel für Liebende«. Erinnert sei an die Doppelehe Swifts mit Stella und Vanessa. A. v. Arnim »Die Gleichen« aus dem Jahre 1819 und M.v. Schwinds »Die Rückkehr des Grafen v. Gleichen« von 1864 bezeugen die Anziehungskraft des Stoffes.

Ausleihen der Ehefrau: Olsen, J., 1ff.

Nonne: Wehrli, 34f. In der sogenannten Cambridger Handschrift aus dem 11. Jahrhundert umwirbt ein Ungenannter eine Nonne. Sie aber bleibt standhaft. Ein verstümmelter Liebesbrief einer Nonne legt Zeugnis von dem Konflikt ab. Erlkönig, 137ff.: Das Motiv wird aufgegriffen von Herder, Grimm, Schmeller, Uhland: »Im stillen Klostergarten...«, betitelt »Die Nonne«. Gelübde und Lebenssehnsucht: im 18. Jh. wurde »die Nonne« Gegenstand frivoler Neugierde, in der Romantik hingegen wird ihr religiöse Bewunderung entgegengebracht.

Strafnachlaßbrief: Verdon, 368

Bartholomäus Brixiensis: Staatsbibliothek Bamberg, msc. can. 92, f. 76 r

Notzucht: Betz, in: Erlkönig, 64

Sachsenspiegel Landrecht III 89: in: Sachsenspiegel, 66 (nr.49)

Homosexualität: Gn 19, 5.; Lv 20, 13; Rm 1, 26f.; Dante: GK. Hölle XV. Gesang: Die Sodomiten. Bezeichnend mag die Anschuldigung gegen die Ehefrau sei, sie treibe den Ehemann in das sodomitische Laster: Dante: GK. Hölle. XVI. Gesang, 44f.
Zu Alanus de Insulis, Benediktus Levita, Isaac de Langres: Lexikon des

Mittelalters. Für das 15. Jh. knappe Hinweise in: Ludwig Frh. v. Pastor: Geschichte der Päpste im Zeitalter der Renaissance v. d. Wahl Innozenz' VIII. bis zum Tode Julius' II. (1484–1513), 3. Bd. 1. Abtlg., Freiburg i. Br. 1924, 113–115.
Summe »Decime dande sunt«, Nr. 57: »Item, si clericus uel quicumque peccauit peccato sodomitico, totaliter eiciendi sunt ab officio et beneficio et incarcerandi; layci uero excommunicati sunt« (Bußs. II, 391).
Nach den Kreuzzügen könnte auch die Abwanderung aus Byzanz im 15. Jahrhundert homosexuelles Verhalten verbreitet haben. Doch wie immer ist Vorsicht gegenüber solchen Behauptungen geboten.

Jonathan: 1 Sam 18, 1–4; 20, 1–42; 2 Sam 1, 1–27. Vers 26: » ›Ich trauere über dich, mein Bruder Jonathan‹. Es gab dort viele Tränen und Seufzer.«
Bonaventura: Mansi XXIV (Venedig 1780) Sp. 67. Leonhard Lemmens: Der hl. Bonaventura. Kardinal und Kirchenlehrer aus dem Franziskanerorden (1221–1274) Kempten u. München 1909, 260; Eusèbe Clop: Saint Bonaventure, 2me édition, Paris 1922, 192

Elisabeth v. Thüringen: Dinkler – v. Schubert, Erika: Elisabeth v. Thüringen (1207–1231), in: TRE IX (Berlin–New York 1982) 513–520 (514)

Ehe: Freisen § 28 (307–323)

Joh. v. Erfurt: SC I. 8. 4. De tertio. (E): S. 669

Konsens: Dekretum Gratiani C. 30 q.2 c. un: »Ubi non est consensus utriusque, non est coniugium. Ergo qui pueris dant puellas in cunabulis, et econverso, nihil faciunt, nisi uterque puerorum, postquam venerit ad annos discretionis, consentiat, etiamsi pater et mater hoc voluerint et fecerint.« Liber Extra 3. 32. 2.; 4. 4. 3.; 4. 5. 6; 4. 13. 2.; die verschiedenen nötigen Klarstellungen sind vor allem Papst Alexander III. (1159–1181) zu verdanken.

Erst das Konzil von Trient wird die Anwesenheit des Priesters und zweier Zeugen vorschreiben, vor allem, um durch die öffentliche Kundbarmachung Betrug und Mißbräuche möglichst auszuschalten.

Inzestverbote: Isaac von Langres (Bischof in Langres von 859–880), der sich auf die Sammlung des Benedictus Levita stützt, dient mit seiner Sammlung von Diözesanstatuten in elf Titeln nur als ein Beispiel: PL 124, 1075–1110; Mansi 17 B (1902), 1233–1284.

Abtreibung: Gemäß Liber Extra V. 12. 20 darf der Vorwurf des Homicidium erst bei Abtreibung 80 Tagen nach der Empfängnis, also nach etwas über zweieinhalb Monate, erhoben werden. Aus dem römischen Recht wird herangezogen: Paulus 5 sent (Dig. 48. 19. 38 § 5), der allerdings sehr allgemein von »abortio« spricht. Die Vermittlung von kanonischem und römischen Recht geschieht in diesem Falle so, daß die Abtreibung auch vor den 80 Tagen strafrechtlich zu verfolgen ist (je nach sozialem Stand zu Schwerstarbeit oder Verbannung, bei Tod der Mutter Todesstrafe), aber nicht die »Strafe« der Irregularität nach sich zieht (Joh. v. Erfurt: SC I. 8. 14. De XIo nota, S. 758f.; SC II. 5. 1. De primo, S. 1130)

Empfängnisverhütung: Nr. 66: »... si impedimentum apponit ne concipiet, non excusetur de homicidio.« (Bußs. II, 399)
Kindstötung: Nr. 66: »De homicidio puerorum. Nota. Si quis puerum uoluntarie et cum studio oppressit uel aliter neglexit, homicida est et tribus annis debet penitere et unum ex illis in pane et aqua. Item, si casualiter et nolens puerum oppressit et neglexit, homicida est et reconcilianda est ad cautelam per aliquam penitentiam propter exemplum aliorum.« (Bußs. II, 399)

Saint-Germain-des-Prés: Coleman 1974

Lepra: Joh. v. Erfurt: SC, S. 643; unter Verwendung von C. 32 q. 7 c.1; Decimae dandae sunt. Nr. 9 (Bußs. II, 10)
Ordenseintritt: Joh. v. Erfurt: SC, S. 643; unter Verwendung von C. 32 q. 7 c.1
Konrad von Piacenza: S. 108 f.

Decime dande sunt. Nr. 27: »Nota quod v modis cognoscit quis uxorem suam. Primo, causa prolis; et tunc non est peccatum. Secundo, causa reddendi debitum; et tunc non solum non peccat, set etiam meretur. Tertio, causa incontinentie timende, et tunc est ueniale peccatum. Quarto, causa explende libidinis, cum utitur callidis et incentiuis, ut potentior sit in hoc facto, vel conatur facere cum non multum appetat; et tunc peccat mortaliter. Quinto, cum cognoscit uxorem contra naturam, et tunc mortalissime peccat.« (Bußs. II, 357)

Unerlaubte Beziehungen: Nr. 34: »Nota quod fornicatio committitur cum soluta, stuprum cum uirgine, incestus cum cognata uel affini, adulterium cum coniugata.–Clericus de adulterio conuictus et confessus in iudicio deponatur et in monasterio recludatur.« (Bußs. II, 362)

Joh v. Erfurt: Summa Confessorum I. 8. 1. B: »malum autem adulterii vincit fornicationem, vincitur autem ab incestu, sed omnium pessimum, quod contra naturam est, ut si vir mulieris membro non ad hoc concesso uti voluerit...« (643)

Säby: Broby, 38. s. auch S. 65f.

Bart. v. Brix.: Bamberg SB ms. can. 92 fol. 67r–68r
Kaiser Maximilian: Maschek, 319

Montaigne: Essais, 1. Buch, IV, in: Montaigne, 68f. Montaigne selbst gesteht, daß er »aus Anlage mit dieser Verschämtheit behaftet« sei. Dies hindert ihn nicht, leise über Kaiser Maximilian zu spotten: »Maximilian aber ging in seinem Aberglauben so weit, daß er in seinem Testament ausdrücklich verordnete, man sollte ihm Unterhosen anziehen, wenn er gestorben sei. Er hätte noch ein Kodizill beifügen sollen, daß demjenigen, der sie ihm anzöge, die Augen verbunden werden müßten.«

Keuschheit: Decretum Gratiani C. 32 q. 5 c.2

S. Lucia: Decretum Gratiani C. 32 q. 5. Einleitung: »Sicut beata Lucia fertur dixisse Paschasio: Si invitam me feceris violari, castitas mihi duplicabitur ad coronam. Non enim coinquinatur corpus, nisi de consensu mentis.«

«Körperlich Beeinträchtigte«: Nr. 19: »De corpore uitiatis. Corpore uitiati sponte nullomodo promouentur, sed etiam promoti deponuntur, 55. d. Si quis a medicis, Qui ex parte, Si quis. ... Si autem in cunabulis sectus est, non impedit promotionem, e. t. Ex parte. Si autem ex simplicitate, quis, credens se obsequium prestare Deo uel ad uitandum uitium lepre, secetur, promouetur, e. Significauit.« (Bußs. II, 186).

Wessel, 278. Wessels Behauptung, daß eine solche Beförderung rechtlich im Abendland ausgeschlossen war, läßt sich in dieser Ausschließlichkeit nicht aufrechterhalten. Es kamen Fälle vor.

Innozenz III.: Liber Extra 1. 9. 10 § 7

Aegistus: Joh. v. Erfurt SC I. 8. 1. D.: S. 644

Thomas von Kempen: Das Leben Meister Gerhards, 44f.

Vraa: Broby, 66

«Das Narrenschiff«: Nr. 57: »Item, si sacerdos uel clericus uel prelatus cum sanctimoniali peccauit, debet deponi.« (Bußs. II, 391)

Holzverbrauch für eine Pfalz: Arens, F.: Die staufischen Königspfalzen, in: St III, 129–142 (133). Arens nennt für den Bau der Pfalz Gelnhausen den Verbrauch von 18 000 bis 20 000 Pfählen. Die Pfalz liegt auf einer Insel im Flüßchen Kinzig.
Um den Dachstuhl von St. Stephan in Wien aufzuziehen, sind 2898 Lärchenstämme nötig: in: Seltenreich, S. u. Rast, J.: Wien. Ein Reiseführer, Olten u. Freiburg i. Br. 1970, 84.
Abt Suger muß bereits im weiteren Umkreis nach Holz suchen (Schäfke, 17).
Vordringen des Sandes in Nordjütland: Broby, 70–72

Jagd: Aus der Bußsumme »Quia non pigris nr. 25: »Den Klerikern ist die Jagd wegen der Ungezügeltheit untersagt. Doch nimmt diese unterschiedliche Formen an. Eine Art ist die unterdrückende Jagd, wie Genesis sagt: Nemroth wurde ein tüchtiger Jäger vor dem Herrn (Gn 10,9), das heißt, ein Unterdrücker der Menschen ... Die Jagd durch Schluchten und über die Berge ist den Laien außer zur Fastenzeit oder den Feiertagen erlaubt. Den Bischöfen ist die Jagd gänzlich untersagt. Den anderen Klerikern ist aus Gründen der Notwendigkeit und der Nützlichkeit mit Netzen, Schlingen und Fallen zu jagen gestattet, solange sie dies schweigend und mit Anstand tun...«(Bußs. II, 190). Wie gewunden! Konrad v. Piacenzas Beispiel zeigt, wie hilflos die Strafvorschriften gegenüber der hemmungslosen Jagdleidenschaft sind.

Erlkönig, 152ff. A. Endter: Die Sage vom wilden Jäger und von der wilden Jagd. Studien über den deutschen Dämonenglauben, Diss. Ffm 1933

Feirefiz: am Ende des Kap. »Gachmuret und Belakane« (Eschenbach, 38)

Franziskus: Die Vorlage für unseren Text findet sich in Celano, Kap. CXXIV: Die Liebe des Heiligen zu den beseelten und unbeseelten Geschöpfen (Grau u. Spätling: 294f.)

Kamaldulenser: Art. Camaldules, in: Dictionnaire d'Histoire et de Géographie Ecclésiastique, tome 11 (Paris 1949) col. 512–536 (besd. 514:

Verweis auf das für die Ordensspiritualität zentrale Wort aus Is 41, 19: »In der Wüste pflanze ich Zedern, Akazien, Ölbäume und Myrten. In der Steppe setze ich Zypressen, Platanen und auch Eschen«). Heimbucher § 42: I, 315–320 (Zur Aufforstung: 320)

»Ei«: Von Peter Bruegel (1525/1530–1569) in sein Bild »Niederländische Sprichwörter« von 1559 aufgenommen.

3. Soziale Ordnungen

Vernichtung, wenn nicht Ordnung: Zitat aus: Friedrich II. Einleitung zu den Konstitutionen von Melfi (Heinisch, 226)
Manegold von Lautenbach: Liber ad Gebehardum. MGH Libelli de lite I (1891), 308–430, besd. cap. XXX (362–366)
Marsilius von Padua: Defensor Pacis (lat. dt. Ausg. v. H. Kusch, 2 Bde. 1957)
Die Lehre vom Stadtregiment erhält Aufschwung durch die Wiederentdeckung der aristotelischen »Politik«.

«Ordo«: Congar, Y., 91 (Ordo bezeichne in der monastischen Sprache eine detaillierte Regelung des gemeinsamen Lebens)

«Himmlisches Jerusalem«: Offb 21, 9–22, 5

Dionysios Areopagita: Flasch, 74–81; Im Mittelalter unter den Titeln im Umlauf: »De caelesti Hierarchia« und »De ecclesiastica Hierarchia«. Drei mal drei Chöre der Engel vermitteln Gottes Erleuchtungen an die Menschen. Zwei mal drei Stufen bilden die kirchliche Hierarchie. Migne Patrologia Graeca 3; lat. Übers. in: Chevalier, P.: Dionysiaca, 2 Bde., Paris 1937; Faes de Mottoni, B.: Il corpus Dionysianum nel Medioevo. Rassegna di studi: 1900– 1972, Bologna 1977; dt. Übers.: Des heiligen Dionysos Areopagita angebliche Schriften über die beiden Hierarchien. Aus d. Griech. übers. v. J. Stiglmayr SJ, in: Bibliothek der Kirchenväter, München 1911

Drei Stände: Adalbéron von Laon (Bischof seit 977 – kurz nach 1030), in: Duby, L'An Mil, 70–75; Hückel, G. A.: Les poèmes satiriques d'Adalbéron, in: Mélanges d'Histoire du Moyen Age, Paris 1901 (Bibliothèque de la Faculté des lettres de Paris, tome XIII); Congar, 121. C. behauptet: Wer die drei ordines als drei Schichten innerhalb der Kirche annahm, habe letztlich den Kirchenbegriff der Gefahr der Klerikalisierung ausgeliefert. Dann aber müssen doch wohl die zwei Stände der Arbeiter und Ritter aus der »Kirche« herausgedrückt werden oder es werden zwei verschiedene Kirchenbegriffe verwendet.

J. v. Salisbury: Übersetzt lautet der Titel etwa: »Der Herrscher über viele oder über die Dummheiten der Hofbeamten und die Spurensuche (sg.) Philosophen«. Er folgt der Institutio Trajani, die uns als solche nur durch J. v. Salisbury bekannt ist – deswegen gilt er manchen als deren Autor. Die Institutio entwickelt eine Corpus-Lehre. Die zitierten Stellen finden sich in: Policraticus: V. 2; VI. c. 20 und c. 21; Vergils Georgica IV, 153–184 dient als Vorlage; Policraticus VI. c. 24 und c. 20. fin. Der Titel von Policraticus VI. c. 25 lautet: Über den Zusammenhang von Haupt und Gliedern des Gemeinwesens.

Sachsenspiegel: Landrecht, 1. Buch, III. 2; zu den »Sechs Stufen im menschlichen Leben: Aurelius Augustinus: De civitate Dei XVI, Kap. 43 (Thimme 2. Bd., 354f.)

Leges-Lehre: Th. v. Aquin: Summa Theologica I II 90–108; zur lex naturalis: I II 94. Th. v. Aquin gebraucht innerhalb derselben Quaestio 94 sowohl den Begriff »lex naturalis« als auch »lex naturae«.

Friedrich II. Einleitung zu den Konstitutionen von Melfi (Heinisch 225f.)

Lehensverfassung: Zu »Lehensrecht«, »Doppelvasall« und »homagium ligium«, »Ligeität, frz. ligesse«: Haberkern/Wallach 2. Teil, 396; J. v. Erfurt: SC II. 6. 24 De tertio (II, 1390): »nullus potest esse homo legius diversorum dominorum«.

Gleichheitsgedanke: Ansätze in: Tacitus, Germania: Aristoteles, Politik I. 2 ff. Cicero, De re publica; Marsilius von Padua: Defensor Pacis

Frau: Informativ: Duby, Georges u. Perrot, Michelle: Histoire des Femmes. Tome 2: Le Moyen Age. Sous la direction de Christiane Klapisch-Zuber, Paris 1990; Matthews Grieco, Sara F.: Ange ou diablesse? La représentation de la Femme au XVIe Siècle, Paris 1990
Als ein Zeugnis für viele: Bonaventura II Sent. 16, I, 2 (t. II, S. 404): »Da nämlich der Mann stark ist und über das Weib herrscht, so bedeutet er den höheren Teil der Vernunft, das Weib aber den niederen... Das ist aber... nicht wesentlich, sondern nur nebenbei [accidentaliter].« Zum

Verstehen des Kontextes: Gilson: Der Heilige Bonaventura, Hellerau 1929, 316 und 780f.

Ennen, Edith: Frauen im Mittelalter, München 1985; zur Erziehung der Frau: Geoffrey de la Tour Landry: Von den Exempeln der Gottesfurcht und Ehrbarkeit. Der Spiegel der tugent und Ersamkeit. 1493 gedruckt (Palatina, 299f.); Power, Eileen: Als Adam grub und Eva spann, wo war denn da der Edelmann? Berlin 1984; Wienand, 136ff.; Neumann, Eva Gertrud: Rheinische Beginen und Begardenwesen, Meisenheim 1960; Imhof, Paul (Hrsg.): Frauen des Glaubens, Würzburg 1985

Den Umstand, daß eine Frau einen der Gegenkönige, die gegen Kaiser Heinrich IV. sich erhoben hatten, mit einem Steinwurf tötete, kommentiert »Das Leben Kaiser Heinrichs IV.« in der Nr. 4 zweifach: Es habe sich um eine Frau gehandelt, dem Geschlechte, aber nicht dem Mute nach, und: Durch eine Frau umgekommen zu sein, sei eine besondere Schmach (AQMA XII, 426).

Dorf: Einen intensiven, geographisch umreißbaren Einblick gewährt: J. Ritz, J. M.: Das unterfränkische Dorf, in: Landesamt für Denkmalpflege (Hg.): Alte Kunst in Bayern, Augsburg 1924. Das Dorf und sein Recht: Brunner

Fränkische Bauern: Dünninger, E.: 6, 146–155

Wat Tyler: Günther, A., 132

Würde der Bauern: Engel, 140. Zur Vertiefung: Schulze, Winfried (Hg.): Europäische Bauernrevolten der frühen Neuzeit, Frankfurt am Main 1982

Wernher der Gärtner: 604f.; 912ff..; 1520 ff.; 1639ff.

Allgemein: Meyer, W.; Piper, O.; Pinder, W.: Deutschland. Burgen und feste Schlösser, Königstein im Taunus o. J.; Gröber, K.: Unterfränkische Burgen, in: Landesamt für Denkmalpflege (Hg.): Alte Kunst in Bayern, Augsburg 1924; Maurer, H.M.: Burgen, in: St III, 119–128. König Heinrich I. (919–836)

»Hocherotische Spannung«: Zitiert in Wehrli, 900

Wernher der Gärtner: 801 ff.

Ritter: Dünninger, J.: 1, 24

Parzival: Kap. »Gachmuret und Belakane« (Eschenbach, 15–31), in Kap. »Parzival und Candwiramours« (110–123) und in Kap. »Gewan und Obilot« (204–229)

Stadt: Informativ ist Lewis Mumford: The City in History. Its Origins, Its Transformations, and Its Prospects, New York 1961, 243–343

Zahl der Einwohner: Europa, 130–134
In Sorge um ihr Recht: Zu erinnern ist an Goethes Bericht über die schleunige Besetzung der Schultheißenstelle der Stadt Frankfurt: 20 f.

»Stadtluft macht frei«: Zur Diskussion der Forschung über diesen Satz: Kroeschell: 1, 19. und 22. Kapitel

»publicae aquae«: Tafel im Museo de Navigazione

Bezeichnet »Domus« das Haus Gottes oder des Bischofs?

Die Spender »verewigen« sich in den Stiftungen, wie den Kirchenfenstern. Motive? Ehrgeiz allein? Oder der Drang, sich am Ewigen festzumachen? Der Plan von St. Gudula, Brüssel, zeigt eindrucksvoll, wie die Gräber sich in Richtung auf den Altar und um ihn drängen.

Privatheit: Madeyski, 26

Simon Bening: München Staatsbibiliothek Clm 23 638, Monatsbild Oktober. Auch wenn die Szene wie der Kalender um 1540 von Simon Bening (* um 1483 in Gent, + 1561 in Brügge) gemalt ist, spiegelt die Szene unser Mittelalter getreu wider.

Würzburg: Dettelbacher, 59: »Papst Bonifaz IX. bestätigte am 10. Dez. 1402 die Gründung der Universität Würzburg in Anbetracht, daß Würzburg vor allen Städten zur Verbreitung der Wissenschaft und gesunden Lehre bequem ist, daß es ferner reine Luft und Überfluß an Nahrungsmitteln und an allen anderen zur Notdurft des Lebens gehörigen Dingen hat.«

Oft gilt das Stapelrecht. Es besagt, daß die vorbeifahrenden Schiffe ihre Ladungen für eine gewisse Zeit, vielleicht drei Tage lang, in der Stadt zum Kaufe anbieten müssen. Dieser Zwangshandel kann oft gegen die Zahlung einer Gebühr oder durch Privileg umgangen werden.

Klöster im Wirtschaftsleben: Schneider: Die Cistercienser, 528ff.; Zeitler zeigt die Bedeutung der Klöster für Schweden auf. s. auch Hembucher

Thomas von Kempen: Nachfolge Christ I. 20 (62); I. 20: »Jemand hat den wahren Ausspruch getan: ›So oft ich unter Menschen gewesen, bin ich als geringerer Mensch heimgekehrt‹ (Seneca, Brief 7)« (59); ders.: Das Leben Meister Gerhards, 65

Hrabanus Maurus gegen Gottschalk: Hefele IV, 130 ff (§ 443); in der von Hrabanus Maurus anläßlich dieses Streites verfaßten Schrift »De oblatione puerorum« versuchte er die Fremdbestimmung zugunsten eines heiligen Zweckes zu rechtfertigen: PL 107, 419–440

Fra Filippo Lippi (1406–1469): Chastel, A.

Das Kloster verlassen: Noch höher dürfte allerdings die Zahl derer gewesen sein, welche die niederen Weihen, aber nicht die höheren empfangen haben. Der Grund, Kleriker zu werden, liegt oft darin, in den Genuß der Gerichtsprivilegien zu gelangen, welche den Klerikern zustanden.

Universität. Allgemein: Grundmann, Herbert: Vom Ursprung der Universität im Mittelalter, Darmstadt 1964; Le Goff, J.: Les Intellectuels au Moyen Age, Paris 1957; weitere Literatur in: Flasch, K.: Das philosophische Denken, Abschnitt 15 und 24

Kain und Abel: Osty, Tafel 12 (Bibl. Geneviève Nr. 8)

Infragestellung: Dante: GK. Läuterungsberg. VI. Gesang, 91
Ein harmloses Beispiel: Am Festtag der Unschuldigen Kinder erstürmten Kinder das Chorgestühl von Saint Etienne in Meaux (Schäfke, 140).

Höllendarstellungen: beispielsweise Stefan Lochner: Das Weltgericht (um 1435). Mönch, Bischof, Papst und König fallen in den Höllenrachen.

Stein-Schiff: Broby, 59

Widerstandsrecht: Kern; zu J. v. Salisbury: Forhan, K. L.

Policraticus VII. c. 17; III. c. 15; IV. c. 1; VIII. c. 19f. und und c. 18

Verflüssigung: Zur Rechtsnatur der Wahlkapitulation s. Kleinheyer

Drei Stände: s. Adalbéron v. Laon
Hl. Eligius (Goldschmied und Bischof, † 659 im Alter von 70 Jahren): HLF III, 595

Zentralisierung: Beispiele in: Generaldirektion

Pippin der Jüngere richtete an Papst Zacharias die Frage, ob es gut sei, daß einer König genannt werde, ohne die Gewalt inne zu haben: Annales Regni Francorum a. 749: AQMA V, 14

Wilhelm der Eroberer († 1087): Mordal, 38

Zur Eheaffäre König Lothars II.: Reginos Chronik für die Jahre 864 bis 869 (AQMA VII, 179–319); zu den Schwierigkeiten Kaiser Heinrichs IV. mit seiner Ehefrau Berta, der Heinrich als fünfjähriger bereits anverlobt worden war und die er als fünfzehnjähriger ehelichte: die einseitige Darstellung findet sich in »Brunos ›Sachsenkrieg‹« Nr. 6 (AQMA XII, 200); zur Eheaffäre König Heinrichs I. v. England: Hefele V, 237

Karl der Große und die Liturgie: HLF IV, 23ff.

Thomas Becket (1118–1170) wird 1173 heiliggesprochen. Sein Kult verbreitet sich schnell bis nach Schweden. Peter von Verona (1205–1252) wurde als Inquisitor von mailändischen Katharern erschlagen; 1253 ist er bereits heiliggesprochen. Darstellungen finden sich bald fast überall im Abendland.

Hildegard v. Bingen (1098–1179): S. Gougenheim: Hildegarde de Bingen, in: Histoire des Saints et de la Sainteté Chrétienne (Hrsg. v. A. Vauchez), t. VI: Au temps du renouveau évangélique 1054–1274, Paris 1986, 173–178 (178)

Mahnungen: Princeps: Policraticus IV. c.2

Fürstenspiegel: De Civitate Dei V. Kap. 24 (Thimme Bd. 1, 273f.); Policraticus VI. c.3, 5–9 und besd. c.7

Eid: Von daher erklärt sich auch der scharfe Kampf gegen die Katharer, welche eben mit dem Eid auch die Gesellschaftsstruktur und ihre Bindemittel ablehnten. Allerdings hielten schon vor dem Lehenszeitalter Kirchenväter wie Hieronymus oder Augustinus den Eid für grundsätzlich erlaubt, warnten aber vor dem Mißbrauch. Th. v. Aquin geht in STh II II 89, gestützt auf Dt 6, 13 und Hebr 6, 13–18, davon aus, daß Schwören (iuramentum) erlaubt und ehrenhaft sei. In STh II II 98 behandelt Thomas den Meineid.

Geisel: Duby, Georges: Hommes et structures du Moyen Age, Paris 1973; Petot, Pierre: Sur une charte-notice vendômoise, in: Mélanges L. Halphen, Paris 1951, 583ff.; Ogris, W.: Geisel: in: Handwörterbuch zur Deutschen Rechtsgeschichte, Bd. I, 1445–1451

Fälschungen: Setz, Wolfram (Hrsg.): Fälschungen im Mittelalter. Internat. Kongreß der MGH, München 16.–19. Sept. 1986, Hannover 1988 (Schr. d. MGH 33, I–V)
Gawlik, A./Cirkovic, S.: Fälschungen, in: Lexikon des Mittelalters IV, München u. Zürich 1989, 246–253
G. Lorenz: Das Doppelnischenportal von St. Emmeran in Regensburg, Frankfurt 1986

Joh. v. Erfurt: SC II. 7. 2. : 1519–1531. Im Liber Extra ist ein Titel der Vertrauenswürdigkeit gewidmet, der Urkunden entgegengebracht werden darf (X. 2. 22.) und ein anderer Titel dem »crimen falsi« (X. 5. 20).

List: Karl v. Anjou: Alard de Valéry gab den Rat, ein starkes Ritterkontingent zurückzuhalten. Es überfiel die Deutschen, welche sich bereits als Sieger glaubten und sorglos das Schlachtfeld durchstreiften (Dante: GK. Hölle. XXVIII. Gesang, 17f.).
Ludwig der Bayer: Ücker, 63

Strafen: R. His: Das Strafrecht des deutschen Mittelalters, 2 Bde., Weimar 1920 (Neudruck Aalen 1964); W. Pleister/W. Schild (Hrsg.): Recht und Gerechtigkeit im Spiegel der europäischen Kunst, Köln 1988; W. Schild: Alte Gerichtsbarkeit. Vom Gottesurteil bis zum Beginn der modernen Rechtsprechung, München 1980

Die Belege für die angeführten Strafen finden sich in: His 1, 476–583

Bulgaroktonos: Kaiser Basileios II († 15. 12. 1025); Wessel, 290ff.

Blendung: HLF IV, 81; Bischof Hincmar von Laon erleidet diese Strafe, allerdings durch seine Gegner außerhalb des Gerichts.

Antoniuskapelle: Maydeski, 26

Pranger: Maydeski, 26
Milderung: A. Augustinus: Brief 133 (an Marcellinus), in: CSEL 44 (Wien–Leipzig 1904) 80–84
S. Antonii Legenda Prima, 13. Nr. 11: »... captivitate pressos libertate donabat, usuras ac violentas praedationes restitui faciebat, in tantum ut, pignori obligatis domibus et agris, ante pedes ejus pretium ponerent et, consilio ipsius, ablata quaeque prece vel pretio spoliatis restituerent.« Auf Veranlassung des hl. Antonius wurde am 15. März 1231 ein Gesetz promulgiert, welches jene vor der Schuldhaft verschonte, die zugunsten ihrer Gläubigen auf ihr gesamtes Vermögen verzichtet hatten. Mehr war wohl nicht zu erreichen gewesen! (Kerval: 48f.)

Die Todesstrafe bejaht Th. v. Aquin: Summa Theologica II II 64, 2

Th. Morus: Utopia 1. Buch

Maphaeus Vegius (Maffeo Vegio) (* 1406 in Lodi, † 1458 in Rom), 1. Buch, 16. Kap. Zit. aus: Bibliothek der Katholischen Pädagogik II, Freiburg 1889, 55

Hrabanus Maurus: Commentaria in Jeremiam. liber sextus. cap. XIII, in: PL 111, 793–1272 (908 D–910 D). Im Hintergrund: Jo 11,50

Konrad v. Piacenza (1290–19. Februar 1351): Sigona, E.: Corrado Confalionieri da Piacenza, in: Istituto Giovanni XXIII della Pontificia Università (Hrsg.): Bibliotheca Sanctorum, Vol. 4, Rom 1964, 212f. ; Ghinato, A.: Corrado C. d. P., in: Enciclopedia Cattolica IV, Città del Vaticano 1950, 639

Norm für die Unterstützung von Strafgefangenen: Mt 25,40ff.

Cramer, 63f.

«Asylsäule«: Sie zeigt auf dem St. Georgenberg-Fiecht den Beginn der Freiung an, die Kaiser Friedrich III. um 1459 dem Kloster bestätigt hat. Totschläger können nach Überschreiten der Linie Schutz vor der weltlichen Gerichtsbarkeit finden und müssen sich erst dem Gericht zu Beginn der Verhandlung stellen. 850 Jahre Benediktinerabtei St. Georgenberg-Fiecht: 1130–1988, St. Ottilien 1988, 53.

Bocksblut: Parzival, 65
Die Schlacht bei Mühldorf 1322 kann auch deshalb gewonnen werden, weil Ludwig der Bayer über die Absichten seines Gegners Friedrichs durch Mönche ins Bild gesetzt wurde: Ücker, 63.

Armbrust: Summe »quia non pigris« Nr. 49: »Ars etiam nefandissima balistariorum et ne christianus contra christianum balista utatur prohibetur. Et si quis sic utitur, excommunicatur, e. t. c. 1. Hoc tamen quod dicitur, intelligendum de bellis iniustis. In bellis namque iustis iudicatur licere; ubi namque ius belli, ibi etiam ius armorum, nec refert quomodo pugnetur, 23 q. 4. Prohibentur autem quia nimis cito occidunt.« (Bußs. II, 277). (Der Verweis der 4. Zeile e. t. c. 1 geht auf den Liber Extra 5. 15. 1). Der Körperschutz ändert sich angesichts der Armbrust. Statt Rüstungen aus »Chain mail« ziehen sich die Ritter mit solchen aus »plate armour« an.

Mongolen: Eggebrecht, Axel (Hrsg.): Die Mongolen und ihr Weltreich, Mainz 1989

Juden: Allgemein: Dexinger, Ferdinand: Judentum, in: TRE XVII (1988) 331–377; Bätz, Kurt: Judentum. Wege und Stationen seiner Geschichte, Stuttgart 1984; Schubert, Kurt: Kultur der Juden. Judentum im Mittelalter, Bd. 2, Wiesbaden 1979; Eckert, Willehad Paul: Antisemitismus. V. Mittelalter, in: TRE III (1978) 137–143

Dodana: Handbüchlein an Wilhelm, 71. Kap. in: Ausgewählte Schriften, 102

Da die Juden weitaus mehr als die Christen auf Hygiene achteten, starben weniger Juden als Christen in den Zeiten der Epidemien. Die Sorgfalt war tödlich, denn die Christen schöpften Argwohn und vermuteten in den Juden die Vergifter der Brunnen: Dettelbacher, 52

Sünden: Rm 3, 23; Mt 27, 25

Karolingische Lex: MGH Legum Sectio , Cap. I, Nr. 121, S. 258

Strafen an Juden: His 1, 366
Aufklärer: Lübeck: Der angebliche Fuldaer Ritualmord des Jahres 1235, in: Fuldaer Studien II, 165–187

Chronik: Maeso, David Gonzalo: El legado judío español, in der spanischen erweiterten Ausgabe der Kirchengeschichte von Fliche et Martin: Histoire de L'Eglise depuis les origines jusqu'à nos jours, Bd. 14 (Valencia 1974) 615–634

Allgemein: Kamen, Henry: Inquisition, in: TRE XVI, Berlin New York 1987, 189–196
Zur Unterscheidung und Erforschung der Geschichte: W. Trusen: Vom Inquisitionsverfahren zum Ketzer- und Hexenprozeß. Fragen der Abgrenzung und Beeinflussung, 435–450; ders.: Zur Bedeutung des geistlichen Forum internum und externum für die spätmittelalterliche Gesellschaft, in: ZRG KA LXXVI (1990) 254–285

Verurteilungen: Montesquieu (1689–1755), Esprit des Lois (1748 veröffentlicht), XXV, chap. XIII (Oeuvres complètes de Montesquieu avec des notes, Paris 1877, 420f.); siehe auch Montesquieus Lettre persane XXIX (Oeuvres complètes, 20f.) und Lettre persane LXXVIII (54f.). Joseph de Maistre (1753–1821) hingegen ist der Ansicht: »L'Inquisition est, de sa nature, bonne, douce et conservatrice: Cest le caractère universel et ineffacable de toute institution ecclésiastique...mais si la puissance civile, adoptant cette institution, juge à propos, pour sa propre sûreté, de la rendre plus sévère, l'Eglise n'en répond plus. Vers la fin du quinzième siecle, le judaisme avoit jeté de si profondes racines en Espagne, qu'il menacoit de suffoquer entièrement la plante nationale« (Lettres à un gentilhomme..., posthum veröff.: Paris 1822, 6). Restauration, Nationalgeist und antijüdische Einstellung haben sich zusammengefunden.
Den Inquisitoren wird höchstes Vertrauen von Seiten des Papstes geschenkt. gegenüber allen anderen Christen aber herrscht stärkstes Mißtrauen. Anstatt Mißtrauen gegenüber denen zu haben, denen Macht anvertraut ist!

Quelle: Eymeric, N.: Le manuel des inquisiteurs, auch »Directorium inquisitorum« genannt, um 1376 verfaßt.

Mt 13, 24–30. A. Augustinus: De civitate Dei XX. Kap. 9 (Thimme 2. Bd., 608–6613 [609f.]) benutzt dieses Gleichnis noch ganz im Sinne Jesu: Der Herr wird ausjäten und verbrennen. Anders aber: A. Augustinus: Contra epistolam Parmeniani III. cap. 2. 13: CSEL 51 (Wien–Leipzig 1908), 115, 5–24; s. auch I. cap. 14. 21 (42f.)
Aus der Lebensbeschreibung des hl. Ulrich (Udalricus) von Augsburg ist zu erfahren, daß bereits mit dieser Bibelstelle argumentiert wurde,

sei es von Ulrich selbst, sei es von dem Biographen und in seinem Umfeld: AQMA XXII, 81; s. auch Thomas v. Aquin: STh II II 10, art. 8 ad primum.
Kaiserliches Recht: Die Ketzerverordnung von 1224 in der Fassung von 1232: Heinisch, 240–243; königliches Ketzerrecht setzen Pedro II. von Aragon 1197 und Alfons der Weise von Kastilien.

Thomas v. Aquin: STh II II 11, 3 ad tertium: Fälscher sind mit dem Tode zu bestrafen. Ketzer fälschen, also ist über sie der Tod zu verhängen.
Deserteur: Johannes Teutonicus in seiner Glosse zu C.24 q. 7 in summa.

Sinn der Häresie: Augustinus »De genesi contra Manichaeos« lib. I, cap. I; in das Decretum Gratiani übernommen: C. 24 q. 3. c. 40
Joh. v. Erfurt gibt in seiner »Summa Confessorum« II. 1. 21. (972–987) den Rechtszustand korrekt wieder, doch wie so oft in dieser Beichtsumme, lesen sich seine Ausführungen als ein Plädoyer zu vorsichtigem und humanem Umgang mit dem Häretiker aus dem Geist der Selbstbescheidung heraus.

Augustinus stellt den Vergleich zwischen dem Häretiker, dem außer der Anhänglichkeit an die Häresie ein untadeliger Lebenslauf zu bescheinigen ist, und dem Rechtgläubigen schlechtesten Verhaltens in »De baptismo contra donatistas« an. Die Passage findet sich im Decretum Gratiani C. 6 q.1 c.21 (J. v. Erfurt: Summa Confessorum II. 1. 21.J: 978f.)

Verfahren: Eymeric: Unabhängiges Agieren des Inquisitors: 201, Bewaffnung des Inquisitors: 201, Zeugen: 214f., eigenes Gefängnis: 203, keine Rechenschaftspflichtigkeit des Inquisitors gegenüber dem Bischof: 228; Strafen: 222–226.
Im Inquisitionsverfahren begegnen wir dem Versuch, vom Papste her ein auf ihn hin zentralisiertes Gerichts- und Zwangsverfahren einzurichten, das zugleich eine hohes Maß an Flexibilität vor Ort besitzt.
Zu den als wahrscheinlich geltenden Zahlen der Opfer: Kamen

Kreuzfahrerprivilegien: Liber Extra V. 7. 13 § 4

Jeanne d'Arc: s. unter »Quellen«: Schirmer-Imhoff, R. u.a.

Thomas v. Aquin: De secreto, in: Indicis Thomistici Supplementum. S. Thomae Aquinatis Opera omnia, Vol. 6: Reportationes. Opuscula dubiae authenticitatis, Stuttgart–Bad Cannstatt 1980, 456

Spanische Inquisition: Llorca, B.; Lohmann V. G.; Serrano, L.; die Spanische Inquisition entwickelte sich im Gegensatz zur päpstlichen zu einem alle Lebensbereiche überwachenden und regulierenden Instrument.

Malesherbes' Stellungnahme erwähnt in: Tribunal. V., in: Enciclopedia Universal Ilustrada EuropeoAmericana, T. LXIV, Bilbao–Madrid–Barcelona 1928, 352–375 (373f.)

Die Kataloge variieren. Bischof Ulrich zählt die 8 Hauptsünden auf: in: »Leben des hl.Ulrich«, nr. 9: in: AQMA XXII, 89 (Völlerei, Unzucht, Liebe zum Geld und Geiz, Zorn, Mißmut, Faulheit, eitle Ruhmsucht und Stolz); eine »Tugendlehre der Stauferzeit« findet sich in »Zucht und schöne Sitte«, 98f. und Bild 59v.

Dodana: Handbüchlein an Wilhelm, 5. Kap., in: Ausgewählte Schriften, 59

Peraldus: De eruditione, V. Buch. 63. Kap., in: Ausgewählte Schriften, 332f.

Herrscher und Volk: Der Herzog von Kärnten wird auf dem Herzogstein vor Klagenfurt eingeschworen, der schwedische König in Mora den Treueid leisten: Er, nicht die Untertanen!

Rätselgespräch zwischen Alkuin und Pippin: PL 101, 987 B

Columban: De vanitate et miseria vitae mortalis, in: PL 80, 293–296 (293 A, Zeilen 13–16)

Rüstungsexport: Summe »Quia non pigris«, Nr. 54: »Deferentes arma sarracenis tempore guerre, de iudaeis. Quod olim.« (Liber Extra V. 6. 12. Quod olim) (Bußs. II, 289; s. auch II, 372)

Neid: hierher gehört der Kampf Girolamo Savonarolas gegen den Luxus. Savonarola selbst ist der letzte Prediger des Mittelalters in einer langen Reihe, die sich gegen den Luxus, den Neid und die gnadenlose Konkurrenz erhoben.

Marner: Wehrli, 451; Schwäbischer Spruchdichter, zwischen 1231 und 1267. Evtl. um 1270 als blinder Greis ermordet.

Anno v. Köln (um 1010–1075): Lebensbeschreibung in: Köpke, R. (ed.): Vita Annonis, in: MGH Scriptores XI (Hannover 1854) 462–514 (Nr. 21: 492–495)

Gaumenlust: Bernhard v. Clairvaux: Sermo de conversione ad clericos sermo seu liber (PL 182, 835–856). Das Cap. VIII »Carnales voluptates, et divitias esse omnino vanas, fallaces, et momentaneas« enthält in 842 A die Stelle: »Voluptatis gutturis, quae tanti hodie aestimatur, vix duorum obtinet latitudinem digitorum: et eius tam modicae partis tam exigua delectatio quanta paratur sollicitudine, quantam deinde molestiam parit?« Kranichschnabel: Joh. v. Erfurt: SC I. 7. 1 (618). Er bezieht dieses drastische Bild aus der Nikomachischen Ethik des Aristoteles: III 13, 1118 a 30–32

In Vézelay (Sainte Madeleine, 1125–1140 entstanden), in Autun (Saint Lazare, 1130–1145 gebaut) und im Bamberger Dom (1004–1237) am Heinrichsgrab und auf einer Seitentafel eines Altars, heute im Diözesanmuseum Vich in Katalanien, ist Michael der Seelenwäger abgebildet. Auf H. Memlings »Jüngstem Gericht« wägt St.Michael übrigens nicht die guten und schlechten Taten eines und desselben Menschen gegeneinander ab, sondern Menschen, wobei der eine hoch steigt, der andere niedersinkt. Letzterer wird in die Hölle gehen.

4. Der einzelne und seine Selbstfindung

Die mittelalterliche Beichttheologie betont außer der Verantwortung des Menschen für sein nur ihm eigenes Tun und Unterlassen die Wichtigkeit der »circumstantiae« einer jeden Sünde, jene die Sünde in den Kontext des Lebens stellenden Umstände, die das Tun oder Unterlassen dem Priester erst im rechten Licht erscheinen lassen.
Die Aufzählung, wie zu beichten ist, umfaßt die Punkte: man solle einfach, demütig, ohne Hintergedanken, aufrecht, häufig, schonungslos, mit der Unterscheidungsgabe, freiwillig und willig, erschöpfend, wahrhaftig, nur dem Priester, unter Tränen beichten, dabei in der gebotenen Knappheit ohne etwas auszulassen, eher auf Anklage als auf Entschuldigung ausgehend und bereit, den Schaden zu ersetzen. Der Beichtvater, der confessor, darf und soll dem Beichtenden mit Fragen helfen. Doch darf diese »Hebammenkunst« nur höchst behutsam eingesetzt werden, nicht nach ungewöhnlichen und seltenen Sünden forschen oder nach ausgefallenen Begehensweisen. Der Beichtvater soll sich hüten, so heißt

es, daß er nicht einen schlafenden Wolf aufwecke, indem der Beichtende sich aufgrund der Fragen für ihn ganz neue Sünden vorstellt und die Begehensweise ausmalt. Ermutigend und nicht zerstörend soll die Begegnung im Beichtstuhl sein (J. v. Erfurt: SC I. 1.1. und 2: 42–55).
»Sein« Schutzpatron: Die soziale Stellung spiegelt sich in den Patronen wider. Für die Sintis und Romas im Abendland blieb nur die schwarze Sarah, die Dienerin der hl. Maria Magdalena, übrig.

Lex naturalis: Thomas v. Aquin STh I II 94

Petrus von Candia: »Quoniam opinionem sustinui in secundo meo principio contra magistrum g. Calcar, et nunc oppositum hic teneo, non quod magis unum putem verum quam aliud, sed ut coloretur multipliciter imaginandi via«. Aus: Paris BN lat. nouv. acquis. 1467, f. 195r, Sp. 1; zit. in: Weiler, 62.

«Falsche Friedriche«: Huch, 233–239. Wo der Verlust nicht geglaubt wird, fällt Nachahmung leicht. Aber es ist der »Nachahmer« ebenso ersehnt, wie er selbst Hoffnungen weckt und bindet.

Patron der fahrenden Händler ist der hl. Brandan, ein irischer Mönch und »Welt-Reisender, gestorben 585. St. Brandan-Kapellen weisen auf die Tätigkeit der Händler hin.
Italienische Riesenbibeln des 11. und 12. Jh. sind vollständig, repräsentativ und bieten Raum für Notizen. Sie verbreiten sich rasch nördlich der Alpen. Palatina, 134 und 196.
Eger: Am 26. November 1448 bittet Eger um eine Klarstellung bezüglich des Testamentsrechtes, in: Generaldirektion, 106

Römisches Recht: So sind zum Beispiel Bürgschaften der Frauen nach römischem Recht gültig, wenn auch durch eine Einrede entkräftbar. Oder man denke an den römischrechtlichen Eigentumsbegriff.

Öffnung und Ausschließung: S. 64–68

Skanör-Falsterbö: Zeitler unter dem Stichwort »Velling, Skanör-Falsterbö«

Die Biographien fast aller Künstler weisen Wanderjahre auf. Wie froh war Dürer, der Enge des Elternhauses und der Stadt entrinnen zu können! Und so dürften viele empfunden haben.

Studenten: Wessel, 473ff.

Reliquienwanderung: Den literarischen Niederschlag stellen die zahlreichen Translationsberichte dar, ein eigenes literarisches Genus. Über Zahl und Inhalt geben die Bänder der »HLF«, vor allem die Bände III (1866), IV (1866), V (1866) und VI (1867) Aufschluß. Die Translationsberichte haben aber nicht nur einen Erbauungswert, sondern sollen den Nachweis rechtmäßiger Aneignung führen.

Osnabrück: Stadt Osnabrück (Hrsg.): Osnabrück. 1200 Jahre Fortschritt und Bewahrung. Profile bürgerlicher Identität, Nürnberg 1980, 29 (Nr. 9)

Perugia: Einleitung zu: Matarazzo, Francesco: Chronik von Perugia 1492 1503. Übersetzt u. eingel. v. Marie Herzfeld, Jena 1910, XLIII

Das Heilige Jahr: eine Erinnerung – erstaunlicherweise an die Verkehrsregelung – findet sich in: Dante: GK. Hölle. XVIII. Gesang, 25–33; ein Chronist berichtet über das Heilige Jahr 1450, daß viele Leute von hier und anderen Orten dorthin gingen, und daß die Männer alle wiederkamen, aber die Weibsbilder ausblieben; dies läßt auf einen Überschuß an weiblicher Bevölkerung schließen (In: Poensgen, Georg: Die mittelalterlichen Stände. Das Schnitzwerk des Jacob Ruß im Rathaussaal zu Überlingen, Lindau u. Konstanz 1958, 10)

La Coruña: Kempe, 166

«Zisterziensisch werden«: zit. in: Cocheril, 339

Straßenräuber: Dante: GK. Hölle. XII. Gesang, 137f.

Papst Honorius III.: Liber Extra. 3. 50. 10.

Geschichte der Bildung: HLF IV, 2ff.

Byzantinische Bildungsgeschichte: Wessel, 427ff.

Thomas von Kempen: Das Leben Meister Gerhards, 63f.

Notker Balbulus: Amicus amico, in: Formulae Sangallenses, in: MGH. Leges, sectio 5 Formulare, Hannover 1886, 380–390.

Die Institution der »Filii oblati«: B.3. Kloster; das Decretum Gratiani eröffnet seinen zweiten Teil mit einem Fall aus dem Oblatenrecht: Causa Prima. Hrabanus Maurus: liber de oblatione puerorum, in: PL 107, 419–440

Lehrinhalte: Einleitung zu: Ausgewählte Schriften, 10f.; Palatina unter dem Stichwort »Artistenfakultät«

Lesestoff: Palatina unter den jeweiligen Autorennammen

»Glauben«: Hebr 11, 1

Nicht nur vom letzten, sondern auch vom nächsten Grund her erkennen und bewerten wollen: Pieper: Hinführung, 105; Ort bei Thomas: De virtu. card. 1 ad 10

Der mittelalterliche Diskurs über »die Möglichkeit einer besseren Welt« skizziert in: Schenk, 294–296

Zum Wert des Autoritätsarguments: Thomas v. Aquin: STh I 1, 6 ad 2; vgl. Pieper, Hinführung, 54 und Anm. Pascal übrigens wird dieser Linienführung folgen.
»Glauben« als vernünftiges Zustimmen zu dem, was geglaubt wird: Thomas v. Aquin: STh II II 1, 4. conclusio

Die Notwendigkeit der göttlichen Offenbarung für das Wissen um den Heilsweg: Thomas v. Aquin: STh I 1, 1 conclusio

Zum Ganzen: Gilson, St: Bonaventura; Pieper, J.: Hinführung; Schenk, R.: Die Gnade.
Die drei Verhältnisse: a) Der Glaube verlangt nach der Vernunft, nach Einsicht und Verständnis: Als »Credo ut intelligam« beschreibbar, wenngleich noch mehr in letzterer Formel mitschwingt: Augustinus: In Jo. ev. tract. XL, 9; Serm. 43, 4. 7; De vera relig. XXIV, 45. Anselm von Canterbury: Proslog. I; Cur Deus homo I, 2. »Fides quaerens intellectum«!
b) Die menschliche Einsicht sucht den Glauben (»Intellectus quaerit fidem«). Thomas von Aquin: STh I 1, 1: »Denn was für Wahrheiten die menschliche Vernunft über Gott erforscht hat, das wissen verhältnismäßig nur wenige; und zwar erkennen sie es mit Zuverlässigkeit erst nach längerer Zeit; und noch dazu unter Beimischung mannigfacher Irrtümer...

Damit also die Menschen ihr Heil mit mehr Sicherheit und größerer Leichtigkeit fänden, war es notwendig, daß sie über die göttlichen Dinge vermittelst der göttlichen Offenbarung unterrichtet würden.«
c) Credo quia absurdum: 1 Kor 1, 18–31

Theologie und Philosophie: Gilson, St., 155–167

Vorländer, K.: Philosophie; Flasch, K.: Das philosophische Denken; Gilson, St.: Bonaventura;
Ordo als inchoare, procedere und pervenire: Bonaventura: Sermo IV de rebus theologicis, 15; III sent. 24, 2, 3, ad 4 um. Wir erkennen den Schwebezustand, auf den 149–151 noch einmal ausdrücklich eingegangen wird (Gilson, St., 163f.)

Die zwei Grundgestalten der Erkenntnis: STh I, 1, 6 ad 3; II, 45, 2 (vgl. Pieper, Hinführung, 57).

Zu den Begriffen von Substanz, Akzidens etc.: Vries, J. de: Grundbegriffe der Scholastik, Darmstadt 1980

Schöpfung: Zur Diskussion der Aussage des Thomas von Aquin: »Alle erkennenden Wesen erkennen in jedem beliebigen Erkannten ›implizite‹ Gott. Wie nämlich nichts das Wesen des Erstrebbaren hat als nur durch die Ähnlichkeit mit der Urgüte, so hat auch nichts das Wesen des Erkennbaren als nur durch die Ähnlichkeit mit der Urwahrheit« (Quaest. disp. de Veritate, XXII, 2, ad primum) s. Gilson, St.: Bonaventura, 190ff. und Anm. S. 748

Das Böse als Mangel: Des hl. Dionysios Areopagita angebliche Schriften über »Göttliche Namen«. IV § 27, in: Bibliothek der Kirchenväter 2. Reihe Bd. II, München 1933 (Übers. v. J. Stiglmayr SJ), 92; Thomas v. Aquin STh I 48, 3; I 5, 3 ad 2; I 5, 5 ad 3. Thomas von Aquin betont in der Summa Theologica I II 60, 5, ad quartum: »Das Gute hat eine stärkere Bewegungskraft als das Übel; denn das Übel wirkt nur in der Kraft des Guten ... Das Gute aber bringt eine Schwierigkeit mit sich, die eine Tugend nötig macht.« Folgendem Satz ist das Ringen des Aquinaten um Wahrheit anzumerken: STh I 19, 9 ad 3: »Gott läßt zwar das Böse in der Welt zu, will aber weder, daß Böses geschehe, noch, daß es nicht geschehe, aber er will erlauben, daß Böses geschehe, und dies ist gut.«

Das Gute ist mitteilsam. Bonum est diffusivum sui.
Wer ein Verbrechen begeht, bejaht sein Handeln und damit sich selbst, ein Seiendes, das im genannten Sinne gut ist. Böses kann nie aus der Sicht des Handelnden um des Bösen willen geschehen, sondern um eines Gutes, besser: eines Guten willen.

Zu den den drei Wegen: Nikolaus von Kues: Vom verborgenen Gott.

Duns Scotus: zur ersten Orientierung: Flasch, 426–441; Vorländer, 96–98;
Wilhelm von Ockham: zur Einführung: Flasch, 441–459; Vorländer, 104–106; die Nähe des ockhamschen Denkens zum mystischen Denken seiner Zeit (die Begrenztheit menschlicher Erkenntnis und Sprache, die Begriffe als Instrumente immer provisorischer Orientierung) beleuchtet kurz Bizet, J.A.: Henri Suso, in: Dictionnaire de Spiritualité, T. VII, Paris 1968, 234–257 (249)

Allgemein: Schmaus, Michael/Grillmeier, Alois/Scheffczyk, Leo (Hrsg.): Handbuch der Dogmengeschichte, Freiburg i. Br./Basel/Wien 1971ff.

Erlösungslehre: Olsen, Glenn W.: Hans Urs v. Balthasar and the Rehabilitation of St. Anselm's Doctrine of The Atonement, in: Scottish Journal of Theology 34 (1981) 49–61; Anselm beschäftigt sich in »Cur Deus homo« und in der »Meditatio redemptionis humanae« mit der Erlösung.

Sakramente: Landgraf, Arthur Michael: Dogmengeschichte der Frühscholastik, Regensburg 1952ff.
Bernhard v. Clairvaux: Excerptus ex Libro VII Exordii magni Cisterciensis. cap. VI.: »Si tu fidem non habes, per virtutem obedientiae praecipio tibi, communica fide mea!« (PL 185, 419B–C [Blatt 11198f.])
Allgemein: Crombie
Bernhart, Josef: Albertus Magnus, in: Der Erdkreis Februar 1981, 45–60. »Als bei der Öffnung eines verschütteten Brunnens zwei Arbeiter starben, ein dritter betäubt wurde, erklärt Albertus das Unglück als Wirkung aufsteigender Gase (46). Er fordert das Experiment »unter den verschiedensten Umständen, damit die wahre Ursache der Scheinung mit Sicherheit ermittelt werde.« (58f.)

Europa, 76

C. Versuch einer Gesamtbeurteilung

1. Zum Selbstverständnis des Mittelalters

«Galgenweg« und »Sich krümmen«: Von Peter Bruegel (1525/1530–1569) in sein Bild »Niederländische Sprichwörter« von 1559 aufgenommen.

Columban: 6. Brief, in: PL 80, 283–284; Leben mit dem Tod: Der heilige Bischof Ulrich ließ sich sein Grab bauen und einen Sarg zimmern. Über ihnen feierte er, soweit es die Aufenthalte ermöglichten, am Freitag eine Messe: Leben des heiligen Ulrich, Nr. 14: AQMA, XXII, 114
Das Verhältnis zum Tod unterliegt Wandlungen. Einmal ist er für die Menschen der Sendbote Gottes, dann der unerbittliche Rächer, der »Gleichmacher« und das »Schicksal« schlechthin. Gefühle stellen sich gegenüber dem Verscheiden ein. Selbstmitleid kommt im Laufe des Mittelalters auf. Auf vielfältigen Ebenen begegnet das Streben nach Unsterblichkeit im Mittelalter. Hrabanus Maurus schreibt an Abt Eigil: »Das geschriebene Wort allein entgeht dem Schicksal und weist den Tod zurück« (in: Dünninger, E.: UB 10, 32).
Mehr oder weniger geglückte und glaubwürdige Trostversuche werden unternommen. Konrad von Würzburg dichtet: »Daß die Milden so frühe sterben, / sie, die nach Ehre streben, das geschieht darum, / daß sie allzu ungern / Gott im Raum des Himmels / will als stetes Insgesind entbehren« und »Was sollte ein übler Bösewicht in Gottes Himmelsthron? Er läßt ihn lang dem Tod entgehen« (Wehrli: unter III. »Konrad v. Würzburg«).

»Die Reise...«: Von Peter Bruegel in seine »Niederländischen Sprichwörter« aufgenommen.

Zum Atheismus: den Philosophen, die dem arabisch geprägten Aristotelismus anhängen, nachgesagt; Dante: GK. Hölle X. Gesang, 118–120: Der Vorwurf gegen Kardinal Ottaviano degli Ubaldini († 1273) lautet: Er glaube nicht an die Unsterblichkeit der Seele. Friedrich II. muß sich den Vorwurf gefallenlassen: Heinisch, 204: indem er gesagt habe: »Der Mensch dürfe nichts glauben, was nicht durch die Natur und die Wissenschaft bewiesen werden könne«.

Gottesfriedensbewegung: Über diese Bewegung, ihren Ursprung in Südfrankreich und ihre Ausbreitung unterrichtet: Bosl, Karl: Gottesfriede, in: LThK, 4. Bd, Freiburg i. Br. ²1960, 1106f. Zur französischen Literatur: Duby, Georges: Le Dimanche de Bouvines, Paris 1973, 240–242: Bibliographie.

Parzival: Eschenbach: Parzival. Kap. »Parzivals erster Gralsbesuch« (133–164) und »Parzival Gralskönig« (442–464). Erst jetzt stellt Parzival die erlösende Frage: »Oheim, was fehlt dir?« (446)

Bouts, Dieric (1410/1420–1475): Rechter Seitenflügel des Altars »Perle von Brabant« 1467/68 München, Alte Pinakothek. Besprochen in: Bours, Johannes: Halt an, wo läufst du hin? Bildmeditationen. Hrsg. mit einer Einl. v. Paul Deselaers, Freiburg–Basel–Wien 1990; KML Bd. 2, 126–130 (bespr. v. H. Gerson) Ebenso beruht die Verehrung der hl. Laurentius oder Mauritius auf dieser Dienstbereitschaft.

Christoph Kolumbus: Konetzke, R.: Das spanische Weltreich. Grundlagen und Entstehung, München 1943, 108

Juden: Huch, 305f., die fälschlicherweise von Eugen IV. statt von Martin V. (1417–1431) spricht; die Huldigungsbegegnung, aber nicht den Inhalt des Gesprächs berichtet: Filiastres († nach 1427) Gesta concilii Constanciensis, in: Finke, Heinrich (Hrsg.) Acta Concilii Constanciensis 2. Bd., Münster / Westf. 1923, 13–170 (160)
Von ähnlichem Brauch in Rom spricht Hülsen, Hans v./Rast, Josef: Rom. Führer durch die ewige Stadt, Darmstadt 1960

»Dienst in Freiheit: Liber Extra 3. 31. 16 und 20. Aus dem Titel »De iuramentis«. Isidor von Sevilla: Etymologia (PL 83, 696).

Christine de Pizans Ausspruch zitiert in: Domke, 362f.; s. auch Pernoud, R.: Christine de Pizan.

Rogier v. d. Weyden: Dreikönigsaltar, München Alte Pinakothek. Josef und Jesus im Vergleich: Die Darstellung findet sich auf dem Linken Flügel unten. Winzinger, Tafel 3. La Bible, Tafel 95

Zimmermann, Michael: Wie rein ist die Tonkunst? Etappen des Weges zur Ästhetisierung der Musik, in: Neue Zürcher Zeitung 10. Nov. 1989: »Der Künstler vermag es, Ungleichzeitiges auf einem einzigen Bilde darzustellen, weil er mit einem Betrachter rechnet, der das Bild liest. Es gibt in dieser Kunst keinen Schein: sie ist ebenso wahr wie das Bibelwort, das sie auf ihre Weise darstellt.« Der Beobachter ist real, während in der Malerei des »Schönen Scheins«, so Zimmermann, dem Betrachter ein genau definierter Platz zugewiesen und er »aus einer realen Person zu einem fiktiven Augenzeugen« wird.

Fides: IV. Laterankonzil 1215. Dekret 41; zitiert ist Rm 14, 23

Mehmed: Babinger, 8

Kennzeichnung der Juden: von dem 4. Laterankonzil 1215 und Innozenz III. verlangt, rechtlich in: Liber Extra 5. 6. 15 (In nonnullis).

Restitutio: 25f., 44f., 47

Mit 12 Mönchen zieht Bernhard v. Clairvaux zur Gründung von Citeaux aus und folgt darin altem benediktinischem Brauch.
Franz v. Assisi: Bonaventura schrieb in der »Epistola de tribus quaestionibus«, nr. 13: »Ich gestehe, daß ich deshalb vor allem das Leben des hl. Franziskus liebgewann, weil es dem Anfang und der Entwicklung der Kirche gleicht. Diese nahm ihren Anfang von einfältigen Fischern und schritt weiter zu hochberühmten, sehr erfahrenen Lehrern. Dasselbe siehst du im Orden des hl. Franziskus. Der Herr gibt dadurch kund, daß der Orden nicht von menschlicher Klugheit, sondern von Christus gegründet ist.« (Lemmens, 20)
Zur Mission nach Mexiko und zur Ausbreitung des Reiches Gottes brechen 1524 genau zwölf Franziskaner, eben in »Apostelstärke« auf.

Innozenz III. Eröffnungsrede des IV. Laterankonzils 1215 (Hefele V (1863) 781). Innozenz zitiert Lk 22,15.

Ücker, 68; zitiert wird Apg 12, 11

Günther, 75 und 148. W. Shakespeare bezieht den Stoff aus Holinshed und älteren Quellen. König Eduard III. lebte von 1312–1377.
Auffüllen der Zahl der Engel: A. Augustinus: De civitate Dei XXII. 1. Kapitel (Thimme, 2. Bd., 748)

Vereinheitlichungen werden angestrebt, doch sträuben sich die Verhältnisse gegen sie. Die Städte passen nie in das Lehenssystem und die Orden nicht völlig in die Struktur der hierarchischen Kirche.

Bible Moralisée. befindet sich heute in der Österreichischen Nationalbibliothek Wien als Cod. Vindob. 1179. Die Abbildung ziert fol. 1v. Kritisch: IV. Laterankonzil. Dekret 14: »Über die Bestrafung unenthaltsamer Kleriker«, Dekret 15: »Über Maßnahmen gegen trunksüchtige Kleriker«, Dekret 16: »Über die Kleidung der Kleriker« und Dekret 18: »Über die Gelage von Prälaten und ihre Nachlässigkeit beim Gottesdienst«.

Taufpaten: Jonas v. Orléans geißelt die Nachlässigkeit der Taufpaten in: De institutione laicali I. cap. 6, in: PL 106, 132–133 (133).

Hildegard v. Bingen: Anm. S. 238

Weltgericht: Anm. S. 217

Alkuin: »Tres fuere; unus nusquam natus et semel mortuus. Alter semel natus, nunquam mortuus. Tertius semel natus et bis mortuus. – P.: Primus aequivocus terrae; secundus Deo meo; tertius homini pauperi«, in: Pippini Regalis et nobilissimi Juvenis Disputatio cum Albino Scholastico, in: PL 101, 975–980 (979 B–980 A)

Der Kampf der zwei Könige: Het Breviarium Grimani, 48

»Pfaffenkönig: auch Spottname König Konrads III. (1138–1152)

Kaiser Friedrich III.: Babinger, 20

»Le Bougre«: Pieper: Hinführung, 38

K. Manger: Das Narrenschiff, Darmstadt 1983; zwischen 1494 und 1512 erlebt das Werk sechs rechtmäßige Ausgaben. Ins Lateinische von Jakob Lochner übertragen folgen zahlreiche Übersetzungen in die europäischen Sprachen.

Den zu krönenden Kandidaten prüfen müssen: Papst Innozenz III. 1198 und 1199, ausgehend von dem Grundsatz, daß der Coronatio die Approbatio vorauszugehen hat.

Abstieg: Bruch, Rudolf v.: Die Rittersitze des Fürstentums Osnabrück. Mit 435 Abb., Osnabrück 1930 (repr. 1965), 4f.

Piccolomini: Brief v. 30. Nov. 1444 an J. v. Eick, in: Aeneas Sylvio Piccolomini: Briefe, 222

Gründung des Ordens des Goldenen Vlieses am 10. Januar 1430: Berichtet bei Domke, 382ff.

K. A. v. Müller und C. Amery: Das Spiel vom Antichrist, in: UB 6 (1961): Das Komödi-Spielen, 9–23. V. Müller nennt als Entstehungszeit den Zeitraum von 1160 bis 1188; das Dreikönigsspiel und »Die Erschaffung der Welt...« seien gleichfalls auf die 2. Hälfte des 12. Jahrhunderts zu datieren.

Fromista: Osty, Tafel 55. Die Unbefangenheit zeigt sich auch in der Zeichung der Handschrift des 14. Jh., die den »Kommentar zum Alten Testament« des Nikolaus von Lyra enthält (Bibliothèque d'Arras, Nr. 252).
E. Panofsky u. a. stellten besondere Studien darüber an, wie der Leib Jesu am Kreuz oder bei der Kreuzabnahme dargestellt sei, ob im besonderen seine Geschlechtlichkeit zum Ausdruck gebracht werde oder nicht. Es lasse sich, so die These, eine Strömung feststellen, die gleichsam das Geschlecht »unterdrückte«: Bericht von Wirth, J. in: »Enzyclopaedia Universalis. 1988. Universalia« (Paris 1988) 506–508 über das Buch von Leo Steinberg: La sexualité... Préface d'A. Chastel, Paris 1987 (New York 1983). Kritisch zu den Thesen von Wirth: C. Walker Bynum: The Body of Christ in the latter Middle Ages. A Reply to Leo Steinberg, in: Renaissance Quarterly XXXIX (1986).
Memling, H.: Bathseba im Bade. Um 1485: Stuttgart Staatsgalerie

Abraham: Gn 16, 1–16; Jakob: Gn 29, 28

Auszug aus Ägypten: Ex 12, 35f.

Das Streben nach Gleichheit zeichnet sich deutlich in der Goldenen Bulle von 1355/1356 ab.

Pseudo-Isidorischen Dekretalen: Fuhrmann

Ragusa: Babinger, 16

Taufe: Liber Extra 3. 42. 4 (Debitum. Sane intimasti)

Taufe außerhalb der Pfarrkirche: Clementinarum 3. 15. 1 (Praesenti prohibemus)

Rücksichtslosigkeit: Radulfus Glaber: Les cinq livres de ses histoires (900–1044). Ausschnitt in: Duby, L'An Mil, 112–116;
Boccaccio: Das Dekameron. Prooemium.

2. Die Leistungen des Mittelalters

Selbstverständlich gilt diese Sicht nur für jene, welche der Erde eine Kugelgestalt zubilligen.

Notker Balbulus: De interpretatione divinarum scripturarum liber. cap. XI, in: PL 131, 993–1004 (1002 C). »Passionem sancti Laurentii, si integram et non particulatim reperire quiveris, quanta bella et quot victorias martyrum invenies.«

Zum Verhältnis von Künstler und Stifter liefert Pörtner, 218 ein anschauliches Beispiel: der Reliquienschrein, den der Bischof von Winchester seiner Kathedrale stiftete. Mit »Autor« ist wohl eher der Initiator als der Kunstschaffende gemeint!

Quedlinburger Evangeliar, fol. 190 v, in: Das Samuhel-Evangeliar, Tafel 16 (Kat. Nr. 2)

Wilhelm Scherer (1841–1886), Univ. Prof. mit 27 Jahren, wirkt in Wien, Straßburg und Berlin. Die Fortsetzung des Zitats lautet: »Aber was auch damals nicht erreicht wurde, ist die Einheit der Sage: in der ersten Hälfte des Liedes erscheint Siegfried als Held, in der zweiten ist es Kriemhild; die Kriemhild des ersten Teiles ist eine andere als die des zweiten; dem zarten Mädchen des Anfanges trauen wir die grausigen Taten des Endes nicht zu. König Etzel, Rüdiger, Dietrich von Bern und die anderen östlichen Helden, die sich um Etzel gruppieren, treten erst mit dem zweiten Teile in die Aktion ein; burgundische Helden des ersten Teiles verschwinden und andere werden neu eingeführt. Kurz, die eigentümliche Entstehungsweise des Gedichtes hat überall ihre Spuren zurückgelassen,; ein großer energischer Dichter ist nicht über den Stoff gekommen, der ihn selbständig durchgearbeitet und neu einheitlich gestaltet hätte. Den schon im zwölften Jahrhundert menschlich gewordenen Stoff hat Richard Wagner wieder ins Unmenschliche und Übermenschliche zurückgestoßen; er hat den kindischen Apparat einer Zauberposse hineingepflanzt und seinen Göttern und Helden eine Roheit der sittlichen Anschauung verliehen, wie sie unseres Wissens das germanische Heidentum niemals kannte« (aus: Schillerpreise, in: Deutsche Rundschau. Hrsg. v. R. Pechel, Juli 1897, 128f.).

Experiment: Daß der Vergleich nicht abwegig ist, zeigt auch der Weg aus dem Mittelalter heraus zur Neuzeit, welche die Natur als Ganze heilige spricht, um sie dann zu entgöttlichen.

Reliquienüberwachung: Alexander III.: Liber Extra 3. 45. 1; Innozenz III.: Liber Extra 3. 45. 2

Beichte: Alkuin: Liber de virtutibus et vitiis. cap. XII und XIII: PL 101, 621–623. Auch: De Psalmorum usu liber. Pars II: Op. cit., 498–502 und Liber de divinis officiis. cap. XIII: Op. cit., 1192–1200. – Durch die iroschottischen Bußpraktiken beginnt sich die Seelenführung mit dem Bußsakrament zu verbinden.

Agnes: »... consciencia mea terret me peius omni larva omnique imagine. Ideo fugio ......« (PL 147, 445–454 [446]

IV. Laterankonzil. Dekret 21 »Omnis utriusque sexus fidelis«. Galt die Beichtpflicht nur für Todsünder?

Freiheit der Glaubenswahl: Seit Augustinus: Contra litteras Petiliani. Lib. 2. cap. 82 (PL 43, 315) fester Bestandteil der kirchlichen Lehre. s. auch Liber Extra 5. 6. 9 (Sicut Judaei)

Alkuin: Brief an Karl d. Gr. (XXXIII) a. 796: »Hoc enim totius mundi praedicator, Christo in se loquente, significavit, ut nova populorum ad fidem conversio mollioribus (praeceptisL) quasi infantilis aetas lacte esset nutrienda: ne per austeriora praecepta fragilis mens evomat quod bibit.« (PL 100, 187–190 [188 C und 189 C]). Vgl. auch: PL 100, 192–196 [194 B]; PL 100, 203–207 [205 A–D]

Alexander III.: Liber Extra 4. 4. 3.: »Nuptias non concubitus, sed consensus facit«; Ehe: Joh. v. Erfurt: SC I. 8. 4. De tertio (S. 669f. unter Verweis auf die von Johannes Teutonicus glossierte Causa 31 q. 3 und die von Sinibaldus Fliscus, dem späteren Innozenz IV., glossierte erste Dekretale des Liber Extra 4. 2.
Zwar wird die Regelung erlaubter Frühverlobung durch die Eltern nicht

völlig außer Kraft gesetzt, aber doch eingeschränkt. Die beiden zukünftigen Eheleute treten aus der Rolle von Statisten heraus und werden zu aktiv Handelnden. Andererseits müssen sie sich ihre Entscheidung zurechnen lassen. Joh. v. Erfurt: SC I. 8. 5. A (S. 682, 18–683, 12)

Oblati: S. 98f., 166, 237

Freie Wahl der Grablege: Liber Extra 3. 28. 1. u. 2 u. 8.
Joh. v. Erfurt: SC II. 6. 17. De secundo (1329)

Stundenbücher sind Gebetbücher für Laien nach dem Vorbild des Breviers eingerichtet. Sie enthalten aber auch bereits Gebete und Fürbitten in der jeweiligen Landessprache. Sie entsprechen dem Bedürfnis der Angleichung, und sind Zeichen einer Auflockerung, sei es der Vorherrschaft des Lateins, sei es der der Kleriker.

»Error enim melioris condicionis non impedit, set deterioris condicionis«: Summula Magistri Conradi, in: Bußs. II, 15
Abhängige und Ehe: Joh. v. Erfurt: SC I. 9. 1. De primo (729, 1–6). Zit. wird in SC: Cod. de incestis et inutilibus nuptiis. Cum ancillis (C. 5.5. 3. prc.).

»Quod omnes tangit, ab omnibus tractari et appobari debet«. s. Congar, Y: in: Revue hist. du droit français et étranger (1958), 210–259

Konstantin: Cod. 9. 47. 17 (a. 315)

Prozeß- und Rechtsreinigung: Gregors XI. Verurteilung von 14 Artikeln des Sachsenspiegels 1374, in: Eichmann, II, Nr. 47, 159–163
Inquisition: Directorium inquisitorum des Nikolaus Eymerich (1320–1399; verfaßt um 1376) II. Teil, B. Nr. 10: »Wie mit den Denunziationen umgehen« und Nr. 11 »Hilfestellung für die Denunziatoren« und II. C und II. D (Sala-Molins, 114ff.)

Schwächung von Legitimationsgrundlagen: Das Decretum Gratiani enthält in Dist. 8 can. 5 einen Papst Gregor VII. zugeschriebenen Ausspruch, daß Christus gesagt habe: Ich bin die Wahrheit und das Leben. Er habe nicht gesagt: Ich bin die Gewohnheit, sondern die Wahrheit. Jeder auch noch so altehrwürdige Brauch muß sich damit der Prüfung durch die Wahrheit unterziehen; jede Gewohnheit, welche der »Wahrheit« widerspricht, ist aufzugeben.

3. Die Diskussion möglicher Mängel

Näpfchensteine: Morand, Peter: Unterwegs: Verborgene Schätze im Tauber-, Jagst- und Kochertal, Schöntal-Kloster 1983

Sortes Sanctorum: HLF III, 11–13; Augustinus wendet sich in ep. 55, n. 37 bereits gegen diesen Brauch. Karl d. Gr. verurteilt ihn im Jahre 789 noch einmal.

Mehmed: Babinger, 160

Dämonen: Thomas v. Aquin stellt in STh II II 95, art. 4 die behutsamere Frage: Ist es erlaubt, die Zukunft durch Anrufen und Befragen der Dämonen zu erforschen?

Das Rad der Fortuna: Dante: GK. Hölle. XV. Gesang, 95f.: »Drum soll ihr Rad Fortuna nach Gefallen und auch der Bauer seine Hacke schwingen!« N. Machiavelli: Der Fürst, 25. Kapitel (Merian-Genast, 134–138) Eschenbach: Parzival. Kapitel »Parzival und Trevrizent«, 261
Anders, nämlich als Zeichen der Vollkommenheit bei Hildegard von Bingen, 20, 30, 50 (»Gott blieb so unberührt, ganz vollkommen wie ein Rad«).

Franz v. Assisi: Legenda trium sociorum. 1. Kap. (Hamburger, 5)

Älter als der christliche Gott: Kaiser Friedrich II. in: Heinisch, 225 (Eröffnung der Konstitutionen von Melfi)

Thomas v. Aquin: STh I II 18, a. 9

Dante: GK. Paradies II, 19: »La concreata e perpetua sete del deiforme regno«.

Heidnisches einbezogen: Auch in der Kirchentür von San Zeno: Winzinger, Tafel 19. W. fragt, ob es sich bei den beiden stillenden Frauen um Meer und Erde handele (9). Die Verbindung zeigt sich auch in der Person Vergils, der dem Mittelalter – neben anderem – als Prophet Christi und als Zauberer galt.

Jeanne d'Arc: 8. Sonderverhör, 17. März 1431 (Schirmer-Imhoff, 66)
Kreuzabnahme, Schloß Tirol um 1170: Verlag Ver sacrum, Rottenburg a. Neckar, Nr. 774 D

Verheidnischtes Christentum: Zu nennen ist noch der verbreitete Glaube daran, daß Maria viel barmherziger als ihr Sohn sei. W. v. Eschenbach: Parzival. Kapitel »Parzival und Trevrizent«, 270: »Wer auch noch so krank ist, aber den Stein erblickt, wird die Woche danach nicht sterben können«.

Heinrich Seuse: Horologium I. cap. 5 (ed. C. Richstätter, Turin 1929); Bizet, J.A.: Henri Suso, in: Dictionnaire de Spiritualité, T. VII, Paris 1968, 234–257 (243)

Das Kanzelrelief in der Kathedrale San Valentino in Bitonto (Apulien) zeigt nach *einer* Auslegung die Reihe »Friedrich I.«, »Heinrich VI.«, »Friedrich II.« und »Konrad IV.« als eine aufsteigende, in sich geschlossene und nicht mehr überbietbare Linie. Ist die Entstehung um 1229 glaubwürdig?

IV. Laterankonzil. Dekret 13: »Damit nicht eine allzugroße Verschiedenheit religiöser Orden eine schlimme Verwirrung in der Kirche Gottes anrichte, verbieten wir entschieden, künftig einen neuen Orden zu erfinden; wer immer künftig den Ordensstand wählen will, soll sich einem der approbierten Orden anschließen. Ebenso soll derjenige, der eine neue klösterliche Gemeinschaft gründen will, Regel und Einrichtung von den approbierten religiösen Orden übernehmen...« (Geschichte der ökumenischen Konzilien, 414)

Papst Gelasius I. (492–496) in einem Brief an Kaiser Anastasios im Jahre 494: »Beide ... den Bischöfen aber kommt größere Würde zu, tragen sie doch die Verantwortung für das Seelenheil der Kaiser.«

Chalcedon: siehe Einleitung. 10

Kleriker–Laien: Honorius Augustodunensis: Summa gloria: Kleriker verhalten sich zu Laien, wie Jakob zu Esau und damit wie geistliche zu fleischlichen Menschen (Hinweis in: Congar, 121). Bei Robert de Courson und sicherlich nicht nur bei ihm finden sich Ausführungen, welche genau die Berechtigung der umgekehrten Zurechnung beweisen wollen: Die Kleriker »fressen und saufen«, die Laien enthalten sich des Fleisches (s. Robert de Courson, 168). Von »Duo genera« spricht das Decretum Gratiani, Causa 12 qu. 1 c.7.
Aegidius Romanus in: De ecclesiastica potestate..., II, 10, in: Scholz, Die Publizistik, 75. Die Laien sind Servi adscripticii, Kaufsklaven, denn die

Kirche hat sie aus der Gewalt des Teufels durch die Taufe losgekauft. Aber doch alle, auch die Kleriker!

Lateiner–Griechen: Berschin, W.: Griechisch-lateinisches Mittelalter, Bern–München 1980; das Notkerzitat »Occidens etiam ipse, licet sero, tandem tamen ...« findet sich in: De interpretation divinarum scripturarum liber. cap. XII, in: PL 131, 993–1004 (1003 A–1004 B)

Nation gegen Nation: Zur Geschichte der Herausbildung des Nationalbewußtseins s. 36

Jeanne d'Arc: 8. Sonderverhör, 17. März 1431 (Schirmer-Imhoff, 65)
Jeannette Roland: Bossuat, A.: L'idée de nation et la jurisprudence du Parlement de Paris au XVe siècle, in: Revue historique 204 (1950) 56–59

Fürsten gegen den König: Kaiser Heinrichs IV. Klage ist in Otto von Freisings »Gesta Friderici« I, 8 überliefert: AQMA XVII, 144 Stadt gegen Stadt: Perugia: Aus der Einleitung zu: Matarazzo, Francesco : Chronik von Perugia 1492–1503. Übers. u. eingel. v. Maria Herzfeld, Jena 1910, XLf.; Zorzi, Andrea: Contrôle social, ordre public et répression judicaire à Florence à l'époque communale: Eléments et problèmes, in: Annales E.S.C. 45 (1990) 1169–1188;
Musy, J.: Mouvements populaires et hérésies au XIe siècle en France, in: Revue historique 513 (1975) 33–76; Kölns Aufstand 1074: Vita Annonis, in: Köpke, R.: MGH Scriptores XI (Hannover 1854) 462–514 (Nr 21: 492–495); Würzburg: Dettelbacher zur »Schlacht bei Bergtheim« im Jahre 1400; Osnabrück: Der Rampendahlsche Aufstand vom 1. 1. 1430 und die Erhebung von 1488: Stadt Osnabrück, 99–101
Zünfte gegen das Stadtregiment: Braunschweig: Die Chroniken der niedersächsischen Städte. 1. Bd. Göttingen [2]1962; Keyser, Erich (Hrsg.): Deutsches Städtebuch. Bd. III/1, Stuttgart 1952

Bauern gegen Ritter: Bauernaufstand in Nordjütland: Broby, 89

Oswald von Wolkenstein (1377–1445): »Da wurden daselbst verbrannt viele Dächer samt den Mäusen«, in: Wehrli, 419

Soldaten: Für England s. Thomas Morus: Utopia, 1. Buch (Ritter, 24–34)

Söhne gegen die Väter: Liudolf, Herzog von Schwaben (949–953), Sohn König Ottos I. und seit 946 zu dessen Nachfolger bestimmt, erhebt sich gegen den Vater: in: »Leben des hl. Ulrich«, Nr. 10 und »Leben des hl. Bruno, Erzbischof von Köln, verfaßt von Ruodger«, Nr. 18 (AQMA XXII, 94 und 202)

Konstantinopel: Der Chronist Villehardouin fällt in seinem Bericht das nüchterne Urteil: »Doch die Franken und Griechen wurden entzweit, sie waren nicht mehr so befreundet wie vorher, und das lastete auf den einen wie auf den anderen« (zit. in: Pernoud, Die Kreuzzüge, 260)
Im Zusammenhang mit den Kreuzzugsaufrufen des beginnenden 13. Jahrhunderts schreibt Pernoud, »daß keiner den Kreuzzug predigen durfte, der nicht selber das Kreuz nahm, und daß allen Predigern die Verpflichtung auferlegt wurde, den Koran zu lesen und die Religion Mohammeds zu kennen, bevor sie sich in das Heilige Land begaben« (Die Kreuzzüge, 275).

Friedrich II.: Pernoud, Die Kreuzzüge, 281–290; Franz v. Assisi: Celano, Erste Lebensbeschreibung, cap. XX, nr. 57) (Grau u. Spätling, 65f.)

Zu Recht bemerkt Pernoud, daß während der Kreuzzugszeit die Bewohner der eroberten Gebiete von den Christen nicht versklavt wurden, wie später während der kastilischen Conquista Lateinamerikas die Indios gedemütigt wurden (Die Kreuzzüge, 128).

Der Zuzug Fremder verschlechtere das soziale Klima: Anklänge finden sich in : Dante: GK. Hölle. XVI. Gesang, 73f.

Allgemein: Dante: GK. Hölle XII. Die Hölle der Gewaltäter

Nur *ein* Friedensjahr: Gaillard, Histoire de Charlemagne II, 1, Kap. 5. Zitiert von Joseph de Maistre, L'Inquisition, 46ff.

Walachei: Babinger, F.: Mehmed, 215f. Der walachische Vasall Vlad (Wojwode 1456–1462 und 1476) erregte mit seiner Grausamkeit Aufsehen, Schrecken und Abscheu. Er soll in einem »Wald« von 20 000 von ihm aufgespießten röchelnden Menschen gespeist haben. Er ließ Menschen aufspießen, zerstückeln, pfählen, verbrennen, sieden, zerreiben.

Richard III.: Spiel, 105–147

Ehegattenmord: Herzog Ludwig der Strenge, Vater Kaiser Ludwigs des Bayern, ermordete seine Gattin Maria von Burgund (Ücker, 57–68).

Kloster Fürstenfeldbruck hält die Erinnerung daran fest. Dante: GK. Läuterungsberg, 11. Gesang: berichtet von Pia dei Tolomei aus Siena, die von ihrem Gatten umgebracht wurde, damit er eine neue Ehe mit Margherita degli Aldobrandeschi eingehen kann.

Brunhildis und Fredegundis: Anton, H.H.: Brunchilde, in: Reallexikon der Germanischen Altertumskunde. Hrsg. v. Heinrich Beck u. a., 2. Aufl., Bd. III, Berlin–New York 1978, 588f.; Brion, M.: Frédégone et Brunéhaut, Paris 1935

Gegenpapst Johann: gegen Gregor V. setzten die Crescentier Johann (XVI.) 997 ein. 998 wurde er entmachtet.

Anjou: Gefangenschaft der Staufer: Decker-Hauff, Hansmartin: Das Staufische Haus, in: St III, 339–374 (besd. ab 362: Die XII. Generation)

Graf Ugolino della Gerardesca: Dante: GK. Hölle. XXXIII. Gesang, 1–76

Eisenkäfige: Droste, 48

Stockholm: Statens Historiska Museet II: 10

Corso Donati: Machiavelli, Niccolo: Istorie Fiorentine, libro secondo, in: N. M.: Opere, Volume Primo, Italia 1813, 90; Orlandi, 29 u. 75 (Abb. der Öffnung des Gefängnisses aus Codex Bibl. Vaticana)

Fischer: Mordal, 60, der auf La Roncière, t. I., S. 430 verweist.

Margareta: Altarfrontale aus dem Kloster der heiligen Margareta in San Martin Sescorts. Ende des 12. Jhs. bzw. Anfang des 13. Jhs. Diözesanmuseum Vich (Hermann, Tafel XVII)

Julita: Altarfrontale aus Durro (Provinz Lerida).Museo de Arte de Cataluna, Barcelona (Hermann, Tafel X)

Notker: De martyribus, in: PL 131, 1022–1023

Foucault: 75

Jansenismus: O'Brien, Charles H.: Jansenismus, Jansenius, in: TRE XVI (1987) 502–509; Willaert, L. zu Jansenismus und Jansenius, in: LThK V, Freiburg 1960, 865–870

Gemeint ist die Zeitströmung des 19. Jahrhunderts, welche unter dem Namen der englischen Königin Victoria (1819–1901) zusammengefaßt wird. Puritanische, prüde Anschauungen bestimmten die Geschlechterbeziehung.

Ehe als Hilfe: Joh. v. Erfurt: SC I. 8. 5. A (683f.) unter Verwendung v. C. 27 q. 1 c. 41: remedium infirmitatis – solatium humanitatis

Diskrete Behandlung: Liber Extra 4. 14. 1

Bogumilen: auch Albigeneser nach dem Hauptort in Westeuropa, der Stadt Albi in Südfrankreich, genannt. Sie lehnen außer der Beteiligung an Kriegen die Verhängung der Todesstrafe und jeden Schwur ab. Sie behaupten, daß der Papst der Antichrist und Kreuzesverehrung Götzendienst sei. Diejenigen, welche das »consolamentum« empfangen haben, die »Tröstung«, enthalten sich jeglichen Geschlechtsverkehrs und der Ehe. Borst, Arno: Die Katharer, 5. Aufl. Stuttgart 1986

Künstlichkeit: Schäfke, 157. Von Bourges ist als einem von vielen Beispielen die Rede: es ist Krongut, die Könige sorgen für die Stadt und bepflastern sie. Vgl. die Stadt im Hintergrund bei Roger von der Weydens »Geburt Christi«.

Mark Ancona: Montaigne: Essais 2. Buch, XV: Wie die Schwierigkeit unsere Begierde steigert, in: Montaigne, 486. Ein Rückblick, der für das 15. Jahrhundert gilt, wenn nicht sogar für noch früher.

Hektik: Pieper: Hinführung, 98: Im Zusammenhang der Übersetzungen und der Sprachgestaltung: »Es ist einfach nicht Zeit genug zum ›organischen Wachsen‹«.
Dante. GK, Hölle XIII. Gesang: Die Selbstmörder

Lärm: Laon: Schäfke, 99; Macon: Schäfke, 140

Aeneas Sylvius Piccolomini: Briefe, 227
Albrecht Dürer (21. 5. 1471–6. 4. 1528): Erwin Panofsky: Das Leben und die Kunst Albrecht Dürers, München 1977 (Engl. 1943)

St. Trudperter Hohenlid: Wehrli, 8

Eine weitere Aussage von Thomas von Kempen lautet: »Nachfolge Christi« im 1. Buch, das 20. Kap.: »Sei gern einsam und still«. Anerkennend zitiert er Seneca: »So oft ich unter Menschen gewesen, bin ich als geringerer Mensch heimgekehrt«.

4. Anknüpfungen

Thomas v. Kempen: Heilige Christnacht. Fest der Seele. (Ausgabe ist ohne Seitenangaben)

Innozenz III.: Vom Elend des menschlichen Daseins. Übersetzt u. eingel. v. Carl-Friedrich Geyer. Hildesheim: Olms 1990. Diese Schrift, »De contemptu mundi« betitelt, entstand am Ende des 12. Jh. und dient als Vorbild einer Literaturgattung: der Mensch klagt und überlegt, ob er sich aus der Welt flüchten und wie er Aszese leben soll. Die Schrift spendet Trost und betont die Weltverantwortung. Doch gibt es Gegenströmungen gegen die aszetische Weltflucht. Wieder eine der Polarisierungen des Mittelalters!

Paschalius' II. (1099–1118) Ansatz kann als ein dritter Weg zwischen der reichskirchlichen Politik König Heinrichs V. (1106–1125) und der Cluny-Richtung verstanden werden. Die dramatischen Ereignisse umfassen den Zeitraum von Februar 1111 bis zur Lateransynode 1112.

Amtsverzicht: Brieskorn 1988

Papst Cölestin V., der 1294 zum Papst gewählt, nach nur fünf Monaten abdankte. Herde, Peter: Cölestin V. (1294) (Peter vom Morrone), der Engelpapst. Mit einem Urkundenanhang und der Edition zweier Viten, Stuttgart 1981 (Päpste und Papsttum 16)
Während Dante: GK, Hölle, 3. Gesang, Vers 60 (s. auch Läuterungsberg VI, 90) Cölestin scharf kritisiert, lobt Petrarca (1304–1374) den Verzicht »als Tat eines hochgesinnten und freien, keine Fessel duldenden himmlischen Geistes«, in: De vita solitaria, 2. Buch. 18. Kap. (Das Werk wurde 1346 begonnen, 1356 beendet): Zeitlin, Jacob (Hrsg.): The life of solitude by Francis Petrarch, Univ. of Illinois, Urbana 1924 (Nachdr. 1978), 233f. Die gegensätzliche Beurteilung darf auch als Ausdruck eines Wandels im Lebensgefühl in bestimmten Regionen gedeutet werden.

R. Engelsing (Übers. u. Nachwort): Ludus de Antichristo. Das Spiel vom Antichrist. Lateinisch und Deutsch, Stuttgart 1968, Verse 145–150. Verse 410 bis Schluß.

Verleumdung: etwa Kaiserin Agnes; Verrat: Kaiser Heinrich IV.; Morddrohungen: Erzbischof Thomas Becket.

Stellvertretung: Brieskorn (1990)
Karl d. Große in einem Brief an Papst Leo III. (796): »Unsere Aufgabe ist es, überall Christi Heilige Kirche nach außen zu verteidigen und nach innen zu festigen. Eure Aufgabe ist es, Heiliger Vater, mit zu Gott erhobenen Händen wie Moses uns im Kampf zu unterstützen.« (Anspielung auf Ex 17,8–13), in: Ernst Dümmler (ed.): MGH Ep. IV. Karolini Aevi II., Berlin 1895, Nr. 93, 136–138, 137,31–138, 21

Wohltat wider Willen: Paulus, libro sing. de adsig. libertorum (Digesten 50. 17. 69): »Invito beneficium non datur«.

Rousseau: Vom Gesellschaftsvertrag. II, 3; III, 14 u. 15

Ordnung: Ein Beispiel von lebendiger Entfaltung und starrem Weiterschleppen: Venedig: Langewiesche; Frederick C. Lane: Seerepublik Venedig, München 1980 mit weiterführender Literatur. Mitteis, Die deutsche Königswahl, 90f. (Anm. 312)

Gröber: Die Bildwerke des Bamberger Domes. 46 Bildtafeln, Leipzig o. J., 54.

Konziliarismus: Smolinsky, Heribert: K., in: TRE XIX (1990) 579– 586

Verselbständigungen: Zisterzienser: Cocheril, 369

Pforten der Hölle: Mt 16, 18

Hostiensis in seinem Kommentar zum Liber Extra 1. 3. 36 nr. 9: »Ecclesia numquam moritur«.

Reformatio: Congar; Kroeschell 2, 244ff.

Vergebung: Zu erinnern ist auch an die »Unbarmherzigkeit« in politischen Parteien gegenüber Versagen: Arce Martínez, Sergio: La misión de la Iglesia en una sociedad socialista. Un análisis teológico de la vocación de la Iglesia cubana en el día de hoy, Matanzas 1965. A. M beschreibt den unbarmherzigen Umgang in der Kommunist. Partei Kubas.

Eid des Herodes: Joh. v. Erfurt: SC I. 6. 13. R (527)

Falsifizierung: Popper, Karl: Logik der Forschung, 3. Aufl. Tübingen 1969

Riemenschneider: Scheele, Paul-Werner/Schneider, Toni: Tilman Riemenschneider. Zeuge der Seligkeit, Würzburg 1981

Ruggieri, Giuseppe: Dalla povertà all'uso e alla proprietà dei beni, in: Cristianesimo nella storia 5 (1984) 282–289. R. zeigt wie Franz von Assisi mit der Herrin Armut in das »sacrum commercium« eintrat, wie Nachgeben um des Friedens willen in der Kirche zu Kompromissen führten, und etwa Clara von Montefalco 1323 nicht aufgrund ihrer Armut, die als Privattugend galt, sondern wegen anderer Eigenschaften kanonisiert wurde.

Thomas v. Kempen: Das Leben Meister Gerhards, 65

QUELLEN

(chronologisch geordnet; weitere Angaben im Anmerkungsteil)

Osty, Emile/Trinquet, Joseph (trad.): La Bible. Ikonographisch gestaltet v. Francois Garnier, Paris 1970

5. Jahrhundert

Augustinus, Aurelius: Vom Gottesstaat (De civitate Dei). Aus d. Lat. übertr. v. W. Thimme. Eingel. u. kommentiert v. C. Andresen. 2 Bde. München 1977 und 1978

Hefele, Carl Joseph von: Conciliengeschichte nach den Quellen bearbeitet, Freiburg i. Breisgau 1873ff.

Geschichte der ökumenischen Konzilien. Hrsg. v. Gervais Dumeige u. Heinrich Bacht, Mainz 1964ff.

Balthasar, Hans Urs v. (Hrsg.): Menschen in der Kirche in Zeugnis und Urkunde. VIII. Bd.: Die Großen Ordensregeln, unter Mitarbeit von Casull, L. u. a., Einsiedeln/Zürich/Köln 1948

6. Jahrhundert

Isidor von Sevilla, Etymologiarum sive originum libri XX, ed. W. M. Lindsay, Oxford 1911

Digesten: Corpus Iuris Civilis, Vol. Primum, ed. Th. Mommsen (1872), retract. P. Krüger (1908), (fotomech. rec. Nachdr. d. Ausgabe von 1954), Dublin–Zürich 1973.

Dionysios Areopagita (auch: Pseudo Dionysius Areopagita) (um 500): Die Heilige Hierarchie (Migne PG 3); lat. De caelesti hierarchia: krit. Ausgabe v. G. Heil, mit einer Einführung v. R. Roques, übers. v. M. de Gandillac, Paris 1958; dt.: Ivanka, Endred v.: Dionysius Areopagita. Von den Namen zum Unnennbaren, Einsiedeln 1957

7. Jahrhundert

Altmann, Wilhelm und Bernheim, Ernst (Hrsg.): Ausgewählte Urkunden zur Erläuterung der Verfassungsgeschichte Deutschlands im Mittelalter. 3. vermehrte und verbesserte Aufl. Berlin 1904

Columban: Pl 80, 201–326

8. Jahrhundert

Eckhardt, Karl August (Hrsg.): Die Gesetze des Karolingerreiches 714–911. I: Lex Salica: Recensio Pippina. 2. Bearb., Weimar 1953

Eichmann, Eduard: Kirche und Staat. Teil I. München–Paderborn–Wien 1968 (Unveränd. Nachdr. d. Aufl. 1925)

9. Jahrhundert

Johannes Scotus Eriugena (gest. um 880): Pl 122; Expositiones in Ierarchiam Coelestem, ed. J. Barbet, Turnhout 1975 (CC Cont. Med. 31)

»Ausgewählte Schriften« von Columban, Alkuin, Dodana, Jonas, Hrabanus Maurus, Notker Balbulus, Hugo von St. Viktor und Peraldus. Eingeleitet und übersetzt von Gabriel Meier, Freiburg im Breisgau 1890 (Bibl. d. kath. Pädagogik III). Zit.: Ausgewählte Schriften.

Einhardi Vita Karoli. Quellen zur karolingischen Reichsgeschichte 1. Teil. Neu bearbeitet v. Reinhold Rau, Darmstadt 1962 (AQMA V)

Annales Regni Francorum. Quellen zur karolingischen Reichsgeschichte 1. Teil. Neu bearbeitet v. Reinhold Rau, Darmstadt 1962 (AQMA V)

Das Samuhel-Evangeliar: s. Lit. Kulturstiftung

10. Jahrhundert

Hugo Capet. König von Frankreich. Eingeleitet, übersetzt und erläutert von Edmond Pognon, Stuttgart o.J. (Hugues Capet, Roi de France. Mémorial des Siècles, hrsg. v. Gérard Walter, Paris 1966)

Leben des heiligen Ulrich, verfaßt von Gerhard, Darmstadt 1973, 46–166 (AQMA XXII)

Lebensgeschichte Brunos, Darmstadt 1973, 169–261 (AQMA XXII)

Liutprand von Cremona: Liutprandi legatio. Die Gesandtschaft an Kaiser Nikephoros Phokas in Konstantinopel, Darmstadt 1977, 524–588 (AQMA VIII)

11. Jahrhundert

Heldenlieder der Edda. Auswahl, übertragen, eingel. u. erläutert v. F. Genzmer, Stuttgart 1988

L'An Mil presenté par Georges Duby, Paris 1967 (collection archives dirigée par Pierre Nora et Jacques Revel)

Hildegard von Bingen: Heilkunde. Das Buch von dem Grund und Wesen und der Heilung der Krankheiten. Nach den Quellen übersetzt und erläutert von Heinrich Schipperges, Salzburg 4. Aufl. 1981

Manegold von Lautenbach: Liber ad Gebehardum (MGH Libelli de lite I (1891), 308–430, besd. cap. XXX (362–366)

Quellen zur Geschichte Kaiser Heinrichs IV. Neu übers. v. J. Schmale-Ott, Darmstadt 1963 (AQMA XII)

12. Jahrhundert

Eichmann, Eduard: Kirche und Staat. Teil II. München–Paderborn–Wien 1968 (Unveränd. Nachdr. d. Aufl. 1925)

Hugo von St. Viktor (gest. 1141): Didaskalion: PL 177; jetzt: ed. H. Buttimer, Washington 1939

Bernhard von Clairvaux: Op. om.: PL 182–185; Ed. Leclercq, J./Rochais, J. H. M., Vol. I. ff. Rom 1957 ff.

Decretum Magistri Gratiani, in: Corpus Juris Canonici, Pars Prima (Neudr. der Ausgabe Leipzig 1879) Graz 1955

Ioannis Saresbueriensis: Policraticus. Ed. by C. C. I. Webb, Oxford 1909 John of Salisbury: Frivolities of Courtiers and Footprints of Philosophers. Trans. by J. Pike, New York 1972

Zucht und Schöne Sitte. Eine Tugendlehre der Stauferzeit mit 36 Bildern (16 davon farbig) aus der Heidelberger Handschrift Cod. Pal. Germ. 389 »Der Welsche Gast« des Thomasîn von Zerclaere. Hrsg. v. Friedrich Neumann, Wiesbaden 1977

Die Taten Friedrichs oder richtiger Chronik. Verfaßt v. Otto von Freising u. Radewic. Übers. v. Adolf Schmidt u. hrsg. v. Franz-Josef Schmale, Darmstadt 1965 (AQMA XVII)

Pernoud, Régine (Hrsg. u. eingel.): Die Kreuzzüge in Augenzeugenberichten. Deutsch v. Dr. Hagen Thürnau, München 5. Aufl. 1980

Otto von Freising: Chronik oder die Geschichte der zwei Staaten (Chronica sive Historia de duabus civitatibus). Übersetzt von Adolph Schmidt. Hrsg. v. Walther Lammer, Darmstadt 1961 (AQMA XVI)

Wehrli, Max (Hrsg.): Deutsche Lyrik des Mittelalters, Zürich 1962

13. Jahrhundert

Legenda trium sociorum. Bericht von dem Leben des hl. Franziskus. Von der Tradition zugeschrieben den Brüdern Leo, Rufinus und Angelus, seinen vertrauten Gefährten. Übers. u. Nachwort v. Siegfried J. Hamburger, München 1923

Sabatier, Paul (Ed.): Floretum S. Francisci Assisiensis. Liber aureus qui italice dicitur I Fioretti di San Francesco, Paris 1902 (Zit. Floretum)

Grau, Engelbert u. Spätling, Luchesius (Ed.): Thomas von Celano, Leben und Wundertaten des Hl. Franziskus von Assisi, Paderborn 1939 (Zit.: Celano)

Kerval, Léon de (Hrsg.): Sancti Antonii de Padua Vitae duae quarum altera hucusque inedita, Paris 1904 (Collection d'Études et de Documents V)

Liber Extra, ed. E. Friedberg, in: Corpus Juris Canonici, Pars Secunda, (Neudr. der Ausgabe Leipzig 1881), Graz 1959, 2–928

»Bußs.«: Trois sommes de pénitence de la première moitié du XIIIe siècle. La »Summula Magistri Conradi«. Les sommes »Quia non pigris« et »Decime dande sunt«. Textes établis et présentés par Jean Pierre Renard. Postface de Mgr Philippe Delhaye. Tome I: Prolégomènes et Notes complémentaires (XXI u. 551 S.), Tome II: Textes inédits

(VIII u. 414 S. (Lex Spiritus Vitae 6) Louvain la Neuve 1989: Centre Cerfaux-Lefort.

Bartholomaeus Brixiensis: Questiones dominicales et vernales: Bamberg Staatsbibliothek, msc. can. 92. f. 67r–100v

Heinisch, Klaus J. (Hrsg. u. übers.): Kaiser Friedrich II. in Briefen und Berichten seiner Zeit, 6. Aufl. Darmstadt 1978

Willemsen, Carl Arnold (Einf. u. Erläuterungen): Das Falkenbuch Kaiser Friedrichs II. Nach der Prachthandschrift in der Vatikanischen Bibliothek (Codex Ms. Pal.lat. 1071: De arte venandi cum avibus), Dortmund 1980

Robert Grosseteste (gest. 1253): Kommentare zu Aristoteles' Analytica Posteriora und Physik; De unica forma omnium; De luce seu de inchoatione formarum, ed. C. Baeumker/Hertlin, Beiträge Bd. IX, Münster/W. 1903

Hartmann von Aue: Iwein. Übersetzung und Anmerkungen von Thomas Cramer, Berlin 3. Aufl 1983

Hartmann von Aue: Erec. Mittelhochdeutscher Text und Übertragung von Thomas Cramer, Frankfurt am Main 1972

Gottfried von Straßburg: Tristan. Band 1, 2. Text Mittelhochdeutsch/Neuhochdeutsch. Neu hrsg. v. R. Krohn, Stuttgart 1981

Heinrich von Veldeke: Eneasroman. Mittelhochdeutsch/Neuhochdeutsch, übersetzt v. D. Kartschoke, Stuttgart 1986

Le Roman de la Rose ou de Guillaume de Dole, publ. par G. Servais, Paris 1893

Wolfram von Eschenbach: Parzival. Aus dem Mittelhochdeutschen v. Fr. Knorr u. R. Fink, Jena 1940

Jacobus de Voragine: Legenda aurea. Deutsch von Richard Benz, Jena 1925

Thomas v. Aquin, Opera omnia (= Editio Leonina), Rom 1882ff.

Wernher der Gärtner: Meier Helmbrecht. Versnovelle aus der Zeit des niedergehenden Rittertums. In neuem Reime dargeboten von Johannes Ninck, Stuttgart 1961

Die Summa Confessorum des Johannes von Erfurt. Ed. N. Brieskorn, Frankfurt/M. u. Bern. Teil 1: Einleitung 198o, Teile 2 und 3: 1981

Der Sachsenspiegel in Bildern. Aus der Heidelberger Bilderhandschrift ausgewählt und erläutert von Walter Koschorreck, Frankfurt am Main 1976 (insel taschenbuch 218)

14. Jahrhundert

Dante Alighieri: Die Göttliche Komödie. Aus dem Ital. übertr. v. W. G. Hertz. Mit einem Nachwort v. H. Rheinfelder, mit Anmerk. v. P. Amelung und Zeichnungen v. Sandro Botticelli, München 1966

Marsilius von Padua: Defensor Pacis. Lat. dt. Ausg. Hrsg. v. Horst Kusch, Marsilius von Padua. Der Verteidiger des Friedens, 2 Bde. Berlin 1958

Das Dekameron des Giovanni Boccaccio. Nach der von Charles S. Singleton besorgten kritischen Ausgabe von Ruth Macchi übersetzt. 6. Auflage. Erschienen im Aufbau-Verlag Berlin und Weimar 1971 (Erster Band: Erster bis Fünfter Tag; Zweiter Band: Sechster bis Zehnter Tag)

Brockmeier, Peter (Übers. u. hrsg.): Giovanni Boccaccio: Decameron. Zwanzig ausgewählte Novellen. Ital./Dt., Stuttgart 1989

Thomas von Kempen: Heilige Christnacht. Fest der Seele.

Aus den »Betrachtungen über die Geburt Christi« des Thomas von Kempen (lat. Ausgaben v. Pohl u. Heinrichs) ausgewählt, übersetzt und hrsg. v. Ludwig Deimel, Mainz 1939, o. S.

Thomas von Kempen: Das Leben des Meister Gerhards. Übers. u. eingel. v. Herbert Rüffel, Freiburg i. Breisgau 1939 (Zeugen des Wortes)

Thomas von Kempen: Nachfolge Christi. Nach der Übersetzung v. J. M. Sailer, neubearbeitet v. Franz Eulen, Kempen/Niederrhein 1947

Heinrich Seuse: Horologium Sapientiae. Ed. C. Richstätter, Turin 1929

Das Hausbuch der Cerruti. Nach der Handschrift der Österreichischen Nationalbibliothek (Codex Vindob. S. N. 2644) übertragen aus dem Lat. v. Franz Unterkircher, Dortmund 1979

Nicolau Eymerich/Francisco Peña: Le manuel des inquisiteurs. Introduction, traduction et notes de Louis Sala-Molins, Paris–La Haye 1973 (le savoir historique 8)

Günther, Alfred: William Shakespeare: Richard II. Deutung und Dokumentation. Text des Dramas in der revidierten Übers. v. August Wilhelm von Schlegel, Frankfurt/M. Berlin 1965

15. Jahrhundert

Die Belles Heures des Jean Duc de Berry in the Cloisters New York. Einführung v. Millard Meiss. Erläuterung zu den Miniaturen von Millard Meiss und Elizabeth Beatson, München 1974

Die Très Riches Heures: Meiss, Millard/Lognon, J./Cazelles, R.: Die ... de Jean, Duc de Berry im Musée Condé, Chantilly, München 1973

Mapheus, Vegius: De educatione liberorum et eorum claris moribus libri VI: eingeleitet, übersetzt und erläutert von K. A. Kopp, in: Bibliothek der katholischen Pädagogik II, Freiburg i. Breisgau 1889, 1–220

Jeanne d'Arc: Schirmer-Imhoff, Ruth (Übers. u. hrsg.): Der Prozeß Jeanne d'Arc. Akten und Protokolle 1431–1456, 3. Aufl. München 1978; Tisset, Pierre (éd.): Procès de Condamnation de Jeanne d'Arc. Trois Volumes, Paris 1989; Duparc, Pierre (éd.): Procès en nullité de la condamnation de Jeanne d'Arc. Cinq Volumes (Société de l'Histoire de France/Klincksieck) Paris (letzter Band erschienen) 1989

Aeneas Sylvius' Traktat: Über die Erziehung der Kinder gerichtet an König Ladislaus, König von Ungarn und Böhmen. Eingeleitet u. übersetzt mit Erläuterungen v. P. Galliker, in Bibliothek der katholischen Pädagogik II, Freiburg im Breisgau 1889, 225–298

Maschek, Hermann (Hrsg.): Deutsche Chroniken, Leipzig 1936 (Deutsche Literatur. Sammlung literarischer Kunst- und Kulturdenkmäler in Entwicklungsreihen, hrsg. v. Heinz Kindermann. Reihe Realistik des Spätmittelalters 6 Bde., hrsg. v. Anton Pfalz, Bd. 5)

Nicolaus de Cusa: De concordantia catholica libri tres, et emend. G. Kallen, Hamburg 1963 (Nicolai de Cusa Opera omnia, ed. cur. Acad. Heidelb. Vol. XIV)

Het Breviarium Grimani. Nach einer Hs. der Marciana/Venedig. Vorwort v. G. E. Ferrari. Einl. v. M. Salmi, Brüssel 1977

16. Jahrhundert

Till Eulenspiegel. Nach den ältesten Ausgaben von 1515 und 1519, neu bearb., v. Hans Willy Mertens, Hamm in Westfalen o. J.

Morus, Thomas: Utopia. Ein wahrhaft goldenes Büchlein von der besten Staatsverfassung und von der neuen Insel Utopia. In der Übertragung von Gerhard Ritter, mit einem Nachwort von Eberhard Jäckel, Stuttgart 1964

Machiavelli, Nicolo: Der Fürst. Aus dem Italienischen übertragen von Ernst Merian-Genast. Mit einer Einführung von Hans Freyer, Stuttgart 1961

Vasari, Giorgio: Lebensläufe der berühmtesten Maler, Bildhauer und Architekten. Übersetzung aus dem Italienischen von T. Fein... Anmerkungen von W. Rotzler u. E. Deér, Nachwort von R. Steiner. Mit 28 Abbildungen, Zürich 1974

Montaigne, Michel de: Essais. Auswahl und Übersetzung v. Herbert Lüthy, Zürich 1953

17. Jahrhundert

Pascal, Blaise: Les Provinciales. Texte de 1656–1657. Paris 1935

Pascal, Blaise: Pensées et opuscules. Publiés avec une introduction, des notices, des notes par Léon Brunschvicg, Paris 1946

Pascal, Blaise: Fragment d'un Traité du Vide (1647), in: Pensées ..., 74–83

18./19. Jahrhundert

Goethe, Johann Wolfgang: Sämtliche Werke in 18 Bänden, Zürich/München 1977 (unverändert. Nachdr. der Bde. 1–17 der Artemis-Gedenkausgabe zu Goethes 200. Geburtstag am 28. August 1949, hrsg. v. E. Beutler)

Schillers Saemtliche Werke. Band VII: Kleinere Schriften, Leipzig o. J.

Schiller, Friedrich: Was heißt und zu welchem Ende studiert man Universalgeschichte? Eine akademische Antrittsrede (1789), 305–324
Schiller, Friedrich: Universalhistorische Übersicht der vornehmsten an den Kreuzzügen teilnehmenden Nationen, ihrer Staatsverfassung, Religionsbegriffe, Sitten, Beschäftigungen, Meinungen und Gebräuche (Allgemeine Sammlung historischer Memoires I. 1. 1790), 401–422
Schiller, Friedrich: Vorrede zur Geschichte des Malteserordens nach Vertot, von M(agister) N(iethammer) bearbeitet (1792), 181–186

Romantik
Chateaubriand, Francois René, Vicomte de: Le Génie du Christianisme, suivi de la Défense du Génie du christianisme et de la lettre à M. de Fontanes, 2 Bde, Paris 1865
Görres, Joseph v.: Gesammelte Schriften. Hrsg. v. Marie Görres, München 1854ff.
Peter, Klaus (Hrsg.): Die politische Romantik in Deutschland. Eine Textsammlung, Stuttgart 1985
Novalis: Samuel (Hrsg.) i. Zusammenarbeit mit H.-J. Mähl u. G. Schulz: Schriften, Stuttgart Bd. I–III, 3. Aufl. 1976, 1975, 1983, Bd. IV 1975. Die Christenheit oder Europa, in: Schriften, Bd. III
Heinrich, Heine: Die romantische Schule, in: Historischkritische Gesamtausgabe der Werke. Hrsg. v. Manfred Windfuhr, Bd. 8/I. Hamburg 1979, 121–243
Schlegel, Friedrich: Transzendentalphilosophie. Jena 1800–1801, in: Kritische Friedrich-Schlegel-Ausgabe. Unter Mitwirkung v. J.-J. Anstett u. H. Eichner, hrsg. v. E. Behler, (35 Bde., Paderborn 1958ff.), 12. Bd.. Hrsg. v. Jean-Jacques Anstett, München–Paderborn–Wien–Zürich 1964, 1–105
Schlegel, August Wilhelm: Sämtliche Werke. Hrsg. v. Eduard Böcking, Leipzig 1846
Kobler, Andres S.J.: Katholisches Leben im Mittelalter. Ein Auszug aus K. H. Digby's ›Mores Catholici: or, Ages of Faith‹, 4 Bde., Innsbruck 1. Bd. 1887, 2. Bd. und 3. Bd. 1888, 4. Bd. 1889

Anarchismus und Kommunismus
Kropotkin, Peter: Worte eines Rebellen. Aufsatzsammlung Bd. I, Frankfurt: Verlag Freie Gesellschaft 1978 (Paroles d'un Révolté, Paris 1885)
Nietzsche, Friedrich: Gesammelte Werke, hrsg. v. Karl Schlechta, Frankfurt/M.–Berlin–Wien 6. Auflage 1972

20. Jahrhundert

Luxemburg, Rosa: Ausgewählte Reden und Schriften I. Band, hrsg. v. Marx-Engels-Lenin-Stalin-Institut beim ZK der SED. Mit einem Vorwort von Wilhelm Pieck, Berlin 1955

Foucault, Michel: Von der Subversion des Wissens. Hrsg. v. Walter Seitter, München 1974 (Reihe Hanser 150)

LITERATURVERZEICHNIS
(weitere Literatur im Anmerkungsteil)

Auerbach, Erich: Mimesis. Dargestellte Wirklichkeit in der abendländischen Literatur, [2]Bern 1959

Autrand, Francoise: Pouvoir et société en France. XIVe–XVe siècles, Paris 1974 (Dossiers Clio dirigés par Claude Fohlen, t. 75)

Babinger, Franz: Mehmed der Eroberer. Weltenstürmer einer Zeitenwende, München 1943

Bader, Gerhard: Die Schule von Salerno, in: Med. Hist. Journal 13 (1978) 124–145

Baier, Lothar: Die große Ketzerei. Verfolgung und Ausrottung der Katharer durch Kirche und Wissenschaft, Berlin 1984

Barzin, Hermain / Gerson, Horst u. a. (Hrsg.): Kindlers Malerei Lexikon. Ausgabe in 15 Bdn., München–Zürich 1985

Berges, Wilhelm: Die Fürstenspiegel des hohen und späten Mittelalters, Leipzig 1938 (unveränd. Nachdr. 1952)

Bialostocki, Jan: Stil und Ikonographie. Studien zur Kunstwissenschaft, Köln 1981

Die Bildwerke des Bamberger Domes. Geleitwort v. Karl Gröber. 46 Bildtafeln, Leipzig o. J.

Black, Antony: Guilds and Society in the European Political Thought, Cambridge 1984

Boockmann, Hartmut: Der Deutsche Orden. Zwölf Kapitel aus seiner Geschichte, München 1982

Boockmann, Hartmut: Deutschland in einem Reisebericht des 15. Jahrhunderts, in: Herrmann, B. u. Budde, A., 35–43

Boockmann, Hartmut, Bernd Moeller und Karl Stackmann (Hrsg.): Lebenslehren und Weltentwürfe im Übergang vom Mittelalter zur Neuzeit. Politik–Bildung–Naturkunde–Theologie. Bericht über die Kolloquien der Kommission zur Erforschung der Kultur des Spätmittelalters 1983–1987. Einundzwanzig Beiträge. Redigiert v. Ludger Grenzmann.Abhandlungen der Akademie der Wissenschaften in Göttingen. Phil.Hist. Klasse III / 179, Göttingen 1989

Boockmann, Hartmut: Das Mittelalter. Ein Lesebuch aus Texten und Zeugnissen des 6. bis 16. Jahrhunderts, München 1988

Borst, Arno: Lebensformen im Mittelalter, Frankfurt am Main 1973

Borst, Otto: Alltagsleben im Mittelalter. Mit zeitgenössischen Abbildungen, Frankfurt 1986

Bosl, Karl: Staat, Gesellschaft, Wirtschaft im deutschen Mittelalter, München 1975 (Gebhardt: Handbuch der deutschen Geschichte, Bd. 7, 9. Aufl.)

Braudel, Fernand: Ecrits sur l'histoire, Paris 1969

Braudel, Fernand: Frankreich. 1. Raum und Geschichte. Aus dem Frz. v. P. Schöttler, Stuttgart 1989

Bredrow, W.: Auf den Landstraßen und in den Herbergen des Mittelalters. Kulturhistorische Skizze, in: Alte und Neue Welt 34 (1900), 296–303

Brieskorn , Norbert: Verzicht und Unverzichtbarkeit im Recht. Untersuchungen zu den historischen und philosophischen Grundlagen, Stuttgart 1988

Brieskorn, Norbert: Die Kirche in der Gesellschaft des frühen 13. Jahrhunderts – zwischen Kollaboration und Protest. Auskünfte entnommen der Summa »Tota celestis philosophia« (Paris B. N. ms. lat. 3258), in: Höhl, Norbert (Hrsg.): Ius et Historia. Festgabe für Rudolf Weigand... Würzburg 1989, 158–169

Brieskorn, Norbert: Die kirchlichen Gemeinschaften im Urteil der neuzeitlichen Staatsphilosophie, in: Aymans, Winfried, Geringer, Karl-Theodor, Schmitz, Heribert (Hrsg.): Das konsoziative Element in der Kirche. Akten de VI. Internationalen Kongresses für kanonisches Recht, München 14.–19. September 1987, St. Ottilien 1989, 797–801

Brieskorn, Norbert: Stellvertretung – zur Rolle einer Rechtsinstitution, in: Archiv für Rechts- und Sozialphilosophie LXXVI (1990) Heft 3, 296–307

Das BRUEGELBUCH. Mit einer Einleitung v. Leo Bruhns. mit 39 Farbentafeln und 20 einfarbigen Abbildungen. Wien, Neue Ausgabe 1941

Broby, s. Johansen

Brunner, Otto: Land und Herrschaft. Grundfragen der territorialen Verfassungsgeschichte Österreichs im Mittelalter, Darmstadt 1981 (Unveränd. Nachdr. d. 5. Aufl., Wien 1965)

Buberl, Brigitte: Erlkönig und Alpenbraut. Dichtung, Märchen und Sage in Bildern der Schack-Galerie (Bayerische Staatsgemäldesammlungen, Studio-Ausstellung 123: Schackgalerie 24. November 1989–11. Februar 1990), München 1989 (Zit.: Erlkönig)

Büttner, Heinrich: Frühmittelalterliches Christentum und fränkischer Staat zwischen Hochrhein und Alpen, Darmstadt 1961

Bumke, Joachim, Höfische Kultur. Literatur und Gesellschaft im hohen Mittelalter, 2 Bde., München 1986

Burckhardt, Jacob: Die Kultur der Renaissance in Italien, Zürich 1956

Cetto, Anna Maria: Mittelalterliche Miniaturen, Bern o. J. (Orbis pictus 8)

Chastel, André: Filippo Lippi, Genf und Paris 1948
Cipolla, Carlo M./Borchardt, Knut (Hrsg.): Die Bevölkerungsgeschichte Europas. Mittelalter bis Neuzeit, München 1971
Claessens, Bob / Rousseau, Jeanne: Unser Bruegel, Antwerpen 1969
Classen, Peter, Gerhoch von Reichersberg. Eine Biographie, Wiesbaden 1969
Cocheril, Dom Maur: Les Cisterciens, in: Le Bras, Gabriel (éd.): Les Ordres religieux actifs, Bd. I: Les Ordres religieux. La vie et l'art, Paris 1979, 338–561
Coleman, Emily R.: L'infanticide dans le Haut Moyen Age, in: Annales E.S.C. 29 (1974) 315–335
Congar, Yves: L'Eglise de Saint Augustin à l'époque moderne, Paris 1970 (Histoire des Dogmes, tome III, Fasc. 3); dt. Übersetzung in: Handbuch der Dogmengeschichte III. c u. d, Freiburg i. Br. 1971
Corboz, André: Frühes Mittelalter, Fribourg: Office du Livre 1971 (Architektur der Welt. Hrsg. v. H. Stierlin)
Cramer, Valmar: Der Ritterorden vom Heiligen Grabe. Von den Kreuzzügen bis zur Gegenwart. Ein geschichtlicher Abriß. Ergänzungen von Dr. Robert Frohn, Köln 1983
Cremer, Emmy: Lorenzo de Medici. Statsmann – Mäzen – Dichter, Frankfurt 1970
Crocco, Antonio: Gioacchino da Fiore. La più singolare ed affascinante figura del Medioevo, Napoli 1960
Crombie, Alistair C.: Von Augustinus bis Galilei. Die Emanzipation der Naturwissenschaften. Aus d. Engl. übers. v. H. Hoffmann u. H. Plaus, München 1977
Czerwinski, Peter: Der Glanz der Abstraktion. Frühe Formen von Reflexivität im Mittelalter. Exempel einer Geschichte der Wahrnehmung, Frankfurt 1989

Dannheimer, Hermann und Dopsch, Heinz (Hrsg.): Die Bajuwaren. Von Severin bis Tassilo 488–788. Gemeinsame Landesausstellung des Freistaates Bayern und des Landes Salzburg: Rosenheim/Bayern, Mattsee/ Salzburg 19. Mai bis 6. November 1988, München und Salzburg 1988
Dawson, Christopher: Die Gestaltung des Abendlandes. Eine Einführung in die Geschichte der abendländischen Einheit, Frankfurt und Hamburg 1961
Delhaye, Philippe: Le Bien Suprême d'après le Policraticus de Jean de Salisbury, in: Recherches de théologie ancienne et médiévale 20 (1953) 203–221
Delumeau, Jean: La Peur en Occident (XIVe–XVIIIe siècle). Une cité assiégée, Paris 1978

Delumeau, Jean: Le Péché et la Peur. La culpabilisation en Occident (XIIIe–XVIIIe siècle), Paris 1983

Delumeau, Jean: Rassurer et protéger. Le Sentiment de Sécurité dans L'Occident d'Autrefois, Paris 1989

Dempf, Alois: Sacrum Imperium. Geschichts- und Staatsphilosophie des Mittelalters und der politischen Renaissance, München und Berlin 1929

Dettelbacher, Werner: Würzburg – Ein Gang durch seine Vergangenheit, Würzburg 1974

Dinzelbacher, Peter und Bauer, Dieter R. (Hrsg.): Religiöse Frauenbewegungen und mystische Frömmigkeit im Mittelalter, Köln–Wien 1988

Domke, Helmut: Burgund, München 1963

Droste, Thorsten: Das Poitou. DuMont Kunst-Reiseführer, 3. Aufl. Köln 1988

Du Ruy van Beest Holle, Gérard (Hrsg.): Holle – Universalgeschichte, Erlangen 1988

Duby, Georges: s. L'An Mil (Quellen)

Duby, Georges: Grundlegung eines neuen Humanismus. 1280–1440 (aus dem Frz. v. Hans Staub), Genf 1966 (Reihe: Kunst – Ideen – Geschichte)

Duby, Georges: Krieger und Bauern, Frankfurt am Main 1983 (Guerriers et paysans. VIIe–XIIe siècle. Premier essor de l'économie européenne, Paris 1973)

Duby, Georges u. Perrot, Michelle: Histoire des Femmes. Tome 2: Le Moyen Age. Sous la direction de Christiane Klapisch-Zuber, Paris 1991

Dünninger, Eberhard: Reichsdörfer in Franken, in: UB 2, 146–155

Dünninger, Eberhard: Die verlorene Handschrift. Zur Auffindung eines Hrabanus-Maurus-Fragments, in: UB 10, 25–35

Dünninger, Josef: Fränkische Ritter im späten Mittelalter, in: UB 1, 20–29

Düwel, Klaus: Wilde Natur – Höfische Kultur, in: Herrmann, B. u. Budde, A.: 59–63

Ebner, Theodor: Illustrirte Geschichte Deutschlands. Von den ältesten Zeiten bis zur Gegenwart. Mit 227 Illustrationen und 23 Kunstbeilagen, Berlin 1906

Ehlers, Joachim (Hrsg.): Ansätze und Diskontinuität deutscher Nationsbildung im Mittelalter, Sigmaringen 1989 (Nationes: Hist. u. philol. Untersuchungen zur Entstehung der europ. Nationen im Mittelalter 8)

Einsiedel, Wolfgang v. (Begr. u. hrsg.): Kindlers Literatur Lexikon, Zürich 1970ff.

Elze, Reinhard/Schiera, P. (Hrsg.): Das Mittelalter im 19. Jahrhundert in Italien und Deutschland/Il Medioevo nell' Ottocento in Italia e Germania, Bologna–Berlin 1988 (Annali dell' Istituto Storico Italo-Germanico in Trento)

Engel, Wilhelm: Der grosse Bauernkrieg, in: UB 8, 138–146

Ennen, Edith: Frauen im Mittelalter, München 1985

Erlkönig: s. Buberl

Enzyklopädie des Märchens. Handwörterbuch zur historischen und vergleichenden Erzählforschung. Hrsg. v. K. Ranke und a., Berlin / New York 1977–1981

Europa: s. Sperling, W.

Farbenfenster Grosser Kathedralen des XII. und XIII. Jahrhunderts. Meisterwerke mittelalterlicher Glasmalerei. 19 Farbtafeln nach Originalaufnahmen. Geleitwort von Ricarda Huch, Laupen (Bern) 1952

Flasch, Kurt: Das philosophische Denken im Mittelalter. Von Augustin bis Machiavelli, Stuttgart 1986

Forhan, Kate Langdon: Salisburian Stakes: The uses of 'Tyranny' in John of Salisbury's Policraticus, in: History of political thought IX, nr. 3 (1990) 397–407

Foucault, Michel: Überwachen und Strafen. Die Geburt des Gefängnisses. Übersetzt v. W. Seitter, Frankfurt a. M. 1977 (Surveiller et punir. La naissance de la prison, Paris 1975)

Foucault, Michel: Wahnsinn und Gesellschaft, Frankfurt 1973

Frauenstädt, Paul: Blutrache und Todtschlagsühne im deutschen Mittelalter. Studien zur dt. Kultur- und Rechtsgeschichte, Berlin 1980 (Neudr. d. 1. Aufl. 1881)

Freisen, Joseph: Geschichte des canonischen Eherechts bis zum Verfall der Glossenliteratur, Tübingen 1888

Fuhrmann, Horst: Einfluß und Verbreitung der pseudoisidorischen Fälschungen, Stuttgart, 1. Teil: 1972, 2. Teil: 1973, 3. Teil: 1974 (Schr. d. MGH 24 /I)

Fumagalli, Mariateresa: Heloise und Abaelard, München und Zürich 1986 (Eloisa e Abelardo, Mailand 1984)

Fumagalli, Vito: Wenn der Himmel sich verdunkelt. Lebensgefühl im Mittelalter. Aus dem Italien. Übers. v. R. Heimbacher-Beng, Berlin: Wagenbach 1988 (Bologna 1987)

Geiges, Leif: Freiburg. Geliebte alte Stadt. Bilder aus Freiburg gesehen von Leif Geiges, Freiburg 1986

Geiss, Imanuel: Geschichte griffbereit. Epochen. Die universale Dimension der Weltgeschichte, Reinbek b. Hamburg 1987

Generaldirektion der Staatlichen Archive Bayerns (Hrsg.): »Gerechtigkeit erhöht ein Volk.« Recht und Rechtspflege in Bayern im Wandel der Geschichte, München 1990 (Ausstellungskatalog der Staatl. Archive Bayerns Nr. 28; Redaktion: Albrecht Liess)

Geremek, Bronislaw: Geschichte der Armut. Elend und Barmherzigkeit in Europa. Aus d. Poln. übers. v. Fr. Griese, München 1988

Gobry, Ivan: Franz von Assisi in Selbstzeugnissen und Bilddokumenten Aus dem Französ. übertr. v. O. v. Nostitz, Hamburg 1958 (rowohlts bildmonographien hrsg. v. Kurt Kusenberg)

Gozzoli, Maria Christina: Wie erkenne ich Gotische Kunst? Stuttgart–Zürich 1979 (Milano 1978)

Grimm, Jacob: Deutsche Sagen von den Brüdern Grimm, 2 Bde., Berlin 1816–1818

Grimm, Jacob und Grimm, Wilhelm: Kinder-und Hausmärchen gesammelt durch die Brüder Grimm. Mit Vorwort von I. Weber-Kellermann und Zeichnungen von O. Ubbelohde, 3 Bde., Ffm 1974

Gröber: s. Die Bildwerke

Grupe, Gisela, Umwelt und Bevölkerungsentwicklung im Mittelalter, in: Herrmann, B. u. Budde, A., 24–34

Gurjewitsch (Gurevic), Aaron J.: Das Weltbild des mittelalterlichen Menschen. Aus dem Russ. übertr. v. G. Loßsack, Dresden 1978

Gusinde, Konrad: Schönwald. Beitrag zur Volkskunde und Geschichte eines deutschen Dorfes im polnischen Oberschlesien, in: Wort und Brauch. Volkskundliche Arbeiten namens der Schlesischen Gesellschaft für Volkskunde, 10. Heft, Breslau 1912

Haberkern, Eugen/Wallach, Joseph Friedrich: Hilfswörterbuch für Historiker. Mittelalter und Neuzeit, 1. Teil: 4. Aufl. München 1974, 2. Teil: 3. Aufl. München 1972

Hagen, Rose-Marie und Rainer: »Warum trägt die Göttin einen Landsknechtshut?« Meisterwerke europäischer Kunst als Dokumente ihrer Zeit erklärt. Köln 1986 (DuMont Taschenbücher 146)

Hahn, Ingrid, Raum und Landschaft in Gottfrieds Tristan. Ein Beitrag zur Werkdeutung, München 1963

Handwörterbuch zur Deutschen Rechtsgeschichte. Hrsg. v. Adalbert Erler u. Ekkehard Kaufmann, Berlin 1971ff.

Handwörterbuch des deutschen Aberglaubens. Hrsg. v. H. Bächthold-Stäubli u. E. Hoffmann-Krayer, 9 Bde., Berlin u. Leipzig 1927

Handwörterbuch des deutschen Märchens. Hrsg. v. L. Mackensen, 2 Bde., Berlin/Leipzig 1930–1940

Hartl, Eduard (Hrsg.): Das Drama des Mittelalters. Sein Wesen und sein Werden. Osterfeiern. Einleitung mit Anmerkungen auf Grund der

Handschriften v. E. H., Leipzig 1937 (Deutsche Literatur... Reihe: Drama des Mittelalters 1. Bd.)
Hausherr, Reiner (Hrsg.): Die Zeit der Staufer. Geschichte/Kunst/Kultur. Katalog der Ausstellung Stuttgart 1977, Bde. I–V, Stuttgart 1977/1979
Heine, Günter: Ökologie und Recht in historischer Sicht, in: Lübbe, Hermann, 117–134
Hermann, Fritz: Katalanische Malerei des 12. und 13. Jahrhunderts, Bern 1961 (Orbis pictus 35)
Herrmann, Bernd (Hrsg.): Mensch und Umwelt im Mittelalter, Stuttgart 1986
Herrmann, Bernd und Budde, Angelika (Hrsg.): Naturwissenschaftliche und historische Beiträge zu einer ökologischen Grundausbildung. Sommerschule »Natur und Geschichte« v. 17. bis 27. September 1989 an der Georg-August-Universität Göttingen, Hannover 1989
Herrmann, Bernd: Umweltgeschichte, in: Herrmann, B. u. Budde, A.: 145–153
Herrmann, Bernd: Mensch und Umwelt im Mittelalter, Frankfurt a. Main 1989
Hillebrecht, Marie-Luise: Eine mittelalterliche Energiekrise, in: Herrmann, B. u. Budde, A.: 275–283
Hiller, Helmut: Heinrich der Löwe. Herzog und Rebell. Eine Chronik, München 1978
Hilpert, Hans-Eberhard: Geschichtsdidaktische Innovation in der Bundesrepublik Deutschland. Lehrpläne und Schulbücher am Beispiel ihrer Darstellung von Kirchenreform und Investiturstreit, Wiesbaden 1989
Hofstätter, Hans H.: Gotik. Fotos v. René Bersier, Vorwort v. Guy Desbarats, Fribourg: Office du Livre 1968 (Architektur der Welt, hrsg. v. H. Stierlin)
Holle, Gérard du Ruy van Beest (Hrsg.): Universalgeschichte, Erlangen 1988
Hubensteiner, Benno: Hedwig von Andechs. Patronin Schlesiens, in: UB 10, 48–56
Huch, Ricarda: Römisches Reich Deutscher Nation, Frankfurt am Main 1959

Imbert, Jean: Les hôpitaux en droit canonique, Paris 1947
Imhof, Paul (Hrsg.): Frauen des Glaubens, Würzburg 1985
Iriarte, Lázaro OFM Cap.: Der Franziskanerorden. Handbuch der franziskanischen Ordensgeschichte. Übers. aus dem Spanischen v. F. Litschka u H. N. Huber, Altötting 1984

Janson, Horst W. und Dora Jane: Malerei unserer Welt. Von der Höhlenmalerei bis zur Gegenwart. Aus dem Amerikanischen übertragen von M. u. Dr. B. Cichy, Köln 1960
Jetter, Dieter: Das europäische Hospital. Von der Spätantike bis 1800, Köln 1986
Johansen, Broby: Mit Broby in Nordjütland, Kopenhagen 1978 (Abkü.: Broby)

Kämpff, Hellmut (Hrsg.): Herrschaft und Staat im Mittelalter, Darmstadt 1956 (Wege der Forschung II)
Kahles, Wilhelm: Geschichte als Liturgie. Die Geschichtstheologie des Rupertus von Deutz, Münster (Westf.) 1960
Kamlah, Wilhelm: Apokalypse und Geschichtstheologie. Die mittelalterliche Auslegung der Apokalypse von Joachim Fiore, Berlin 1935
Keller, Hagen: Zwischen regionaler Begrenzung und universalem Horizont. Deutschland im Imperium der Salier und Staufer. 1024–1250, Frankfurt–Berlin 1986 (Propyläen Geschichte Deutschlands. Hrsg. v. D. Groh, 2. Bd.)
Kempe, Richard: Jakobsland. Wanderungen durch die spanische Geschichte, München 1958
Kern, Fritz: Gottesgnadentum und Widerstandsrecht im früheren Mittelalter. Zur Entwicklungsgeschichte der Monarchie (Hrsg. v. R. Buchner), Darmstadt 1954
Kern, Margit: Zur Geschichtsphilosophie Friedrich Schillers, in: Buhr, Manfred/Förster, Wolfgang (Hrsg.): Aufklärung – Geschichte – Revolution. Studien zur Philosophie der Aufklärung (II), Berlin 1986, 261–299.
Klapper, Joseph: Erzählungen des Mittelalters in deutscher Übersetzung und lateinischem Urtext, Breslau 1914 (Reihe: Wort und Brauch. Volkskundliche Arbeiten namens der Schlesischen Gesellschaft für Volkskunde, hrsg. v. Th. Siebs u. Max Hippe, 12. Heft)
Kleinheyer, Gerd: Die kaiserliche Wahlkapitulation, Karlsruhe 1968
Kobler, Andres S.J.: Katholisches Leben im Mittelalter. Ein Auszug aus K. H. Digby's ›Mores Catholici: or, Ages of Faith‹, 4 Bde., Innsbruck 1. Bd. 1887, 2. Bd. und 3. Bd. 1888, 4. Bd. 1889
Konetzke, Richard: Das spanische Weltreich. Grundlagen und Entstehung, München 1943
Kranz, Gisbert: Sie lebten das Christentum. 28 Biographien, Regensburg 1978
Kroeschell, Karl: Deutsche Rechtsgeschichte, Reinbek bei Hamburg 1 (bis 1250) 1972, 2 (1250–1650) 1973
Kühn, Dieter: Der Parzival des Wolfram von Eschenbach, Frankfurt am Main 1987

Kulturstiftung der Länder / Bundesrepublik Deutschland / Ernst von Siemens-Kunstfonds (Hrsg.): Das Samuhel-Evangeliar aus dem Quedlinburger Dom. Red. Florentine Mütherich und Karl Dachs, München 1991

Kurzke, Hermann: Novalis, München 1988 (Beck'sche Reihe Autorenbücher 606)

Lane, Barbara: Hans Memling. Werkverzeichnis (Die Großen Meister der Malerei). Aus d. Engl. übers. u. bearb. v. I. Keller, Frankfurt/M.–Berlin–Wien 1980

Lang, Albert u. a. (Hrsg.): Aus der Geisteswelt des Mittelalters, Münster 1935 (FS Martin Grabmann, BGPhThMA, Supll. Bd. III, 1)

Langewiesche, Marianne: Venedig. Geschichte und Kunst. Eine Bildungsreise, Reinbek b. Hamburg 1962

Lauterwasser, Erwin: Die Ausbeutung und die Wiederkultivierung des Schwarzwaldes, in: Lübbe, H./Ströker, E., 35–45

Ledergerber, Karl: Kunst und Religion in der Verwandlung, Köln 1961

Legner, Anton (Hrsg.): Reliquien, Köln 1989

Le Goff, Jacques: Kultur des Europäischen Mittelalters, München–Zürich 1970 (La Civilisation de l'Occident médiéval, Paris 1964)

Le Goff, Jacques (Hrsg.): Der Mensch des Mittelalters. Aus dem Französischen, Italienischen, Polnischen und Russischen von M. Martin, R. Spiss, M. Springer u. Fr. Griese, Frankfurt am Main 1989

Le Goff, Jacques: Rire au Moyen Age, in: Cahiers du Centre de Recherches Historiques, numéro 3, avril 1989, 1–14

Le Roy Ladurie, Emmanuel: L'histoire immobile, in: Annales E.S. C. 29 (1974) 673–692

Le Roy Ladurie, Emmanuel: Montaillou. Ein Dorf vor dem Inquisitor, Freiburg–Basel–Wien 1980 (Montaillou, village occitan, Paris 1975)

Liess, Reinhard: Goethe vor dem Straßburger Münster. Zum Wissenschaftsbild der Kunst, Leipzig 1985

Llorca, Bernardino S.J.: La Inquisición en España, Barcelona 1936

Lohmann Villena, Guillermo: Informaciones genealógicas de peruanos seguidas ante el Santo Oficio, Lima 1955–1956

Lübbe, Hermann / Ströker, E. (Hg.): Ökologische Probleme im strukturellen Wandel, Paderborn 1986

Lübeck, Konrad: Fuldaer Studien I, Fulda 1949

Lübeck, Konrad: Fuldaer Studien II, Fulda 1950

Madeyski, Jerzy / Rago, Danuta / Siemaszko, Zbyszko: Wit Stwosz–Oltarz Mariacki W Krakowie, Krakau 1988

Mahn, Jean-Berthold: L'ordre cistercien et son gouvernement. Des origines au milieu du XIIIe siécle (1098–1265) Paris 1951

Markl, Hans (Hrsg.): Natur und Geschichte, München / Wien 1983
Matthews Grieco, Sara F.: Ange ou diablesse? La représentation de la Femme au XVIe Siècle, Paris 1990
Meinardus, Otto: Die Heilige Woche in Jerusalem. Tagebuch eines Reiseleiters, Würzburg: Catholica Unio 1988
Mensching, Horst G.: Ökosystem-Zerstörung in vorindustrieller Zeit, in: Lübbe, H./ Ströker, E., 15–27
Meyer, Werner: Deutsche Burgen, Schlösser und Festungen, Frankfurt am Main 1979
Mitteis, Heinrich: Der Staat des hohen Mittelalters. Grundlinien einer vergleichenden Verfassungsgeschichte des Lehnszeitalters, 8. unveränd. Auflage Weimar 1968
Mitteis, Heinrich: Die deutsche Königswahl. Ihre Rechtsgrundlagen bis zur Goldenen Bulle, Weimar 1944
Mittler, Elmar (Hrsg.): Bibliotheca Palatina. Katalog zur Ausstellung vom 8. Juli bis 2. November 1986, Heiliggeistkirche Heidelberg. Textband, Heidelberg 1986 (Abk. Palatina)
Mollat, Michel u.a.(dir.): Un Temps d'épreuves (1274–1449), Paris 1990 (Tome VI de l'Histoire du christianisme)
Mordal, Jacques: 25 siècles de guerre sur mer. 1: Aux temps de la rame et de la voile, Paris 1959 (marabout université 14)
Mumford, Lewis: The City in History. Its Origins, Its Transformations, and Its Prospects, New York 1961

Neundorfer, Bruno: Der Dom zu Bamberg. Mutterkirche des Erzbistums. Fotos v. I. Limmer, Bamberg 1987
Neumann, Eva Gertrud: Rheinische Beginen und Begardenwesen, Meisenheim 1960
Neumayr, Ernst / Pfister, Werner: Jugoslawien, Olten und Freiburg 1974

Olsen, Glenn W.: Hans Urs v. Balthasar and the Rehabilitation of St. Anselm's Doctrine of The Atonement, in: Scottish Journal of Theology 34 (1981) 49–61
Olsen, Jack: Silence on Monte Sole, London 1969 (1. brit. Ausgb.)
Orlandi,Enzio (Hrsg.): Dante und seine Zeit. Text v. Maria Luisa Rizzatti. Übers. v. J. Schlechta, Wiesbaden 1970 (Verona 1970)

Palatina: s. Mittler
Palm, Erwin Walter: Los Monumentos Arquitectonicos de la Española, Santo Domingo 1984
Panzer, Friedrich: Märchen, Sage und Dichtung, München 1905
Pegg, Mark Gregory: Le Corps et l'Autorité: La Lèpre de Baudouin IV, in: Annales E.S.C. 45 (1990) 265–287

Pernoud, Régine: Christine de Pizan. Das Leben einer außergewöhnlichen Frau und Schriftstellerin im Mittelalter. Vorwort v. M. Zimmermann. Aus dem Frz. v. S. A. Rott-Illfeld, München 1990 (Paris 1982)

Pernoud, Régine: Pourquoi les Français n'aiment pas leurs reines?, in: Historama 84 (février 1991) 76–81

Peuckert, Will-Erich: Die Große Wende. 1. Bd. Das Apokalyptische Saeculum und Luther, 2. Bd. Geistesgeschichte und Volkskunde, Darmstadt 1966 (Unveränderter Nachdr. d. Ausgabe Hamburg 1948)

Pick, Joachim: Dom und Domschatz in Limburg an der Lahn und St. Lubentius in Dietkirchen. Aufnahmen von Alberto Luisa u. a., 3. Aufl. Königstein im Taunus 1986

Pieper, Josef: Hinführung zu Thomas von Aquin. Zwölf Vorlesungen, Freiburg i. Br. 1967 (Herder Bücherei Bd. 297) (München 1958)

Pieper, Josef: »Scholastik«. Gestalten und Probleme der mittelalterlichen Philosophie, München 1960

Piper, Otto: Burgenkunde. Bauwesen und Geschichte der Burgen zunächst innerhalb des deutschen Sprachgebietes, 3. Aufl. München 1967

Pörtner, Rudolf (Hrsg.): Das Schatzhaus der deutschen Geschichte. Das Germanische Nationalmuseum Nürnberg. Unser Kulturerbe in Bildern und Beispielen. Mit einem Vorwort von Walter Scheel, München 1982

Power, Eileen: Als Adam grub und Eva spann, wo war denn da der Edelmann? Berlin 1984

Pralle, Ludwig: Das frühere Fürstbistum Fulda, in: Fürer, K., (Gesamtred.): Nordhessen/Kurhessen/Waldeck (Monograph. Dt. Wirtschaftsgebiete VI), Oldenburg 1956, 46–53

Ratzinger, Josef: Die Geschichtstheologie des hl. Bonaventura, München–Zürich 1959

Richter, Vladimir: Studien zum literarischen Werk von Johannes Duns Scotus, München 1988

Rouse, Richard H. and Mary A.: John of Salisbury and the Doctrine of Tyrannicide, in: Speculum 42 (1967) 693–709

Rozsnay, Zoltán: Der Wandel der Beanspruchung des Waldes im Laufe der Zeit und die Folgen, in: Herrmann, B. u. Budde, A.: 179–189

Rüdiger, Wilhelm: Die gotische Kathedrale. Architektur und Bedeutung, Köln 1979

Rupprecht, Bernhard: Romanische Skulptur in Frankreich. Aufnahmen von Max und Albert Hirmer, München 1975

Samhaber, Ernst: Knaurs Geschichte der Entdeckungsreisen. Die großen Fahrten ins Unbekannte, München 1955

Schäfke, Werner: Frankreichs gotische Kathedralen. Eine Reise zu den Höhepunkten mittelalterlicher Architektur in Frankreich. DuMont Kunst-Reiseführer. 5. Aufl. Köln 1990

Schlosser, Hans: Grundzüge der Neueren Privatrechtsgeschichte. Ein Studienbuch, 3. Aufl. Heidelberg–Karlsruhe 1979 (utb 882)

Schenk, Richard: Die Gnade vollendeter Endlichkeit. Zur transzendentaltheologischen Auslegung der thomanischen Anthropologie, Freiburg 1989 (Freiburger theologische Studien 135)

Schneider, Ambrosius / Wienand, Adam / Bickel, Wolfgang / Coester, Ernst (Hrsg.): Die Cistercienser. Geschichte – Geist – Kunst, 3. Aufl. Köln 1986

Scholz, Richard: Die Publizistik zur Zeit Philipps des Schönen und Bonifaz' VIII. Ein Beitrag zur Geschichte der politischen Anschauungen des Mittelalters, Stuttgart 1903

Schreiber, Hermann: Land im Osten. Verheißung und Verhängnis der Deutschen, Düsseldorf–Wien 1961

Schreiner, Klaus: Die Staufer in Sage, Legende und Prophetie, in: St IIII, 249–263

Schubert, Ernst: Scheu vor der Natur, Ausbeutung der Natur. Die Wandlung des Umweltbewußtseins im Mittelalter, in: Herrmann, B. u. Budde, A.: 28–34

Seibt, Ferdinand (Hrsg.): Kaiser Karl IV. Staatsmann und Mäzen. Aus Anlaß der Ausstellung Nürnberg und Köln 1978 / 1979 in Zusammenarbeit mit dem Bayerischen Nationalmuseum und dem Adalbert-Stifter-Verein München, München 1978

Serrano, Luciano OSB: Los Reyes Católicos y la ciudad de Burgos (desde 1451 a 1492), Madrid 1943

Shahar, Shulamit: Die Frau im Mittelalter, Frankfurt am Main 1981

Siegburg, Heinz-Otto: Geschichte Frankreichs, Stuttgart–Berlin–Köln–Mainz 1975

Simmel, Georg: Sociologie. Untersuchungen über die Formen der Vergesellschaftung, Leipzig 1908

Simson, Otto von / Winner, Matthias (Hrsg.): Pieter Bruegel und seine Welt. Ein Colloquium veranstaltet vom Kunsthistorischen Institut der Freien Univ. Berlin u. dem Kupferstichkabinett der Staatl. Museen Stiftung Preußischer Kulturbesitz am 13. und 14. Nov. 1975, Berlin 1979

Sivers, Peter von: Respublica Christiana. Politisches Denken des orthodoxen Christentums im Mittelalter, München 1969

Smalley, Brian: English frairs and antiquity in the early fourteenth century, Oxford 1960

Sperling, Walter und Karger, Adolf (Hrsg.): Europa, Frankfurt 1978 (Fischer Länderkunde, hrsg. v. Walter Puls, Bd. 8), (Abkür.: Europa)

Spiel, Hilde: William Shakespeare: Richard III. Vollstd. Text des Dramas in der Übers. v. A. W. v. Schlegel. Dokumentation, Frankfurt/M.–Berlin 1964 (Dichtung u.Wirklichkeit. Hrsg. v. H. Schwab-Felisch u. W. J. Siedler 13)

Spörl, Johannes: Grundformen hochmittelalterlicher Geschichtsanschauung, München 1935

Sprandel, Rolf: Die Geschichtlichkeit des Naturbegriffes: Kirche und Natur im Mittelalter, in: Markl, H. (Hrsg.) 237–261

Sprenger, Reinhard: Weltanschauung des Mittelalters im Spiegel der Kunst, in: Lebendiges Zeugnis 36 (1981), 22–31

Stadt Osnabrück (Hrsg.): Osnabrück. 1200 Jahre Fortschritt und Bewahrung. Profile bürgerlicher Identität. Katalog zur Ausstellung v. 15. 7. bis 16. 11. 1980, Nürnberg 1980

Struss, Dieter: Deutsche Romantik. Geschichte einer Epoche. Mit einem Essay von E. Kleßmann, Gütersloh 1986

Struve, Tilman: Die Entwicklung der organologischen Staatsauffassung im Mittelalter, Stuttgart 1978

Stutzer, Dietmar: Die Säkularisation 1803. Der Sturm auf Bayerns Kirchen und Klöster, Rosenheim 1978

Swiridoff, Paul: Fulda. Text: Ernst Kramer, Schwäbisch Hall o. J.

Tolnay, Charles de: Hieronymus Bosch, Baden-Baden 1973

Trusen, Winfried: Vom Inquisitionsverfahren zum Ketzer- und Hexenprozeß. Fragen der Abgrenzung und Beeinflussung, in: Schwab, Dieter/Giesen, Dieter/Listl, Joseph/Strätz, Hans Wolfgang (Hg.): Staat, Kirche, Wissenschaft in einer pluralistischen Gesellschaft. Festschrift zum 65. Geburtstag von Paul Mikat, Berlin 1989, 435–450

Tuchman, Barbara: Der ferne Spiegel, München 5. Auflage 1985 (A distant mirror. The calamitous 14th century, New York 1978)

Ücker, Bernhard: Ludwig der Bayer. Gekrönt, gepriesen und verdammt, in: UB 10, 57–68

Vahtola, Jonko: Erstreckte sich der deutsche Handel im Mittelalter bis an die finnische Küste am Ende des Bottnischen Meerbusens?, in: Jahrbücher für Geschichte Osteuropas, Neue Folge 38 (1990) Heft 2, 161–177

Van Caenegem, Raoul Charles with collab. of Ganshof, Francois Louis: Guide to the Sources of Medieval History, Amsterdam–New York–Oxford 1978

Ven, Frans van der: Sozialgeschichte der Arbeit. 1. Bd.: Antike und Frühmittelalter, Band 2: Hochmittelalter und Neuzeit. Aus dem

Holländ. übertragen v. M. E. Baumer-Thierfelder, München 1972 (Utrecht–Antwerpen 1967)

Verdon, Jean: La femme et la violence en Poitou pendant la guerre des Cent Ans d'après les Lettres de Rémission, in: Annales de Midi 102, nr. 189–190 (1990), 367–374

Vetter, Ferdinand (Hrsg.): Die Predigten Taulers, Dublin–Zürich 1968

Vorländer, Karl: Philosophie des Mittelalters. Geschichte der Philosophie II. Mit Quellentexten. Bearb. v. E. Metzke. Reinbek bei Hamburg 1964

Wagner, Karl-Ferdinand: Die Ursprünge Frankreichs bis zum Jahr 1000, Stuttgart 1989 (Bd. 1 der »Geschichte Frankreichs in sechs Bänden«. Hrsg. v. Jean Favier)

Wahl, Rudolf: Die Deutschen. Eine Historie, München 1953

Weber, Ernst (Hrsg.): Wie unsere Ahnen sich das Bürgerrecht erstritten haben. Von der Blütezeit des Rittertums bis zum Sieg der Städte. Bildschmuck von Hans Schrödter, München 1925 (Der deutsche Spielmann. Eine Auswahl aus dem Schatze deutscher Dichtung für Jugend und Volk)

Weiler, Antonius G.: Heinrich von Gorkum († 1431). Seine Stellung in der Philosophie und der Theologie des Spätmittelalters, Einsiedeln / Zürich / Köln 1962

Wellstein, Gilbert O. Cist. Marienstatt: Das Kloster der grauen Mönche, in: Sternberg, Leo (Hrsg.): Der Westerwald (Orig. Nachdruck Düsseldorf 1924, ergänzt um ein Vorwort), Montabaur 1977 (Bd. III der Buchreihe des Westerwald-Vereins)

Wessel, Klaus: Die Kultur von Byzanz, Frankfurt a. Main 1970 (Handbuch der Kulturgeschichte, begründet von H. Kindermann neu hrsg. v. E. Thurnher; 2. Abtl.: Kulturen der Völker)

Wienand, Adam (Hrsg.):Das Wirken der Orden und Klöster in Deutschland, 2. Bd.: Die weiblichen Orden, Kongregationen, Klöster und Säkularinstitute, Weltgemeinschaften, Köln 1964

Wilson, Wendel D.: Humanität und Kreuzzugsideologie um 1780, New York u. a. 1983

Winzinger, Franz (Einf. u. Bildauswahl): Das Tor von San Zeno in Verona. 48 Tafeln. Aufnahmen v. Walter Dräyer, München 1958

Wirth, Jean: La sexualité du Christ dans l'art de la Renaissance et son refoulement moderne (livre), in: Encyclopaedia Universalis. 1988. Universalia, Paris 1989, 506–508

Zeitler, Rudolf: Reclams Kunstführer Schweden. Kunstdenkmäler und Museen, Stuttgart 1985

Zimmermann, Volker: Gesundheit und Krankheit: Zur Rolle der Umwelt in der Geschichte der Medizin, in Herrmann, B. u. Budde, A., 164–169

Sachregister

Eigennamenregister

Kirchengeschichte kompakt und anschaulich

Dietrich Gronau / Joachim Mayer / Jörg [illegible]

Geschichte der Kirchen

Ein ökumenisches Sachbuch mit Bildern

In Gemeinschaft mit dem Calwer Verlag, Stuttgart

[illegible] Seiten, Gebunden

Diese Einführung in die Geschichte der Kirchen zeichnet sich vor allem durch ihren konsequent ökumenischen Blickwinkel aus.

Egal, ob es um einzelne Konzile oder Geschichtsbereiche oder die [illegible] und [illegible] Fragen der Trennung: Hier wird in beispielhafter Manier die ökumenische Sichtweise beibehalten.

Ungeschönt werden auch die dunklen Seiten angesprochen: Inquisition oder Nationalsozialismus sind nur zwei Aspekte, die das Versagen der Kirchen schmerzlich deutlich machen.

Für an Geschichte interessierte Leser liegt hier ein historisch zuverlässiges und faszinierend zu lesendes Standardwerk, das mit seiner Fülle an Bildern und Zeitdokumenten die [illegible] lebendig werden läßt.

Matthias-Grünewald-Verlag · Mainz